디아스포라와 노스탤지어:
사할린 한인의 삶과 이야기

사회통합 총서 8

디아스포라와 노스탤지어:
사할린 한인의 삶과 이야기

2020년 12월 25일 초판 인쇄
2020년 12월 30일 초판 발행

지은이 | 김영순 · 최승은 · 권도영 · 임지혜 · 박봉수 · 최 희
교정교열 | 정난진
펴낸이 | 이찬규
펴낸곳 | 북코리아
등록번호 | 제03-01240호
주소 | 13209 경기도 성남시 중원구 사기막골로 45번길 14
우림2차 A동 1007호
전화 | 02-704-7840
팩스 | 02-704-7848
이메일 | sunhaksa@korea.com
홈페이지 | www.북코리아.kr
ISBN | 978-89-6324-721-2(94300)
978-89-6324-636-9(세트)

값 25,000원

* 이 저서는 2017년 정부(교육부)의 재원으로 한국연구재단의 지원을 받아 수행된 연구임(NRF-2017S1A5B4055802).

사회통합 총서 8

디아스포라와 노스탤지어: 사할린 한인의 삶과 이야기

김영순 · 최승은 · 권도영 · 임지혜 · 박봉수 · 최 희

북코리아

서문:
이중적 디아스포라와 노스탤지어

지금 서문을 시작하는 이 순간 내 생애 처음 사할린을 방문했던 때의 기억이 생생하게 떠오른다. 2015년 사할린 공항에 첫발을 디뎠을 때는 10월 초였다. 폐부 깊이 찬 공기가 스며들고 공항은 삭막했다. 우리 연구팀 일행을 마중 나온 당시 한인회장 A씨. 이분이 내가 최초로 만난 사할린 한인이다.

A씨와의 첫 만남은 약간 충격이었다. 그와 한국어로 소통하는 일은 상상외로 어려웠고, 분명히 우리와 같은 DNA를 공유할 텐데도 그분의 행태에서는 이질적인 분위기가 강하게 풍겼기 때문이다. 그들이 느끼는 고국에 대한 간절한 그리움을 채집하겠다는 기대가 컸던 때문인지 A씨와의 만남에서 받은 첫인상은 지금도 날카로운 기억으로 남아 있다.

그와 함께 마중 나온 사할린 한인분들과 점심을 하면서 연구 개요를 설명해드리고 협조를 구했다. 식사와 함께 이런저런 이야기를 나눈 후 바로 A씨의 안내로 사할린 주도 사할린스크 외곽의 한인 묘지를 찾았다. 이 한인 묘지에서 아버지의 묘를 찾은 파란 눈의 청년을 보았다. 나는 이 모습을 아직도 가슴속에 깊이 간직하고 있다. 이후 내게는 '슬픈' 디아스포라의 기억이 너무 무겁고 거대해서 어디로도 옮겨둘 수 없었다. 이 마음의 짐은 나와 연구팀이 사할린 한인 생애사 연구를 수행하는 강력한 동인이 되었다.

이렇게 2015년의 첫 번째 현지조사를 시작으로 하여 사할린 한인의 생애사 연구를 위한 사할린행이 세 차례 이루어졌다. 이후 우리 인하대학교 다문화융합연구소에서는 『사할린 한인의 노스탤지어 이야기 탐구』(2018), 『사할린 한인의 다양한 삶과 그 이야기』(2018), 그리고 『사할린 한인 한국어 교육자의 생애 이야기』(2020)를 출간했다.

『사할린 한인의 노스탤지어 이야기 탐구』는 사할린 한인을 이해하기 위한 현황과 실태, 사할린 한인의 연구 동향을 분석했으며, 이들의 문화적응과 정체성 협상의 이야기를 탐구했다. 『사할린 한인의 다양한 삶과 그 이야기』는 사할린 한인의 생애사 연구를 통해 거친 동토의 땅 사할린에서 한인으로서의 정체성을 지키며 개개인의 삶을 지켜낸 다양한 모습을 담아냈다. 『사할린 한인 한국어 교육자의 생애 이야기』는 사할린 한인과 모국어 교육, 사할린 한인의 민족정체성을 탐구하고, 생애사 연구를 통해 사할린에서 한국어 교육에 헌신했던 한국어 교육자의 삶을 재조명하였다. 이러한 사할린 한인 생애사 연구의 연장선에서 이 총서 『디아스포라와 노스탤지어: 사할린 한인의 삶과 이야기』가 나오게 되었다.

이 저술은 인하대학교 다문화융합연구소가 수주한 한국연구재단의 2017년 인문사회토대연구지원사업 연구과제 '글로벌 시대 에스노그래피를 활용한 다문화가정 구성원의 디지털 아카이브 구축 및 지속 가능한 다문화사회를 위한 사회통합연구'의 연구 결과 중 하나다. 이 연구의 목적 중 하나는 한국 사회 이주민의 생활세계에 나타나는 삶의 의미를 탐구하여 이들의 생애를 총서로 담아내는 것이다.

이 책 사회통합 총서 8권 『디아스포라와 노스탤지어: 사할린 한인의 삶과 이야기』에서는 한국 사회의 다문화 생활세계 구성원으로 영주귀국을 한 사할린 한인의 삶을 집중적으로 조명하면서 A씨와 같은 사할린 한인을 슬픈 디아스포라의 주인공으로 조명했다. 이 책의 특징은 영주귀국을 한 사할린 한인의 이야기를 통해 이주 전의 삶과 이주 후의 삶을 디아스포라와 노스탤지어 관점에서 기술한 것이다. 한국으로 귀국한 후 이들에게 느껴지는 사할린과 한국의 본질적 의미를 분석하고, 사할린과 한국의 삶의 경계에서 어떻게 초국가적 삶을 살아가고 있는지를 탐구했다.

이 책은 모두 3개 장으로 구성했다. 1장에서는 사할린 한인의 역사와 현황을 살펴보았다. 사할린 한인이 생겨난 역사적 사건들을 되짚고, 사할린 한인 1세의 귀환 열망의 변화 과정을 연대기적으로 짚으려고 노력했다. 사할린에서 태어나 자란 1.5세와 2세, 3세에게 영향을 미칠 수밖에 없음에도 귀환을 포기하지 않는 1세들. 이들이 지닌 고국과 고향에 대한 절절한 그리움의 배경을 기록했다. 아울러 사할린 한인에 대한 한국 정부의 정책 현황을 기술하였다.

2장에서는 사할린 한인으로부터 수집한 자료들을 분석하고 해석하기 위한 이론적인 내용을 담았다. 이주민 연구에 있어서 주로 언급되는 개념인 '디아스포라'와 '노스탤지어'에 관한 이론적 논의가 이루어졌다.

3장에서는 영주귀국 사할린 한인의 생애담을 기록했다. 10명의 사할린 영주귀국 한인 연구참여자는 사할린과 한국의 초국적 삶 속에서 우리에게 다양한 경험을 들려주었다. 이들은 영주귀국을 결심하고 이주하는 과정에서, 그리고 한국에 정착하는 과정에서 많은 상처를 받았다. 일평생 아버지, 어머니에게 듣고 상상했던 한국 땅을 직접 밟으면서 기대한 것은 가족의 품과 같은 따뜻한 정이었을 것이다. 사할린에서 그렇게 그리워하던 같은 민족이었는데, 정작 한국에 와보니 그들은 너무나 낯선 타자였다. 사할린 한인의 삶에서 풀어지는 역사는 몇 시간을 들어도 끝나지 않을 내용이다. 이 연구에서 만난 영주귀국 사할린 한인은 부모의 노스탤지어를 그대로 안고 영주귀국을 선택했다. 그들에게는 자신의 이야기보다 부모의 이야기를 한국 사람들에게 알리는 것이 더 중요했다.

4장에서는 연구참여자의 생애담에서 나타난 몇 가지 중요한 점인 초국적 이주자로서 주체적인 삶, 이중적 노스탤지어, 한국어와 한국문화의 역사적 주체 등에 착안했다. 아픈 역사와 함께한 이들의 삶 속에는 슬픈 디아스포라, 국적을 선택해야 하는 이중적 노스탤지어가 나타났다. 그러나 치열한 사할린 한인의 삶은 디아스포라의 아픔으로, 이중적 노스탤지어로만 이해되지 않는다. 이것을 넘어 그들의 삶은 누구보다 확고하게 자신의 정체성을 협상해나가는 주체적 행위자로서의 삶으로 해석된다.

사할린 한인의 경우 비자발적 강제이주로 인한 디아스포라라는 특성을 갖는다. 그래서 이들이 가졌던 고향에 대한 그리움은 나라 잃은 설움과 합쳐져 귀환의 염원을 더욱 강화했다고 본다. 이 슬픈 디아스포라의 과정에서 가족은 매우 중요한 요인으로 나타났다. 강제징용으로 끌려간 남편을 찾아 아내가 스스로 사할린에 들어간 이후 만남과 출산이 이루어지기도 했다. 또한 독신자로 이주했던 사람들도 함께 어울려 일종의 자조모임으로서 가족 관계를 형성했다. 이것이 한인 공동체의 기반이 되므로 사할린 한인의 삶에서 가족의 형태는 중요하다고 할 수 있다. 노스탤지어는 귀환하려고 하는 미지의 공간, 즉 미래의 이상향에 대한 마지막 그리움을 나타낸다. 특히 영주귀국 사할린 한인에게는 디아스포라와 노스탤지어가 모두 이중적인 성격을 갖는데, 이중적 디아스포라는 '그리움을 현실로 만들고, 그 현실이 다시 그리움을 만드는' 이중적 노스탤지어를 끌어낸다.

영주귀국 사할린 한인을 만난다는 것은 우리의 아픈 역사를 마주하는 것과 같다. 이분들이 지금까지 살아온 삶의 이야기 속에는 아직 끝나지 않은 이산의 고통이 이어지고 있다. 이미 지나간 역사의 흐름을 뒤바꿔놓을 수는 없다. 우리가 할 수 있는 최선의 방법은 이중적 디아스포라와 노스탤지어를 잊지 않도록 기록하고 널리 알리는 것이다. 이제 지속 가능한 다문화사회를 준비하는 한국 사회는 사회통합적 차원에서 사할린 한인과 같은 귀환 동포도 포용 사회의 테두리 안에 위치시켜야 한다.

이 책 사회통합 총서 8권은 한민족 디아스포라 연구에 관심을 지닌 모든 연구자에게 담론의 터를 제공할 것이다. 아울러 이들의 이주와 문화 적응의 경험, 정체성 협상 양상은 다문화 사회로 변모하는 여기 지금 우리 사회에 다양한 교훈을 줄 것이리라 짐작한다. 희망컨대 이 책이 영주귀국 사할린 한인들의 삶을 우리 사회 구성원들과 공유하고, 조금이나마 이중적 노스탤지어를 공감할 수 있는 도구가 될 수 있기를 기대한다.

끝으로 본 총서의 집필을 위해 우리 연구팀의 최승은 박사, 권도영 박사, 임지혜 박사, 박봉수 박사, 최희 박사가 수고해주었다. 또한, 이 책을 출판하기까지 연구설계에서 자료수집 및 분석에 이르기까지 함께 해 준 인하대 다문화융합연구소의 동료 연구자분들에게 이 자리를 빌려 감사한 마음을 전한다.

모든 노스탤지어는 한 방향을 지향한다. 그런데 이중의 노스탤지어를 지닌 사할린 한인들. 우리가 이제 그들을 이해할 때다. 이 책에서 그들의 이야기를 찾아보길 바란다.

이제 다시 만날 수 없는 2020년 가을의 끝에서
연구책임자 김영순

CONTENTS

CONTENTS

연구개요

1) 연구의 필요성 및 목적

이 연구는 한국연구재단의 2017년 인문사회토대연구지원사업에서 선정된 연구과제인 '글로벌 시대 에스노그래피를 활용한 다문화가정 구성원의 디지털 아카이브 구축 및 지속 가능한 다문화사회를 위한 사회통합연구'의 일환으로 시작되었다. 한국 사회의 사회통합을 위해 문화적으로 다양한 구성원들의 생활세계에 나타나는 삶의 의미를 탐구하여 수집된 자료들을 바탕으로 이주민의 생애와 이야기를 총서로 집필하는 것이 목적이다. 특히 이 책은 인하대학교 다문화융합연구소 사회통합 총서로, 한국 사회의 다문화 구성원으로 영주귀국한 사할린 한인의 삶을 집중적으로 조명하고 있다.

한국 사회에는 다양한 이주민이 존재하고 이들 나름의 생활세계를 구성하고 있다. 세계 각국으로부터 초국적 이주를 한 결혼이주여성, 외국인노동자, 유학생, 난민 등 사회의 구성원은 점점 다원적으로 전환되면서 다문화 사회를 이루어가고 있다. 이들과는 다른 배경을 지니고 한국으로 이주했으나, 사회적 주목을 받지 못했던 이들이 사할린 한인이었다. 특히 한국으로 영주귀국한 사할린 한인은 역사적 의미에도 불구하고 높은 연령과 적은 인원이라는 이유로 점점 소외되었다. 이 연구는 한국 사회에서 타자화되고 있는 사할린 한인에 대한 관심과 연구자로서의 책무에서 출발했다.

이러한 상황에서 「사할린동포 지원에 관한 특별법」이 2020년 4월 30일 20대 마지막 국회 본회의에서 참석 158명 전원 찬성으로 제정된 것은 매우 고무적인 일이다. 2005년 17대 국회부터 표류 중이던 사할린동포 지원 정책의 법적 근거가 드디어 마련된 것이다. 총 7개 조문으로 구성된 이 법은 지원 대상을 '1945년 8월 15일까지 사할린에서 출생했거나 사할린으로 이주한 한인'으로 정의했다. 이어 사할린동포 피해구제, 유해 발굴 · 봉환, 명예 회복, 기념사업 추진 등 '국가의 책무'를 명시했다. 지원 대상에는 사할린동포의 동반가족(배우자 또는 직계비속 1인과 그 배우자)도 포함됐다. 영주귀국사업 범위로는 귀국 항공과 초기 정착, 거주, 생활시설 운영비용과 임대주택 등을 제공하는 것으로 정해놓았다. 국내 영주귀국 희망자와 동반가족은 외교부 장관에게 신청하고 장관은 지원 여부를 결정해 통지할 것도 포함했다.* 또한 사할린동포 전반에 대한 피해조사 및 지원 방향을 범부처적으로 수립하도록 했기에 러시아 사할린 현지 동포 사회와 한국에 귀국한 사할린 한인 사회는 크게 환영하는 분위기다. 이 법은 2021년 1월부터 발효된다.

일제강점기에 일본은 강제동원 등으로 한반도의 많은 청년을 사할린

---

* 권경석 전국사할린귀국동포단체협의회장은 "사할린에서 축하 전화가 오고 영주귀국 어르신들도 모두 어깨춤을 출 정도로 반기고" 있으며, "노령화로 임대주택에 거주하는 부부 중 한 명이 사망해 외롭게 지내는 이가 많은데 이번 법으로 사할린에 남은 자녀를 데려와 함께 살길이 열려 다행"이라고 기뻐했다(연합뉴스, 2020.04.30).

으로 강제이주시켜 탄광이나 군수시설 등에서 강도 높은 강제노동을 시켰고, 얼마 안 되는 임금에서 급여 대부분을 강제로 우편저금이나 간이보험 등에 납입케 했으나, 1945년 8월 일본이 패전하자 이 돈을 지급하지 않은 채 사할린에서 철수했다. 태평양전쟁 종전 당시 사할린에 거주하고 있던 동포는 4만 3천여 명으로 추정되며, 그들은 일본 국적을 상실했다는 이유로 사할린에 방치되어 1990년 한 · 러 수교 이전까지 귀국하지 못하고 민족적 차별과 생활고를 겪어야 했고, 한국에 남아 있던 가족들도 한평생을 이산의 아픔으로 보내야 했다. 1993년 한국은 '사할린동포 문제는 일본의 책임'이라는 인식을 토대로 일본 정부의 지원 필요성을 주장하여 1994년부터 영주귀국사업에 대해 합의했으나 이후 사할린 한인 1세와 그 배우자, 장애인 자녀만을 영주귀국 대상에 포함함으로써 직계비속과의 '제2의 이산'이 나타났다. 2005년 민관위원회의 발표 당시 이중징용 및 반인도적 전쟁범죄(학살)에 대한 추가조사의 필요성이 제기된 바 있으나 현재까지 뚜렷한 진전이 보이지 않고 있으며 사할린에 잔류하고 있는 영주귀국 대상 사할린동포 수, 무국적자로 있는 사할린동포 2세의 잔류 현황 등에 대한 조사 또한 충실히 이루어지고 있다고 보기는 어렵다.

사할린 한인과 관련하여 한국 사회에서는 1960년대 초반 이들의 귀환을 촉구하는 문제가 언론 기사를 통해 보도되기 시작했고, 학술적 연구는 1970년대 중반 이후 이루어지게 된다. 특히 사할린 한인의 모국 귀환이 1989년 사할린 모국 방문사업으로 시작되고 1992년 외무부와 적십자사 주관으로 영주귀국이 대두하면서 이들에 대한 연구는 본격적으로 진행되었다. 현재까지 진행되어온 사할린 한인에 대한 연구는 역사적 접근으로 사할린 한인 이주의 주요 원인을 강제동원으로 살펴본 강제이주사가 한 축을 담당하고 있으며, 다른 축은 이주와 귀환의 문제를 다룬 연구로 사할린 한인 연구의 대다수를 차지하고 있다. 특히 이주 배경에 따른 사할린 한인의 인구 형성과 귀환조치가 이뤄지지 않은 역사적 책임 및 강제이주 노동의 문제를 다룬 연구와 한인의 생활 및 정체성의 문제를 언급한 연구들이 진행되었다. 또한 영주귀국한 사할린 한인에 대한 실태와 가족 이산을 다룬 연구들도 나타나고 있다.

사할린 한인에 대한 연구는 1990년대를 기점으로 다양한 연구가 진행되었으며 양적으로 많은 연구 성과를 얻은 것도 사실이다. 그러나 사할린 한인에 대한 연구가 주로 영주귀국 이전의 사할린 한인의 역사와 문화 변용, 귀환 문제에 대한 법적 · 정치적 문제를 다룬 연구가 많고, 영주귀국 관련 제도적 정비에 관한 연구들이 대부분을 차지한다. 영주귀국하여 정착한 사할린 한인에 대한 질적 연구는 아직 많지 않다.

이 연구를 주관하고 있는 인하대학교 부설 다문화융합연구소는 이미 사할린 한인에 대한 연구를 총서로 발간한 경험을 가지고 있다. 『사할린 한인의 노스탤지어 이야기 탐구』(2018), 『사할린 한인의 다양한 삶과 그 이야기』(2018), 그리고 『사할린 한인 한국어 교육자의 생애 이야기』(2020)가 그 결과물이다.

『사할린 한인의 노스탤지어 이야기 탐구』는 사할린 한인을 이해하기 위한 내용과 사할린 한인의 연구지형을 분석했으며, 문화적응과 정체성 협상 이야기를 탐구했다. 『사할린 한인의 다양한 삶과 그 이야기』는 사할린 한인의 생애사 연구를 통해 역사의 소용돌이 속에서 개개인의 삶을 지켜낸 다양한 모습을 담아냈다. 『사할린 한인 한국어 교육자의 생애 이야기』는 사할린 한인과 모국어교육, 사할린 한인의 민족정체성을 탐구하고, 생애사 연구를 통해 사할린에서 한국어 교육에 헌신했던 한국어 교육자의 삶을 재조명하도록 했다. 이러한 사할린 한인 연구의 연장선에서

이 총서 『디아스포라와 노스탤지어: 사할린 한인의 삶과 이야기』가 나오게 되었다.

따라서 이 연구는 영주귀국한 사할린 한인의 이야기를 통해 이주 전의 삶과 이주 후의 삶을 디아스포라와 노스탤지어 관점에서 고찰하고자 한다. 특히 한국으로 귀국한 후 이들에게 형성된 사할린과 한국의 의미를 분석하고, 사할린과 한국의 삶의 경계에서 어떻게 초국가적 삶을 영위하고 있는지 탐구할 것이다. 영주귀국 사할린 한인의 목소리를 통해 통계적 수치로 나타난 기본적 실태가 아닌 일상의 삶을 더욱 구체적이고 개별적으로 만날 수 있다. 특히 심층인터뷰를 통한 생애담 연구는 이들의 경험을 실제로 나타낼 수 있다는 점에서 의의가 있다.

2) 연구내용

이 책은 총 4장으로 구성되어 있으며, 1장에서는 사할린 한인의 역사와 현황, 2장에서는 디아스포라와 노스탤지어를 이론적으로 논의하고자 한다. 이어 3장은 연구참여자 개인의 생애담을 담고 있으며, 4장은 사할린 한인의 디아스포라와 노스탤지어라는 주제로 내용을 구성하고 있다. 구체적인 사항은 다음과 같다.

1장 '사할린 한인의 역사와 현황'에서는 사할린 한인의 역사적 배경을 살펴보고, 사할린 한인의 형성과 이주 유형을 분석했다. 제2차 세계대전 종식 이후 나타난 사할린의 상황에서 일본인의 본토 귀환과 사할린 한인 문제를 다루었으며, 사할린 한인 노동력과 소련군정에 대해 기술했다.

이후 사할린 한인의 정착과 지원정책, 한인 1세대의 귀환 열망과 귀환운동을 다루었다. 또한 한국에 영주귀국한 사할린 한인의 현황과 정책을 분석했으며, 영주귀국한 사할린 한인에 대한 선행연구를 역사적 · 법적 · 사회통합적 접근으로 정리했다.

2장 '디아스포라와 노스탤지어'에서는 디아스포라와 노스탤지어의 개념을 논의했고, 디아스포라와 노스탤지어의 관계를 정립했다. 한인 디아스포라에 따른 다양한 양상을 살펴보고, 디아스포라와 노스탤지어의 양상이 복잡해지는 현상에 주목했다. 이는 현대의 디아스포라와 노스탤지어의 관계에 대해 논의할 때 출발점으로 삼아야 할 지점이 될 것이다. 영주귀국 사할린 한인은 이산으로 인한 단절과 강력한 귀환 의지, 이중적 디아스포라와 노스탤지어, 행위자로서의 주체적 정체성 협상을 보인다.

3장 '영주귀국 사할린 한인의 생애담'에서는 영주귀국한 사할린 한인의 개인별 생애담을 담고 있다. 총 10명의 연구참여자는 다양한 삶의 이야기를 하며, 한국 다문화 사회에 소수자에 대한 시사점을 준다.

4장 '주체적 행위자의 삶: 영주귀국 사할린 한인의 디아스포라와 노스탤지어'는 앞선 장에서 나타난 생애담의 내용을 디아스포라와 노스탤지어의 관점에서 분석한 것이다. 특히 이 장에서는 이중적 디아스포라와 노스탤지어, 한국인의 정체성을 유지하며 역사적 주체로서 살아가고 있는 영주귀국 사할린 한인의 삶을 재구성했다.

이러한 연구 결과는 영주귀국 사할린 한인의 다양한 삶을 조명할 수 있도록 하고, 이들에 대한 논의와 공적 담론을 확산해나갈 것이다.

3) 연구방법

영주귀국한 사할린 한인의 이주의 삶과 문화적응 과정을 분석하기 위해 선택한 연구방법은 생애담 연구다. 특히 한 개인의 생애는 그가 살아온 오랜 경험 과정을 통해 축적된 삶의 전략, 행위의 선택 등을 포함한다. 영주귀국 사할린 한인은 삶에서 한국으로의 이주를 선택하고 새로운 문화에 적응해나가고 있다. 이러한 과정과 경험을 분석하기 위해서는 연구참여자 개인의 목소리가 반영되어야 한다.

생애담 연구는 생애사 연구와 밀접하게 연관되어 있다. 생애사 연구는 개인이 사회적 행위의 주체로서 사회구조와 상호작용하여 삶의 환경을 어떻게 구성하는지를 탐구할 수 있으며, 사회적 조건에 따른 개인의 변화 및 과정 이해에 유용하다(Ojermark, 2007). 개인의 생애사는 현재의 시각으로 과거의 경험을 재구성한 것이어서 생애사 연구는 인생의 한 부분만이 아닌 지금까지 살아온 인생 이야기를 통해 개인의 삶 전체를 연구할 수 있다(Schütz, 1983; 1984). 이러한 맥락에서 이 연구는 영주귀국 사할린 한인의 삶을 연구하기 위해 이들의 이주 전의 삶, 한국으로 이주한 후의 생활, 귀환 후 적응 등 삶의 경험을 통해 생의 본질적인 의미를 분석했다. 특히 생애담 연구의 핵심인 '이야기'에 초점을 맞추어 사할린 한인의 삶과 이들의 이야기를 담아낼 수 있도록 했다.

따라서 본 연구에는 사할린 한인 중 한국어로 인터뷰가 가능하며 한국에 지속적으로 거주하면서 사할린의 가족들과 교류하는 한인을 연구참여자로 선정했다. 그 결과 안산시, 오산시, 인천시에 거주하는 10명의 연구참여자를 섭외하여 인터뷰를 실시했다. 심층인터뷰는 2019년 9월부터 2020년 2월까지 진행되었으며, 2~3차례에 걸쳐 평균 1인당 1시간 30분

〈표 1〉 연구참여자 개요

연구 참여자	출생(나이)	성별	출생지	부모 이주	영주 귀국	이주 전 직업	현재 거주	자녀	사할린 교류 가족/친지
1	1935(85세)	남	일본	1937	2001	기자	안산	아들 2	자녀 가족
2	1943(77세)	남	사할린	1938	2009	자영업(사업가)	오산	아들 1, 딸 1	자녀 가족
3	1930(90세)	남	사할린	1929	2010	NHK 일본어 번역가	안산	아들 3, 딸 2	아들 가족, 작은딸(모스크바 거주), 큰딸(현재 부산에 거주)
4	1945(75세)	남	사할린	1943	2011	엔지니어	파주	아들 1, 딸 1	자녀 가족
5	1945(75세)	여	사할린	1938(부), 1944(모)	2011	교사	파주	아들 1, 딸 1	자녀 가족
6	1942(75세)	남	경북 밀양	1943(부), 1944(모)	2013	공무원	파주	아들 1	아들 가족, 막냇동생 가족
7	1943(77세)	남	사할린	1942	2010	건축회사 사장	안산	아들 3, 딸 1	자녀 가족, 막내아들(미혼, 한국 거주), 남동생 · 여동생 가족, 사돈
8	1941(79세)	남	사할린	1939	2007	교사	인천	딸 2	딸들 가족, 처형 · 처제 가족, 사돈 가족, 큰형 · 누나 가족(한국 거주)
9	1937(83세)	남	경북 안동	1937	2007	건축회사 사장	인천	아들 3	장남 가족(상트페테르부르크 거주), 차남 가족(모스크바 거주), 삼남 가족, 동생 가족, 사돈, 조카
10	1938(82세)	남	경북 성주	1940	2007	건축회사 사장	인천	딸 3	자녀 가족 남동생 · 여동생 가족

에서 2시간 동안 실시했다. 이 연구는 연구윤리를 지키기 위해 IRB 승인을 받아 진행했으며, 승인번호는 170928-1A다.

연구참여자인 영주귀국 사할린 한인에 대한 개요는 〈표 1〉과 같다.

현재 연구참여자들은 모두 배우자와 함께 정부에서 지원하고 있는 영구임대아파트에 거주하고 있다. 이 연구의 생애담은 사할린에서의 삶, 한국으로의 귀국 동기, 한국으로 이주 후의 적응과 정착, 사할린 가족과의 교류, 영주귀국 지원사업의 지원 내용과 문제점, 한국 사회에 바라는 점 등으로 구성했다.

1장

사할린 한인의 역사와 현황

1. 사할린 한인의 역사

1) 사할린 한인 형성과 이주 유형

사할린은 러시아의 연해주 동쪽, 일본의 홋카이도 북쪽에 위치하며, 현재 면적은 8만 7,100km^2, 인구는 47만 8,993명이다. 사할린의 인구는 구소련 말기인 1991년 71만 명이었지만 인구가 줄어들어 2016년에는 48만 명으로 감소했다. 2002년 인구조사에 의하면 러시아인이 83%로 가장 많으며, 다음은 한인계 러시아인으로 전체 인구의 5.5%를 차지한다고 한다. 구한말부터 사할린으로 이주한 조선인 후손들이며, 연해주 지역 고려인(함경도, 자강도, 량강도, 평안도 등)과 사할린 지역 한인(경상도, 전라도, 제주도 등)은 한반도에서 이주한 지역이 다르다.

일본의 식민지정책으로 토지나 생산수단을 빼앗긴 농부와 노동자들이 일본 본토로 이주하면서 노동이주가 시작되었고, 이후 1937년 중일전쟁으로 노동력이 부족했던 일본은 한반도 조선인에 대한 강제징용정책을 본격 추진하면서 강제징용 이주가 시작되었다. 주로 경상도, 전라도, 제주

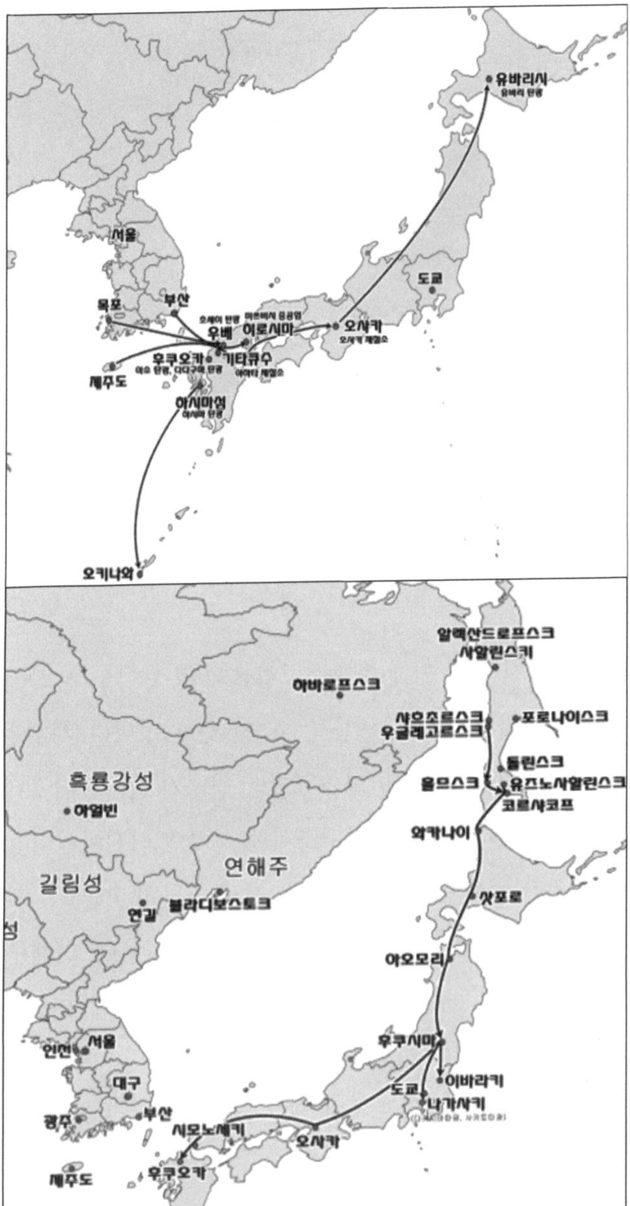

[그림 1] 강제징용 이주 루트

출처: http://archive.hansang.or.kr/cms/bbs/dk_content.php?ht_id=asia_01(검색일: 2020.04.19)

도에서 많은 조선인이 강제징용으로 후쿠오카, 나가사키, 오사카, 야마구치, 히로시마, 가나가와, 홋카이도, 오키나와, 효고, 사할린 등의 지역으로 끌려가 탄광이나 제철소에서 노역하며 고된 삶을 이어왔다.

러시아의 영토인 사할린으로의 한인의 이주 배경은 크게 세 부류로 형성된다.

첫 번째 이주는 19세기에 북방에서 연해주로 건너간 조선인이 주를 이루었다. 사할린에 처음으로 한인이 나타난 것은 1860년대로 추정하고 있다. 이 시기 한반도의 기근으로 식량난이 연속되면서 북방에 있는 조선인이 두만강을 건넜는데, 1869년에만 4,500명이 이주했다는 주장도 있다(이재혁, 2010: 185). 1897년 기록에 의하면 당시 사할린의 인구는 2만 8천 명이었고, 그중 조선인은 67명이 거주하고 있었으며 이들은 두만강을 건너 연해주에서 블라디보스토크, 아무르강을 건너 사할린으로 이주한 것으로 추정하고 있다(전형권 · 이소영, 2012: 141).

두 번째 이주는 일본에 의한 한인 강제이주였다. 1905년 러일전쟁이 일본의 승리로 끝나게 되면서 러시아 영토인 사할린섬은 북위 50도 남쪽 절반이 일본에 넘어가게 되었고, 1910년 한일강제병합으로 일본에 의한 한인의 사할린 이주 역사가 시작되었다. 1910년대 북부 사할린 지역에 살고 있는 한인은 25가구였고, 1920년 사할린 지역 한인은 609명에서 1,431명으로 증가하기도 했다(이재혁, 2011: 7).

세 번째 이주는 1937년 스탈린의 강제이주정책에 의해 사할린에 거주하던 1천여 명의 한인은 중앙아시아 지역으로 강제이주 되면서 한인의 디아스포라가 시작되었다. 1938년 4월 만주전쟁으로 노동력이 필요했던 일본은 벌목, 탄광, 수산업 등에 한인을 강제동원하여 남사할린으로 이주시켰다. 화태청*의 통계자료를 토대로 조선인 인구 증가 추세를 보면 다음 [그림 2]와 같다(이준영, 2018: 357).

1939년부터 사할린 등지로의 한인 노무동원 형식은 크게 세 가지 방법인 모집, 관(官) 알선, 징용으로 나눌 수 있다(정인섭, 1989: 173). 첫째, 모집에 의한 강제동원의 경우 1939년부터 1942년 2월 사이에 면장, 면사무소 노무계, 주재소 경찰관들이 하나가 되어 고용주로부터 받은 할당인원을 차출하는 형식으로 강제 모집되었다. 둘째, 관 알선 방식에 의한 강제동원의 경우, 1942년 2월 일본은 '조선인 노동자 활용에 관한 정책'을 결정하고, 1942년 2월 20일 '조인내지이입(朝人內地移入) 알선요강'을 제정했으며, 1942년 5월에는 '징병제'를 공포했다. 1944년 9월까지 정부기관이 모집 대상 노동자를 직접 선정하는 것으로 사실상 공식화한 것이다. 셋째, 징용에 의한 강제동원의 경우, 1944년 9월부터 국민징용령에 의해 강제연행

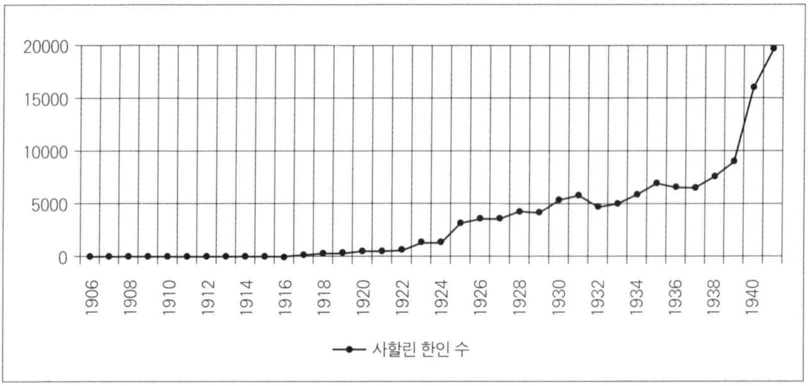

[그림 2] 사할린 한인 인구 추이

* 일본은 남사할린을 차지하고 '가라후토(樺太)'라고 불렀다. 1905년 사할린섬에 '가라후토 민정서(樺太民政署)'를 설치했고, 1907년 3월 15일 '화태청(樺太庁)'으로 개편했다. 화태청은 남사할린에 있던 일본의 총독부를 가리킨다(김영순 외, 2018: 22).

이 실시되었다.

조선총독부 재무국 자료에 따르면, 1939~1943년 사이에 남사할린으로 강제이주한 '조선인 동원'은 1만 6,113명으로 확인되지만, 이 수치에는 1944~1945년 사이에 강제동원된 자와 제지공장에 배치된 노무자, 현지 동원 노무자들은 포함되지 않은 것으로 실제 강제동원된 규모는 이보다 훨씬 더 많을 것으로 추정하고 있다(김명환, 2011: 24-27). 직종별로 보면, 탄광업 종사자 65.2%(1만 509명), 토목건축 종사자 33.6%, 금속광산 종사자 1.2%가 동원되었다(이애리아 외, 2017: 18). 그 외에도 비행장이나 군용도로 등 군사시설 공사를 위한 공사장에서 일본인 감독 아래 노동조건은 가혹했다. 1939년부터 조선인 노동력 동원이 본격화되면서 1942년부터는 '관알선'에 나섰다. '관에서 나서서 직업을 알선해준다'라는 뜻으로 노동자의 자발적 참여 형식이었으나 실제로 사할린에 설립된 일본 기업의 인력 모집인이 조선에서 관과 연계된 대리인과 함께 인력을 공출함으로써 사실상 강제 모집이었다. 이후 1944년 9월부터는 징용에 의한 강제동원 방식

〈표 2〉 남사할린 인구 추이

연도	총인구(명)	일본인	조선인
1921	103,630	101,329	462
1925	189,036	183,742	3,206
1930	284,930	277,279	5,359
1935	322,475	313,115	7,053
1938	339,357	329,743	8,996
1941	406,447	386,058	19,768
1944	-	-	26,825

출처: 김동성 외(2015). 경기도 재외동포정책연구(경기연구원 정책연구, 32쪽)

으로 바뀌었다.

세 번째 이주는 제2차 세계대전이 끝난 이후 1946년 5월부터 1949년에 걸쳐 북조선에서 극동지역으로 파견한 노동자들 중에 사할린으로 보내진 사람이 대부분이었다(조정남, 2002: 188). 일본의 영토로 넘어간 남사할린에서 어업 분야는 사실상 고사될 위험에 처해 있었다. 전쟁 이후 소련은 극동지역의 경제발전과 자원개발 원조를 위해 북조선 정부에 단기계절 작업을 위한 노동자 파견을 요청했다. 구소련과 북조선 간의 협의는 빠르게 합의에 도달했고, 1946년 3월 19일자 소련인민위원소비에트 결의 621-256c호로 확정되었다. 당시 북한 내에 주둔한 소련군사령부에 특별허가로 전달돼 실행된 것으로 알려졌다(이애리아 외, 2017: 63). 북한에 주둔했던 소련군사령관의 주선으로 극동의 연해주, 캄차크반도, 사할린에 노동자들을 파견하여 1~3년간 노동 계약하여 이주시켰다. 북한 노동자의 유입과 관련한 현황은 다음 〈표 3〉과 같다.

1947년 3월 16일 구소련 각료협의회에서 어업부문 생산 강화를 위해 570호를 발의한 정책 변화에는 북한 파견노동자 모집에 1년 단

〈표 3〉 1946~1949년 사할린 지역의 북한 노동자 유입과 유출 현황

연도	유입			유출		
	합계(명)	노동자 수	동반가족 수	합계(명)	노동자 수	동반가족 수
1946	7,523	7,523	-	6,595	6,595	-
1947	6,474	5,083	1,391	-	-	-
1948	11,888	8,105	3,783	5,406	4,113	1,293
1949	180	180	-	2,394	1,678	716
합계	26,065	20,891	5,174	14,395	12,386	2,009

출처: 이애리아 외(2017). 러시아 사할린 지역의 북한 노동자(통일연구원 연구보고서, 78쪽)

기에서 가족을 동반하여 다년간 노동할 수 있도록 조항을 추가했다. 1946~1947년 사이에 북한 노동자들과 함께 가족 2만 명의 사할린 이주가 확인된 것은 소련의 어업 부차관이던 스타리코프가 미코얀 부총리에게 보낸 보고서에서 확인되었다(조정남, 2002: 189).

이후 사할린의 북한 파견노동자들 중 어업을 하다가 적자로 인해 경제적 상황이 여의치 않아 계약기간이 만료된 노동자들은 북한으로 귀환하기도 하고 남은 사람도 있다. 위의 표를 보면 사할린으로 유입된 인력은 가족을 동반하여 2만 6,065명이며, 사할린에서 유출된 인력은 1만 4,395명으로 약 1만 1,670명은 계약 기간이 만료되었지만 사할린에 남아 있는 것을 알 수 있다.

2) 제2차 세계대전 종식과 사할린의 역사적 상황

(1) 일본인 귀환 문제와 사할린 한인 문제

러시아 영토였던 사할린은 러일전쟁으로 남과 북으로 나뉘었다. 당시 러시아 영토인 북사할린에 거주한 한인은 1,431명(1923)이었고, 일본 영토였던 남사할린에 거주한 한인은 8천여 명(1934)이었다는 기록이 있다(김민영, 2000: 30). 1945년 제2차 세계대전 종식으로 일본의 영토였던 사할린 남부지역이 다시 소련으로 넘어가면서 한인 2만 3,498명이 사할린에 남게 되었다. 일본이 패망하면서 미국은 소련과 협상하여 사할린에 있던 38만 8천 명의 일본인을 본국으로 귀환시켰으나(박찬용, 2018: 55), 일본에 의해 강제이주된 한인은 일본인이 아니라는 이유로 귀환대상에서 제외되었다. 그러다 보니 구소련의 국적법에 따라 전원이 무국적자로 처리되었고 1950년대 후반부터 북한 국적이나 소련 국적을 취득할 수 있었다. 당시 북한 국적자가 65%까지 올라간 적이 있으나 북한의 선전에 대한 허구성이 알려지면서 다시 소련 국적을 취득하는 현상이 나타났다고 한다(이소영 · 윤황, 2015: 199).

(2) 사할린 노동력 문제와 소련군정의 선택

당시 남사할린으로 편입한 소련군정의 골리코프(Голиков) 연대장은 한반도 38선 이북지역 한인의 귀환을 1948년 하반기로 검토했고 소련 외무상 몰도토프(Молотов)가 이를 승인했지만, 사할린주 집행위원회는 일본인의 귀환으로 노동력 부족을 우려했으며 남사할린 민정부 크류코프(Крюков) 부장은 한인의 고국 귀환에 반대했다. 이로 인해 사할린 한인 귀환 계획은 무산되었고, 결국 한인은 사할린주 집행위원회 결정에 의해 사실상 억류되었다(이상원, 2014: 12).

사할린주 집행위원회 결정으로 일부 한인은 노동 거부와 집회를 통해 귀환을 요구했지만, 송환은 일본인에게만 해당한다고 선을 그었다. 1946년 12월부터 시작된 일본인 본토 송환은 1949년 10월까지 약 30만 명이 넘었다. 당시 사할린에 억류된 한인으로도 노동력 부족이 극에 달하면서 소련군정은 일본인이 빠져나간 노동시장 인력확보를 위해 38선 이북지역에서 가족을 동반한 파견노동자 2만 6,065명을 고용하여 노동인력을 보충했다. 그러나 이 또한 의사소통 문제가 발생하자 1937년 스탈린에 의해 중앙아시아 지역으로 강제이주했던 고려인을 파견했다. 본토의 공장과 탄광의 노동자, 전문기술자를 포함하여 45만 명을 이주시켰다.

이렇게 일본인의 귀환이 시작되면서 사할린주는 요동치기 시작했다. 일본에 의해 강제동원된 한인과 북한 파견노동자, 그리고 중앙아시아로 강제이주했던 고려인의 재이주로 한인사회가 형성되기 시작했다. 같은 민족이기는 하지만 사할린으로 들어온 배경과 생활환경이 서로 달라서 서로 간에 대립적이거나 갈등이 깊어지면서 분쟁을 일으키기도 했다(조정남, 2002: 189). 이 세 그룹 중 사할린 한인은 무국적자로 간주되어 이동 제한이나 학교 입학이 금지되었고, 연금 지급에서도 제외되었으며, 임금과 노동조건, 휴가도 고려인이나 북한 파견노동자들과 달리 차별대상이 되다 보니 가장 취약한 환경에 처해 있었다. 따라서 이러한 환경에서 벗어나고자 하는 사할린 한인의 귀환 열망은 더욱 고조되었다.

3) 사할린 한인의 정착과 한인 1세대의 귀환운동

(1) 구소련의 사할린 한인의 정착지원 정책

사할린 한인은 고국 귀환이 좌절되고 정책적 차별을 받으며 고향으로의 귀환만을 기대하던 중 1950년 한국전쟁이 일어났다. 이 가운데는 한국전쟁으로 인해 귀환할 수 있겠다는 기대감을 가진 사람들도 있었다고 한다(이상원, 2014: 18). 그러나 남북은 둘로 갈라진 채 휴전상태에 들어갔고, 현재까지 통일이 되지 못하다 보니 사할린 한인이 꿈꾸던 귀환은 물거품이 되어 주어진 환경과 상황에서 억류된 삶을 살아야 했다.

러시아는 사할린 한인의 정착을 위해 1951년 사할린 한인의 노동조건과 생활여건 개선을 위해 다섯 가지 지원정책을 마련했다. 국적 취득, 주택건축자금 대출, 노동조합 회원가입, 요양소 입소, 무국적 한인에게도 극동지방 노동자 혜택 등 허가 및 지원이 가능해졌다. 이후 흐루시초프 정권기인 1953년부터 1964년까지는 소수민족들에 대한 정책 변화로 무국적 사할린 한인도 소련공민과 동등한 혜택을 받게 되었다. 이렇게 정착하기 시작한 사할린 한인은 1960년대 적응기를 거쳐 경제적 상황이 좋아지면서 결혼한 가정이 늘어나고, 2세가 성장하면서 차츰 귀국이라는 희망보다는 현지 삶에 적응하려고 노력했다.

1970년대에 비교적 안정된 시기를 맞으며 정착을 통한 가정의 안정을 도모하는 것과 자식들 교육 문제로 전환되면서 귀환을 둘러싼 입장도 차이를 보였다. 일본인 귀환을 통해 귀환하고자 했던 열의는 1950년대에 비해 1970년대에는 귀환을 포기한 한인이 훨씬 많아졌다. 그 이유로 사할린 한인 2세, 3세가 생겨나면서 가족이라는 공동체가 형성된 영향도 있었지만 안정된 생활을 선택한 것이다. 하지만 사할린 한인 1세가 여전히 귀환을 포기하지 않자, '화태억류귀환한국인회'가 화태억류 동포귀환 희망자 명부를 작성하여 7천 명의 귀환을 위한 탄원서를 제출하고 이를 실행하고자 했다.

(2) 1세대의 귀환 열망과 화태억류귀환한국인회의 귀환운동

사할린 한인의 귀환운동은 북한과 남한, 그리고 일본으로 건너간 사할린 한인을 중심으로 나누어볼 수 있는데, 귀환운동은 북한에서 먼저 적극적이었다. 이후 일본에서도 귀환운동이 재개되었고, 이것이 한국에 알려지면서 한국 정부가 국가 차원에서 적극 나서게 되었다.

먼저, 북한은 사할린으로 들어가 사할린 한인을 북한으로 보내려는 귀환운동에 적극적이었다. 연해주에 북한 총영사관이 설치되기 전인 1950년대에 '조선공산당'이라는 정당을 비밀리에 결성하고 더욱 적극적으로 실행했다. 당시 이주 배경이 서로 다른 이질적인 구성 집단 사이에서 반목을 거듭하며 어수선한 사할린 한인사회가 혼란기를 보내고 있던 시기에 '조선공산당' 소속 4명이 4년간 활동하며 비밀리에 귀국운동을 벌이다가 러시아 형법 제58조 위반으로 체포되기도 했다(조정남, 2002: 190).

이후 1957년 러시아와의 협정에 따라 북한은 연해주에 총영사관을 설치하면서 공식적으로 귀환운동을 시작했다. 북한 국적자를 중심으로 북한체제 선전활동 및 교육을 실시하면서 고국을 그리워하던 사할린 무국적자 한인에 대해 포섭정책을 펼쳤다. 북한은 사할린에 선전요원을 파견하여 학습조를 만들어 무국적자에게 북한 국적 취득을 권유했고, 대학 진학이 절실했던 젊은이들은 국적을 취득하고 북한으로 건너가기도 했다. 1955년부터 1962년 사이에 사할린 한민족 청년들이 대거 북조선으로 이주했다(김영순 외, 2018: 259). 그 결과 북한 국적 취득자는 1959년 6,346명에서 1964년 5월 9,452명으로 늘어났으며, 1950년대 북한에서 파견한 노동자를 제외하고 북한으로 귀국한 사할린 한인은 3,330명으로 추정된다(이상원, 2014: 41). 러시아 정부는 1954년 하반기에 북한으로 사할린 한인 귀환을 발표했고, 1956년 2천여 명의 사할린 한인이 귀환지원서를 제출하고 북한으로 귀환했다. 그러나 북한에서 정착하지 못하고 다시 사할린으로 돌아온 한인이 북한 소식을 전하면서 북한 국적을 포기하는 한인도 늘어났다. 당시 1951년과 1971년에 북한을 방문한 바 있는 사할린시에 거주한 박형주 씨가 1977년 8월 13일 KBS 방송국에 보내온 편지 내용에서도 확인할 수 있다. 자세한 내용은 다음과 같다(장민구, 1977: 43).

> "존경하는 KBS 방송담당자 여러분. 소생은 사할린에 온 지 34년이 되었습니다. 북조선공민증을 갖고 있었기 때문에 1959년과 1971년 2차례에 걸쳐 평양을 방문한 바 있습니다. 한번 방문해서 2개월 이상 체류했습니다. 들은 이야기지만 남조선에 대한 비방과 6.25전쟁의 승리담 그리고 미제와 자본주의의 필연적 붕괴에 대한 한결같은 선전이었습니다. 또한 북한의 현실은 '사할린'에서 듣던 선전과는 너무나 거리가 멀고 오히려 '사할린'에서의 생활이 더 윤택함을 느꼈습니다. 그래서 소생도 북한공민증을 타국적으로 갱신하고자 하오니 자세한 방법을 제시해주십시오."

일본에서 시작된 귀환운동은 일본 여성과 재혼한 박노학이 일본으로 건너가면서 사할린 한인 1세의 귀환에 대한 열망을 고조시켰다. 사할린에 잔류해 있던 일본인의 추가 귀환이 추진되면서 일본인과 결혼한 사할린 한인은 일본인 동반자로 인정되어 귀환이 이루어졌다. 이즈음 1958년 1월 일본으로 귀환한 박노학을 중심으로 '화태억류귀환한국인회'를 결성했고, 이들이 사할린 한인을 향해 벌인 귀환운동이 거세졌다.

이들이 작성한 귀환 희망자 명단은 1966년 1월 국내에서 동아일보를 통해 게재되어 큰 반향을 불러왔다(角田房子, 1994; 김은숙 역, 1995). 귀환을 희망하는 한인은 무국적, 소련 국적, 북한 국적 등 7천 명이었고 그중 1,500명은 일본 귀환 희망자였다.

1970년대에 들어서면서 나날이 귀환에 대한 한인의 요구가 높아지자 소련 정부도 이에 반응하기 시작했다. 1971년 처음으로 일본을 경유하여 한국으로 귀환한 손치규 씨 이후 1973년 소 · 일적십자회담에서 사할린 한인 귀환 문제가 부상했다. 소련은 일본 정부가 일본을 경유한 한국 귀환을 허가한다면 출국에 협력하겠다는 당시 소련 적십자사 토로얀 총재의 발언을 계기로 1974년 일본 정부는 47세대 201명 귀환자 명단을 한국에 전달했다. 한국 정부가 이를 받아들이면서 일본 정부는 소련 측에 출국허가를 요청했지만, 당시 북한 측이 사할린 한인 귀환을 반대하고 나서면서 소련 측에서 사할린 한인의 귀환 문제는 소 · 일 간 교섭대상이 아니라는 이유로 거부했다. 한국이 재일동포를 북한으로 귀환하는 것에 반대한 것처럼 북한이 사할린 한인의 한국 귀환을 반대한 것이라는 주장도 제기되었다. 그러나 사실상 사할린 거주 한인의 국적 실태조사를 보면, 북한 국적자가 65%였기 때문에 북한의 입장에서는 북한 국적자를 귀환하는 것에 반대한 것으로 보이며, 소련의 입장에서는 북한 국적자 65%와 소련 국적자 25%, 무국적자 10%인 상황을 고려할 때 소 · 일 간 교섭대상이 아니라 북한과 협의하여 처리할 사항이라는 입장을 주장한 것으로 보인다.

(3) 국내에서의 귀환운동

한국은 소련과 국교를 맺지 않았기 때문에 사할린 한인은 고향에 있는 가족들과 편지조차 주고받을 수 없는 상태였다. 이런 상황에서 박노학의 사할린 한인 귀환운동이 KBS방송을 통해 알려지면서 사할린 한인의 편지도 급증했다(박찬용, 2018: 62).

국내에서의 귀환운동은 박노학을 통해 알려지기 시작하여 동아일보와 KBS가 그 역할의 중심에서 있었으며, 1972년부터 방송되면서 이 사건은 많은 국민으로부터 큰 반향을 불러일으켰다. 정부의 관심을 이끌어내기 시작한 것도 바로 일본 여성과 재혼한 박노학이 포기하지 않고 끊임없이 노력한 결과라고 해도 과언이 아닐 것이다. 이때부터 정부가 국가 차원에서 사할린 한인 송환 문제에 관여하기 시작했다. 정부가 관심을 갖고 귀환 희망자 명단을 일본 정부에 넘겨 사할린에 남겨진 한인의 귀환 협력을 요청했다. 그러나 당시 구소련은 한국에서 문제로 제기한 사할린 한인 억류 문제를 비난하며 이 문제를 국제정치의 대립이라는 정치적 문제로 접근하면서 사할린 한인 귀환은 난항에 처했다.

한국은 사할린 한인의 귀환 문제를 국가적 관심사로 두고 일본과 협력하고 있었지만, 구소련은 북한과 정치적 · 외교적 문제가 얽혀 있었기 때문에 협조적이지 않았다. 1974년에도 귀환을 희망하는 한인의 명단을 소련에 전달하려 했지만 구소련이 접수를 거부했고, 이러한 냉전체제는 구소련이 붕괴되는 1980년대 후반까지 이어졌다.

귀환 문제가 새로운 국면을 맞이한 것은 1980년대 후반 구소련이 해체되면서부터다. 1990년 9월 30일 러시아와 한국 간에 외교관계가 수립되면서 한인의 고향 방문이 가능해졌고, 1992년 사할린 한인 노령자들이 먼저 남한으로 돌아올 수 있었다(이재혁, 2011: 8).

1989년 3월 7일 외무통일위원장이 제안한 '사할린동포 모국방문 및 귀환촉구 결의안'이 가결되면서 이 사업은 속도를 내어 1989년부터 한일 적십자사를 통해 사할린 한인의 모국방문과 영주귀국사업이 시작되었다(이명수, 2017). 1994년 한일 합의에 의해 사할린 한인의 영주귀국사업으로 건설비용과 정착지원금 지원이 성사되면서 1996년 국무총리 주재로 사할린 한인 영주귀국사업에 대한 대책이 마련되었다. 이로써 2016년까지 총 4,387명이 국내로 영주귀국을 하게 되었다.

이처럼 사할린 한인 1세의 귀환 열망에 대한 변화 과정을 보면, 사할린에서 태어나 자란 1.5세와 2세, 3세가 영향을 미칠 수밖에 없음에도 귀환을 포기하지 않는 1세가 많았고 고국과 고향에 대한 절절한 그리움이 이들을 포기하지 않게 했다.

2.
사할린 한인의 영주귀국 현황 및 정책

1) 사할린 한인의 영주귀국 현황

국외이주 동포(중국 · CIS* 지역 동포)를 재외동포법 적용대상에서 제외한 것이 평등의 원칙에 위배된다는 헌법불합치 결정(2001년 11월)이 있었다. 이

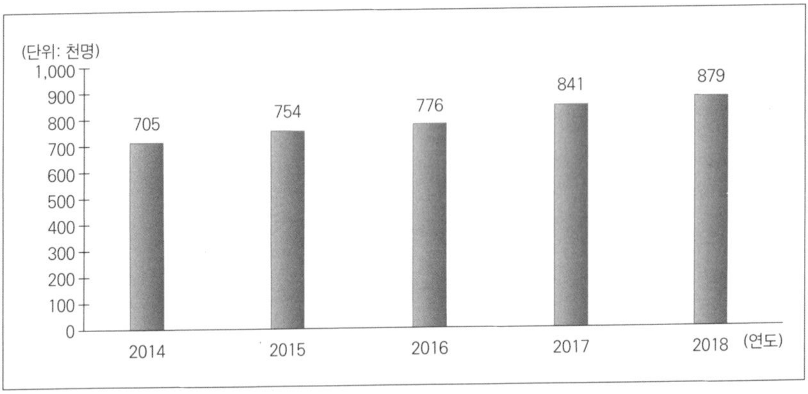

[그림 3] 국내 거주 재외동포 증감

* Commonwealth of Independent States, CIS: 독립국가연합은 1991년 소비에트연방의 해체로 독

후 거주국 동포 간 차별을 최소화하기 위해 방문취업제(H-2와 F-4) 비자 부여 확대로 동포의 자유왕래와 국내취업을 확대 허용되면서 현재 중국과 CIS 재외동포가 지속적으로 증가하고 있는 실정이다. 국내에 거주하고 있는 재외동포의 증감 추이를 보면 2014년부터 2018년까지 4년 만에 25%가 증가했음을 알 수 있다(출입국 · 외국인정책본부, 2018년 통계연보).

사할린 한인의 영주귀국은 1990년 한국과 러시아가 국교를 수립하고 교류가 활발해지면서 비로소 시작되었다. 고르바초프 시대가 되면서 사할린 한인의 고향방문으로 일시귀국이나 영주귀국길이 열리게 되었다. 이에 한국과 일본 적십자사의 '사할린 거주 한인지원 공동사업체'가 중심이 되어 영주귀국 시범사업으로 아파트와 요양원 건립에 합의를 이루어냈다. 1994년 사할린 한인에 대한 일본 측의 인도적 지원이 합의되면서 영주귀국 시범사업이 대규모로 추진되기 시작했다.

2007년까지는 사할린 한인 1세만을 영주귀국 대상으로 지원해왔으나, 2008년부터 인도적 차원에서 1세와 혼인한 2세는 1세 배우자(러시아계 비한인 포함)와 함께 영주귀국을 할 수 있었다. 사할린 한인 1세대의 영주귀국 신청이 거의 없는 상태에서 2015년 일본 적십자사는 영주귀국사업 중단을 선언했으며, 한국 정부가 사할린 잔류 한인 1세대를 대상으로 설문조사를 실시한 결과 앞으로 3년간 영주귀국 희망자는 2016년 7명, 2017년 3명, 2018년 1명으로 나왔다고 한다(경기일보, 2016.07.12).** 현재 국내 사할린 한인의 영주귀국 현황과 주거지 현황(보건복지부, 2020)을 보면 다음 〈표 4〉와 같다.

럽한 10개 공화국의 연합체다.

** http://www.kyeonggi.com/news/articleView.html?mod=news&act=articleView&idxno=1205738 (검색일: 2020.04.20)

〈표 4〉 사할린 영주귀국자 국내 거주분포 현황(1990~2019)

구분	'90년	'91년	'92년	'93년	'94년	'95년	'96년	'97년	'98년	'99년	영주 귀국자 합계 4,408명
명	2	7	92	163	53	2	44	44	152	95	
구분	'00년	'01년	'02년	'03년	'04년	'05년	'06년	'07년	'08년	'09년	
명	117	182	10	11	43	37	34	626	647	660	
구분	'10년	'11년	'12년	'13년	'14년	'15년	'16년	'17년	'18년	'19년	
명	182	102	108	74	103	83	11	9	3	9	

〈표 5〉 사할린 영주귀국자 주거시설(영구 · 국민임대아파트, 입소시설)

시 · 도	시 · 군 · 구	지구 및 시설	인원
서울	강서구	등촌	47
부산	기장군	정관	109
인천	남동구	논현	396
	부평구	삼산	31
	서구	가정	32
	중구	영종도	17
충북	제천시	영천	85
	청원군	오송	58
	음성군	신천	41
충남	서천군	사곡	83
	아산시	신창	76
	천안시	청수	72
강원	원주시	문막	56

시 · 도	시 · 군 · 구	지구 및 시설	인원
경기	김포시	통진서암	104
		구래솔터	190
	남양주시	진접	48
	안산시	사동고향마을	608
	화성시	향남	72
	오산시	세교	71
	파주시	당동	78
		선유	76
	양주시	옥정	88
경남	김해시	율하	85
	양산시	대석	69
인천	연수구	사할린동포 복지회관	86
경북	고령	대창양로원	10
강원	춘천시	광림요양원	2

합계: 2,690명(임대아파트 2,592명, 입소시설 98명)

한인 1~2세대의 영주귀국사업으로 2019년 12월 말까지 24개 지구에 4,408명이 입국했다. 그러나 사망이나 역귀국자를 제외하면 현재 국내에 체류하고 있는 인원은 2,690명이다. 주거시설 현황은 영구 · 국민임대 아파트(2,592명), 입소시설(요양원, 양로원 98명)이다.

2) 영주귀국 사할린 한인 정책

사할린 한인의 귀환 문제는 1950년대 말부터 외교 문제로 대두되었고 이러한 정부의 외교문서 원문이 해제되면서 사할린 한인 송환에 관한 정부의 대응을 자세히 알 수 있다(부록 1 참고).

1983년 정부가 파악한 사할린 한인 실태를 보면, 종전 당시 약 4만 3천 명이었으나 1983년 당시에는 약 6만 명으로 추산되었다. 국적별로 보면 1960년대에는 북한 국적 65%, 소련 국적 25%, 무국적 10%였지만 1980년대에는 북한 국적 25%, 소련 국적 70%, 무국적 5%였다. 북한 국적자의 대부분이 소련 국적으로 이동했고, 고향으로 돌아가려고 무국적자로 남았던 이들도 10%에서 5%로 줄어들었다. 당시 귀환 희망자 수는 1,680명으로 주로 1세 노년층이었고, 귀환이 지연됨에 따라 점차 줄어드는 추세였다.

1994년 한일정상회담 시 포괄적 해결방안의 조기 마련을 위해 실무회담에서 사할린 한인 1세를 대상으로 하는 '영주귀국 시범사업'은 '100명 수용 요양원' 및 '500세대 아파트' 건립을 추진하기로 합의하면서 한국 정부는 요양원시설과 아파트 건립 부지를 제공하고 일본 정부는 건

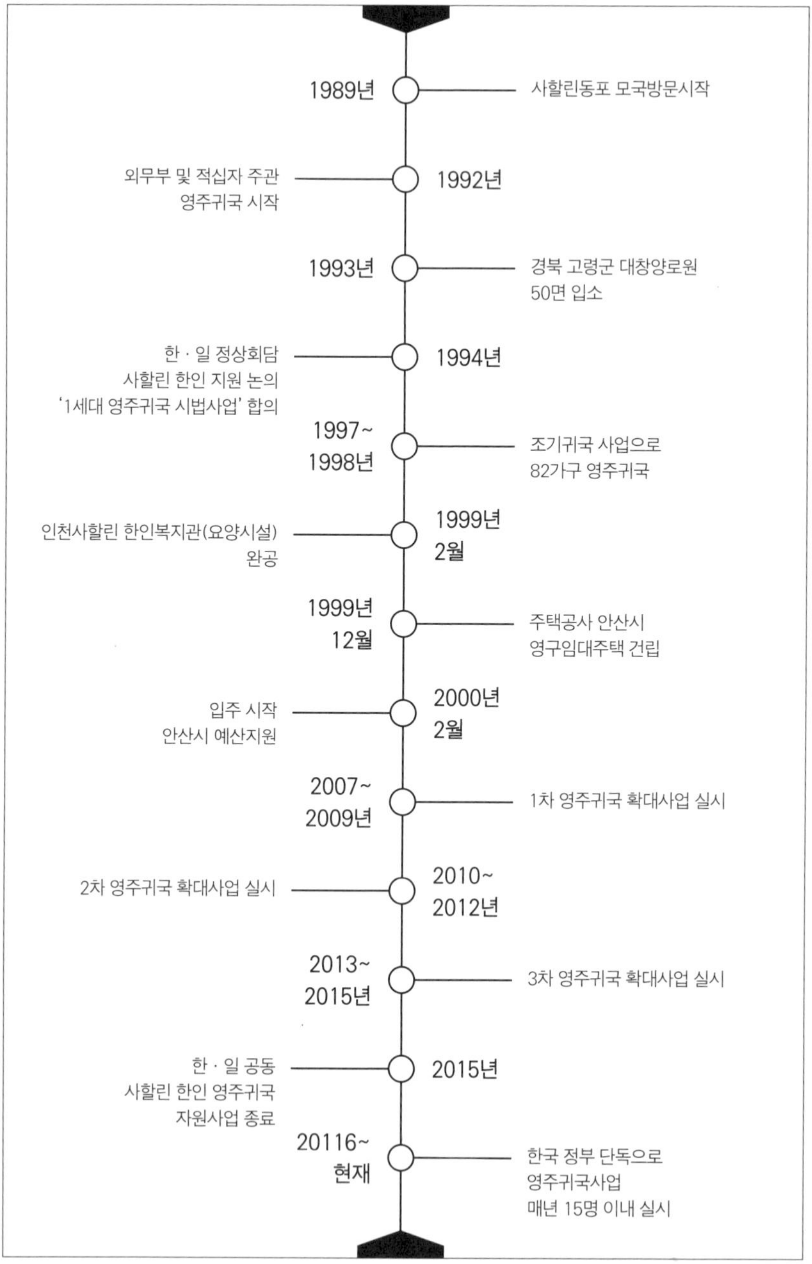

[그림 4] 사할린 한인 영주귀국 추진 현황

설경비 32억 3천만 엔(한화 약 371억 원)을 지원하기로 했다.

그러나 사할린 한인의 영주귀국사업은 처음부터 순탄하지 않았다. 먼저, 영주귀국자 선정 기준은 일본이 제2차 세계대전에서 패한 1945년 8월 15일 출생자로 제한적이었고 조건도 까다로웠다. 합법적으로 결혼한 사람이면서 부부가 65세 이상이어야 하며, 특히 거주시설이 제공되는 아파트는 자식에게 상속할 권한이 없다는 조건이었다(김영순 외, 2018: 33).

'조기귀국사업(1997.12~1998.9)'으로 임대아파트 82세대 입주를 추진하고 1999년 2월 100개 병상의 '사할린한인복지회관'(인천요양원) 완공, 같은 해 12월 '사할린 한인아파트'(안산아파트)를 완공하여 2000년 2월에 입주 완료, 2005년 9월 일본 적십자사와 안산시 공동부담으로 안산요양원을 개원했다. 이러한 추진으로 1997년부터 2001년 사이에 1천여 명이 귀국하여 국내에 정착하게 되었다. 2001년 영주귀국 시범사업 종료 이후에도 사할린 지역에 잔류하고 있는 약 3,200명의 한인 1세 지원에 대한 필요성이 대두되면서 정부는 2005년 두 차례에 걸쳐 사할린 한인 1세 실태를 조사했고, 2007년부터 2009년까지 3년 이내에 마무리를 목표로 영주귀국을 확대했다.

2002년부터 대규모 영주귀국은 잠시 주춤하다가 2007년부터 재개되었다. 2005년 한국 외교부가 일본과 러시아 측과 협의하여 일본 정부가 대한적십자사를 통해 영주귀국자의 항공비와 생활용품지원에 합의함에 따라 재개되었다(김인성, 2011: 284). 1세 영주귀국 대상을 2008년부터는 인도적 차원으로 접근하여 1세와 혼인한 2세도 동반 귀국할 수 있는 길을 열어주었다. 영주귀국하는 사할린 한인은 「국민기초생활보장법」상 생활보호대상자로서 정부의 지원을 받게 되며, 국적판정 절차 직후 한국 국적을 회복하거나(1세의 경우) 귀화를 조건으로 한국에 만 1년 거주한 경우 한국 국적을 부여(2세 배우자의 경우)받는 등 정부의 국적취득 간소화 혜택을 받게 되었다(외교부, 2018.10.29. 보도자료).

정부는 사할린 한인 영주귀국 희망자에 대해서는 일본 적십자사와 관계없이 국가가 영주귀국을 돕겠다고 나섰고, 국회에서 추가로 영주귀국비용, 초기 정착비, 생활비 등의 예산을 통과시켰으며 인천시의 경우 「국민기초생활보장법」에 따라 2007년 남동구에 조성된 국민임대아파트와 생계급여, 의료지원을 영주귀국 사할린 한인에게 제공하고 있다. 그럼에도 영주귀국 노인 가구가 겪는 어려움 가운데 외로움 문제가 대두되고 있다. 생활비, 의료비 부족 같은 경제적 어려움도 크지만, 그보다 배우자와의 사별과 러시아에 있는 가족과의 이산, 자손들의 비자 및 체류기간 등 현실적 제약이 있었다.

사할린 한인은 강제징용에 따른 피해배상 문제, 노임, 보험금, 우편저금도 돌려받지 못했고 국적 문제도 얽혀 있어 많은 어려움을 겪으면서 살

〈표 6〉 사할린 한인 관련 특별법 제정

유형	제정 목적
「대일항쟁기 강제동원 피해조사 및 국외강제동원 희생자 등 지원에 관한 특별법」 [법률 제10143호, 2010.03.22. 제정]	이 법은 대일항쟁기 강제동원 피해의 진상을 규명하여 역사의 진실을 밝히고, 나아가 1965년 체결된 「대한민국과 일본국 간의 재산 및 청구권에 관한 문제의 해결과 경제협력에 관한 협정」과 관련하여 국가가 태평양전쟁 전후 국외강제동원 희생자와 그 유족 등에게 인도적 차원에서 위로금 등을 지원함으로써 이들의 고통을 치유하고 국민화합에 기여함을 목적으로 한다(최경옥, 2012: 185).
「사할린동포 지원에 관한 특별법」 [2020.04.29. 국회 통과]	이 법은 일제강점기에 강제동원 등으로 사할린에 이주한 사할린동포를 위하여 관련 국가와의 외교적 노력을 통해 그 피해를 구제하고, 사할린동포와 그 동반가족의 영주귀국과 정착을 지원하며 국내 유족에 대한 권익보호 및 생활안정을 도모함을 목적으로 한다.

아왔다. 물론 일본의 지원으로 합의를 이끌어내면서 사할린 한인의 영주귀국을 추진해왔으나 그 대상은 1세대와 배우자, 장애인 자녀에 한정되어 또 다른 이산가족 문제가 발생했고, 일본의 지원이 종료된 2016년 이후에는 사업규모도 축소되면서 정착지원에 대한 개선요구가 이어졌다.

이러한 문제점들을 해소하고자 자손들이 한국에 체류할 수 있는 조건을 완화했고, 2020년 4월 29일에는 사할린동포 지원에 대한 특별 법안 〈표 6〉이 국회 본회의를 통과했다. 「사할린동포 지원에 관한 특별법」 〈표 7〉은 19대 국회에서 전해철 의원에 의해 대표발의 되었지만 외교적 문제 등의 이유로 논의가 이루어지지 못한 채 임기만료로 폐기되었고, 다시 20대 국회에서 법안을 대표발의하여 노력한 끝에 지난 4월 법안 통과를 이끌었다. 현지 가족들과 함께 살지 못하는 문제를 조금이나마 해소하기 위해 영주귀국 동반가족을 자녀 1인과 그 배우자로 확대했다.

일본의 강제동원 피해자로서 관련 법안은 2010년 3월 22일 「대일항

〈표 7〉 「사할린동포 지원에 관한 특별법」 요지

구분	내용
명예회복	• 사할린동포 지원 정책의 수립 · 시행과 사할린동포 피해구제(저축금, 미지불임금, 보험금, 연금) 등을 위한 외교적 노력 • 사할린동포에 대한 역사적 조명으로 사할린동포 명예 회복을 위한 기념사업을 국가가 실시하도록 규정
초기 정착지원 범위 확대	• 사할린동포와 **그 동반가족(배우자 또는 직계비속 1인과 그 배우자**를 말함)의 영주귀국 및 정착에 필요한 귀국 항공운임 및 초기 정착비, 거주 · 생활시설 운영비, 임대주택 등을 지원 • 국내 유족의 권익보호와 생활안정 도모를 위해 생계급여 및 의료급여 등 각종 정착지원을 할 수 있도록 함
영주귀국 및 정착지원 확대	• 사할린동포와 **그 동반가족으로서 국내 영주 목적으로 한 영주귀국 지원** • 사할린동포로서 귀국지원결정을 받은 사할린동포 중 귀국을 희망하는 자에 대하여 조속한 영주귀국 지원

쟁기 강제동원 피해조사 및 국외강제동원 희생자 등 지원에 관한 특별법」이 제정되어 피해의 진상규명과 피해 당사자에 대한 피해보상에 중점을 두었다. 그러나 2020년 4월 29일 국회를 통과한 「사할린동포 지원에 관한 특별법」은 영주귀국자 범위와 정착지원을 확대하고 사할린 한인 1세의 원활한 국내 정착을 위해 필요한 동반가족(배우자 또는 직계비속 1인과 그 배우자)이 함께 국내에서 정착할 수 있도록 생활안정을 지원하고자 하는 데 중점을 두고 있다.

「사할린동포 지원에 관한 특별법」은 오랜 기간 각종 차별과 생활고를 겪으며 살아온 강제동원 희생자와 그들의 가족에 대해 국가가 고통을

〈표 8〉 영주귀국 사할린 한인을 위한 정부 지원 내역

구분	세부내용	금액 및 보조금 내역	비고
정착비 지원	특별생계비	75,000	아파트관리비
	임대주택 임대보증금	17,700,000	2인 1가구 기준 입주비용
	항공료	895,000	2015년도 한일공동 지원종료 2016년도부터 한국 정부가 지원
	집기비품	1,400,000	
입소시설 운영비 지원	요양시설 입소 경우	국고보조금 선정 기준액	요양시설 3곳 (인천, 경북 고령, 강원 춘천)
복지급여	생계급여 및 주거급여	527,158	특례수급권자 지정 1인 가구 기준
	장제급여	750,000	수급자 사망 시 1인당 사망 시 국립 납골묘 안장
	기초연금	300,000	1인당 최고금액
	장애인연금	선정 기준액	-
	의료급여	702,878	1인 가구

출처: 보건복지부(2020)

위로하고 국내 이주를 원하는 자를 중심으로 국내 초기정착을 도모하고자 하는 데 큰 의의를 두고 있으며, 주요 내용을 살펴보면 크게 세 가지로 나누어볼 수 있다.

영주귀국 사할린 한인 지원 내역(〈표 8〉 참조)을 보면, 정착비 지원(특별생계비, 임대주택, 임대주택보증금 및 관리비 선수비 지원, 항공료 및 집기 비품, 생계급여 및 기초연금), 입소시설 운영비 지원, 사할린 한인 대상 복지급여다. 대부분 영주귀국 사할린 한인은 기초생활수급자로 살아가고 있다.

영주귀국 사할린 한인 선정 및 지급절차 과정을 보면, 외교부(대한적십자사)가 사할린 거주 한인 중 대상자를 선정하고 국토교통부(한국토지주택공사)가 거주지를 마련하여 거주지별 대상자 명단을 해당 시 · 군 · 구청에 송부 → 입국 → 정착 → 수급자신청 → 수급자조사 및 책정 → 급여지급(생계 · 주거비, 특별생계비 등) → 항공료 및 집기 비품비 지급 순으로 지원절차가 진행된다. 2020년 기준 생계급여는 중위소득의 30% 이하로 책정되어 있으며, 의료급여 지원은 중위소득의 40% 이하로 지급된다(〈표 9〉 참조).

현재 중국 및 CIS 국적 동포에 대한 재외동포(F-4) 자격부여 확대로 재외동포 자격자의 비자 소유가 크게 증가하고 있으며, 재외동포(F-4) 자격으로 일정한 소득 및 재산을 가진 사람, 국적취득 요건을 갖춘 사람, 제

〈표 9〉 생계급여 및 의료급여 지급 기준

(단위: 원)

구분	1인 가구	2인 가구	3인 가구	4인 가구
기준중위소득	1,757,194	2,991,980	3,870,577	4,749,174
생계급여(기준중위소득 30%)	527,158	897,594	1,161,173	1,424,752
의료급여(기준중위소득 40%)	702,878	1,196,792	1,548,231	1,899,670

출처: 보건복지부(2020)

조업 · 농축산업 · 어업 분야에 장기 근속한 사람에 대해 일정한 요건을 갖춘 경우 영주(F-5) 자격을 부여하는 정책을 시행하여 영주 자격 소지자가 지속적으로 증가하고 있다. 특히 인도적 조치 마련으로 사할린이나 고려인 재외동포의 4세까지 국내에 한시적으로 체류할 수 있도록 하고 있다.

3.
영주귀국 사할린 한인에 관한 선행연구

사할린 한인에 대한 학계의 관심은 1970년대 말부터 논의되기 시작했다. 1977년 장민구는 '사할린에 억류된 한인의 실태에 관한 연구'를 시작으로 '사할린에 버려진 한인 그대로 둘 것인가?'라는 문제를 제기했다. 이후 1980년대부터 본격적으로 사할린 한인 문제는 일본과 한국에서 관심의 대상이 되었다. 1987년 7월 일본에서 발간하는 통일일보(統一日報)는 사할린 잔류 한인 · 조선인 문제를 두고 의원간담회가 초당파적으로 결성된 바 있다고 밝혔다(統一日報, 1987년 7월 21일자). 1987년 정인섭은 '재(在)사할린 한인에 관한 법적 제 문제'를 논의했고, 1990년대에는 사할린 한인에 대한 역사와 통계(박수호, 1991)에 대한 연구들이 진행되면서 2000년대부터 학계에서 사할린 한인의 귀환 문제에 대한 논의가 제기되었다.

선행연구를 살펴보면, 〈표 10〉에서와 같이 크게 영주귀국 사할린 한인의 귀환 문제와 귀환 이후 사회적응 문제를 다루고 있으며, 세부적인 접근으로 크게 네 가지 유형으로 구분할 수 있다. 첫째, 역사적 접근으로 본 이주의 역사와 이산에 관한 연구이며 둘째, 법적 접근으로 귀환정책과 제도, 미귀환 문제와 법적 지위를 고찰하고 있으며 셋째, 복지적 접근으로 영주귀환 주거실태와 노인시설, 건강과 심리상태에 관한 문제점들을 다루고 있다. 넷째, 사회통합적 접근은 사회 · 문화적응과 생활적응, 정체성에 관한 연구들로 구성되었다.

〈표 10〉 영주귀국 사할린 한인 관련 연구 유형

구분	세부 유형	연구의 핵심
역사적 접근	• 이주의 역사와 이산 • 사할린 이주와 사회 형성 • 사할린 한인 문제와 동원실태	• 이주의 역사와 현황 • 이주노동과 강제징용 • 디아스포라와 이중징용 배경
법적 접근	• 귀환정책 및 제도 • 미귀환 문제와 법적 지위	• 귀환과 정책 문제 • 외교와 미귀환 문제
복지적 접근	• 주거환경과 노인시설 관련 • 건강과 심리상태 • 노인의 우울과 불안 • 거주실태와 개선방향	• 주거환경 분석 • 거주실태 및 개선방향 • 자아통합을 위한 심리치료 • 우울과 불안, 심리상태와 건강 • 생활환경 정책
사회통합적 접근	• 사회 · 문화적응과 생활적응 • 민족정체성과 자녀의 정체성 • 포섭의 정치 • 지원정책과 실태	• 이주와 삶의 변화 • 생활변화와 문화갈등 • 가족 문제 및 자녀의 정체성 • 언어 문제와 한국어교육 문제 • 통과의례를 통한 민족정체성 • 적응실태와 정착지원 정책 • 역사연대와 문화통합

1) 역사적 접근

사할린 한인의 귀환 문제는 미국, 소련, 일본, 남북한의 문제가 얽혀 있는 문제이며 우리 민족의 불행한 역사의 유산이기도 하다. 복잡하게 얽힌 역사적인 문제로 오랜 기간 이 문제는 우리 사회에서 관심을 받지 못했다. 김성종(2006)은 이러한 문제점을 지적하며 사할린 한인의 귀환 문제는 한국과 일본 간의 과거사 해결의 전환점이 마련되어야 함을 강조했다. 그래서 사할린 한인의 귀환 문제는 가장 먼저 역사적으로 접근할 수밖에 없다.

김성일(2006)은 사할린 한인의 미귀환 문제를 역사적으로 접근하여 미귀환자 가운데 귀환할 수 없었던 사람들을 집중 조명했다. 그들 중 일제에 의해 생명을 빼앗긴 사람들, 사할린을 재점령한 러시아 정부에 의해 귀환을 저지당한 사람들, 6.25전쟁으로 귀환을 포기한 사람들, 강제연행으로 생이별한 가족들, 일본 정부의 귀환 저지에 막혀 귀환하지 못한 사람들로 나누어서 분석했다. 특히 일제에 억울하게 목숨을 잃은 수많은 한인이 이름도 밝혀지지 않은 채 어딘가에 묻혀 있으며, 고향에서 귀환을 기다리고 있는 사람들을 위해서라도 발굴의 필요성을 제기했다.

장민구(1977)는 학위논문을 통해 사할린 한인에 대한 실태조사를 했으며, 1985년에는 '사할린에 버려진 韓人들 그대로 둘 것인가'라는 주제로 사할린섬의 역사적 배경과 함께 사할린 한인의 체류 배경과 현황을 집중 조명하면서 법적인 견지에서도 일본에 전적인 책임이 있다고 주장했다. 이러한 법적인 의무를 이행할 수 있도록 한국 정부의 강력한 요구가 필요함을 제언했다. 그러면서 당시 상황을 감안하여 귀환을 희망하는 사할린 한인의 일시 귀환이 불가능할 때를 단계적으로 이행할 수 있는 방법을 제안했다. ① 한국에 가족, 친척이 있는 자, ② 한국에 확실한 연고자가 있는 자, ③ 한국으로 귀환하기 위해 독신으로 있는 고령자 등으로 구분하여 사할린 체류 한인의 귀환방법을 다각도로 모색하여 제시했다.

이연식(2014)은 '사할린 한인 귀환 문제에 대한 전후 일본 정부의 대응'에 관한 연구에서 일본이 한국과 소련을 상대로 한 주요 교섭내용을 분석했고, 이연식(2017)은 '화태청 자료를 통해 본 일본제국의 사할린 한인 동원실태'를 분석했다. 사할린주역사기록보존소[Gosudarstvennyy Istoricheskiy Arkhiv Sakhalinskoy Oblasti, 이하 GIASO(기아소)]*에 소장된 일제강점기 문서들을 화태청(樺太庁) 공문서, 경찰 관계문서, 기업 관계문서로 나누어 한인의 동원 및 거류실태, 화태청의 동원 관련 정책, 경찰 조직의 감시와 통제 방식, 기업 및 작업장의 노동조건과 처우를 종합적으로 고찰했다. 1991년 기아소가 구소련이 남사할린 점령 과정에서 노획한 화태청 관련 공문서를 공개하자 일본의 연구자들은 자료 현황을 살피고자 다양한 경로로 사할린 현지를 방문했다. 기아소는 1947년 남사할린주가 창설되면서 남사할린의 유즈노사할린스크로 이전되었고, 1960년대 화태청 노획문서를 이관 받아 소장문서를 확충했으며, 2010년부터 사할린주의 공산당 기록보관소의 기록물까지 통합관리하면서 방대한 기록물을 소장하는 기록관으로 자리하고 있다. 이연식(2017)은 일본에 축적된 사할린 재판자료와 교차 검증

---

* 사할린주역사기록보존소(Государственный исторически й архив Сахалинской области)는 약칭으로 'ГИАСО'이며, 영문으로 '기아소(GIASO)'라고 부른다. 구소련 시대의 명칭은 '가소(ГАСО)'로 불렸으며, 가소가 소장하고 있던 화태청(사할린 총독부) 자료를 엮은 것이다. 1945년 8월까지 소련군이 남사할린을 점령하는 과정에서 일본당국이 미처 파기하지 못한 자료를 노획한 것이다. 기아소에 있는 자료들은 1945년 노획한 후 하바롭스크, 블라디보스토크, 모스크바 등지로 옮겨 보관하다가 1962~1963년 비공개문서로 지정해 사할린으로 이관되었다가 소련이 붕괴되면서 자료가 공개되었다. 현재까지 일제강점기 사할린 한인에 관한 기록을 계통적으로 접근할 수 있는 기관이며, 1945년 8월 이전 자료는 약 915개 파일철로 소장하고 있는 것으로 추정된다(이연식, 2017: 161).

해나간다면 한인 문제에 관한 새로운 역사상을 정립할 수 있을 것으로 보았다.

이 밖에도 역사적 접근으로 장석흥(2007)은 '이중징용의 배경과 강제성'을 고찰했고, 이준영(2019)은 박사학위논문을 통해 '조선인의 가라후토(사할린) 이주와 사회 형성' 과정을 다루었다. 홍웅오(2018)는 영주귀국한 사할린 한인의 구술을 통해 사할린 한인의 역사와 삶을 연구했다. 이처럼 역사적 사료와 함께 구술자료를 통한 역사적 관점을 부각시키는 연구는 여전히 활발하게 이루어지고 있다.

2) 법적 접근

사할린 한인에 대한 법적인 접근으로 정인섭(1989: 172)은 '재(在)사할린 한인에 관한 법적 제 문제'와 관련하여 법적 논쟁이 그들의 귀환 실현을 중심으로 한 것이었다면 과거에 대한 배상 문제가 논의되어야 한다고 주장한다. 한인의 사할린 잔류사실에 관한 일본 측의 법적 책임에 대해 일본 정부는 다음과 같은 논리로 부인하고 있다.

첫째, 사할린 한인이 모두 일제당국에 의해 동원된 것이 아니라 자유모집에 응모하여 자의로 사할린에 갔으며 일부는 가족을 따라 스스로 이주했기 때문에 현재 잔류하고 있는 사할린 한인 모두가 강제연행된 것이 아니라는 주장이다. 이러한 상황에서 사할린에 잔류한 한인 중에서 자의이주와 강제이주를 가리는 것은 현실적으로 불가능하다. 둘째, 강제징용인 경우라도 일본 정부가 그들을 귀환시킬 법적 의무까지 질 필요는 없다는 것이다. 구노동관계법상 징용해제 된 자에게는 국가가 귀향여비를 지급한다는 규정이 있었으나, 귀향 자체까지 국가가 책임진다는 규정은 없었다는 주장이다. 셋째, 종전 후 1946년부터 시작된 집단송환에서 한인이 배제된 사실도 일본 정부의 책임이 아니라는 것이다. 그 이유는 당시 일본은 연합국의 지배하에 있었고 집단송환은 미국과 소련 간의 협정을 통해 실시되어 송환배의 승선자 선별이 소련당국의 책임하에 진행되었기 때문에 일본 정부가 한인의 귀환 기회를 봉쇄한 것이 아니라는 주장이다. 넷째, 한국 출신은 1952년 4월 28일 샌프란시스코 대일평화조약 발효와 동시에 일본 국적을 상실했으므로 일본 국적자가 아닌 사할린 거주 한인은 일본 정부가 보호할 권리나 의무가 없다고 주장한다. 이와 같은 주장을 요약하면 사할린 한인 잔류에 대한 문제는 정치적 · 도의적 책임은 있어도 법적 책임까지는 없다는 것이다. 이러한 일본 측의 주장에 대한 비판적 검토를 바탕으로 정인섭(1989)은 일본의 전쟁에 동원되어 반세기 동안 혈육과 이별하고 남은 가족에게도 고초를 안겨준 역사와 과거사실에 대한 정리 작업이 반드시 필요함을 지적했다.

최계수(2006)는 사할린 한인의 미귀환 문제와 관련하여 종전 후 사할린 한인의 국적 문제를 검토했는데, 당시 사할린 한인의 일본 국적 보유 여부는 미귀환 실체를 밝히는 데 중요했기 때문이다. 아직까지도 해결되지 않은 사할린 한인의 전후 처리 문제와 관련된 법적 제 문제를 네 가지로 구분하여 분석했다. 구체적으로 살펴보면, ① 사할린 한인과 한일청구권협정의 관계, ② 사할린 한인의 이중징용 문제, ③ 강제적립금 상환 문제, ④ 사할린 한인의 영주귀국과 대책 문제 등을 다루었다.

최경옥(2012)은 사할린으로 징용되어갔다가 일본으로 귀환한 박노학이 일본에서 사할린 귀환에 관한 재판에 제소되기까지의 노력과 재판내용을 다루었다. 미귀환자들, 그리고 귀환했지만 권리를 인정받지 못하는 수많은 사람이 일본에서 권리를 찾기 위해 재판 과정에서 다루는 법적 쟁점들을 분석하며 지나간 과거 역사의 헌정사를 정리했다. 이에 이들이 이주하게 된 배경과 국적 처리 문제, 원상회복 의무 등에 관한 역사의 흔적을 따라 분석하면서 단순히 일본의 전후책임으로만 돌리기 전에 한국 정부에 대한 책임을 묻고 있다. 마지막으로 사할린 잔류 조선인을 위해 전 생애를 바친 박노학 씨의 소송 과정과 이를 도운 일본의 변호사와 유관 단체에 감사의 마음을 함께 전했다.

이소영과 윤황(2015)은 사할린 한인의 영주귀국 선택과 잔류의 현실을 고찰했다. 한일 양국이 합의한 영주귀국 대상은 사할린 한인 1세에만 해당하기 때문에 자녀 및 손주들과 헤어질 수밖에 없으며, 또 다른 이산의 아픔을 견뎌야 하는 상황에 처해 있다. 이러한 이유로 잔류를 선택하는 사할린 한인 1세대는 고령으로 건강이 악화되었거나 자녀의 양육 및 교육 문제로 귀환의 한을 품고 살고 있다는 것이다. 최상구(2015)는 사할린에 뿌리내린 한인의 역사와 삶의 기록에서 사할린 한인의 귀환 선택에 대한 갈등을 세 가지 유형으로 지적했다. 영주귀국에 관한 사할린 한인의 선택은 ① 어떤 형식이든 한국으로 영주귀국을 원하는 유형, ② 그래도 또다시 가족과 헤어질 수 없어 가족과 함께 사할린에 남기를 희망하는 유형, ③ 가족과 함께 살 수 있다면 영주귀국 선택을 하겠다는 유형이다. 이와 같이 귀환 선택에 있어서 갈등하고 있는 사할린 한인에 대한 조치가 개선되어야 함을 지적하며, 영주귀국 동반가족 확대에 대한 관련 법제정과 제도 개선이 요구되어야 함을 주장했다.

김성종(2006)은 일제의 강제동원령에 의해 징용으로 사할린으로 간 한인의 귀환 문제와 정착을 위한 정책과제에 대해 조명했다. 그동안 일본의 지원과 배상에 의해 귀국사업을 추진하던 입장에서 더욱 적극적으로 정부가 나서서 법적 · 제도적 지원체제를 갖추고 이들이 돌아와 정착하는 것을 지원해야 한다는 입장이다. 그러기 위해 동포 1세대 영주귀국사업을 조속히 완료하고 국내 정착과 생계지원을 마련해야 한다고 주장했다. 당시 영주귀국 및 보상과 관련한 논의는 크게 세 가지였다. ① 영주귀국의 대상범위 결정, ② 귀국 이후 정착지원 규모, ③ 귀국을 포기한 사할린 한인에 대한 지원방법이었다. 사할린 한인단체들이 합의하여 제시한 조건 및 보상내용의 대부분은 수용되지 않았으며, 1945년 8월 이전 출생한 부부로 한정짓다 보니 영주귀국을 원하는 사할린 한인은 가족과 고국 중 하나를 선택해야 하는 입장에 놓여 있었다. 일제에 의해 생이별을 해야 했던 과거의 아픔이 다시 반복되는 상황이 되었고, 이러한 문제를 안고 있었던 사할린 한인의 귀환범위는 개선되어야 할 부분이라는 지적이었다. 또한 대일청구권 협상을 통한 후속 조치를 강구하는 한편 법적 · 제도적 지원체제를 구축해야 한다고 지적했다. 김성종(2006)은 이러한 문제점이 일본군 위안부 할머니와 북한 이탈주민 지원 법률과 비교하여 부족하다는 점을 지적하며, 영주귀국사업이 오랜 시간을 끌어오면서 진전을 보지 못한 것이 바로 법률적 근거 없이 수행되는 사업이라는 데 기인한다고 보았다. 이 밖에도 김남석(2017)은 일본의 사할린 이주정책을 통해 시기별로 변천하고 시간의 경과에 따라 강제성과 불법성에 주목하여 귀환과 귀환자의 권리에 관해 논의했다.

이와 같이 법적 접근으로서는 사할린 한인의 귀환 실현을 위한 법적 근거, 강제동원이나 이중징용에 따른 법적 책임에 관한 논의, 전후처리 문제와 관련 법적 관련 문제 등을 다루고 있으며, 이어서 귀환 선택에 따른 후속 문제점 발생에 관련하여 법률적인 문제와 정책 관련 논의가 이루어지고 있다. 법적 접근으로서의 연구는 귀환 전후로 구분하여 진행될 것이다. 귀환 실현을 위해 다양한 자료를 활용하여 법적 접근으로 해석했다면, 앞으로는 귀환 후 발생하는 문제점 해소를 위한 정책 개선 관련 법률 분석이 이루어질 것으로 보인다. 사할린 한인 1세대의 문제는 이주와 이산의 문제를 다루면서 또 다른 이산의 문제를 재생산하고 있다는 점에서 법적 논쟁이 끊임없이 어어질 것이다.

3) 복지적 접근

사회복지적 접근의 선행연구를 보면, 역사적 접근의 선행연구보다는 부진한 상태다. 주로 양적 연구로 이루어진 선행연구를 살펴보면, 10~20대의 젊은 나이에 고국을 떠난 사할린 귀환 한인은 노년이 되어서야 고국으로 돌아왔지만 건강과 거주실태에 대한 문제가 쟁점이 되고 있다. 특히 고령이다 보니 건강이 점차 악화되면서 다양한 질병에 노출되고 있다. 특히 사할린 귀환 시설노인들은 고령에 따른 질병과 함께 사할린에 두고 온 가족에 대한 그리움으로 심리적 고통 문제를 동반하고 있으며, 이러한 문제점을 해결하기 위한 연구들이 등장했다.

김경숙(2012)은 학위논문을 통해 '사할린 귀환 시설노인의 자아통합감을 위한 집단원예치료 효과에 관한 연구'를 시도했다. 고국으로의 귀환에 대한 꿈을 그리며 살아온 사람들이지만 자신의 인생에 대한 회한과 사할린에 두고 온 가족에 대한 그리움, 시설적응에 대한 문제들이 동반되는 고통을 완화하기 위해 시설노인들의 정신적 안정감과 삶의 만족감을 증진시켜 만족스러운 노후를 보낼 수 있도록 집단원예치료를 활용하는 방법을 탐색했다. 원예의 살아있다는 본성으로 원예를 통해 자기행동을 강화시키고자 한 것으로 보인다. 즉, 자신들이 처한 심리적 문제해결과 남은 삶에 대한 긍정적이고 적극적인 태도를 가질 수 있도록 동기를 부여하고자 했다.

배수한(2010)은 부산의 정관지역에 거주하고 있는 114명에 대한 설문조사를 통해 영주귀국 사할린 한인의 생활실태와 만족도를 파악하여 정부의 요구사항을 정리했다. 영주귀국 사할린 한인의 이주 배경을 보면 모집 동원이나 관 알선, 강제징용으로 이주한 1세가 아닌 현지 출생이 76.3%, 가족을 따라서 23.7%로 대부분 1940년대 초반에 사할린 현지에서 출생한 동포 2세임을 알 수 있으며, 현재 사할린에 있는 가족은 자녀(34%) → 손자녀(32%) → 배우자(11%) → 아무도 없음(1.3%) 순으로 나타났다. 3세대에게는 어떠한 혜택도 없기 때문에 영주귀국한 2세대 부모들은 당분간 이산가족으로 생활할 수밖에 없는 상황이다. 영주귀국한 이유를 보면, 사할

〈표 11〉 영주귀국 사할린 한인 생활실태조사에서 정부지원 요구사항

요구사항	세부내용
특별법 제정	사할린 한인동포의 영주귀국 대상범위, 귀국자에 대한 지원책, 사할린 잔류 한인에게 형평성에 맞는 지원책 등 관련된 국가의 책무를 규정하는 특별법 제정(영주귀국 대상자의 1945년 5월 15일 기준을 철폐하고, 3세에게도 동등한 지위 요구)
자유왕래 확대	• 사할린 한인의 모국방문 기회 및 다양화 • 새로운 이산가족 방지대책 • 영주귀국한 한인동포 및 사할린 잔류 한인에게 이중국적(3세) 부여
생계비 현실화	기초수급대상자 신분의 지원금은 인상이 어렵지만, 특별생계비를 현행 15만 원에서 30~50만 원으로 인상을 희망

출처: 배수한(2010: 305)

린 출생으로서 고향이 사할린임에도 '고향 · 친지가 그리워서'가 44.7%로 가장 높았고, 다음으로 '뼈라도 묻히고 싶어서'가 29.8%, '자식에게 짐이 되지 않기 위해'가 13.1%로 나타났다. 태어난 곳이 사할린임에도 44.7%나 되는 사람이 고향, 친지가 그리워서 영주귀국을 선택하게 되었다는 것은 고국에 대한 그리움과 민족정체성이 그 동기가 아닐까 싶다.

설문조사 참여자의 86%는 '영주귀국 만족도'가 높게 나타났으며, 건강도 '사할린에 있을 때보다 좋아졌다'라는 응답이 58.6%로 가장 많았다. 반대로 '더 나빠졌다'라는 응답은 17.5%로 나타나 대부분 건강상태가 양호함을 보여주고 있으며, 현재 생활에서 불편한 점은 가족과 자주 연락하거나 사할린을 방문하지 못하는 것이 47.1%로 높게 나타났다. 가장 필요한 사항은 연금지원 확대(25.6%), 건강관리(27.9%), 사할린 가족, 친지방문 기회 확대(24.4%)로 나타났으며, 사할린 영주귀국동포의 이중국적 범위를 3세까지 확대(84.2%)해야 한다고 강력하게 주장한다.

이러한 조사를 바탕으로 정부의 정책개선 차원에서 '직계가족 동반귀국'(44.7%) → '생계지원금 현실화'(24.5%) → '이중국적 허용'(23.7%) → '역방문 시 정부지원금 증액'(7.1%) 순으로 나타나 직계가족과 떨어져 있는 현실적 문제와 생계급여에 대한 문제를 반영한 것으로 보인다. 현재 이들은 국민기초생활보장 수급자로서 대부분 정부지원금에 의존하여 생활하고 있으며, 정부지원금이 충분하지 않다고 응답하여 가외 소득 발생 시에도 정부지원금 자격 문제가 되지 않도록 관련법의 개정이나 특별생계비 인상을 요구하는 응답자가 많았다. 이들의 요구사항을 살펴보면 〈표 11〉에서와 같이 크게 세 가지로 구분할 수 있다.

현재 이들은 건강 문제, 사할린 역방문 문제, 경제적 문제를 가장 불편한 점으로 호소하고 있으며, 연금지원 확대와 사할린 가족, 친지방문 기회 확대, 이중국적 범위 3세까지 확대 등을 강력하게 요청하고 있는 것으로 나타났다. 사할린동포를 위한 특별법 제정이 우선되어야 실생활 실태가 개선될 수 있음을 인지하고 있어 정책 우선순위에서도 특별법 의결을 가장 먼저 요구하고 있었다.

김경운과 권기창(2015)은 영주귀국한 사할린동포 노인들의 우울과 삶의 질에 대한 상관관계를 고찰함으로써 이들의 삶의 질 향상을 위한 방안을 모색했다. 집단거주하고 있는 영주귀국 사할린동포를 대상으로 설문조사를 실시했고, 그들의 정신건강 상태와 삶의 질을 측정하고 이를 기반으로 우울과 삶의 질에 대한 관계를 밝혔다. 영주귀국한 사할린동포는 생계비를 지원받고 임대아파트에서 생활할 수 있는 생활환경이 제공됨으로써 대부분 불만족도가 상대적으로 낮게 나타난다고 밝혔다. 우울 정도는 9.41점(15/100점)으로 정상적인 상태와 가벼운 경계선상에 있으며 직업, 주거형태, 생활경제력, 여가활동에서 유의미한 차이를 보임으로써 우울과 삶의 질 사이에는 유의미한 상관관계가 있음을 나타냈다. 경제적인 어려움보다는 가족이나 친척, 사회적 관계가 단절되면서 이로 인한 사회적 · 심리적인 문제를 가지고 있음을 알 수 있다. 따라서 김경운과 권기창(2015)은 생계 문제를 해결하는 것을 넘어서 정신적 · 사회적 상실감이 커질수록 우울증이 증가한다는 점에서 문제해결을 위해 개인적 차원이 아닌 사회적 차원의 접근으로 사회 프로그램 및 심리치료 등 다양한 서비스 제공이 이루어져야 한다고 제안했다.

황현옥(2008)은 한국생활 적응과 심리적 안녕에 도움을 줄 수 있는 접근방법으로 집단미술치료를 적용하여 자아통합감에 미치는 효과에 대한 검증을 시도했고, 미술치료를 통해 자아통합감을 향상시킬 수 있는지를 규명하고자 했다. 노년에 성공적인 귀환생활을 위해 자아통합감을 성취

해야 한다고 보았기 때문이다. 그 결과 집단미술치료를 실시한 실험집단은 그렇지 않은 집단에 비해 자아통합감이 유의미하게 향상되었으며, 집단미술치료를 실시하는 과정에서 회기가 진행될수록 표현이나 태도에서도 긍정적인 변화를 보여주어 효과가 있음이 증명되었다. 이를 근거로 심리적인 문제를 해결할 수 있는 프로그램이 없기 때문에 다양한 프로그램을 실시하여 효과성을 비교해보는 연구가 필요하며, 또한 장기적으로 했을 때 그 효과성을 검증하는 것이 필요하다고 지적했다. 죽음과 노화로 인한 건강 악화로 치매나 뇌졸중, 우울증 등 노년기에 발생하는 병리에 따른 프로그램을 구성해서 효과 검증이 필요함을 제언했다. 이 밖에도 석사학위논문으로 오승주(2012)는 청원군에 집단거주하고 있는 영주귀국 사할린 한인을 대상으로 삶의 만족도 및 불안에 미치는 영향을 분석했고, 김미애(2012)는 구강건강상태와 삶의 질을 비교했으며, 이영수(2014)는 노인들의 건강상태와 자아통합감을 분석했다.

이와 같이 사회복지적 접근은 선행연구가 미흡하지만, 요약하자면 대부분의 사할린 한인이 고령이다 보니 건강과 삶의 질에 대해 논의했으며, 이를 통해 심리적 문제를 해결할 수 있는 방안을 모색하기도 했다.

4) 사회통합적 접근

사회통합적 접근의 선행연구들을 살펴보면, 정진아(2014)는 사할린 한인의 생활문화를 통해 한국인과의 문화갈등 양상을 고찰한 후 문화공존을 위한 전제조건을 제시했다. 일방적인 변화가 아닌 상호이해와 변화를 통한 공존 가능성을 모색하고자 한 것으로 보인다. 주로 생활풍습을 통해 살펴본 결과 민족어(한국어)는 거의 상실했으나 국내에 체류하면서 한국어를 재습득하고 있는 것으로 나타났다. 언어 측면에서 한국어는 한국 생활 적응을 위한 문화자본으로 활용되고 있으나 노동자들은 언어정체성 회복에 어려움을 겪는 것으로 나타났고, 의식주는 한국식과 중앙아시아식을 혼용한 생활문화를 가지고 있었으며, 세시풍속은 한국에서의 고단한 생활로 인해 친구나 친목도모로 재충전하는 시간으로 바뀌었다. 이처럼 국내에 거주하는 사할린 한인과 한국인은 언어와 패션문화의 차이, 개인주의와 집단주의의 차이, 권위주의와 반권위주의 생활문화로 인한 문화갈등을 겪고 있는 것으로 나타났다. 외모의 차이는 없지만 언어정체성의 부족과 화려한 패션문화가 오히려 차별의 표현이 되고 있었다. 이와 같이 문화갈등을 극복하고 문화공존을 추구하기 위해서는 사할린 한인과 한국인의 상호이해를 위한 교육 커리큘럼을 개발하는 한편 언론매체와 학교, 시민단체를 통해 적극적인 교육이 이루어져야 함을 지적했다.

또한 정진아(2011)는 '연해주, 사할린 한인의 삶과 정체성' 연구를 통해 이들이 지닌 다중정체성은 오랜 기간 체제를 달리하며 분리되어 살아온 남북한에 중요한 시사점을 제공한다고 밝혔다. 이들의 '다양한 문화수용 경험과 남북한에 대한 개방적인 자세는 분단의 아비투스와 트라우마를 극복하고 통일 한반도가 지향해야 할 사회문화적 통합의 길'을 보여주고 있기 때문이라고 보았다. 다중정체성은 이들에게 배타성보다는 여타 민족과 남북 모두를 우호적인 시선으로 바라보는 포용성으로 자리하고 있다. 이들이 경험한 배제와 고난 속에서 적응과 저항의 역사를 형성해온 개방적이고 포용적인 자세를 통해 미래 통일 한반도의 민족 공통의 자산으로 끌어안아야 한다고 강조했다.

정진아(2015)는 민족사의 재정리와 역사연대의 필요성을 제기하며 역사연대 속에서 찾는 문화통합과 공존의 가능성을 지적했다. 코리안의 문화공존과 통합, 공통의 문화정체성 형성을 위한 전제조건으로서 역사연대를 제안했고, 구체적인 방안으로 동아시아와 민족사를 결합한 근현대사를 서술하는 방안을 제시했다. 그것은 곧 남한 중심의 역사기억에서 벗어나 근현대 민족사를 서술하는 방법이며, 민족사의 재구성과 역사연대를 통해 역사적 존재로서 민족을 성찰하고 민족구성원 간의 차이와 상처를 이해하며 연대하고자 하는 것이다.

박봉수와 김영순(2018)은 영주귀국 사할린 한인의 생애를 통해 일본과 소련 사이에서 살아온 삶, 영주귀국 이후 지역사회와의 소통, 재구성하는 문화정체성 등을 살펴보면서 이들의 과거와 현재, 그리고 미래를 연결하는 '고향'에 대한 의미를 밝혔다. 이어서 박봉수(2018)는 사할린 한인과 고려인의 문화공존 가능성을 모색했다. 한국인과의 편견이나 문화충돌로 인한 이해갈등 등이 복잡하게 얽혀서 보이지 않는 갈등이나 모순이 나타나고 있지만, 이 두 그룹을 대상으로 하는 연구는 매우 적은 것으로 나타났다. 이러한 문제 제기에서 시작한 이 연구는 영주귀국 사할린 한인이 경험한 고려인에 대한 기억을 통해 이들이 겪는 갈등이 무엇이고 그 양상이 어떻게 발현되는지를 밝히고 사회통합을 위한 문화공존 가능성을 모색하는 것이었다. 또한 사할린 한인뿐만 아니라 고려인도 조사대상에 포함시켜 연구가 이루어져야 한다고 주장했다. 사할린 한인 이주의 역사는 70여 년이 되었지만 고려인은 150여 년의 이주역사를 가지고 있다. 사할린 한인이 기억하는 고려인은 한글을 가르치는 '선생님'이면서 '야만인'이라는 인식으로 긴장과 불편한 관계에 있었으며, 직장에서도 수평관계가 아닌 상하관계에 놓여 있었고, 같은 민족이지만 고려인에게 더 박해를 받았다고 한다. 고려인보다 낮은 임금 차별과 신분격차에 따른 반감은 고려인과 사할린 한인의 갈등을 더 깊게 만들었다. 모든 영역에서 차별적 대우를 받던 사할린 한인은 소련의 민족정책에 대한 불만이 같은 민족인 고려인에 대한 불만으로 이어졌다. 이러한 불만은 사할린 한인에게 고령임에도 불구하고 여전히 사라지지 않는 기억으로 되새김되고 있다.

그 밖에도 사할린 한인의 민족정체성을 탐구하는 연구들(문현아, 2016; 박봉수 · 김영순, 2016; 박봉수, 2016; 조일동, 2015; 박승의, 2013; 정근식 · 염미경, 2000; 황선익, 2013; 이상록, 2015 등)이 있다. 특히 박승의(2013)는 사할린 한인 디아스포라의 민족정체성 형성과 변천 과정을 살펴보면서 영주귀국 사할린 한인은 한국과 러시아의 정치 · 경제 · 문화 교류를 위한 해외의 민족적 자원이라는 점에서 통일한국을 지향하는 대한민국의 미래를 위해서라도 사할린 한인의 젊은 세대에 주목해야 한다고 강조하고 있다. 또한 김영순 외(2018)는 사할린 한인의 다양한 삶의 흔적을 따라 디아스포라 민족의 상흔과 함께 이들의 겪는 정체성 갈등 이야기, 그리고 문화적응과 정체성 협상을 담을 영주귀국 사할린 한인의 노스탤지어 이야기를 탐구하여 도서로 출간했다. 그 밖에도 사할린 한인을 기억하기 위한 사할린 한인 관련 유물 확보와 보완이 시급한 상황에서 더 많은 역사적 사실에 대한 확보가 필요함을 인식하며 역사기록물 관리나 기념 공간 마련을 위한 전시 시설 건설, 전시물 확보의 필요성을 제기했다(방일권, 2014). 또한 민현식(1999)은 사할린 한인의 한국어 의식조사연구를 통해 3~4세대에 의해 사할린 한인의 한국어 문화가 지도 · 계승될 것이라는 점에서 이들에 대한 우리 정부의 한국어 교육 관련 지원은 계속되어야 한다고 지적했다.

4. 소결

사할린 한인의 형성을 보면 19세기 북방에서 연해주로 건너간 조선인이 정주하기 시작하면서부터다. 이후 일제강점기 일본에 의해 사할린으로 한인이 강제이주했다. 이주 유형을 보면, 사할린 한인 1세대는 일제강점기에 모집, 관 알선, 강제징용이라는 세 가지 방법의 노무동원 형식으로 모집되었다. 한국에서 사할린으로 이주한 경우도 있지만, 한국에서 일본으로 강제이주한 이후 다시 일본에서 사할린으로 이중징용 이주한 경우도 있었다.

제2차 세계대전 종식과 함께 사할린 한인사회는 요동치기 시작했다. 고향으로 돌아갈 수 있다는 희망을 품었지만, 일본의 패망으로 미국과 소련은 일본인의 승선만 허락하여 사할린에 있던 일본 국적 일본인만 귀환시키고 한인은 귀환대상에서 제외했다. 고국으로의 귀환이 무산되고 사실상 억류된 상태로 사할린에 무국적자로 체류하게 되면서 살아남기 위해 북한 국적을 취득하는 사람들도 늘어났다. 1960년대까지만 해도 북한 국적 취득자가 65% 이상으로 가장 많았으며, 다음으로 소련 국적 취득자가 25%이며, 무국적자는 10%에 그쳤다. 그러나 1980년대에는 소련 국적 취득자가 70%까지 증가했고, 북한 국적 취득자는 25%로 감소했으며, 무국적자도 5%로 감소했다. 그 이유는 1964년부터 실시한 소수민족 정책 변화에 따라 사할린 한인의 안정적인 정착을 위해 국적취득, 주택건축자금 대출 같은 혜택과 지원이 가능해졌기 때문이다. 경제적 상황이 좋아지면서 결혼 가정이 늘어나 2세가 성장하면서 점차 귀국에 대한 꿈을 내려놓고 자녀교육과 가정의 안정을 도모하며, 귀환을 포기하고 소련 국적을 취득하는 사람들이 증가하기 시작했다.

하지만 끝까지 무국적자로 남아서 고향으로 돌아가려고 한 이들도 있었다. 일본과 한국을 오가며 끊임없이 귀환운동을 벌였고, 마침내 박노학을 중심으로 한 귀환운동은 국내 KBS방송을 통해 사할린 한인의 편지도 전달되면서 사회적 이슈를 만들어냈다. 외면할 수 없게 된 정부는 사할린 한인의 귀환 문제를 국제법적 · 국내법적 관점에서 검토하여 일본과의 협상을 이끌었지만, 당시 소련과 국교가 없었던 시절이었기 때문에 국제정치의 대립이라는 정치적 문제로 접근하면서 사할린 한인 귀환 문제는 난항에 처했다.

사할린 한인의 귀환 문제가 다시 새로운 국면을 맞이하게 된 것은 소련이 해체되면서부터다. 1990년대부터 본격적으로 사할린 한인 거주공간과 요양원 마련을 위한 정책이 추진되었다.

이러한 사할린 한인 귀환을 둘러싼 문제를 보며 다음과 같은 시사점을 얻을 수 있다. 사할린 한인 귀환 문제는 1960년대부터 꾸준히 제기되어왔지만, 외교부에서 공개된 문서에서도 알 수 있듯이 초기에 송환 교섭 대응이 미흡했다는 지적도 있었다. 하지만 전쟁을 겪었던 국내의 상황은 경제성장에 초점이 맞추어져 있었으며, 그사이에 북한은 교민들을 대상으로 북한 국적을 취득할 수 있는 길을 열어주고 북한에서 대학 교육까지 제공했다. 이후 한국으로의 송환 문제가 대두되자 북한 국적 취득자의 귀환 문제로 소련과 일본, 한국과 북한의 국제정치관계로 얽히는 복잡한 상황에 놓였다. 그러다 보니 기나긴 세월 속에서 사할린 한인은 고령이 되어 고국으로 돌아오지 못한 채 고인이 되신 분들도 있었고 지금은 2세, 3세까지 피해자가 되어가고 있다.

동서냉전으로 인해 6.25전쟁까지 치렀던 한국은 참혹한 폐허가 되었고, 경제성장만을 목표로 했기 때문에 일본과의 외교 문제에서도 신중하게 접근할 수밖에 없었을 것으로 본다. 또한 이산가족 재생산이 반복되는 정책의 한계를 보여주고 있다. 1세대와 1.5세대, 2세대(1945년 사할린 출생자)까지의 영주귀국 정책은 또다시 이산가족을 재생산하고 있다. 사할린 한인은 3세대까지 영주귀국 확대를 요구하고 있지만, 3세대와 4세대도 마찬가지로 이산가족이 되고 있음을 시사한다.

이와 같은 역사 · 사회 문제들은 연구를 통해 다양한 해결책을 모색하고 있다. 선행연구는 주로 역사적 관점을 부각시키거나 사회학적 시각으로 접근하며, 끊임없는 법적 논의와 정책개선에 관한 연구들이 이루어졌다. 역사적 접근은 역사적인 사료와 함께 영주귀국한 사할린 한인의 구술을 통해 강제징용과 이중징용의 배경을 분석하고, 인구 형성과 발달 과정으로 사할린 한인의 삶을 조명했다. 법적 접근으로서의 연구는 귀환 전후로 구분하여 진행되었다. 귀환 전의 연구가 귀환 실현을 위해 다양한 자료를 활용하여 법적 접근으로 해석했다면, 이후로는 귀환 후 발생하는 문제점 해소를 위한 정책개선 관련 법률 분석이 이루어지고 있다. 사할린 한인 1세대의 문제는 이주와 이산의 문제를 다루면서 또 다른 이산의 문제를 재생산하고 있다는 점에서 법적 논쟁이 끊임없이 이어질 것으로 보인다. 역사적 · 법적 접근으로 본 연구들은 주로 문헌연구나 질적 연구방법으로 이루어졌지만, 복지적 차원으로 접근한 선행연구들은 주로 질적 연구보다 양적 연구로 이루어졌다.

이러한 선행연구를 통해 얻은 시사점은 다음과 같다.

첫째, 사할린 한인 귀환 문제는 한국의 문제일 뿐만 아니라 미국과 일본, 일본과 한국, 소련과 북한이 모두 함께 얽혀 있는 문제로 우리 민족의 불행한 역사이며 아직 미해결된 문제로서 끊임없는 논의가 이루어질 것으로 보인다. 역사적 사료와 함께 구술자료를 통해 역사적 관점에서 부각시키고 있지만, 민족의 아픔과 고통은 그 어떤 것으로도 보상받을 수 없을 것이다.

둘째, 경제적 고통보다 심리적 고통을 수반하는 문제점 해결은 개인적 차원보다는 국가적 차원의 접근이 필요함을 시사한다. 이들의 이주는 국가, 고국, 고향이라는 선택이었지만 심리적인 고통을 수반하는 문제는 바로 가족공동체다. 이는 개인의 노력으로 해결할 수 없는 문제라는 것을 잘 알고 있기 때문에 그 외로움과 심리적 고통은 더 크게 느껴질 것이다.

셋째, 사회통합적 접근에서 사할린 한인과 고려인을 함께 포용해야 함을 시사하고 있다. 중앙아시아에서 고려인과 사할린 한인의 갈등으로 민족동질성보다는 상호 배타성을 가지고 있다. 정진아(2015)와 박봉수(2018)의 연구에서도 볼 수 있듯이 역사적 존재로서 민족을 성찰하고 민족구성원 간의 차이와 상처를 이해하며 연대하여 문화공존과 통합을 이루어야 함을 시사한다.

2장

사할린 한인의 디아스포라와 노스탤지어

1. 디아스포라와 노스탤지어
2. 디아스포라와 노스탤지어로 바라보는 사할린 한인의 삶
3. 소결

1.
디아스포라와 노스탤지어

1) 디아스포라의 개념

디아스포라(diaspora)는 고대 그리스어에서 '~너머'를 뜻하는 '디아(dia)'와 '씨를 뿌리다'를 뜻하는 '스페로(spero)'가 합성된 단어로, '흩어짐'을 뜻한다. 씨를 뿌리듯 널리 흩뿌려진 상태를 나타낸다. 역사적 기원은 이스라엘 유대인의 흩어짐에서 비롯한다. 기원전 722년 이스라엘 왕국이 아시리아의 침입으로 멸망하여 아시리아의 영토에 편입된 것을 계기로 이스라엘의 유대인이 고향을 떠나 팔레스타인 바깥쪽으로 퍼져나가기 시작했다. 기원전 587~586년 바빌로니아인이 이스라엘에서 추방되었고, 기원후 70년 로마 제국이 유대 지방에서 유대인을 쫓아낸 역사가 있다. 이렇게 해서 본래 근거지에서 추방당한 유대인은 세계 각지에 흩어져 살면서도 영원한 고향으로서의 팔레스타인에 대한 그리움을 간직한 채 유대교의 규범과 생활관습을 유지했다. 베드로는 이 유대인을 가리켜 천국을 사모하며 이 세상에서 나그네처럼 살아가는 성도들과 같다는 의미에서 '흩어진 나그네'라고 불렀다. 이러한 역사적 배경을 바탕으로 하여 디아스포라는 "이스라엘의 유대인 민족 집단이 해외로 흩어진 역사적 현상과 그들의 문화적 발전 혹은 그들 집단 자체"를 의미하게 되었다(Barclay, 2004).

이 용어는 1950년대 중반부터 영어 문화권에서도 널리 쓰이면서 다른 국가나 지역으로 쫓겨난 인구 집단을 폭넓게 이르게 되었는데, 이스라엘의 정치학자 가브리엘 셰퍼(Gabriel Sheffer)는 디아스포라의 세 가지 조건으로 ① 집합적 정체성의 유지, ② 모국의 자민족 집단과 거주국의 타민족 집단과의 구분, ③ 모국과의 지속적인 접촉을 들었다. 이는 모국과의 연계성과 거주국과의 분리에 주목한 관점이다(윤인진, 2012: 11).

또한 셰퍼(Sheffer, 2003: 73-75)는 '모국의 지위'를 기준으로 하여 ① 모국 없는 디아스포라(stateless-diaspora): 독립적인 국가를 건설하지 못한 민족구성원들의 분산된 집단(팔레스타인인, 쿠르드족, 시크족), ② 모국과 연계된 디아스포라(state-linked diaspora)로 구분했고, 연대적 특성을 기준으로 하여 ① 역사적 디아스포라, ② 근대적 디아스포라, ③ 초기 단계 디아스포라 등으로 구분했다.

탈냉전 시대가 도래함에 따라 학술적 차원의 논의가 활발해지면서 1991년에는 정기학술간행물 『Diasporas』가 발행되었다. 그 창간호에서 윌리엄 사프란(William Safran)은 디아스포라를 '국외로 추방된 소수 집단 공동체(expatriate minority communities)'로 정의했다. 사프란은 ① 집단의 구성원들이나 그들의 조상이 원거주지에서 둘 이상의 주변지역이나 외국으로 흩어지고, ② 원거주지에 대한 집합적인 기억과 신화를 유지하며, ③ 현재 거주하는 사회에서 완전히 수용되지 못해 소외되어 있다고 느끼고, ④ 원거주지에 대해 조건이 만족되면 궁극적으로 되돌아가야 할 진정한 고향으로 여기며, ⑤ 원거주지의 안전과 번영을 위해 그곳을 유지하거나 복구

하는 데 집단적으로 헌신하고, ⑥ 원거주지와의 관계를 유지함으로써 민족적 공동체 의식과 단결을 명확히 하는 것을 디아스포라의 여섯 가지 특징으로 정리하여 제시했다(Mishra, 2006: 37). 이와 같은 사프란의 관점에 따르면, 디아스포라는 유대인뿐만 아니라 국외 추방자, 정치적 난민, 외국인, 이민자, 소수인종 및 민족 집단 성원 같은 다양한 범주의 사람을 은유적으로 지칭하는 의미를 갖는다. 또한 전쟁이나 강제매매 등의 요인에 의해 형성된 디아스포라는 일단 한번 새 거주지로 분산되면 원거주지와 교류하거나 상봉 또는 재결합하는 것이 어려운 사람들이나 공동체이며, 이는 좀 더 구체적으로 '구 디아스포라'로 명명될 수 있다(김귀옥, 2010: 54-55).

그러나 이러한 사프란의 견해는 21세기에 더욱 다양화된 디아스포라의 양상을 담아내기에는 한계가 있다. 이동수단이나 매체, 정보통신기술의 발달에 의해 현대의 디아스포라는 단절된 관계보다는 좀 더 초국적인 양상이 두드러지기 때문이다. 이러한 관점에서 퇼뢰리안(Tölölyan, 1991: 3)은 디아스포라를 "한때 유대인, 그리스인, 아르메니아인의 분산을 가리켰지만 이제는 이주민, 국외로 추방된 난민, 초빙 노동자, 망명자 공동체, 소수 민족 공동체 같은 용어도 포함하는 좀 더 넓은 어원을 가진 의미"로 확대 해석했다. 즉, 세계적 탈냉전 이후의 신 디아스포라는 전쟁이나 정복에 의한 난민의 이산만을 가리키지 않고 전 지구를 배경으로 한 인구 이동과 분산 거주 현상을 가리키는 개념으로 확대되어 해외 이주 자체를 가리키는 개념으로 적용된다(김귀옥, 2010: 56).

이러한 관점 변화는 코헨(Cohen, 2008)에게서도 확인된다. 코헨은 사프란이 주장한 디아스포라의 여섯 가지 조건을 수정 · 확장하여 ① 기원지로부터 비극적인 방식으로 둘 이상의 이방으로 분산, ② 노동, 무역 또는 식민지 개척을 위해 모국으로부터의 인구 확장, ③ 모국에 대한 집합적인 기억과 신화, ④ 상상의 고국에 대한 이상화와 그것의 유지, 복원, 안전 및 번영, 창조에 대한 집합적 헌신, ⑤ 귀환운동의 발생, ⑥ 공통의 역사와 공동운명체 의식에 기초한 강하고 지속적인 민족 집단의식의 형성, ⑦ 거주국 사회와의 힘들고 갈등적인 관계, ⑧ 타국 동족과의 감정이입과 연대감, ⑨ 다문화주의를 허용하는 거주국 사회에서 고유하고 창조적이며 풍성한 생활의 가능성 등을 들었다.

코헨은 또한 '모국을 떠나게 된 동기'를 기준으로 하여 디아스포라의 유형을 분류했는데, ① 피해자(victim) 디아스포라 ② 제국(imperial) 디아스포라 ③ 노동(labor) 디아스포라 ④ 무역(trade) 디아스포라 ⑤ 문화(culture) 디아스포라가 그것이다. 피해자 디아스포라는 유대인을 비롯하여 아프리카인, 아르메니아인처럼 정치적 박해, 노예 거래, 민족 대학살 등의 박해에 의해 모국을 떠나 유랑생활을 하는 경우를 가리킨다. 제국 디아스포라는 유럽 제국주의 국가들이 아프리카, 아시아, 아메리카 등지에서 식민지를 개척한 후 그곳에 세운 공동체를 가리킨다. 노동 디아스포라는 인도인이나 이탈리아인처럼 계약노동자로 이주하여 자신들만의 민족공동체를 형성하는 경우이고, 무역 디아스포라는 서남아시아의 중국인이나 서아프리카의 레바논인처럼 무역을 목적으로 떠난 경우이며, 문화 디아스포라는 카리브해 출신 이주민이 문학이나 정치적 · 종교적 신념, 음악이나 생활양식에 의해 공통의 정체성과 공동체 의식을 갖게 되는 경우를 가리킨다.

코헨의 관점에서도 디아스포라는 비극적 사건에 의한 비자발적 이주만이 아니라 자발적 · 적극적 이주를 포괄한다. 또한 거주국의 수용성에 따라 그들만의 독특하고 창조적인 문화와 생활양식을 만들어내기도 한다는 점에서 유대인이 유럽과 미국 등지에서 아웃사이더로 살면서도 학문, 문화, 경제, 예술 등 각 분야에서 창조적 리더십을 발휘하는 사례를 설명한다. 이 관점에 의하면 유대인 디아스포라는 이처럼 다양한 양상 중 하나에 속하므로 디아스포라 연구에서 유대인 디아스포라의 전통과 그 부정적 이미지로부터 탈피하는 것이 주요 과제로 제시된다.

따라서 이전까지의 관점을 고전적 디아스포라라고 하면, 현대적 디아스포라 개념은 좀 더 확장된 의미를 갖는다. 소냐 량(Sonia Ryang)은 객관적 · 집합적 기준보다 의식 혹은 정신 상태에 기초하여 디아스포라를 정의하고자 했다. 량은 이러한 관점을 '사적 현대모형'이라 지칭하여 '고전모형'과 대비했다. 사적 현대모형은 존재론적 불안전성과 정체성의 위기에 배경을 두고 있으며, 현대적 디아스포라는 고향 및 모국의 상실로 설명된다. 따라서 현대적 디아스포라의 자기의식을 '홈리스(homeless)', '유랑(displaced)', '탈구(dislocated)' 상태로 보았다. 현대적 디아스포라는 고전적 디아스포라 연구에서 논의했던 정주 과정을 탈바꿈하여 자신들의 정체성을 거주국과 통합시키기도 하고, 한편으로는 모국도 거주국도 아닌 초국적 디아스포라 정체성으로 발전시킨다고 보았다.

현대적 관점은 디아스포라의 범주를 더욱 넓혀놓았다. 모국으로 귀환하려는 희망을 포기했거나 처음부터 그러한 생각을 갖지 않은 이주민 집단도 디아스포라로 간주한다(윤인진, 2012: 16). 코헨과 사프란 등에 의해 제시된 고전적 디아스포라 개념에서는 '귀환의 신화(myth of return)'가 디아스포라의 정체성을 설명하는 데 주목했다면, 이제는 자신의 의지와는 상관없이 정치경제적 재난이나 식민지적 상황 때문에 강제 추방이나 비자발적 이주를 당했던 심리적 상흔에 더 이상 주목하지 않는다.

2) 노스탤지어의 개념

노스탤지어(nostalgia)는 '돌아가다'라는 뜻의 '노스토스(nostos)'와 '병' 혹은 '고통'을 의미하는 '알고스(algos)'라는 그리스어에서 출발했다. 스위스의 의사인 요하네스 호퍼(Johannes Hofer)가 1688년 발표한 박사논문 『향수병에 대한 의학적 논의』에서 처음 사용했으며, '자신의 고향으로 되돌아가고 싶은 갈망'에서 오는 '상상적 고통'으로 정의된다. 쉽게 고향으로 돌아가지 못하는 사람들이 고향을 그리워하는 마음이 격해지면서 겪게 되는 고통스러운 상태를 '노스탤지어'라고 명명한 것이다.

호퍼는 전쟁 중에 스위스 용병들이 집으로 돌아가고 싶어 힘겨워하는 현상을 발견했다. 고향을 갈망하던 그들은 특정한 대상이나 장소에 대해 편집증과도 유사한 증상을 보였다. 스위스 병사들은 스위스의 '우유 짜는 노래'를 들었을 때 특히 더 힘들어하는 모습을 보이기도 했는데, 이는 갈망이 고통으로 이어지면서 뚜렷한 신체적 증상을 보인 것이라고 할 수 있다. 처음에 호퍼는 뇌나 귀의 손상 때문에 심리적으로 병을 앓게 된 것이라고 진단했고, 치유법으로는 스위스 노래를 금지하는 방법을 시도했다. 고향과 집을 떠올리지 않도록 아예 원천 봉쇄한 것이다. 호퍼는 그 경험을 자신의 논문에 서술하면서 향수병의 증상은 의기소침과 우울증을 동반하고 때로는 과도한 눈물과 식욕 감퇴로 나타나며, 매우 드문 경우이지만 자살하는 수도 있다고 했다. 호퍼의 관점에서 노스탤지어는 고향으로 돌아가는 것이 유일한 치유책이었다. 따라서 노스탤지어는 호퍼의 명명 이후 오랫동안 '질병'으로 다루어졌으며, 용맹하던 스위스 용병과 나폴레옹 군사, 미국 남북전쟁 당시 북부 군인을 괴롭힌 골칫거리이자 선량한 소녀들을 살인범으로 몰아가는 정신병이라는 오명에 시달렸다.

그러나 이러한 관점은 칸트에 의해 부정된다. 칸트는 노스탤지어에 대해 고향을 잃어버린 자의 내적 상실감으로 해석했다. 그리고 노스탤지어의 본질을 파악하여 고향을 애타게 그리워하는 사람을 두고 그 사람이 진정 돌아가고 싶어 하는 것은 특정 장소(즉, 그의 어린 시절 '고향 땅')가 아니라 특정 시간(즉, 그가 고향 땅에서 보낸 바로 그의 '어린 시절')이라고 주장했다. 그러나 지나간 시절은 더 이상 되돌릴 수도 없고 되찾아질 수도 없기 때문에 그 사람이 고향 땅에 돌아간다고 해서 행복해지는 것은 아니다. 귀환의 존재론적 불가능성을 이야기하는 칸트의 관점에서 노스탤지어는 장소성보다는 장소와 관련된 '과거의 기억'에 좀 더 초점을 맞춘다.

이러한 관점에 따르면, 공간 이동으로 인한 단절뿐만 아니라 지나간 시간은 다시 올 수 없다는 명제에 의한 시간적 단절 또한 노스탤지어를 이해하는 주요 키워드가 된다. 스위스 의사 츠빙거(Theodore Zwinger)는 1720년 군인이나 죄수처럼 귀향을 할 수 없는 사람들에게서 노스탤지어 증상이 나타난다는 것을 확인했다. 이들은 자신들이 '일상적이고 친근한 환경으로부터 벗어났다'라고 생각하지 않고 '과거로부터 단절된 상황에 처해 있다'라고 생각했다. 이들이 과거와 단절되어 생성된 시간 속에 있다는 점에서 노스탤지어는 '고향에 대한 갈망'에서 '개인 정체성의 단절'로 의미가 확대된다(윤희진, 2014: 21).

노스탤지어는 우리말로 '향수(鄕愁)'로 번역되며, "타향에 있는 사람이 고향을 그리워하는 마음이나 그로 인해 생긴 시름"으로 풀이한다(고려대 한국어대사전, 2009). 고향에 대한 그리운 감정은 인간의 본원적인 정서인 것으로 이야기되며, 그리운 감정은 현재의 고향에 대한 시름과 걱정을 늘 함께 끌고 온다. 영어로 표현하는 'homesickness'는 호퍼가 사용한 향수(鄕愁)를 뜻하는 스위스 방언 'Heimweh'를 그대로 직역한 것이다(Daraaisma, 2010). 그

태생에서부터 '고향'에 대한 그리움을 강하게 내포한 노스탤지어는 공간적 · 시간적 의미 확장을 통해 현재는 '과거의 기억에 대한 감성적인 그리움과 열망'이라는 뜻을 가진다.

그런데 특정 공간과 시간에 대한 공통의 기억을 가진 집단이 존재한다는 점에서 노스탤지어는 집단기억(collective memory)과 대중기억(popular memory), 문화기억(cultural memory)에 관한 논의를 통해 공적(public) 특성을 갖는다. 공적 노스탤지어는 개인 향수의 집합을 통해 국가, 사회, 집단의 과거와 관련된 특정한 사건과 시기에 대한 다수의 기억과 감정으로서의 특성을 갖는다. 이에 따라 동질적인 체험과 기억을 공유한 '우리'를 상상하게 하고, 그에 대한 연대감과 동류의식을 갖게 한다(오성호, 2002: 165-166).

이에 대비하여 사적 노스탤지어(private nostalgia) 개념이 제시되는데, 이는 개인이 직접 경험한 삶의 기억과 감정들을 에피소드 형식으로 재현하는 것이라고 할 수 있다. 기억을 감정적으로 조각함으로써 긍정적 왜곡이 일어나고, 이러한 감정은 사회적 혹은 집합적인 가치를 갖는 역사적 사건이나 시간에 관한 이미지에 의해 유발되기도 한다. 그래서 개인적으로 연관성이 있는 사건이나 장소와 관련하여 행복했던 과거에 대한 감성적인 갈망 또는 동경하는 애착심으로서의 성격을 갖는다(윤희진, 2014: 22).

구소련 출신의 문화비평가 스베틀라나 보임(Svetlana Boym)은 복원적 노스탤지어와 성찰적 노스탤지어의 개념을 제시했다. '복원적(restorative)' 노스탤지어는 부재하는 고향을 재현하면서 상실한 고향을 복원한다는 의미다. 상상적으로 고향이 상실되었음을 제기하고 연속된 시간으로 되돌아가는 향수를 일컫는다. 잃어버린 집을 복원시키는 방법을 찾는다고 할 때 '집'은 완벽한 안식처의 기능을 갖는다. 이처럼 완벽한 안식처를 복원하고 단절되지 않은 이전의 시간으로 되돌아가는 것은 현재의 회피이자 탈출이다. 반면 '성찰적(reflective)' 노스탤지어는 고향의 상실을 분명히 인지하고 이를 반영함으로써 '집'에 대한 갈망보다는 현재의 '상실'에 주목한다. 이러한 성찰은 현재의 수정으로, 밝은 미래에 대한 기대와 연관된다. 이러한 성찰적 노스탤지어는 미래를 창조한다는 점에서 창조적 노스탤지어라고도 할 수 있으며, 이는 곧 이 시대의 판타지를 폭로하고 미래를 탄생하게 하는 가능성을 갖는다(윤희진, 2014: 23).

노스탤지어를 촉발시키는 요인은 다음과 같이 정리될 수 있다. 첫째, 즐거울 때보다는 그렇지 못한 상황에 있을 때다. 몸이 안 좋거나, 계획했던 일이 잘 이루어지지 않았거나, 인간관계에서 문제가 생겼을 때 등이다. 노스탤지어로 인해 마음과 몸에 특정 증상을 느끼면서 힘들어지는 상황을 맞이하게 된다면, 이는 역으로 현재의 삶이 어렵다거나 어떤 대상에 대해 상실감이 깊어졌음을 나타내는 증거로 받아들일 수 있다. 둘째, 자유로운 왕래를 차단당했을 때다. 안 그래도 고향을 떠나 있으면서 고향을 그리는 마음을 가지고 있을 때, 고향과의 왕래 자체가 물리적으로 차단될 때는 그 그리움이 더욱 커지게 마련이다. 셋째, 자기 역할을 상실했을 때다. 이러한 상황이 낮은 자존감이나 외로운 감정과 결합하면 노스탤지어로 인한 감정은 더욱 격하게 드러난다. 넷째, 사회적으로 고립되고 지원의 결핍이 보일 때다. 상호작용과 소통이 어려워 삶의 가능성을 확대할 수 없을 때 고립감 속에 노스탤지어의 감정이 작용하여 병적 상황에 빠질 수 있다(김영순 외, 2018: 37).

그러나 이제 노스탤지어를 그 같은 단절의 상황으로 인한 감정적 · 신체적 증상보다는 인간의 보편적인 경험과 감정이라는 현재적 행위로서 이해한다. 이와 같은 관점 변화는 산업화, 도시화 등으로 개인의 이동이 보편화되고 고향으로의 이동 역시 수월해지면서 고향을 떠난 사람들이 이전 사회에서처럼 심각한 수준의 향수병에 빠지지 않게 되었다는 상황을 배경으로 한다. 영국의 한 실험에서는 즐거웠던 향수를 간직한 사람은 동료와의 유대와 협조 능력을 향상시킬 수 있었음을 입증하기도 했다. 이처럼 노스탤지어는 과거의 공간과 시간에 기억이 머물러서 그때와 같은 곳으로 돌아가려는 강한 열망에 의해 불러일으켜지는 병적인 증상이라기보다 미래의 변화 가능성에 대한 기대, 희망까지 내포한 긍정적 정서의 일환으로 받아들여지는 추세다.

근대 이전에는 고향 상실의 체험 자체가 극히 예외적인 사건이었고, 설사 일시적으로 고향을 떠나더라도 고향으로 돌아가는 길은 항상 열려 있었다. 고향은 언제나 변하지 않고, 그래서 귀향과 동시에 본래적인 삶의 회복이 가능했다. 반면에 근대, 특히 본격적인 산업화가 시작된 이래 "모든 단단한 것들을 대기 속에 녹여버리는" 변화의 물결 속에서 변하지 않고 원래의 모습을 유지하고 있는 고향은 더 이상 상상하기 어렵게 되었고, 귀향을 한다 하더라도 예전과 같은 삶을 누릴 수는 없게 되었다. 고향 상실은 이제 모든 사람이 공유한 체험이 되었고, 향수는 영원히 떨쳐버릴 수도, 충족될 수도 없게 되어버렸다(오성호, 2002: 164). 따라서 노스탤지어는 귀환하려고 하는 미지의 공간, 즉 미래의 이상향에 대한 마지막 그리움을 나타낸다. 실향민이나 이방인이 잠시 머무는 곳이 아닌 영원히 머물고 싶어 하는 곳이 고향이며 노스탤지어다(김영순 외, 2018: 36).

3) 디아스포라와 노스탤지어의 관계

디아스포라는 역사적 기원에서부터 안타까움의 정서와 연관된다. 팔레스타인 지역을 떠나 유랑하게 된 유대인은 세계 어느 곳에 가든 자신들만의 고유한 관습과 전통을 고집스럽게 유지했다. 이렇게 자신들의 정체성을 잃지 않으려 애쓰는 태도는 어느 지역에서든 유대인의 힘을 결속하고 유대인이 거주국에서 굳건하게 뿌리내리는 데 큰 힘을 발휘했다. 그런 한편 타 지역에서 자신들만의 고유한 관습을 유지하는 일은 고통을 수반하고, 지역적 뿌리 없이 떠도는 상황은 이들로 하여금 또 다른 정체성을 형성하게 했다. 흩어져서 떠돌아다니는 자로서의 정체성은 필연적으로 돌아가야 할 곳에 대한 그리움을 간직한 자로서의 정체성을 발현시킨다. 비자발적으로 이주해야 함에서 오는 무력감과 돌아가야 할 곳을 찾지 못함으로부터 오는 안타까움이 디아스포라에 내포되어 있으며, 이로 인해 디아스포라는 노스탤지어의 정서와 밀접하게 연관된다.

이러한 상황은 '디아스포라'라는 용어의 기원이 되기도 한 팔레스타인의 사례를 기반으로 하여 유추할 수 있다. 이스라엘을 중심으로 한 지중해의 동해안 일대를 가리키는 지명으로서의 팔레스타인은 유대인의 역사와 더불어 이상향으로서의 조국으로 자리한다. 그들은 "약속의 땅 가나안으로 돌아간다"라는 종교적 메시지를 중심으로 하여 시온주의*를 발생시

* 유대인은 역사적으로 매우 독특한 민족이다. 2천 년 전 삶의 터전에서 내몰려 각지를 떠돌며 온갖 핍박을 받았으나 유별난 동질감으로 민족성을 유지했다. 그러다가 19세기 말부터 팔레스타인에 유대 국가를 건설하자는 '시온주의(Zionism)'가 태동했고, 결국 1948년 유대인의 염원대로 '이스라엘'을 건국했다. 그런데 고토를 되찾은 유대인은 모순적이게도 주위에 있는 다른 민족을 압박하고 주변 지역을 점령하면서 세력을 키웠다. 20세기 초반에는 유대인이 땅을 개간하고 오렌지농장을 운영하면서 공존을 모색한 탓에 아랍 토착민과의 사이가 나쁘지 않았다. 그러나 이내 유대인과 토착민 간의 분쟁이 촉발됐고, 유럽의 인종청소와 맞물려 시온주의는 더욱

키면서 본격적으로 팔레스타인에 유대인의 국가를 건설하고자 했다. 제2차 세계대전 이후 유엔의 결의에 따라 팔레스타인 영토는 이스라엘과 팔레스타인이 분할통치하기로 결정되었다. 원조 디아스포라의 귀환으로 '이스라엘'이라는 국가가 탄생한 것이다. 그런데 이 때문에 또 다른 디아스포라가 발생했다. 바로 '팔레스타인 디아스포라'다. 제2차 세계대전 이후 영국의 위임통치가 끝나는 대로 독립 국가를 이루려던 팔레스타인 사람들의 꿈은 이스라엘 건국으로 좌절당했고, 분할통치안을 받아들이지 못한 아랍 국가들이 이스라엘을 공격하기 시작했다. 그러나 약 7개월간의 전투 끝에 이스라엘이 승리함으로써 이스라엘은 팔레스타인 지역의 70%를 차지하게 되었다(김인숙, 2015: 214-215).

팔레스타인 디아스포라는 인접국에서조차 정치적 문제와 종교적 갈등, 그리고 내전으로 인해 삶의 안전을 보장받지 못한 채 결국에는 중동 지역을 떠나 이중, 삼중의 디아스포라를 경험하게 되었다. 추방과 강제이주 등으로 점철된 팔레스타인 사람들의 독특한 경험은 팔레스타인 정체성 형성에 중요한 요인이 된다. 팔레스타인 사람들은 국경이나 공항 등 경계 지역을 넘어설 때마다 자신들의 존재를 증명해야 했다(김인숙, 2015: 217-218). 이렇게 형성되는 팔레스타인 정체성이란 자신들의 근거지였던 곳에서 쫓겨났으나 그곳의 원래 주인은 따로 있었기에 그곳으로 돌아갈 수 없었고, 분쟁 지역 출신이며 확실한 근거지와 조직을 갖추지 못했기에 세계 어느 곳을 가든 확실한 소속을 갖지 못한 채 떠도는 것이었다. 이는 어디에도 속하지 못하는 무소속의 정체성이라 할 수 있다.

유대인 디아스포라와 팔레스타인 디아스포라의 복잡한 양상을 통해

힘을 얻었다. 특히 이스라엘 정부가 수립된 직후에는 3년 6개월간 70만 명 가까운 유대인이 몰려들었다(Shavit, 2014).

서도 확인할 수 있듯이, 디아스포라의 발생은 필연적으로 원거주지의 부재와 연결된다. 세상은 끊임없이 변하고, 그 속에서 인간의 관계는 복잡 · 다양해진다. 그것이 국가 공동체의 집단적 이익과 충돌할 때 국제분쟁으로 이어지며, 이로 인해 디아스포라는 세계 공동체에서도 방외인으로서 존재하게 된다. 이러한 상황은 분쟁 등의 비극적 사건에 의한 비자발적 이산이었기에 돌아갈 곳을 잃은 그들의 상처와 아픔에 주목하게 한다. 그러나 이러한 고전적 디아스포라와 달리 현대적 디아스포라는 모국 귀환의 욕망은 포기된 채 돌아갈 고향 자체를 상정하지 않은 상태의 흩어짐을 나타낸다는 데 특징이 있다. 고전적 디아스포라와 현대적 디아스포라의 혼종은 고향 상실과 연관되며 노스탤지어에 대한 새로운 관점을 제시한다.

"약속의 땅 가나안으로 돌아간다"라는 열망만으로 삶을 지탱했던 유대인의 역사에서 팔레스타인, 가나안은 반드시 귀환해야 할 고향으로서의 역할을 했다. 이것은 팔레스타인 땅에서 삶의 경험을 갖지 못했던 세대에게도 적용되는 것으로 경험하지 못한 고향에 대한 열망은 고향을 이상향으로 만들었다. 그러니 이들의 노스탤지어에는 필연적 귀환의 당위성이 강하게 자리한다. 그러나 현대적 디아스포라의 관점에서 보자면 비자발적으로 쫓겨난 것이 아니기에 귀환 역시 필연적으로 이루어져야 한다는 지향이 옅어진다. 자신의 의지와 목표에 따라 자발적으로 떠나온 곳은 역시 그 필요성에 따라 돌아갈 수도 있고 그렇지 않을 수도 있다. 다만, 과거의 특별한 경험을 간직한 시간은 본질적으로 돌아갈 수 없는 곳이기에 역시 이상화된 고향, 즉 이상향으로서의 고향과도 같은 이미지를 갖는다. 그렇다면 이때는 노스탤지어 역시 그 강도와 대상이 옅어질 수밖에 없다.

디아스포라의 개념 자체가 국제정세의 변화로 인해 다양성을 얻어가고 있는 시점에서 디아스포라에 대해 노스탤지어를 기본값으로 설정한 채 논의하는 것은 실상을 바로 보지 못하게 하는 요인이 될 수 있다. 이상화된 고향에 대한 그리움을 간직한 세대와 그렇지 못한 세대가 공존한다. 이들은 몸의 이주를 통해 물리적으로는 가족과 떨어져 있으나 연속적인 소통을 통해 가족으로서의 관계는 굳건하게 지속하고 있다. 자발적 이주가 빈번해지고 더욱 유연한 이주가 이루어지고 있는 현대사회에서 노스탤지어 또한 복합적 양상을 보이는 현상에 주목하는 것이 현대의 디아스포라와 노스탤지어의 관계에 대해 논의할 때 출발점으로 삼아야 할 것이다.

2.
디아스포라와 노스탤지어로 바라보는 사할린 한인의 삶

1) 강제이주로 인한 단절과 강력한 귀환 의지

사할린은 러시아의 사할린주(洲)를 이루는 섬으로, 연해주의 동쪽이자 일본 홋카이도 북쪽에 위치한 7만 2,492km²의 큰 섬이다. 러시아가 영유한 섬 중에서는 가장 큰 규모이며, 남북으로 길쭉한 모양새를 가졌다. 겨울이 길고 몹시 추워서 북부 연안은 12월부터 4월 사이에 대륙과 빙상교통이 가능할 정도로 완전히 얼어붙는다. 이 사할린을 둘러싸고 러시아와 일본은 18세기 후반부터 영유권 다툼을 이어왔으며, 1905년 러일전쟁에서 일본이 승리하면서 포츠머스조약에 의해 북위 50도 이남은 일본에 할양되었다. 공식적으로 일본의 영토가 된 사할린 이남은 제2차 세계대전이 본격화되면서 일본 제국주의의 수탈의 장이 되었다. 1938년부터 1945년 사이에 일제에 의해 강제징용을 당한 한국인이 사할린에 이주했는데 그 인구가 약 15만 명에 달했으며, 이들은 탄광과 항만 건설 등에 동원되어 혹독한 강제노동을 당했다. 그리고 1945년 제2차 세계대전의 종식과 함께 일본은 이 땅을 소련에 반환함으로써 일본의 사할린 통치가 종료되고 사할린은 완전히 소련의 영토가 되었다. 이때 일본을 점령하고 있던 미국은 소련과 협상하여 사할린에 있는 일본인 약 38만 8천 명을 일본으로 귀환시켰으나 한인은 그 대상에서 제외되었고, 대한민국은 소련과 적대관계에 있었기 때문에 사할린 한인은 미국, 일본, 소련, 한국 어느 쪽에서도 관심을 갖지 않은 가운데 무국적자로서의 삶을 이어가야 했다.

이러한 사할린의 지형적 특징과 역사적 조건은 사할린 한인의 특수성을 이해하는 데 중요한 기반이 된다. 이들의 이주는 자발적 의지에 의한 것이 아니었기에 강제이주로 인해 새로운 거주지로 분산 이주되어 원거주지로 돌아가거나 교류하기가 어려운 단절적 공동체로서 '구 디아스포라'로서의 성격을 갖는다. 국제 정치의 역학적 관계 속에서 이들은 돌아갈 곳에 대한 그리움을 간직한 채 소속도 없이 떠도는 삶을 살 수밖에 없었다. 물론 1930년대 이후 경제적 이유 등으로 이루어진 자발적 이주민도 사할린 한인의 일부를 구성하지만 그 역시 디아스포라의 한 축이라고 할 수 있으며, 여전한 식민 통치 상황에서 이루어진 자발적 이주란 그 한계를 분명하게 갖는 것이라고 할 수 있다.

사할린 한인의 경우 비자발적 강제이주로 인한 디아스포라라는 점에서 이들이 가진 고향에 대한 그리움은 나라 잃은 설움과 합쳐져 귀환의 염원을 더욱 강화하는 것이었다. 그래서 사할린 한인은 과거 유대인의 민족 분산에서 보이는 디아스포라의 구성적 특징인 비극적 경험, 집단적 이주, 상상으로서의 모국의 존재, 거주국에서의 차별과 배제의 경험, 모국에 대한 충성심과 귀환의식을 모두 가지고 있으며(전형권 · 이소영, 2012: 137), 다른 해외 한인 집단보다 고향에 대한 관심과 애정이 더 크고, 내면적으로 항상 고향 귀환을 염원했다는 점에서 '단절적 이산' 집단이다(정근식 · 염미경, 1999: 114).

따라서 사할린 한인의 디아스포라는 '이주'보다는 '단절' 차원에서 좀 더 정서적 특징을 갖는 경향이 있다. 강제이주로 인해 원가족과의 이산을 경험한 이들은 사할린 현지에서 한인끼리의 공동체를 형성했고, 나이나 출신 지역, 친족 관계 등을 기준으로 하여 관계 구도를 형성함으로써 유사 가족의 형태를 갖는다. 한인 1세대의 강제이주는 강제징용, 강제동원 등의 용어가 의미하듯 노동력의 차출을 목적으로 하여 강제적으로 이루어졌다. 이에 따라 가족동반이 장려되면서 가족 단위 이주가 발생했다(이소영, 170). 또한 강제징용으로 끌려간 남편을 찾아 아내가 스스로 사할린에 들어간 이후 만남과 출산이 이루어지기도 했으며, 독신자로 이주했던 사람들도 함께 어울려서 가족 관계를 형성한 것이 한인 공동체의 기반이 되므로 사할린 한인의 삶에서 가족의 형태는 중요하다고 할 수 있다.

한인 1세대의 비자발적 이주는 귀환 의지를 자연스럽게 갖게 했다. 고국의 식민지 상황으로 인해 어쩔 수 없이 행해진 일이었다는 점에서 사할린 거주는 일시적인 일이었으며, 언제든 적당한 때가 되면 조국이 자신들을 내버리지만은 않을 것이라는 희망을 갖기도 했다. 그 상징적 공간이 코르사코프 언덕이다. 코르사코프 언덕은 망향의 언덕이라기보다 구원의 손길을 염원하던 곳이다. '돌아가야 한다'라는 당위 안에는 고국이 반드시 구해주러 오리라는 그들의 기대와 믿음이 자리한다. 자신들을 놓아버리지 않을 것이라는 믿음에는 '나는 조선인이다'라는 존재에 대한 확신 또한 자리한다. 한국인이었기에 겪어야 했던 일들이니 그 정체성에 대해서는 의심할 수 없었다.

2) 이중적 디아스포라와 노스탤지어

영주귀국 사할린 한인의 디아스포라와 노스탤지어를 말하려면 그 복잡한 양상에 주목해야 한다. 중첩된 이중적 의미로 볼 것인지, 순차적으로 발생한 현상에 주목할 것인지 여부에 따라 이들의 디아스포라와 노스탤지어를 해석하는 데 좀 다른 방향이 적용될 가능성이 있기 때문이다. 다만 분명히 할 것 여기에서 주목할 대상은 영주귀국을 선택한 사할린 한인이다.

사할린 한인의 역사에서도 확인되듯, 이들에 대해서는 세대를 구분지어 논의할 필요가 있다. 흔히 한인 1세대라고 부르는 대상은 일제강점기 강제징용 등을 통해 사할린으로 강제이주한 이들이다. 그리고 이들의 자녀 세대를 2세대로 인식한다. 현재 한국 사회에 '영주귀국'이라는 명목으로 정착한 이들은 2세대에 속하지만, 사할린 한인의 영주귀국사업이 시작되면서 출생날짜를 기준으로 대상자를 선정하면서 이들을 1세대로 규정한 과정이 있다. 그러나 적어도 이 책에서는 일제강점기 일제에 의해 강제징용의 형태로 사할린에 정착하게 된 이들을 1세대로, 그들의 자녀 세대를 2세대로 통일하여 혼란을 줄이고자 한다.

한인 1세대는 그들의 의사와는 상관없이 강제징용으로 사할린에 정착했다. 그들이 떠나온 고국은 다른 나라의 식민지 상태에 놓여 있었고, 급변하는 국제정세 속에서 해방을 맞이한 이후에는 고국이 자신들을 구하러 올 것이라는 믿음과 함께 더욱 강력한 귀환 의지를 다졌다. 한인 1세대의 노스탤지어를 그러한 귀환 열망으로 표현할 수 있다면 2세대는 부모 세대가 가지고 있던 한국 땅에 대한 그리움과 귀환의 희망, 의지 등을 고스란히 이어받아 그것으로 자신들의 정체성을 형성했다. 부모 세대가 가지고 있던 귀환 의지는 2세대에게도 그대로 영향을 주었으며, 1988년 서울올림픽 이후 조성된 한국에 대한 인식 전환과 한국의 경제적 발전은 사할린 한인의 자긍심을 높여주면서 2세대의 귀환 의지도 자극하는 기회가 되었다.

1958년 사할린 한인의 귀환운동을 펴기 위해 일본 도쿄에서 '화태억류귀환한국인회'가 개설되면서 활동을 시작한 이래 1970년대에 약 7천 명의 귀국 희망자 명부를 작성하기에 이르렀고, 1975년부터 일본 법원에 사할린 한인 귀환청구소송을 제기하여 귀환운동을 공론화시켰다. 이러한 노력이 이어지면서 1989년에는 1988년의 서울올림픽 성공 개최를 발판으로 하여 '사할린동포 모국방문 및 귀환촉구 결의안'이 가결되기에 이르렀다. 이어 1994년 사할린 한인의 영주귀국사업으로 건설비용과 정착지원금 지원이 성사되면서 2016년까지 총 4,387명이 국내로 영주귀국하게 되었다.

그러나 이때 그 대상이 1945년 8월 15일 이전 출생자로 한정되면서 사할린에서 평생을 살아온 영주귀국 대상자들은 예상치 못했던 이산의 상황에 놓이게 되었다. 출생 날짜를 기준으로 한 조건은 이미 세월이 흘러 당사자들은 세상을 떠난 경우가 많았기에 실질적으로는 그 자녀 세대인 2세대가 대상이었다. 영주귀국사업을 추진하면서는 이들이 한인 1세대로 규정되어 영주귀국 대상자로 선정되었다는 것 때문에도 사할린 한인의 세대를 구별하는 데 혼란을 주기도 한다. 이들은 한인 1세대보다 이들의 자녀 세대인 2세대에 속하는 경우가 많았으며, 사할린에서 평생을 살면서 가족을 이루고 러시아 문화에 적응하여 살고 있었기 때문이다.

1945년 8월 15일 이전 출생자라는 제한 조건은 사할린 한인 영주귀국사업에 관여한 일본 적십자사의 입장에 따라 종전 전까지만 책임을 지겠다는 태도가 바탕이 된 것이었을 뿐이고, 이러한 물리적 조건의 설정에 따라 단 며칠 차이로 형제 · 자매도 헤어짐을 감수할 수밖에 없어 또 한 번의 강제이산을 견인했다. 따라서 현재 사할린 한인 영주귀국사업에 의해 한국 사회에 정착한 사할린 한인에 대해 탐구할 때 그럼에도 불구하고 이들이 영주귀국을 선택한 배경을 정확하게 이해하지 않으면 안 된다.

사할린 한인의 삶에서 가족의 형태는 중요하다. 한인 1세대의 강제징용 상황에서 독신자인 상태로 강제징용에 끌려온 사람들도 포함해서 한인은 공동체를 형성했고, 이 공동체는 거의 가족 형태를 갖추었던 것으로 보인다. 호칭부터 나이 관계에 따라 형님, 동생이기도 했고, 자녀들에게는 이모나 삼촌이 되어 사촌 형제로서 관계를 맺기도 했다. 이처럼 유사 가족 형태를 갖추면서 이들은 한국에 두고 온 가족 관계를 대체했다. 그런데 한인 공동체의 이런 특성은 결핍된 가족 구성원을 보충하려는 것이라기보다 가족 중심, 가족 단위 공동체에 익숙한 한인의 전통적인 공동체 관념에 의한 것이라고 할 수 있다. 이들은 전통사회의 풍습을 아직 거의 그대로 간직하고 있었고, 그러한 바탕에서 생활하던 이들이 경험하는 2차 노스탤지어는 다름 아닌 그러한 가족 공동체의 시공간에 대한 것이라고 할 수 있다. 사할린 고향이 의미하는 바는 나고 자란 곳이어서가 아니라 그곳에 실제로 내 가족이었던 사람들이 과거를 공유한 경험과 추억이 있고, 실제 내 가족이 현실 생활을 이어가고 있는 곳이자 자신의 젊은 날 경험한 시간이 축적되어 있는 곳이기 때문일 것이다.

그런 고향을 떠나 완전히 낯선 공간으로서의 한국으로 이주하기를 결심한 이들이 영주귀국 사할린 한인이다. 그들에게 한국은 노스탤지어의 고향이기는 하지만 그들 자신이 직접 경험해서 기억 속에 남아 있는 시공간은 전무한 상태에서 오로지 부모 세대의 시공간, 크로노토프로서의 고향에 대한 노스탤지어가 이들에게 그대로 계승된 것이라는 점을 이해해야 영주귀국 사할린 한인의 디아스포라와 노스탤지어를 온전하게 이해할 수 있을 것으로 보인다.

즉, 이들에게는 디아스포라와 노스탤지어가 모두 이중적인 성격을 갖는데, 이중적 디아스포라는 '그리움을 현실로 만들고 그 현실이 다시 그리움을 만드는' 이중적 노스탤지어를 끌어낸다. 이것이 중첩된 개념이 될지 순차적 개념이 될지에 대해 이견이 있을 수도 있겠으나 우선은 다층적 의미를 가지는 것으로 이해한 상태에서 '이중적(二重的)' 디아스포라와 노스탤지어로 규정하고자 한다.

한인 1세대의 디아스포라는 비자발적 특성이 두드러진다. 경제적 이유 등의 자발적 이주도 없지는 않으나 절대 다수의 강력한 이주 원인은 강제징용이었기 때문이다. 이로 인해 발생한 노스탤지어, 즉 고향에 대한 그리움과 귀환에 대한 열망은 2세대에게도 고스란히 전해졌다는 의미에서 계승적 특성을 갖는다.

영주귀국 사할린 한인은 대부분 이들의 자녀 세대다. 1세대에 속하는 이들도 없지는 않지만 1세대보다는 2세대의 숫자가 절대 다수를 차지하며 이들의 이주는 자발적 선택에 의해 이루어진 것이다. 이들은 선택에 의해 스스로 고향 사할린을 떠나왔기에 고향에 남기고 온 자녀 세대와 자신의 온전한 삶에 대한 노스탤지어를 발생시킬 수밖에 없다. 이 노스탤지어는 부모의 노스탤지어를 계승한 자발적 디아스포라 상태에 의해 발생했으나 그들의 자녀 세대인 3세대에게 계승되는 것은 아니기에 비계승적 특성을 갖는다. 비자발적 디아스포라에 의해 다음 세대로 계승되는 노스탤지어를 갖는 1세대의 디아스포라와 노스탤지어, 자발적 디아스포라에 의해 다음 세대로 계승되지는 않는 노스탤지어를 갖는 2세대의 디아스포라와 노스탤지어의 관계가 성립된다.

3) 행위자로서의 주체적 정체성 협상

영주귀국 사할린 한인의 삶을 살피면서 그들의 이중적 디아스포라와 이중적 노스탤지어에 주목하게 된 데는 이들 스스로 자신들의 정체성을 협상하여 만들어간 주체들이라는 특성이 배경이 되었다고 할 수 있다. 사할린 한인에게도 이주와 정착 및 정체성 협상과 관련하여 다양한 삶의 양상이 존재하지만, 그중에서도 하나의 맥락으로 읽을 수 있는 특정 양상에 주목했을 때 그들의 특수성을 설명할 수 있는 키워드를 찾을 수 있다고 본다. 그중 하나가 이중적 디아스포라와 이중적 노스탤지어다. 혹시 이 개념들이 전체 사할린 한인의 양상을 포괄적으로 담지는 못한다고 할지라도 충분히 의미 있는 논의를 끌어내는 주요 키워드는 될 수 있을 것이다.

이주의 의도와 그로 인한 노스탤지어의 관계에 주목했을 때 이주의 자발성은 사할린 한인의 삶의 양상을 결정짓는 중요한 요소가 될 수 있다. 그러한 관점에서 한인 1세대의 이주는 '비자발적' 특성에, 한인 2세대(현재 영주귀국을 선택하여 한국에 정착한 사할린 한인)의 이주는 '자발적' 특성에 주목할 수 있다. 이주의 자발성은 이들이 원거주지를 벗어나 이동한 지역에서 자신들의 정체성을 협상하는 데 주요 배경이 된다. 한인 2세대의 정체성 협상을 논의하기 위해서는 한인 1세대의 정체성 협상에 대한 이해가 필수적으로 요구된다. 한인 2세대의 자발적 이주에는 한인 1세대의 정체성 협상이 거의 절대적으로 영향을 미치기 때문이다.

영주귀국 사할린 한인은 부모 세대의 비자발적 정착지였던 사할린에서 태어나 자라면서 부모 세대의 강력한 영향력 아래에서 정체성을 형성했다. 1세대는 이주 배경이야 어떻든 고향으로 귀환할 수 있다는 희망과 믿음을 버리지 않았다. 그래서 사할린이 일본 영토에서 소련으로, 다시 러시아로 소속이 변하는 동안 오로지 한인으로서의 정체성을 유지하는 데 집중했다. 소련에서 러시아로 영토 이전이 이루어지면서 거의 대부분의 일생을 러시아 영토에서 살게 되었으면서도 러시아 국적을 취득하지는 않은 채 '비(非)국민증' 발급으로 겨우 존재를 인정받는 처지인 무국적 지위를 유지했으며, 언어마저 러시아어를 학습하는 데는 크게 관심을 기울이지 않았다. 생활에서 필요한 정도의 단순한 언어 구사 정도로 만족했다.

사할린 한인의 정체성 협상에서 국적과 언어는 매우 중요한 요소다. 보편적 인간의 삶에서 국적과 언어는 선택의 대상이 아니라 출생 자체로 보장받고 주어지는 것이다. 그러나 사할린 한인은 그것을 스스로 선택해야 하는 국면을 헤쳐나왔기에 이들에게는 행위자로서의 성격이 부여될 수밖에 없다.

행위자(agent)는 행위의 주체, 행동하는 자를 뜻한다. 행위를 수행하는 것만으로도 고유한 특성을 획득하는 주체가 행위자인데, 이러한 행위자로서의 정체성 획득에는 '선택'과 '실행'이라는 요소가 작용한다. 행위의 발생에는 선택 능력과 실행 능력이 작동해야 한다. 특정한 행위를 실행하기로 선택하고 그것을 실제 실행으로 옮기는 것은 모두 '능력'의 영역에서 논의될 수 있다.

거주국의 상황을 감안하여 그 영역 안에서 어떤 존재로 살아갈 것인가를 고민했던 주체로서 사할린 한인은 러시아에서도, 한국에서도 오롯한 한국인으로서 살아가는 데 집중했다. 사할린에서 무국적 상태를 오랫

동안 고수한 것은 반드시 한국으로 돌아올 것이라고 믿었기 때문이다. 그러한 믿음은 고향에 대한 강한 향수나 떠나왔기에 돌아간다는 당위만으로는 설명되지 않는다. 그 믿음이나 당위가 확고할 수밖에 없었던 것은 '한인'이라는 굳건한 정체성이 기반으로 작동한다.

따라서 북한 국적을 취득한 사례도 있고, 대부분의 2세대는 러시아 국적을 취득하기도 한 상황에서도 한인 1세대는 오랫동안 무국적 상태를 유지했다. 국적을 정식으로 취득하지 않았을 때는 정치적 · 행정적으로 여러 불편과 차별을 감내할 수밖에 없었는데, 현실 생활의 불편함은 고려 대상이 되지 않을 정도로 이들의 귀환 의지는 확고했다고 할 수 있다.

사할린 한인의 정체성 협상과 관련한 논의에서 언어 사용 문제는 빼놓을 수 없는 요건이 된다. 즉 언어 사용의 혼란으로 인해 정체성 구성에 어려움을 겪지만, 한편으로는 언어 사용 능력의 습득을 통해 정체성을 구성하고자 하는 주체적 의지의 발현을 확인할 수 있다.

일본의 지배를 받는 식민지 국가의 구성원, 일본의 영토였기에 일본 제국주의에 의해 강제징용을 당해왔으나 소련, 이후 러시아로 주권이 이양된 '사할린'이라는 지역의 거주자라는 정체성은 그들의 언어를 지배했다. 한인이기에 한국어를 구사하지만 일제강점기 하에서 일본어를 익힐 수밖에 없었고, 사할린에 남겨진 후로는 러시아 영토의 거주자로서 러시아어를 익히면서 살아가야 했다. 그 과정에서 1세대 한인은 비국민증을 발급받음으로써 자발적으로 무국적자의 삶을 살았던 것처럼 언어도 러시아어를 적극적으로 습득하지는 않았다. 다만 1세대와 달리 현실의 삶을 러시아 영토에서 살아야 했던 2세대는 러시아어를 배우기 위해 노력했는데, 국적도 없는 이들이 러시아에서 삶을 이어가는 데도 제약이 많아서 이들의 러시아어는 현지인처럼 완벽한 수준이 되지 못했다.

그런 상황에서 한국으로 영주귀국한 사할린 한인은 또다시 언어의 이중고 속에 놓이게 된다. 부모 세대와 달리 한국어를 마치 외국어처럼 배워야 했던 이들이기에 한국으로 영주귀국한 이후에도 이들이 주로 사용하는 언어는 러시아어다. 부부가 함께 이주해온 경우, 집에서 부부끼리는 러시아어로 소통한다. 현재 러시아에서 살고 있는 그들의 자녀나 친지와 소통할 때도 마찬가지다. 한국 사회에서 정착해서 살게 된 이상 이전보다는 한국어를 더 자주 사용해야 하는데, 아직 한국어가 서툴다는 것 때문에 의욕적으로 활동하는 데 어려움을 느끼고 있다. 사할린 한인의 구술자료에서 흔히 볼 수 있는 '한국말도 러시아말도 온전치 않은' 상태가 그들에게는 실존적 생활에서 가장 큰 걸림돌 중 하나다. 그러나 이들이 러시아어를 사용할 줄 안다는 점을 기반으로 하여 한국 사회에서 자신들의 능력을 펼쳐 보이면서 기여할 수 있기를 바란다. 특히나 국가의 지원을 받으면서 기초생활수급자 신분을 갖고 있다는 점에 대해서도 고마움을 느끼는 한편으로 좀 더 활동범위를 넓히고 싶다는 소망을 강하게 나타내기도 한다. 이들이 온전한 한국인으로서 인정받고 자신의 삶을 주체적으로 끌어가기 위해서는 한국어 사용 능력의 향상이 더욱 요구되기에 한국어를 좀 더 자유자재로 활용할 수 있도록 교육 기회가 제공되었으면 좋겠다는 요구 또한 강하게 나타난다.

부모의 열망이 곧 자신들의 소망이었던 한인 2세대는 영주귀국 형식을 통해 한국에 정착하면서 미래에 대한 기대를 강하게 품고 있다. 그들의 귀환 열망은 과거로부터 비롯된 것이지만, 귀환 이후의 삶에 대해서는 더 이상 부모 세대에 의해 자신들의 삶이 좌우되기를 원하지 않는다. 그들은 한국 국적을 취득하고 정식으로 인정받은 한국의 국민으로서 자신들의 의무와 책임을 다하고자 하며, 그렇기에 한국 사회에 바라는 바도 많다. 이들이 과거의 역사적 아픔 속에 얽어매지 않도록 그들의 생각과 요구를 정확하게 파악하고 이에 맞는 현실적 정책과 제도를 만들어갈 필요가 있다.

3.
소결

영주귀국 사할린 한인의 디아스포라와 노스탤지어에 대해 그 이중성으로부터 이해를 도모했다. 이주(移駐)와 향수(鄉愁)는 순차적으로 영향을 주면서 상호 간섭과 영향 관계를 형성했다. 이주의 경험 자체가 두 차례에 걸쳐 이루어진 데다 1차 이주와 2차 이주의 성격이 확연히 달랐기에 사할린 한인만의 독특한 정체성을 형성한다. 1차 이주는 부모 세대, 즉 한인 1세대가 일제강점기에 강제징용과 경제적 문제 등의 이유로 이주해간 것이다. 좀 더 풍족하게 살아보겠다고 자발적으로 사할린으로의 이주를 결심한 경우라고 하더라도 이것이 일본의 식민 통치라는 시대적 상황을 배경으로 한 것이었기에 순전히 경제 문제만 놓고 볼 수는 없을 것이다. 그 당시 사할린은 일본의 영토였고 국내 사정은 일제의 수탈로 심각한 상태에 처해 있었기 때문이다. 어느 정도는 역사적 · 시대적 조건이 영향을 준 것이기에 사할린 한인의 이주는 구 디아스포라적인 비자발적 이주의 성격이 강하다.

그러나 역사적 상황은 계속해서 변화하여 일본의 패망과 함께 제2차 세계대전이 끝나고 사할린 영토가 소련에 반환된 이후 사할린의 한인은 잊힌 존재가 되었다. 어느 누구도 이들의 거취에 관심을 갖지 않았고, 이들은 한국 국민도, 일본 국민도, 러시아 국민도 되지 못한 채 무국적자의 삶을 선택할 수밖에 없었다. 사할린 한인 1세대에게 '돌아감'은 명백한 사실이었고, 오로지 그때만을 위해 자신들의 삶의 방향을 설정했다. 따라서 사할린 한인 1세대는 러시아어를 열심히 배울 필요도 없었고, 러시아 국적을 얻는다는 것은 더군다나 불필요한 일이었다. 이로 인해 받을 불이익이 명백한 상황이었지만 그럼에도 이들은 오로지 고국으로의 귀환만을 기다리며 코르사코프 망향의 언덕을 올랐다.

이러한 1세대로부터 강력한 영향을 받으며 자란 2세대는 현실적인 삶은 러시아 영토에서 영위해야 했기에 학교 교육 등을 통해 접하는 러시아의 가치관, 문화와 매우 이질적이었던 부모 세대의 가치관을 얼른 이해하지 못하기도 했지만 결국은 부모의 의지를 전면 수용함으로써 부모의 소망을 대리로 실현하는 주체가 되었다.

따라서 이들에게 노스탤지어는 경험 속의 고향에 대한 그리움이나 귀환 의지라기보다는 부모 세대의 노스탤지어를 수용한 결과로 나타난 것이라고 하겠다. 이주 경험 자체는 부모 세대의 것이었기에 이들에게는 경험해보지 못한 고향이었다. 따라서 그로 인한 노스탤지어는 부차적인 성격이 있다고도 할 것이다. 그러나 그렇다고 강도가 덜하지는 않아서 사할린 한인 2세대는 부모 세대의 노스탤지어를 그대로 받아들여 영주귀국의 기회가 열렸을 때 평생을 살아온 거주지를 스스로 떠났다. 부모 세대에게 단절되었던 공간과 시간이 2세대인 자녀 세대에 의해 복원되는 것과 같은 결단이었으나, 이는 동시에 자녀 세대에게는 그들의 자녀 세대, 즉 3세대와의 단절을 의미했다. 그렇기에 이들의 자발적 이주는 새로운 노스탤지어를 형성했으며, 영주귀국 사할린 한인의 디아스포라와 노스탤지어는 이로써 두 경우 모두 이중적인 성격을 갖게 되었다.

이러한 과정을 거치면서 영주귀국 사할린 한인은 행위자로서 '이주와 향수', 즉 디아스포라와 노스탤지어라는 상황 앞에서 주체적으로 판단하고 자신들의 공간적 · 정서적 위치를 확고하게 선택했다. 상황 앞에 무력하게 놓인 존재가 아니라 거주지에서의 정체성을 주체적으로 협상해간 존재라고 할 수 있다. 사할린에 거주할 때도 그들은 부모의 영향으로 인해 한인이라는 정체성을 조금의 의심도 없이 받아들였고, 영주귀국 후에는 법과 제도의 영역에서 공식적으로 한인으로서의 정체성을 획득하는 데 집중했다. 그 과정에서 언어 습득 여부가 이들에게는 정체성 협상을 위한 중요한 과업이 되었다. 사할린에서의 평생의 삶과 자녀, 손주 등 가족에게서 떨어져나와 부모의 고향으로 귀환한다는 것은 '한인'이라는 정체성을 확인하고 유지하는 일이었으며, 이러한 이들의 정체성 협상이란 드디어 대한민국 국민이 되었다는 자부심과 더불어 스스로 획득했다는 점이 강조되어야 할 것이다.

이 총서는 영주귀국 사할린 한인의 이러한 이중적 디아스포라와 노스탤지어를 생애담 연구를 통해 구체적이고 실제적으로 제시하고자 한다. 영주귀국 사할린 한인의 생애담에서 발현된 개인의 삶과 이야기는 우리 사회를 재조명하는 토대가 될 것이다.

3장

영주귀국 사할린 한인의 생애담

1.
연구참여자 1:
그리움을 위로받는 향수의 기록

1) 생애담 요약

연구참여자는 85세(1935년생)다. 어머니는 39세의 젊은 나이에 일찍 돌아가셨다. 형제는 두 명 있는데, 여동생(1937년생)은 결혼해서 북한으로 이주했고, 남동생(1943년생)은 현재 영주귀국해 천안에 살고 있다. 연구참여자는 7년제 조선학교를 졸업했다. 어릴 때부터 몸이 약해 육체노동을 하면서 살 수 없다는 생각을 가지고 공부를 계속 해야겠다고 결심하고는 1954년 포로나이스크에 있는 러시아 사범전문학교 조선과에 입학했다. 당시 아버지께서는 어머니를 먼저 보내고 어려운 집안 형편에 연구참여자가 결혼해서 함께 일하면서 살기를 원하셨는데, 연구참여자는 자신이 아끼던 악기(아코디언)를 팔아 교통비를 마련하여 대학 입학시험을 치르기 위해 포로나이스크로 갔다. 연구참여자는 시험에서 만점을 받아 합격했고, 국비 장학금을 받게 되었다. 시험을 치고 난 후에 아버지께 죄송한 마음으로 편지를 썼는데, 아버지께서는 "그렇게 공부하고 싶으면 내가 뒷받침해주겠으니까 걱정하지 말고 공부해라" 하고 답을 주셨다고 했다. 연구참여자는 러시아 사범전문학교에서 아내를 처음 만났다. 아내는 러시아 공부를 잘했고, 연구참여자는 조선어 공부를 잘해 서로 학업을 도우면서 정을 쌓았다. 연구참여자와 그의 아내는 1957년 러시아 사범전문학교를 졸업하고, 3년 동안 서로 다른 도시[연구참여자는 체호프(Чéхов), 아내는 마카로프(Макáров)]에서 일하다가 1960년 혼인했다.

연구참여자는 러시아 사범전문학교를 졸업한 후 체호프라는 도시에서 조선중학교(8년제) 1학년 담임을 맡아 일하게 되었다. 4년 동안 고생하면서 공부한 결과 교사가 되어 받은 첫 월급은 80루블이었다. 연구참여자에게 80루블은 동생과 함께 생활하기에 매우 빠듯했는데, 조선중학교 교장선생님의 배려로 학교 내 피오네르(пионéр) 소년단 학생들을 지도하는 업무를 맡게 되어 40루블을 더 받을 수 있었다. 러시아 사범전문학교에서 배운 노래, 춤 등을 피오네르 소년단에서 활용할 수 있었다.

연구참여자는 1960년 결혼하면서 아내에게 통신대학을 다녀야겠다고 말했다. 그래서 유즈노사할린스크 사범대학에 입학해 5년 동안 공부해 역사과를 졸업했다. 1964년 졸업을 하고 나니 조선학교 폐교령이 내려와 더 이상 교사로 일할 수 없게 됐다. 하지만 연구참여자는 조선중학교에서 일하면서 사할린 신문사와 라디오 방송국 통신원으로 일한 경험을 바탕으로 지인으로부터 우리말방송국 기자를 권유받았다.

연구참여자는 1964년 우리말방송국에 입사해 11년을 일했다. 우리말방송국에서 주로 보도기사를 썼는데, 사할린주에 있는 한국 사람들의 생활에 대한 취재를 했다. 러시아에는 "다리가 기자들을 먹여살린다"라는 말이 있는데, 연구참여자는 사할린주 내에 안 가본 도시가 없을 정도로 지방 출장을 많이 다녔다. 러시아에서는 일정한 기한이 되면 기자들을 공부시키는 제도가 있었는데, 연구참여자도 두 달 동안 모스크바에 가서 공부도 하고 시험도 치르고 왔다. 그리고 추천을 받아 1975년 레닌의 길 신문사(현 새고려신문사)에 편집국장으로 이직했다. 18년 동안 편집국장 일을 하다가 1993년 퇴직하고 연금생활을 하게 됐다.

연구참여자는 신문사 퇴직 후 편안한 생활을 하고 있었는데, 계속 일하던 사람이 집에 있으려니 답답한 생각이 들었다고 했다. 그래서 집 앞에 있는 러시아 중학교에 찾아가 한글반을 만들어 9개월 동안 학생들을 가르쳤다. 그러던 중에 우리말방송국에 기자가 한 명 필요하다는 소식을 듣고, 당시 국장을 찾아가 기자를 하고 싶다는 의향을 전했다. 그리고 1994년부터 2001년 영주귀국하기 전까지 이전의 경험들을 바탕으로 다시 우리말방송국에서 기자로 일했다.

2001년 영주귀국을 하고 나서는 사할린동포회 노인회에서 10년 동안 일했다. 영주귀국 후 한국 생활에서 아쉬운 점이 있다면 한국말을 배울 기회가 없다는 것이라고 했다. 영주귀국한 사람들만 모여서 사니 한국에 있는 사람들과 교제하고 소통할 기회가 없다는 것에 아쉬움을 크게 느끼고 있었다.

2) 생애담

(1) 젊은 열정을 안고 일본을 거쳐 사할린으로

연구참여자의 아버지 고향은 충청남도 부여군 양화면 정안리다. 아버지는 장난을 좋아하고 짓궂은 성격을 가지셨다. 고향 집 앞에 감나무가 있었는데, 아버지는 어렸을 적에 감나무에 올라가 지나가는 행인들에게 감 열매나 잎사귀를 던지며 장난을 쳤다고 한다. 아버지는 상업전문학교에 들어가 공부하기 위해 1930년 혼자서 일본으로 유학을 떠났다. 연구참여자는 일본에 건너가서 아버지가 진짜 공부를 하셨는지, 안 하셨는지 그것에 대해 들은 바가 확실히 기억나지 않는다고 했다. 아버지는 일본 사이타마현(埼玉県)에서 수레에 고철, 고물 등을 수거해 생활하셨다고 한다.

"아버님이 그러니까 일본으로 온 거는 모집으로 온 것이 아니라 젊어서 공부하신다고 일본에 와서 공부하신다고 한국에서 왔습니다. 그러니까 제가 1935년생이니까 1930년도에 일본으로 건너왔습니다. 혼자서 그래 공부한다고. 상업전문학교라고 있지요? 상업을 전문으로 배우는 전문학교. 거기 공부하러 오신다고 한국으로 일본으로 오신 것 같습니다. 제가 간단히 이야기 들었는데 자세한 거는 아버님이 그렇게 말씀 안 하시고 그래 와서 공부를 하셨는지 안 하셨는지 그거는 잘 모르겠습니다. 아버님 이야기하셨는지 안 하셨는지 모르겠지만은 제 기억에는 하나도 없고요. 그렇게 하다가 그 공부는 그거하고 무슨 일 했는가 하면 여기서도 리어카에다가 휴지 뭐 그다음에 고철 같은 거 있지 않습니까? 고물 그런 거 주워다가 바치고 그렇게 생활했답니다, 일본에서."

연구참여자의 아버지는 일본에서 어머니를 만나게 됐다. 외가에서는 아버지(한국 사람)와의 결혼을 극심하게 반대하셨다. 특히 어머니의 오라버니가 아버지와 싸움도 많이 하면서 제일 반대가 심했다고 한다. 그럼에도 불구하고 아버지와 어머니는 일본에서 결혼을 하셨고, 1935년 연구참여자가 태어났다. 연구참여자가 두세 살이 되던 해에 아버지는 돈벌이가 좋다는 선전에 넘어가 사할린으로 건너가셨다.

"거기 사이타마현 어느 도시인지 그거는 모르겠습니다. 그렇게 하시다가 우리 어머니를 만났습니다. 어머니는 일본 사람입니다. 만났는데 물론 어머님 그 집안에서는 한국 사람하고 결혼하는 거 영 반대했거든요. 그래서 어머님의 오빠가 계셨는데 오빠하고 제 아버지하고 싸움도 많이 했답니다. 반대한다고. 그 이야기 간단히 들었고요. 그래서 제가 아주 어렸을 적에 두 살인가 세 살 때 아버님이 이 사할린에서 돈벌이가 좋다 그래서 한국 사람들 모집한다 그래서 그 모집에 선전에 넘어가서 넘어온 깁니다. 사할린으로."

연구참여자가 다섯 살이 되던 해에 아버지로부터 연락을 받았고, 어머니께서는 연구참여자와 여동생을 데리고 일본에서 사할린으로 이주하게 됐다. 사할린에 와서 크라스노고르스크(Красногорск),* 일제강점기에는

---

* 유즈노사할린스크에서 291km 떨어진 지점에 위치해 있으며, 일본이 건설한 도시다. 지어질 당시의 이름은 진나이였다. 1945년 이 도시를 소련이 점령했고, 1947년부터는 이 도시 이름이 크

'진나이'라고 했던 곳에 살게 됐다. 아버지는 그곳에 있는 탄광의 지하 막장에서 석탄을 파는 일을 하셨고, 가족은 벌집촌 같은 열악한 공간에서 거주했다.

"아버님 혼자서 가서 몇 년 동안 일했는지 하여간 제가 학교 가기 전이니까 한 다살 됐을 때 아버님이 어머님한테 연락해서 가족들 데리고 오라. 그래서 그때 저하고 제 여동생 지금 북한에 가서 소식 없다는 그 여동생하고 둘이 여동생은 어머니가 업고 그렇게 서이서 사할린으로 아버지를 찾아서 왔습니다. (중략) 진나이라고. 크라스노고로스크. 거기 일본 시대에는 진나이라고 했어요. 진나이 탄광. 아버님이 거기 탄광에서 일하셨거든요. 지하 막장에서 석탄 파는 데. 그때 일본 사람들이나 조선 사람들이나 큰 바라꾸에서 주로 독신자들이 아닙니까. 모집 온 사람들이 우리처럼 가정이 있는 사람도 있고 주로 혼자 있는 사람들. 큰 바라꾸에서 사람들이 가족 있는 사람들은 따로 칸을 만들어서."

(2) 아버지와 술, 고향에 대한 그리움

연구참여자의 아버지는 공부에 욕심이 많았다. 집에서도 계속 공부하는 모습을 보이셨고, 어려서부터 한문을 배우고, 일본에 와서도 무슨 일을 하든지 간에 신문을 보고 라디오를 들었다. 조선어뿐만 아니라 일본어

라스노고르스크로 개칭되었다.

도 잘 구사하고 글도 잘 썼다. 연구참여자는 아버지가 시대를 잘 만났다면 지식인으로서 성공했을 것이라고 생각했다.

"우리 아버님이 성질이 뭔가 공부에 욕심이 많았습니다. 그저 집에서도 공부하고 어려서부터 한문 배우고 그다음에 일본에 와서도 무슨 일을 하든지 신문도 보고 라디오도 듣고 그렇게 해서 지식이 있는 분이고. 일본말도 잘했습니다. 일본글도 잘 쓰고. 그런 분이었습니다. 그런데 하여간 시대를 잘못 만나서 그렇게 됐지만은 만일에 시대를 잘 만났으면 우리 아버님도 지식가로서 성공했을까 나는 그렇게 생각합니다."

연구참여자의 아버지는 술을 많이 드셨는데, 술만 마시면 고향 생각이 나는지 혼자서 많이 우셨다고 한다. 한국 소식을 듣기 위해 조그마한 라디오 수신기를 침대 옆에 놔두고 한국에서 하는 KBS 방송을 듣기 위해 아침 일찍, 그리고 저녁 늦게 시간을 맞춰서 기다렸다. 연구참여자는 아버지가 왜 저렇게 라디오방송을 기다리는가 궁금해서 물어봤는데, 당시 한국에서 사할린에 있는 자기 친척들을 찾는 운동을 했고 그 내용을 라디오 방송으로 알 수 있었기 때문에 혹시라도 아버지 이름이 나올까 그저 방송을 듣고 있는 것이었다고 했다. 나중에서야 연구참여자의 아버지뿐만 아니라 한국에서 강제모집으로 온 사람 전부가 한국에 가고 싶고, 또 한국의 소식이 궁금해 라디오 방송을 들었다는 것을 알게 되었다.

"사람이 부모들 없이 그 타국에 와서 그렇게 고생하고 하니까 사람이 좀 타락하고 그리고 향수심에 고향에 대한 생각도 하고 술 좋아하셨어요. 아버님이. 술 드시고 그렇게 했는데 술만 마시면 저 고향이 생각나는 모양이죠. 어떨 때는 혼자서 울고. 선생님이 알아야 할 깁니다. 그 한국 소식 듣자고요. 라디오 수신기 있잖아요, 라디오 수신기 조그만한 거 있었는데 그거 그냥 침대 옆에다 놔두고 한국에서 하는 방송 KBS 방송 그거 듣는다고 그냥 들었는데. 그것도 허가 안 했습니다. 러시아 시대에. 그런데 방송도 러시아 정부에서 파장이 오는 거를 반대하는지 방송이 낮에는 안 들어왔어요. 그러니까 아침 일찍 아니면 저녁 늦게. 그러면 한국에서 들어오는 방송이 약간씩 들어왔습니다. 그거 듣는데 나는 왜 저렇게 아침하고 저녁에만 듣는가? 나중에 아버님한테 물어봤어요. 왜 그렇게 하는가? 자기 이야기 듣기는 자기 친구들이 말하는데 한국에서 사할린에 있는 자기 친척들을 찾는 찾기 운동한다 그 방송을 듣자고 그 방송을 듣는다고 합니다. (혹시 가족들이 찾을까 봐요?) 네. 자기 이름이 언제 나오겠는가. 그거 듣자고 방송 듣는 겁니다. 그리고 한국 음악도 듣고 노래도 듣고. 그렇게. 나중에 알아보니까 우리 아버님뿐만 아니라 전체 한국에서 모집 오고 강제모집 온 사람 모집으로 온 사람 전부가 모두 한국에 가고 싶어서 한국 소식을 듣자고 라디오를 듣고 그렇게 했답니다."

(3) 해방, 보통학교에서 조선학교로

1945년 8월 전쟁이 끝나자 1946년부터 조선학교가 설립되기 시작했다. 연구참여자는 조선학교에 들어가서야 한글을 배울 수 있었다. 해방 전에는 한국말 쓰는 것을 금지했는데, 해방 후에는 반대로 일본말을 하면 벌금이 있었다. 학교에서 벌금이라는 개념은 돈으로 계산되는 것이 아니라 학생들 각자에게 한 달에 한 번 종이표를 줬는데, 일본어를 쓸 때마다 벌금으로 그 종이표를 하나씩 뺏어갔고, 종이표를 모두 뺏기면 벌을 받았다.

"1946년도에 조선학교가 설립됐거든요. 그런데 그때는 1학년 들어가는 것도 아니고 1학년이고 2학년이고 3학년이고 전체 한인이 일본학교 다니지 않았습니까? 그런데 조선학교 생겼다 해서 학교 들어갔는데 누구든지 나이에 관계없이 그때는 우리 한국말 쓰지 못했거든요. 허가 안 했습니다. 그래서 일본말밖에 모르거든요. 그래서 대강 나이 어린 사람들이 한 방에 엮고, 그다음에 조금 나이 많은 사람은 두 번째 방. 그루부(group)로 만들어서 그러니까 1학년, 2학년, 3학년 이런 건 없고요."

"교원들도 진짜 전문 교원들은 없고 일본 시대의 일본학교 좀 다니면서 한국에서 한문도 좀 배우고 한글도 좀 배운 그런 지식 조금 있는 분들이 교원으로 일했습니다. 그러니까 처음에는 그분들이 산수, 국어, 그다음에 러시아 글은 배우지 못했고 처음에는. 그렇게 해서 하니까 그다음에 제가 5학년인가 4학년. 아 그렇게 하다가 얼마나 지났는지 자세히 모르겠는데 3학년 그룹반에 들어갔습니다. 무슨 말씀인지 알겠습니까? 처음에는 그룹반으로 하다가 정리가 되니까 (3학년으로 들어가신 거예요?) 들어가고 그다음에 4학년, 5학년, 그다음에는 그 후에는 어떻게 됐는지 모르겠어. 그렇게 공부했습니다."

"일본 시대에는 한국말 하는 거 금지했더랬습니다. 해방 전에는 계속 일본말 하고. 그다음에 해방 후에는 한국말 하는 것도 허가했지만은 그때는 반대로 일본말 하면 벌금하고 학교에서 벌금이라고 돈으로 벌금하는 것이 아니라 한 달에 한 종이표를 줬어요, 학생들한테 각자에게. 그래서 만일에 일본말을 하면 벌금으로 그 종이를 하나씩 선생님한테 뺏깁니다."

당시 조선학교에 처음 들어갔을 때 학생들 중에서 연구참여자가 제일 한국말을 못했다. 왜냐하면 일본인 어머니의 영향으로 집에서는 모두 일본어를 사용했기 때문이다.

"조선학교 생겼지 않습니까? 1946년도인가요? 그때 7년제 한글을 배웠지요. 학교에 들어가서. 처음에 들어가니까 다른 학생들보다 한국말 제일 잘 못했습니다. (다른 사람들은 잘했나요?) 아니 잘한 것이 아니라 그래도 좀 대화를 하고 그래도 부모들이 다 한국 사람이니까 혹시나 그분들이 집에서는 한국말을 했는지 모르겠습니다. 그러나 학교에 와서는 일본말을 해야 되니까. 저희는 안 그렇거든요. 학교에 가면 한국말 하자고 애쓰고 집에서는 전체 일본말이니까. 어머님. 그러니까 제일 못했습니다."

연구참여자가 조선학교를 다니던 어느 날 작문시간이었는데, '우리 가족'이라는 제목으로 글을 쓰는 것이었다. 연구참여자는 한글에 서툴러 길게 쓰지 못하고 제출했는데, 그 내용이 아버지에 대한 마음이었다. 당시 국어선생님이 키가 조그마한 김낙기라는 분이었는데, 그분이 연구참여자의 글을 보고 잘 썼다고 칭찬해주셨다.

"작문시간이 있었거든요. 그래 제목이 뭐신가 하면 우리 가족. 그런 제목을 받았는데 다른 사람들은 어떻게 썼는지 모르겠지만 저는 한글로 작문 쓸 줄 모르니까 대강 뭐라고 썼느냐면 지금 기억이 나는데 저희 아버지는 아주 무섭게 생겼지만은 외모는 무섭게 생겼지만은 내가 세상에서 제일 사랑하는 사람이다. 그 내용을 한글로 썼거든요. 다른 거는 못 썼습니다. 그런데 국어선생님이 키 조그만한 김낙기라고 지금도 생각납니다. 김낙기라는 선생님. 그분이 일본말도 알고 한국에서 공부한 사람이거든요. 그 사람이 우리 선생이었습니다. 국어선생. 그 선생이 그걸 봤는데 글 쓴 것이 형편없지요. 문법상 틀린 것이 아직 너무 많았고 그런데 학생들 모인 앞에서 제 작문 보이면서 야가 제일 잘 썼다고. 글은 제일 적게 쓰고 문법상 틀린 말이 많지만은 내용으로 제일 잘 썼다고 그거 생각납니다 지금."

(4) 무시당하지 않기 위해 결심한 길

연구참여자는 어려서부터 몸이 약했다. 늑막염을 앓아 1년 동안 학교를 못 다녀서 조선학교 5학년 때 1년 낙제를 하게 됐다. 연구참여자는 몸도 약하고, 또 어머니가 일본 사람이다 보니까 당시 또래 친구들에게서 천대를 많이 받았다고 했다. 그래서 싸움을 많이 했는데, 몸이 약해서 주먹질은 하지 못하고 말다툼만 할 수밖에 없었다. 그래서 당시 결심했던 것이 육체적인 일을 하면 언제든지 천대받을 수 있으니 공부를 많이 하고 출세해서 사람들 앞에서 남부끄럽지 않게 살아야겠다고 마음먹었다. 5학년 때 낙제를 했지만 연구참여자는 열심히 공부했고, 7학년 때 좋은 성적으로 졸업할 수 있었다.

"제가 원래 어려서부터 몸이 약했거든요. 5학년 때인가 늑막염을 앓아 가지고 1년 동안 학교를 못 다녔어요. 조선학교 5학년 때. 그래 1년 낙제했습니다. 그때 공부 못하면 떨어지거든요. 1년 쉬다가 그다음에 들어갔는데 저 학교 다니기 시작했는데 그러니까 5학년 두 번 했지 않습니까. 5학년 공부하다가 떨어지고 그때부터 내가 무슨 생각을 했는가 하면 내가 몸이 약하고 또 우리 집 형편이 어머니가 일본 사람이다 그렇게 하니까 하여간 천대도 많이 받았어요. 친구들한테. 제가 어머니가 일본 사람이라 해서. (조선학교에서요?) 예, 우리 친구들한테 동무들이 하여간 손가락질 많이 했습니다. 그래 싸움도 하고 뭐 주먹질은 안 하고. 왜 그러냐면 제가 몸이 약하다 보니까 싸움은 못하고 입으로 싸움하고 말다툼을 했죠. 그러니까 말다툼을 많이 하고 그렇게 했습니다. 그래 결심한 것이 내가 만일에 일을 하면 언제든지 천대받고 사람들 앞에서 고개도 못 들고 다닌다. 어쨌든 공부를 많이 하고 출세하고 사람들 앞에서 남부끄럽지 않게 살아야 내가 사람들 앞에서 부끄럽지 않고 남한테 손가락질 못하게 그렇게 살겠다. 그 마음 먹었습니다. 5학년 낙제하고 그다음 해에. 그래가지고 열심히 공부했습니다."

(5) 외로운 삶을 마친 어머니

연구참여자의 어머니는 1915년생으로, 1953년 39세 나이로 사할린에서 돌아가셨다. 어머니에 대한 기억은 고생하셨던 것이 전부라고 했다. 사할린에서 어머니한테는 친구도 없었고 이웃 사람들하고 약간의 교류는 있었지만, 한국말도 모르고 러시아말도 몰랐기에 많이 외로우셨을 것으로 생각했다. 집 옆에 자그마한 텃밭이 있었는데, 어머니는 그저 집안에서 텃밭을 일구고 자식들을 키우느라 고생하셨다.

> "어머니가 1915년생이고. 하여간 다른 것은 하나도 생각 안 나고 고생한 것만 생각납니다. 지식도 없었고 그러니까 소학반 아마 2~3년 동안 일본학교 다닌 것 같습니다. 글은 조금 읽고, 한문 같은 건 하나도 모르고요. 그리고 평생 한국말 몰랐습니다. 우리 어머니가 돌아가실 때까지 일본말로 그냥 말하고 살았습니다."

> "사할린에서 어머님한테 친구도 없었습니다. 친구도 없고요. 이웃 사람들하고는 이야기하고 하지만은 자기는 한국말도 모르고 러시아 말도 잘 몰랐습니다. 그러니까 친구는 없고. 하여간 고생 많이 하시고. 어쨌든지 어머님이 한 가지 희망. 언제 자기가 우리하고 같이 공원에 가서 재미있게 놀아보겠는가. 그것이 희망이었습니다. 어머님. 그렇게 공원도 한 번 못 가보시고 고생하신 그분입니다."

> "집에 옆에 텃밭 조그만한 거 있었습니다. 텃밭에서 일하시고 그리고 집안에서. 그리고 전쟁 시기 고생했지. 전쟁 시기에는 식량이라고

는 배급으로 받았거든요. 배급시대니까. 그 배급 끝난 후에는 자유시장이라고 했지만은 자유시장 집에서 팔 것도 없지. 그다음에 기술도 없지. 아버님도 그렇지만은. 그러니까 그저 집안에서 집에 텃밭 그거 하고 우리를 키우느라고 고생하셨지."

연구참여자의 원래 꿈은 의사가 되는 것이었다. 의사가 되어 다른 사람들도 살리고 자기 어머니도 건강하게 치료하고 자기도 건강해지고 싶었다고 했다. 하지만 어머니가 돌아가시고 집안 형편이 어려워 의과대학에 갈 수 없었고, 사범전문학교로 진로를 변경했다.

"7학년 좋은 성적으로 공부하고 공부를 계속하자 했는데 어머니가 돌아가셨지 않습니까. 그래서 공부를 계속 못했는데. 제 원래 꿈이 무엇이었냐 하면 의사가 되자였습니다. 왜 그러냐면 어머니가 몸이 약해서 그냥 저거하고 저도 몸이 약하다 보니까 어쨌든 공부 많이 해서 의사가 돼서 사람들 살리고 자기 어머니도 건강하게 치료도 하고 자기도 건강하게 살겠다 그런 꿈이었는데 집안이 그렇게 되니까. 의학대학이라는 것은 통신과라는 것이 없거든요. 어디 유학하야 공부할 수 있고 그렇게 못 가고 그렇게 했습니다. 그래서 할 수 없이 사범전문학교 거기라도 가서 공부해야겠다 그렇게 해서 가르모시카(아코디언)를 팔고 가서 공부한 겁니다. 그래서 4년 공부한 겁니다."

(6) 끊임없는 공부, 치열한 삶의 여정

연구참여자는 7년제 조선학교를 졸업했다. 어릴 때부터 몸이 약해 육체노동을 하면서 살 수 없다는 생각을 가지고 공부를 계속 해야겠다고 결심하고는 1954년 포로나이스크에 있는 러시아 사범전문학교 조선과에 입학했다. 당시 아버지께서는 어머니를 먼저 보내고 어려운 집안 형편에 연구참여자가 결혼해서 함께 일하면서 살기를 원하셨는데, 연구참여자는 자신이 아끼던 악기(아코디언)를 팔아 교통비를 마련하여 대학 입학시험을 치르기 위해 북사할린에 있는 포로나이스크로 갔다.

"어머니가 39살에 돌아가셨거든요. (사할린에서) 아버님이 그때 42살. 제가 그때 조선 7년제 학교를 졸업했습니다. 7년제 학교를 졸업하고 공부는 계속 하고 싶고. 그런데 그래 이제 아버님한테 말하니까 아버님이 뭐 혼자서 어머님 돌아가시고 혼자 생활하니까 얼마나 고생이 많이 했습니까. 그렇기 때문에 공부는 그만 하고 좀 자기하고 같이 일도 하고 장가도 들고 그렇게 해서 살자 그렇게 말씀하셨어요. 저는 어떻게 하든지 공부는 계속 해야 되겠다. 왜 그러냐면 제가 육체적으로 약했거든요. 몸이 약했습니다. 어려서부터. 그래서 공부나 해야 육체노동도 안 하고 살 수 있지 않나 그렇게 생각하고서 공부하겠다고 고집을 세웠습니다."

"1954년도에 갔는데 아버지 반대하는 것을 무릅쓰고 제가 다 말하자면 도망한 거나 같습니다. 공부하러. 포로나이스크 가자면 차비가 있어야 되잖아요. 그런데 그 차비를 구하는데 어디에서 구하겠습니까. 제가 어려서부터 음악 좋아했어요. 음악 좋아해서 저 러시아 아코디언 집에 있었거든요. 러시아말로 가르오시카라고 합니다. 진짜 아코디언은 이런 저 그런데 이건 단추로 됐어요. 단추로 된 아코디언이거든요. 그거 이제는 여동생보고 팔아라 했어요. 그 얼마 줬는지 지금 생각 안 났는데 하여간 그 돈으로 포로나이스크로 갔습니다."

연구참여자는 시험에서 만점을 받아 합격했고, 국비 장학금을 받게 되었다. 시험을 치고 난 후에 아버지께 죄송한 마음으로 편지를 썼는데, 아버지께서는 "그렇게 공부하고 싶으면 뒷받침해주겠으니까 걱정하지 말고 공부해라" 하고 답을 주셨다고 했다.

"장학금. 그런데 그것도 많지는 않고 그래도 식사는 할 만한 그런 돈 받게 됐어요. 그렇게 하고 제가 시험 다 친 다음에 아버님한테 편지 썼습니다. 제가 시험 잘 치고 이제 하여간 공부하게 돼서. 제가 허가 없이 온 데 대해서 하여간 미안하고 용서해 달라고. 그렇게 하니 아버님이 그렇게 공부하고 싶으면 자기가 뒷받침해주겠으니까 걱정하지 말고 공부해라 그렇게 해서 붙은 겁니다."

연구참여자는 러시아 사범전문학교에서 아내를 처음 만났다. 아내는 러시아 공부를 잘했고, 연구참여자는 조선어 공부를 잘해 서로 학업을 도우면서 정을 쌓았다. 연구참여자와 그의 아내는 1957년 러시아 사범전문학교를 졸업하고, 3년 동안 연구참여자는 체호프(Чéхов), 아내는 마카로프(Макáров)에서 일하다가 1960년에 혼인했다.

"제가 사범학교에 공부하러 갔지 않습니까? 포로나이스크 사범학교에서 같이 공부했습니다. 이렇게 같이 앉아서 그러니까 거기서 4년 같이 공부했지요. 4년 공부하고 거기서 마음이 맞아가지고 결혼까지 하고 내년이면 결혼한 지가 60년 됩니다."

"서로 같이 공부하면서 집사람이 러시아 글 공부를 더 잘했고, 저는 한글 공부를 성적이 언제든지 좀 더 낫고요. 집사람은 러시아 공부를 잘해서 성적이 더 제보다 우월했습니다. (웃음) 그래서 서로 가르쳐 주고 배워주고 그렇게 하면서 정들은 모양입니다."

"1957년도에 졸업했습니다. 1957년도에 졸업하고, 졸업한 후에 결정은 졸업하는 해에 결정했지만은, 잔치는 한 3년 지난 후에 했거든요. 저는 체호프*라는 유명한 러시아 작가 있지 않습니까? '체호프'라는 명칭의 도시도 있습니다. 거기에서 제가 일하게 되고 집사람 마카로프라는 도시에서 일하게 되고. 졸업하고 한 3년 동안 따로 살았어요. 다른 도시에서 일하면서. 그래서 이제 방학 때는 유즈노 와가지고 둘이 만나서 연애도 하고 또 학기 시작하면 또 갈라지고 그렇게 잔치는 공식적으로 그러니까 1960년도에 한 셈이죠."

연구참여자는 러시아 사범전문학교를 졸업한 후 체호프라는 도시에서 조선중학교(8년제) 1학년 담임을 맡아 일하게 되었다. 4년 동안 고생하면서 공부한 결과 교사가 되어 받은 첫 월급은 80루블이었다. 연구참여자

---

* 안톤 파블로비치 체호프(러시아어: Анто́н Па́влович Че́хов, 영어: Anton Pavlovich Chekhov, 1860~1904)는 러시아의 의사, 단편소설가, 극작가다.

에게 80루블은 동생과 함께 생활하기에 매우 빠듯했는데, 조선중학교 교장선생님의 배려로 학교 내 피오네르(пионéр) 소년단 학생들을 지도하는 업무를 맡게 되어 40루블을 더 받을 수 있었다. 러시아 사범전문학교에서 배운 노래, 춤 등을 피오네르 소년단에서 활용할 수 있었다.

> "체홉 가는데 조선학교가 있고 중학교입니다. 조선중학교. 중학교인데 8년제입니다. 8년제 중학교. 그다음에 러시아학교도 있었고. 저는 조선학교에 거기서 일하게 되었는데요. 8년제 학교라 했어요. 그것도 이야기하면 참 역사가 긴데. 아까도 말씀드렸지만은 아버님하고 동생, 저하고 유즈노사할린에서 살았거든요. 사할린의 수도죠. 거기서 살았는데, 체홉은 거기서 기차를 타고 한 6시간 가야 됩니다. 밤새도록 가야 됩니다. 그런데 그런 도시에 가서 일하게 됐는데 동생 데리고 갔습니다, 제가."

> "취직은 했는데 월급이 너무 적어서 지금 싸움하고 왔다 그렇게 이야기했는데, 그런데 교육부 부장으로 임시 일하던 교장선생님이 교육부에서 나와서 점심 잡술라 내려오는데 저희들이 형제간에 앉아서 우는 거 봤단 말입니다. 그게 아마 자기도 마음이 안 된 모양이죠. 왜 그러냐면 이 교장선생님한테도 동생 하나 있었어요. 동생 같이 한 도시에서 한 학교에서 일했어요 나중에 알아보니까. 그게 자기 형편도 생각하고 우리 입장도 생각하고 그랬는지 하여간 저희들보고 너무 슬퍼하지 마라 하여간 어떻게 하든지 간에 자기도 생각해보겠으니까 일해보자. 그렇게 해서 거기서 일하게 됐는데 그래 그 교장선생님이 제 생각을 많이 해줬습니다. 그래 80루블이죠, 거기에다 40루블을 보태줬

어요.”

연구참여자는 1960년 결혼하면서 아내에게 통신대학을 다녀야겠다고 말했다. 그래서 유즈노사할린스크 사범대학에 입학해 5년 동안 공부해 역사과를 졸업했다. 1964년 졸업을 하고 나니 조선학교 폐교령이 내려와 더 이상 교사로 일할 수 없게 됐다. 하지만 조선중학교에서 일하면서 사할린 신문사와 라디오방송국 통신원으로 일한 경험으로, 지인으로부터 우리말방송국 기자를 권유받았다.

“1960년도 잔치하고, 제가 집사람한테 말했어요. 나는 대학에 어쨌든지 입학하고 공부를 하고 대학 졸업해야 한다. 그런 약속했어요. 그런데 집안 일이 그렇게 구차하게 산다기보다 마음대로 안 되니까 대륙에 가서 공부하지는 못하고 이제는 가정도 있고 그렇지 않습니까? 그렇기 때문에 아께 말한 바와 같이 통신과 거기서 공부하기로 했는데. 여기 유즈노사할린스크 사범대학이란 게 있었습니다. (그러니까 포로나이스크 사범전문학교를 졸업하시고, 그러고 난 다음에 통신대학으로 유즈노사할린스크 사범대학에 입학하신 거죠? 조선중학교에서 소학반 담임선생님 하시면서?) 네, 일하면서 공부하고, 5년 동안 공부했습니다.”

“제가 원래 사범학교 공부할 때부터 유즈노사할린스크 한글신문사 그리고 라디오방송국 통신원으로 일했습니다. (기자요?) 네, 기사를 투고하고 그렇게 했습니다. 공식적으로 증명서를 받고 그렇게. 처음에는 그런 거는 없었지만 나중에 하여간 정기적으로 제가 기사를 보내고 하니까 그런 거 받고 하여간 신문사에서도 제 이름, 저를 잘 알고 방송국에서도 저를 잘 알고 있었습니다. 그래 대학 졸업하고 졸업장을 받았는데 그 체홉에는 가기 싫고 왜 그러냐면 러시아말도 러시아 사람보다는 못하지 않습니까? 그렇지요? 우리 러시아글 배웠다고 하지만은 그러니까 피오니에르 회관에서 일하기는 딱 싫었습니다. 그런데 마침 그 소문이 방송국에 닿았거든요. 아는 분이 저를 보고 방송국에서 기자로 일할 생각이 없나 여기서 마침 사람 필요한 형편이다. 그래 제가 단번에 승낙했습니다."

연구참여자는 1964년 우리말방송국에 입사해 11년간 일했다. 우리말방송국에서는 주로 보도기사를 썼는데, 사할린에 있는 한국 사람들의 생활에 대한 취재를 했다. 러시아에는 "다리가 기자들을 먹여살린다"라는 말이 있는데, 연구참여자는 사할린주 내에 안 가본 도시가 없을 정도로 지방 출장을 많이 다녔다. 러시아에서는 일정한 기한이 되면 기자들을 공부시키는 제도가 있었는데, 연구참여자도 두 달 동안 모스크바에 가서 공부도 하고 시험도 치르고 왔다.

"주로 보도를 썼습니다. (어떤 내용들을요?) 내용이라고 하면, 거기가 우리말 방송이니까 될 수 있는 대로 한국 사람들의 생활, 직장에서 어떻게 일하는가? 보통 가정생활, 한인의 생활을 반영하는 기사, 여러 가지 단신들."

"방송국에서 일하면서 주로 재미있는 기사나 방송을 만들자면 줄창 많이 다녀야 합니다. 러시아말로 '다리가 기자들을 먹여살린다' 이런 말이 있어요. 그거 한 가지로 기자 생활 하니까 이 사할린주 내에 거의 다 지방 출장 다녀봤습니다."

"러시아에서는요. 기자들이 일정한 기한이 되면은 공부시킵니다. 자기 자격 향상이라는가? 자격 향상시키는 공부시킵니다. 그중에서도 특별히 2년씩 하는데, 원래는 두 달씩 합니다. 두 달인데 보통 하바롭스크, 유즈노사할린스크에서 공부를 하는데, 저는 모스크바로 보냈지 않습니까? (웃음) 근데 제 생각에는 아마 이거는 제가 짐작하는 건데요. 거기 공부시키고 그다음에 나중에 지금 방송국 지도부에서 일 시키자는 그런 경향이 있지 않았는가 그렇게 생각합니다. 그렇게 안 하면 모스크바까지 안 보냈거든요. 두 달 동안 모스크바에서 공부하고, 그것도 러시아글로 공부하고, 저는 한글 방송국에서 공부했는데 공부는 러시아말로 공부하고 거기에서도 시험 치거든요. 시험 치고 작문도 쓰고 그렇게 하는데, 하여간 바쁘게 공부했어요."

연구참여자는 추천을 받아 1975년 레닌의 길 신문사(현 새고려신문사)에 편집국장으로 이직했다. 그리고 18년 동안 편집국장 일을 하다가 1993년 퇴직하고 연금생활을 하게 됐다.

"신문사에서 편집국장으로 일하신 어르신이 계셨는데, 그분이 이제 연금생활을 나가게 됐습니다. 연금생활로 넘어가게 됐는데, 신문사에서 편집국장의 자리가 비었습니다. 그렇게 됐는데 신문사 내에서는 자기들끼리 누가 거기서 편집국장 된다 말 많았는 모양입니다. 말 많았는데, (웃음) 모르겠습니다. 거기서 어떻게 평가를 했는데 하여간 방송국에 있는 제가 편집국장으로 와야 된다 하는지 하여간 어떻게 됐는지 간에 한 번은 아는 사람이 저한테 전화하더만요. 신문사 내에 그런 편집국장 자리가 나왔다. 그러니까 일할 생각이 없는가? 그때 방송국에 오는 그때가 그랬어요."

"신문사에서는 편집국장은 앉아서 일하는 일꾼이라. 출장도 못 가지. 앉아서 일해야. 창작이라는 거 별로 없거든요. 나는 글 쓰고 그 글이 신문으로 나오고 방송으로 나와야 재미가 있는데, 그거 없으니까 재미라는 걸 못 봤습니다. 신문사에서. 그리고 이거 한 가지고. 그다음에 제가 편집국장으로 임명해서 갔을 때에 그 신문사에서 저를 어떻게 맞이했는가? 그것도 아주 제 마음에 안 들었거든요. 왜 그러냐면 그 신문사 내에서는 벌써 자기들끼리 편집국장 누구 하고 누구 하고 다 결정되고 있었는데 생소한 사람이 와가지고 그렇게 하니까 저를 곱다는 사람 하나도 없지요. (아무도 모르시고?) 아니, 알긴 알지. 왜 그러냐면 같은 기자들이니까 알긴 알고, 제 친구들도 같이 일하고 했지만은, 그러니까 친구들 중에서 누가 편집국장이 되리라 그렇게 생각했는데 그것도 아니니까 저를 반갑게 맞이하는 사람 별로 없었습니다. 그렇기 때문에 신문사 내에서 일하는 것이 별로 재미없었어요. 그리고 제가 가니까 나이는 그중에서 제일 어린 나이 아닙니까? 신문사에서 일하는 노병들은 아주 그때 그래도 큰 책은 안 쓰고도 잡지 같은 글 쓰고 그런 이야기도 쓰고, 그다음에 그런 기자를 이름난 사람들이 많이 있었거든요. 그런 사람들도 편집국장이 안 됐는데 이런 젊은 사람이. (웃음)"

연구참여자는 신문사 퇴직 후 편안한 생활을 하고 있었는데, 계속 일하던 사람이 집에 있으려니 답답한 생각이 들었다고 했다. 그래서 집 앞에 있는 러시아 중학교에 찾아가 한글반을 만들어 9개월 동안 학생들을 가르쳤다.

"우리 집 앞에 러시아학교 있었어요. 중학교. 중학교가 있는데, 거기 가서 이제 러시아 사람들한테 우리 한글 좀 배워줬으면 어떤가 그런 생각이 났습니다. (중략) 아무것도 없지 않아요. 그래 이제 한글로 된 책도 몇 권 구하고, 그다음에 한국에서 학생들한테 도움이 되는 여러 가지 그림 같은 것들도요. 그런 것도 집사람이 이산가족에서 일하니까 그걸로 연락해서 가져오고. 그렇게 해서 그리고 또 교과서도 어떤 교과서인가 하면은 북한에서 만든 교과서인데요, 그때는 그전에는 우리 한국하고 아무 연락이 없었지 않습니까? 그전에 북한에서 와가지고 한글도 배워주고, 그다음에 교과서도 가져오고 그렇게 했어요. 선생들은 없었지만은 하여간 선전 사업도 많이 하고 그렇게 했습니다. 그 책이 저한테 20권인가 있었는데 그거 학교에서 학생들한테 노놔주고 그거 가지고 한글을 배웠어요."

그렇게 러시아 중학교에서 한글을 가르치고 있었는데, 우리말방송국에 기자가 한 명 필요하다는 소식을 듣고 당시 국장을 찾아가 기자를 하고 싶다는 의향을 전했다. 그리고 1994년부터 2001년 영주귀국하기 전까지 다시 우리말방송국에서 기자로 일했다.

"나이 먹고 연금생활 하지만은 좀 붙여달라. 그렇게 해서 방송국에 들어갔는데 거기 들어가니까 러시아 방송국 아닙니까? 러시아 방송국인데 진짜 국장이 뭐라는가 하면은 3개월 동안 너는 진짜 기자 아니고 인턴처럼 하여간 일해라. 만약 일 잘하면 진짜 기자로 일 시킨다. 그렇게 해서 그전에도 방송국에서 신문사로 일했지, 그러니까 문제없지. 3개월 동안 일하고 이제 정식으로 기자로 들어갔어요. 학교에서 8개월 동안? 8개월인가 9개월 동안인가 일했으니까 1년 지났지 않습니까? 신문사에서 나와 가지고 1년 지나서 또 방송국에 들어갔습니다. 들어가서 여기 영주귀국할 때까지 방송국에서 일했습니다. 그렇게 7년. 그러니까 7년이니까, 전체적으로 보면 방송국에서 18년, 신문사에서 18년. 2001년도 10월달까지 방송국에서 일했습니다."

(7) 아버지의 고향, 부여군 양화면 초원리

연구참여자는 아버지께서 항상 말씀하셨던 고향, 부여군 양화면 정안리에 살고 있을 친척들을 찾기 위해 애썼다. 하지만 몇십 년간 왕래가 없던 친지를 찾는 것은 쉬운 일이 아니었다. 사할린에 찾아온 한국의 기자들에게 친척들을 찾아달라고 여러 번 부탁했지만, 한국으로 돌아간 기자들에게서 회신을 받은 적은 한 번도 없었다. 연구참여자는 자포자기하는 심정으로 알고 있는 고향 주소로 편지를 썼다. 친척들이 여전히 그곳에 거주하는지 여부를 알 수 없는 상황에서 마지막이라고 생각한 편지였는데, 한 달 만에 답장을 받았다. 그렇게 친척들과 연락이 닿게 되었다.

"저도 우리 친척들이 있는 건 알거든요. 그런데 친척을 찾는다고 하여간 제일 먼저 생각나는 것이 신문사하고 방송국에서 일하면서 한국에서 일하는 기자들, KBS, SBS, MBC에 그런 방송국에서 신문사에서 오고 방송국에서 왔는가. 그때 하여간 신문사에서 오는 기자들한테 내 고향 쓰고 이름 쓰고 찾아달라 그렇게 부탁했습니다. 그런데 그 기자들은 가면 무소식이에요. 그래 그렇게 여러 번 하다가 에이 모르겠다, 이제는 마지막으로 이 고향에 편지 쓰면 어떤가 그런 생각났습니다. 왜 그러냐면 너무 오래돼서 말입니다. 친척들이 이 고향에 계셨는지 안 계셨는지 다 돌아가셨는지 이사 가셨는지 모르지 않습니까? 그러니까 그 신문사 기자들한테 부탁해서 했거든요. 그런데 그거 안 되니까 편지 쓴다. 그래서 편지를 썼어요. 한 달 만에 회답이 왔어요. 서울에 사는 김종철이라고 저희 사촌동생. 그 동생 편지 왔는데 하여간 내가 형이 되지 않습니까? 형님, 자기들도 찾기는 찾았다. 정말인지 거짓말인지 그건 모르지만은 찾았는데 못 찾았는데 형님이 편지를 썼다. 하여간 주소도 옳게 되고 이름도 옳게 됐다. 그렇게 해서 연락이 된 겁니다."

연구참여자의 아버지는 생전에 항상 '고향'이라는 말을 입에 달고 사셨다. 아버지는 당신이 세상을 떠나고 나서도 연구참여자에게 꼭 고향을 찾아가라고 하셨다. 그래서 연구참여자는 아버지의 고향을 찾아갔다. 아버지가 고향 이야기에서 빼놓지 않고 말씀하셨던 감나무도 찾아보았다. 아버지의 고향에서 만난 친척(고모)들에게서 아버지의 어린 시절 이야기를 들었다. 처음 와본 곳이었지만 아버지의 고향은 아주 오래전부터 알고 있던 장소처럼 익숙하고 반가웠다고 했다.

"제가 사할린에 있으면서 한국에 그 우리 고향 부여 있지 않습니까? 그 고향은 아버님이 가르쳐줬거든요. 고향은 충청남도 부여군 양화면 정안리 300번지. 그러니까 이렇게 그리고 큰아버지 이름은 김○○. 우리 아버지는 김○○고. 큰아버지는 ○○다. 그거 술만 마시면 제한테 가르쳤어요. 내가 죽은 다음에라도 고향은 꼭 찾아라. 그래서요 고향은 머릿속에 제가 정말 죽을 때까지는 잊어버리지 않는 상관이었거든요. 그런데 아버님이 돌아가시고 사할린에 있으면서 사할린에 있는 한인은 모두 자기 친척들 찾는다고 그때 그런 모두가 힘썼습니다."

"아버님이 거기서 태어나시고 하여간 성질이 좀 뭐라 하는가, 괄괄했는가 봅니다. 그래서 불량행위도 좀 많이 하고. 우리 고향 그 집 아버님이 태어나신 그 집 앞에 감나무가 있다고 아버님이 그냥 말씀하셨어요. 제가 고향 갔을 때 제일 먼저 그 감나무가 어디 있는가 봤습니다. 하여간 있긴 있는데 너무 오래되서 거기 제가 간 것이 7월인가 8월이니까 나무에는 잎사귀만 있고 다른 거는 열매는 물론 없었고 그렇습니다. 그런데 그때 가니까 고모님이 두 분 계시더만요. 아버님의 여동생들이지요. 그렇지요? 그러니까 고모 되지요. 고모님이 이야기하시는데 자네 아버지가 어려서 하여간 불량자였었다. 말도 안 듣고. 이 감나무 위에 올라가서 언제든지 노는데 지나가는 사람들한테 어떤 때는 감이 있을 때는 감 던지기도 하고 잎사귀도 던지고 그렇게 해서 장난했다고 그렇게 말씀하셨어."

연구참여자는 일본에서 태어나 사할린으로 이주해 살면서 영주귀국하기 전까지는 단 한 번도 모국에 와본 적이 없었다. 하지만 마치 아버지의 그리움을 계승한 것처럼 언젠가는 한국에 돌아가야 한다는 생각을 늘

하고 있었다. 이처럼 사할린으로부터 온 많은 영주귀국자들이 한국으로 돌아가고자 하는 지향성을 가지고 있는 것은 부모 세대로부터 전승받은 간접경험, 즉 집단기억으로 존재하는 데서 비롯한 것으로 볼 수 있다(텐 옥사나, 2010).

(8) 1989년, 한국 방문의 충격

연구참여자는 1989년 88올림픽 다음 해 처음 한국에 방문했을 때를 충격으로 기억했다. 한국은 낙후되고 못사는 나라인 줄로만 알았는데, 무척 잘사는 모습을 보고 마음이 뿌듯했다고 말했다.

> "제가 처음에 온 것은 1989년도, 88올림픽 다음 해 그때 처음 한국에 입국했습니다. 그거는 러시아에서 발간하는 신문, 잡지, 거기서 일하는 기자들의 대표들 10명 선발해서 서울언론재단이라고 있습니다. 거기에서 그 단체가 우리를 초청해서 왔는데 사할린 그다음에 하바롭스크, 브리모리(변강) 대표해서 제가 뽑혀서 왔습니다. 모두 10명이 왔는데 주로 모스크바에서 일하는 기자들, 그리고 그때는 러시아라고 안 하고 소련이라고 하지 않았습니까? 1989년도이니까. 카자흐스탄, 우즈베키스탄인가 거기 기자들, 그렇게 해서 10명. 주로 모스크바에 있는 사람들 많고 그렇게 해서 처음 1989년도에 왔습니다."

1988년 서울올림픽과 한 · 러 수교는 사할린 한인에게 모국으로의 귀환을 꿈꾸게 하는 동인이 되었다(박봉수 · 김영순, 2016). 실제로 사할린 한인에게 TV에서 접한 서울올림픽 영상은 충격이었다. 연락이 닿지 않았던 세월 동안 발전한 한국의 모습은 조국에 대한 관심과 사할린 한인의 위상을 높이기에 충분했다.

"1989년도에 처음 왔을 때 그때는 정말로 저희들이 알고 있던 한국하고 직접 와서 한국하고 하늘과 땅이었습니다. 왜 그러냐면 한국이라 하면 저희들 생각에는 아주 세계에서도 제일 낙후되고 제일 못살고 구차하게 살고 사람들이 그 뭐라나 서로 어쨌든지 인간답지 않은 그런 생활한 그런 나라다. 먹지도 못하고 입지도 못하고 그런 나라다. 도시도 개발 안 되고. 그렇게 우리 배왔거든요. 러시아 정치가. 하여간 자본주의라는 나라는 어디든지 다 빈민들이 다 굶어죽기는 한 가지다. 그리고 부자들은 크게 돈 쌓아놓고 살고 빈촌 사는 사람들은 못산다. 그렇게 배왔거든요. 그래 1989년도에 왔을 때 정말 놀랐습니다."

연구참여자는 한국에 방문해 여비로 받은 돈을 아내에게 줄 선물을 사는 데 대부분 썼다고 기억했다. 한국에서의 일정이 모두 끝나고 비행기를 타기 위해 공항에 도착했는데, 가방이 비행기에 실을 수 있는 수화물 중량을 넘겨 비행기를 타지 못했다. 연구참여자뿐 아니라 함께 온 모든 사람이 같은 상황이었다. 사할린에서 기다리고 있는 가족들을 위해 너무 많은 선물들을 챙겼기 때문이다. 짐을 줄이기 위해 여러 기념품들을 호텔 직원들에게 나눠줬는데, 당시에는 너무 무겁고 두꺼워서 챙기지 않았던 사진첩이 지금에 와서 생각하면 가장 아깝게 여겨진다고 했다. 그렇게 많은 선물을 내려놓고 난 후에야 다음 날 비행기를 타고 사할린에 돌아갈 수 있었다.

"집사람한테 선물로 다 썼습니다. 그런데 선물 너무 많이 샀어요. 비행기 타려면 일정한 중량이 있지 않습니까? 그거 넘었어요. 제 혼자만이 아니라 다른 사람들도 다 그랬어요. 첫날 비행기 떠서 가야 되는데 달아보니까 모두 짐이 많거든요. 그래서 비행기 못 탔어요. (웃음) 못 타고 호텔로 다시 갔는데 그게 며칠인가 하면 12월 크리스마스가 언제였습니까? (25일) 그러면 12월 24일에 가야 되는데 못 가서 호텔에 다시 왔거든요. 그래 거기서 이제는 선물 많이 받았는데 선물 중에서 무거운 거, 예를 들어 그릇 같은 거 그다음에 사기로 된 무슨 여러 가지 기념품 있지 않습니까? 그게 무게가 많았거든요. 그거 싹 다 골라내고 호텔에서 일하는 청소하는 사람들 거기서 일하는 직원들 그 사람들 다 노놔줬어요. 그다음에 지금도 아까워하는 것이 사진첩 있잖아요. 사진첩 이렇게 두꺼운 거 지금 있었으면 지금 사진 그거 정리해서 하겠는데 그것도 너무 무거워서 선물하고."

(9) 반대했지만, 결국은 모국으로

연구참여자는 영주귀국을 반대했다. 가족들 모두가 함께 이주하는 것이 아니라면 영주귀국에 무슨 의미가 있을까. 아내를 제외하고 모든 가족, 아들들과 손자들도 영주귀국을 반대했다. 하지만 먼저 한국으로 떠났던 벗들이 사할린을 방문해 연구참여자를 설득했다.

"제가 여기 오는 거 반대했습니다. 지금도 반대하고요. 이런 영주귀국은 저는 반댑니다. 영주귀국 만약에 한다면 가족끼리 가족으로 가족이 영주귀국을 이것에서는 저는 찬성이고. 이렇게 이산가족으로 해서 영주귀국하는 거는 반댑니다. 이렇게 2년 동안 제가 반대해서 다른 사람들보다 늦게 왔습니다. 안 오자 했습니다. 저는. 저도 반대고 자식들도 반대했고 손자들도 반대했고. 단지 제 부인 집사람이 가자고. 그래 우리 집안에서 그런 말다툼을 많이 했어요. 저는 아이들 놔두고는 못 가겠다. 집사람은 어떻게 되든지 간에 가자. 집사람이 그때 이산가족회에서 일했습니다. 거기서 일하다 보니까 우리 친구들이고 아는 사람이고 전부 나이 많은 분도 다 가겠다고 신청했지 않습니까. 우리도 신청하긴 했는데 막상 가자 하니까 저는 정말로 아이들 놔두고는 못 가겠다. 그래서 만약 가겠으면 집사람보고 너 혼자 가라 그렇게까지 했습니다. 그리고 집에 아이들도 반대했어요. 어떻게 우리를 놔두고 가시겠는가. 특히 손자들이 할아버지 할머니 같이 여기서 살자고 그렇게 말했어요."

실제로 사할린 한인에게 영주귀국은 오랫동안 꿈꾸어온 귀환이 현실로 이루어진 것이지만, 가족 전체가 함께 모국으로 돌아갈 수 있는 것이 아니었기에 갈등이 많았다. 이렇게 사할린 한인은 과거 일제강점기에도 가족과 떨어져 지내야 했고, 지금은 다시 한국으로 돌아갈 수 있음에도 사할린에 자녀들을 두고 가야 하는 상황에 처해졌다. 연구참여자도 고민에 고민을 거듭했지만, 결국은 영주귀국을 선택했다.

"영주귀국하고 1년 지난 후에 여기 온 우리 친구들 1년 만에 사할린 또 놀러오고 그랬어요. 우리 다시 만났어요. 만나니까 그분들이 말하는데요. 한국이 따뜻하고 살기 좋고 생활도 좋으니까 저희들보고서 꼭 영주귀국하라고 선전 많이 했습니다. 그 선전 듣고 친구들도 없어졌지 동창생들도 없어졌지 그러니까 마음이 뜨기 시작했어요 저도. 그래, 이제 그럼 가자. 그렇게 하고 나니까 2년 지났지 않습니까. 2000년도 2월부터 2001년 12월 15일, 그러니까 2주일이 모자라는 2년 아닙니까. (1년 10개월) 그렇지, 그러니까 거의 2년 아닙니까. 그래서 그때 영주귀국했습니다."

(10) 삼고초려, 사할린동포를 위한 삶

2001년 영주귀국을 하자마자 연구참여자에게 노인회에서 함께 일할 것을 권한 사람이 있었다. 그는 사할린에 있을 때부터 절친한 관계로 연구참여자가 사범대학을 졸업하는 데 여러모로 도움을 많이 준 사람이었다. 연구참여자는 영주귀국을 하고서는 아무 일도 하지 않고 편하게 생활하려고 했는데, 사할린에서부터 잘 알던 그 사람의 권유로 사할린동포 노인회의 일에 뛰어들게 되었다.

"사할린에 있을 때부터 잘 아는 사이였습니다. 제가 어디에서 일하고 어떻게 한 거를 잘 아는 사람인데 자기하고 같이 노인회에서 일하자. 여기 올 때는 여기 오면 진짜 연금생활, 아무것도 안 하고 신문이나 보고 책이나 보고 텔레비전이나 보고 그렇게 살자고 맘먹고 왔거든요. 그래 고○○이라고 그 회장. (중략) 고○○ 선생 그분이 학자입니다, 그분은. 저 모스크바에서 제일 유명한 대학 모스크바 국립종합대학. 제일 크고 위신이 제일 큰 대학입니다. 그 대학을 졸업한 사람이거든요. 식자도 있고 러시아 글도 잘 쓰고. 못하는 거는 한국말 저보다 못했어요."

"고○○, 이분이 마음이 참 착하고 인간성이 많은 그런 사람이고요. 인정이 많은 사람이에요. 제가 사범대학 졸업한 것도 이 사람 덕분이 많았습니다. (도움을 많이 받으셨어요?) 네, 공부에 도움을 받은 것이 아니라 (웃음) 저는 그때 체홉이라고 썼지 않습니까? 체홉에서 학교에서 일하다가 사범대학은 유즈노사할린스크에 있었거든요. 그러니까 졸업하자믄 숙사에서 공부하면서 졸업해야 되는데 숙사에 사람들이 많으니까 공부가 안 된단 말입니다. 그래 이때 이 고창남이 그분이 사할린 과학연구소에서 일했는데, 그때 장가도 아직 안 들고 혼자서 있었는데 이분하고 그때 연애 걸 때요. 그래 그분이 독신으로 혼자 살았습니다. 그래 제가 졸업하는 그해에 시험 쳐야 되는데 그 사람이 내가 어디를 가서 집이 비우게 되니까 너 거기 와서 공부해라. 그래서 그 집에서 제가 한 달, 혼자 살고 공부하고 나서 시험 쳤습니다."

연구참여자는 사할린동포 노인회에서 10여 년을 봉사했다. 수많은 러시아 서류를 한국어로 번역했고, 한 번도 다룬 적 없는 컴퓨터도 배웠다. 사할린동포 노인회는 영주귀국한 사할린 한인에게 또 다른 가족의 개념이었다. 실제로 사할린에서도 '계(契)'의 일종인 '동생간'이라는 모임이 있었다(박봉수, 2016). 동생간은 동향의 사람들이 모여 만든 조직으로, 동생간을 통해 부모와 고향에 대한 그리움을 달래며 공동체적으로 경조사를 치르면서 더불어 생활하는 공간을 조성했다. 이는 지금 거주하는 공간에 새로운 고향을 건설하는 것과 같았다.

"그때 영주귀국한 사람이 980명인가 960명 상당히 많았습니다. 그러니까 일도 많이 했죠. 러시아에서 여기로 오니까 한국말, 그다음에 여기 가져온 서류는 전체 러시아 글로 된 서류 아닙니까? 그거 여기에서 쓰자면 번역해야 됩니다. 번역하고 그다음에 공증해야 되거든요. 그것도 해야 되지. 영사관에 가서 뭐 도장도 받고 허가도 받고 하여간 그때는 일이 많았습니다. 그렇게 일이 많은데 같이 일하자고. 그래서 할 수 없이 2002년도, 2001년도는 제가 12월달에 가지 않았습니까? 그 이듬해 2월인가 3월인가 할 수 없이 허락했습니다. 같이 하자. 그래서 노인회 부회장으로 10년 동안 일했어요. 그러니까 그때는 아침에 오면 저녁까지 할 일도 많았고. 그리고 컴퓨터 있잖아요. 사할린에서는 컴퓨터 보기만 봤지 컴퓨터 개념도 없는 사람이었습니다. 배우자 해도 배울 데도 없고, 컴퓨터 사자 해도 살 데도 없고. 거기서 컴퓨터 하자고 하면 하늘에서 별 따는 기나 마찬가지예요. 그래서 컴퓨터 배우자고 하는데, 여기 와서 제일 처음부터 컴퓨터를 알아야 뭐 서류도 쓰고 타자도 하고 서류도 번역한 것을 타자로 하고 그렇게 하지 않습니까? 그런데 나는 모른단 말입니다. 그래 그거 배우기 시작했습니다."

연구참여자는 같은 영주귀국 사할린동포를 위해 정말 열심히 일했다. 그들의 처지가 자신의 처지와 같았고, 그들의 마음이 자신의 마음이었다. 그런데 연구참여자는 2012년 3월 병원에 입원하게 되었다. 사할린동포회 활동을 열심히 하는 과정에 오래전부터 좋지 않았던 심장이 탈이 나서 심장수술을 받아야 했다. 병원에서 이제부터는 심장에 무리가 가지 않도록 신경 쓰는 일 없이 편하게 살아야 한다고 했다. 그래서 2013년 사할린동포 노인회 일을 그만두었다.

"둘이서 일하니까 이것저것 잘된 것 같습니다. 그렇게 했는데 심장 제가 여기 와서 사할린에서도 조금 아팠지만 심장병에 걸려가지고 심장이 나빴어요. 그래 2012년도인가? 2013년인가? 심장 아파서 제가 공원에 가서 운동하다가 쓰러진 일이 있었거든요. 심장수술. 2012년 3월달에 병원에 입원했어요. 입원하고 심장 시술했어요. 심장 시술하고 지금도 심장 안에 스탠트라고 있어요. 그래 의사선생이 오○○. 의사님이 하여간 마음 편하게 신경 쓰지 말고 그렇게 살아야 심장이 유지할 수 있다. 그러니까 그렇게 알아라. 그러니까 여기서 일하면 전체 노인들 아닙니까? 무슨 말을 해도 말도 잘 안 듣지, 그리고 또 충돌도 좀 생기고 신경 좀 많이 썼습니다. 그러니까 내가 여기서 오래 일하고 오래 못살겠다. 그래서 2012년도에 내가 고○○ 회장보고 내 일 못 하겠다 그러니까 나가겠다. 그러면 안 된다고 내 혼자서 어떻게 하겠는가. 같이 그냥 일하자. 그때는 회장, 부회장, 그다음에 하여간 너이서 일했는데 그렇게 하고 2012년도 하고 그다음에 2012년도 말에 2013년도에 여기 신문사를 아마 그만뒀을 겁니다."

(11) 삶의 모든 흔적이 담긴 메모

연구참여자는 사할린 한인에게 한국어를 배울 기회가 주어져야 한다고 말한다. 사할린동포는 반세기가 넘는 세월 동안 러시아어를 사용하며 살아야 했다. 영주귀국을 했지만 한국 사람과의 소통은 거의 없다고 봐야 한다. 거주지가 동떨어져 있어 대화를 나눌 기회도 없거니와 함께 만나고 일을 도모할 기회도 없기 때문이다. 한국어를 잊지 않고 있더라도 사할린 동포가 쓰는 한국어는 현재 한국에 거주하는 사람들이 쓰는 한국어와 차이가 있다. 그래서 연구참여자는 한국어를 더 배우고 싶다고 말했다.

"하나 더 얘기하고 싶은데, 영주귀국하는 건 좋은데 저희가 한국말 배울 그런 기회가 없단 말입니다. 여기서. 우리 러시아에서 온 사람들만 여기 살잖아요. 그러니까 원래 여기에서 사는 한국 사람들하고 교제하고 소통하는 기회가 없단 말입니다. 그러니까 저희들이 한국말 하는 그런 시간이 없어요. 오늘 선생님하고 우리 한국말 하는데 정말 오래간만에. (정말 잘하시는데요?) 그전에 조금 더 잘했을 깁니다. 그런데 한국말 할 기회가 없단 말입니다. 상점이나 길가에 가서 누구하고 말할 조건도 안 되고. 집사람하고는 러시아말 절반, 한국말 절반. 통화할 때 전화로는 우리는 한국말 하지만은 저짝에서는 러시아말. 저희들이 이제 사할린에 놀러 가면 전체 러시아말. 자기들이(사할린에서 식구들이) 놀러오면 전체 러시아말. 그러니까 한국말 발전, 늘어날 그런 기회가 없단 말입니다. 그게 참 안타까워요. 그러니까 제가 오늘 오면서도 인터뷰한다 하지만은 제가 한국말로 자기 의사를 100% 표현할 수 있는가 없는가 그게 제일 걱정이었습니다. 왜 그러냐 하면은 이런 소통 대화가 아주 드문 일입니다. 여기서 만난 사람들도 전체 한국말 하긴 하지만은 절반은 러시아말, 한국말도 사할린에서 쓰던 한국말. 여기 진짜 한국말하고 사할린에서 쓰는 한국말 다르거든요. 영 땁니다(다릅니다). 저희들이 배운 것이 한국에서 배운 한글 아니고, 러시아에서 배운 한글이니까 아무래도 북한 그런 저 북한말 많이 쓰고, 러시아말로 된

> 말, 그리고 대륙에서 살던 한국 사람들 있잖아요. 대륙에 살던 러시아 한국인들. 그 사람들이 말하고 다 섞여서 범벅이 된 한국말입니다."

연구참여자는 방송국과 신문사에서 일한 습관이 들어서인지 항상 수첩을 가지고 다닌다. 그 수첩에는 몇 월 며칠 무슨 일이 있었는지, 누구와 무엇을 했는지 등이 꼼꼼하게 메모되어 있었다.

> "(메모를 꼼꼼하게 하시네요.) 기억력이 점점 없어지니까 잊어버릴까 봐. 집에서도 지금 무슨 고향마을에서 행사가 있다든지 그렇지 않으면 사할린에서 우리 친척들이 우리 자식들이죠. 자식들이 온다든지 간다든지 그리고 모스크바에 있는 손자들 갔다 왔다 하는 거 다 메모합니다. 제가 일기처럼 매일은 안 쓰고 그런 조그만한 행사가 있을 때는 적어놓습니다. 왜 그러냐면 금방 무슨 일이 있던 일도 금방 잊어버립니다. 그전부터 기억력이 좋은 편은 아니었는데 지금은 나이 먹으니까 85세 아닙니까? (웃음) 어느새 이렇게 세월이 지나갔는지 모르겠습니다."

연구참여자에게 지금 남아 있는 것은 '향수'다. 향수는 어떤 사건이나 장소에 대한 감성적인 갈망 또는 동경하는 애착심이다(윤희진, 2014). 사할린에 있을 때는 아버지가 늘 그리워하던 모국에 대한 향수가 있었다면, 지금 한국에서는 가족들이 남겨져 있는 사할린에 대한 향수로 가득하다. 연구참여자는 모든 일을 메모하고, 또 메모한 내용을 계속 들여다보게 된다. 연구참여자의 메모장에는 '향수'가 기록되어 있다. 아마 그 메모장은 그리움을 위로할 수 있는 유일한 도구인 듯하다. 연구참여자의 메모장의 여백에 앞으로도 아름다운 기억이 가득하길 바란다.

2.
연구참여자 2: 쉼 없는 여정, 낯선 조국의 쉼터

1) 생애담 요약

연구참여자는 77세(1943년생)다. 아버지와 어머니는 모두 제주도 애월읍 출신이다. 할아버지께서는 제주도에 많은 땅을 가지고 계셨다고 했다. 아버지는 제주도에서 3형제 중 막내로 태어났다. 큰아버지와 아버지는 바깥일에 호기심이 많고 돌아다니는 것을 좋아해서 일본에 자주 왕래를 했다고 한다. 그 당시 제주도와 일본을 왕래하는 증기배가 있었다. 일본의 발달한 도시에 흥미를 느껴서인지 연구참여자의 아버지와 큰아버지는 일본을 자주 왕래했다. 반면 둘째 큰아버지는 집안일을 돌보는 데 여념이 없었다. 그러던 중 1937년 사할린에서 사람을 모집한다는 선전에 넘어가 큰아버지와 아버지는 사할린으로 갔다. 그때 당시 어머니는 둘째 형님을 임신한 채로 큰형님과 일본에 남겨져 있었다. 1년 후 아버지는 어머니와 큰형님을 사할린으로 데려갔다. 그리고 1938년 사할린에서 둘째 형님이 태어났다. 1940년에는 누님이 태어났고, 1943년 5월 25일 연구참여자가 막내로 태어났다.

연구참여자의 아버지는 사할린에서 갖은 험한 일을 하셨다. 해방 전까지는 도로공사, 벌목, 공항에서 기계 수리, 보수 등의 일을 하셨고, 해방 이후에는 도랑 파는 일, 겨울에는 보일러 근무, 건축, 또 일이 없을 때는 텃밭 일(주로 감자)을 하셨다. 사할린에서 이용할 수 있는 별다른 지식이 없었기에 몸을 쓰는 일을 할 수밖에 없었다. 사할린에 이주한 많은 한인이 남사할린에 살았는데, 연구참여자의 가족은 북사할린에 가까운 지역에 거주했다. 부모님은 사할린에서 사시다가 1969년 연구참여자가 대학을 졸업하고 일을 해서 마련한 하바롭스크의 새로운 집으로 이사했다.

연구참여자는 학창시절에 현 배우자를 알게 되었는데, 친구 사이로 건전하게 관계를 이어오다가 1960년 10년제 학교를 졸업했다. 연구참여자는 블라디보스토크 공업대학에 입학하고 배우자는 유즈노사할린스크 사범대학에 입학했다. 6년 동안의 대학 공부를 마친 후에 바로 배우자와 결혼했는데, 1964년 초전시(약혼)를 했고 1966년에 결혼했다.

연구참여자는 10년제 학교를 다닐 때, 8학년 때까지는 의대에 가려고 생각했다. 9학년이 지나서 3개월 동안 건축 현장에서 돈을 벌었는데, 1959년 8월 23일 벽돌을 올리다가 손가락 하나가 절단되는 사고를 당했다. 의사가 되면 수술을 해야 하는데, 그 당시 손가락이 없으면 의사가 될 수 없다는 이야기를 듣고 의과대학 진학을 접어야 했다. 그래서 연구참여자는 1960년 블라디보스토크 공업대학에 진학하게 되었다.

연구참여자는 1966년 블라디보스토크 공업대학 건축과를 졸업하고, 블라디보스토크 프리모리 제주해 현장에서 5년 동안 근무하게 됐다. 1970년 부모님의 권유로 하바롭스크에 와서 설계연구소에 들어갔고, 설계도 기사장(총괄 역할)까지 올라갔다. 러시아 개방 시기인 1990년 하바롭스크에 한국 기업들이 진출하기 시작했다. 연구참여자는 러시아에 진출한 한국 기업들과 협력하는 일을 했고, 약 5년간 고려합성 대표부에서 근무했다. 그리고 1995~1996년 개인 사무실을 차리고 한국 기업과 협력하여 한국과 러시아 간의 수출 및 영업의 매개 역할을 수행했다.

연구참여자는 1990년 이후 코트라를 통해 한국 출장을 많이 다니게 됐다. 구소련 시대에는 가족을 찾을 수 없었지만, 개방 후에는 협력하는 한국 기업(현대건설 부사장)의 도움으로 제주도에 있는 친척의 소식을 알게 되었다. 연구참여자는 1995년 어머님을 모시고 제주도 고향을 방문했다. 제주도 고향에는 4.3사태로 사촌형님들은 거의 돌아가시고, 몇 명의 조카만 남아 있었다.

2009년 11월 영주귀국을 했고, 2019년 11월 19일 영주귀국 10주년 행사를 했다. 오산시 사할린동포 노인회 회장직을 역임하면서 동포를 위해 다양한 일에 앞장섰고, 오산시로부터 명예시장으로 임명되어 지역사회를 위한 봉사활동에도 솔선수범했다. 앞으로 남은 날들은 그간의 삶을 되돌아보며 그동안 믿고 함께해준 배우자 그리고 가족들과 의미 있는 시간을 보내고 싶은 바람이다.

2) 생애담

(1) 증기배를 타고 제주에서 일본, 그리고 사할린으로

연구참여자의 부모님은 제주도 애월읍 출신이다. 큰아버지와 아버지는 바깥일에 호기심이 많고 돌아다니는 것을 좋아해서 일본에 자주 왕래를 했다고 한다. 그 당시 제주도와 일본을 왕래하는 증기배가 있었다. 일본의 발달한 도시에 흥미를 느껴서인지 아버지와 큰아버지는 일본을 자주 왕래했다.

"그 당시 얘기는 증기배가 있었다고 하네요. 왕래하는 거. 제주도-일본으로 다니는 배. 왕래하는 배가 있었기 때문에, 그리고 그때 한반도는 식민지였지 않습니까? 일본 식민지. 일본 애들이 많이 왔다 갔다 하면서 하는데, 젊었으니까 우리 큰아버지가 세 형제인데, 둘째는 고정적으로 집에 일만 하고 계시는데, 맏형님이 좀 다니기를 좋아했답니다. 그러니까 맏따님은 현재 대구에 살고 계시고. 그분이 우리 맏형님이, 맏아버지가, 우리 아버지의 맏형님이니까 큰아버지가 그렇게 활동을 잘하시니까 막내 우리 아버지가 따라서 일본으로 갔다 하네요. 결혼을 한데도 마누라를 놔두고 제주도에. 그래서 뭐가 그래 일하다가 좋지요 일본에는. 비교해서 제주도는 촌이고, 일본은. 물론 그렇죠 젊은분들. 그때가 몇 년도인가 1936년도, 1937년도 그렇게 왕래하다가 1937년 일본에서 일단 친구들이 거기 살기가 좋다. 인력이 부족해서 사할린에 계속 홍보했답니다. 그 홀려가지고 1937년도에 간 것이, 가보니까 좀 일거리도 있고 하니까 거기서 살겠다고 하는데 모르겠어요. 우리 맏아버지하고요, 자기 형님하고 맏형님하고 갔는데 우리 어머님 제주도에 있었지 않습니까? 그 제주도도 이제 증기배가 있었기 때문에 어떨 때는 따라갔다고 하네요. (일본으로요?) 네, 일본으로. 그래서 이제 그 뭐냐 그때 우리 맏형님이 계셨는데요. 계시고 이제 했는데, 우리 처음에는 큰어머님하고 우리 어머니가 일본에 남아 있었다고 하네요. 애들이 있었으니까. 남자들만 사할린으로 갔고. 갔다가 이제 마누라들이 여기 있으니까 어떡해. 그래서 우리 아버지는 데리러 가서 데리고 갔답니다. 그게 1938년 초인가."

1937년 사할린에서 사람을 모집한다는 선전에 넘어가 큰아버지와 아버지는 사할린으로 갔다. 그때 당시 연구참여자의 어머니는 둘째 형님을 임신한 채로 큰형님과 일본에 남겨져 있었다.

"1차로는 자기 혼자서 갔는데 일도 있고 하니까 괜찮으니까 와서 데리고 갔답니다. 그때 우리 형님 맏형님이 계셨답니다. 사할린에. 했는데 벌써 그 당시에는 일본에서 또 이제 여동생이 있었다네요. 맏형님 둘째 아들, 딸이 있었다네요. 딸이 일본에서 돌아가셨고. 왜냐하면 약을 잘못 먹여가지고, 약담배 있지 않습니까? 감기 들면 그 당시에 해가지고 처음에는 괜찮은데 딴 사람이 도수를 크게 해가지고. 큰애는 토했는데, 애는 토하지 못해가지고. 그래서 하는데 그 당시에 하다가 우리 형님이 임신됐다고 하네요. 우리 둘째 형님이 사할린에서 태어났다고 하니까. 1938년도에. 그때 벌써 임신했으니까 사할린에 데려갔어요."

1년 후 연구참여자의 아버지는 어머니와 큰형님을 사할린에 데리고 갔다. 아버지는 1938년 일본에서 어머니와 큰아들을 데리고 사할린으로 이주했다. 처음 살게 된 지역은 포로나이스크(제지공장)였고, 거기서 살다가 우글레고르스크로 이사했다.

"선전도 선전이지만은 친구들끼리 젊었지 않습니까? 우리 부모님들이 그때. 그러니까 친구들이 일본 정부에서 모집하는 기관에서 직접 그분들을 샀는지도 모르겠습니다. 왜냐하면 허위적인 홍보라고 말씀드릴 수 있습니다. 왜냐하면 와보니까 일본이 발전됐지 않습니까? 그 당시도 도시에 살았기 때문에. 그래서 비교하면 제주도는 그때는 농촌이고 하니까, 젊은분들은 다 도시로 가자고 하지. 그래서 즐기려고 하는데 제 느낌이 그래요. 그런데 말씀드린 바와 같이 1937년에 우리 아버님이 우리 형님하고, 우리 큰아버지하고 같이 갔다가, 우리 어머님은 일본에 아직 남았고, 그 당시 보면은 우리 둘째 형님이 1938년 4월달에 태어났어요. 그렇기 때문에 제 생각에 계산해보니까 임신 중이라고 하더라고요. 임신 중이니까 우리 아버님이 사할린에 갔다가 다시 엄마를 모시고 사할린으로 갔다고 하네요. 1938년 초쯤에 가서 살다가 그렇게 되니까 거기서 이제 살게 됐다고 하네요."

1938년 사할린에서 연구참여자의 둘째 형님이 태어났다. 둘째 형님은 우글레고르스크에서 태어났고, 이후 12~14km 정도 떨어진 샤흐토르스크 지역에 가서 정착했다고 한다. 1940년 누님이 태어났고, 1943년 5월 25일 연구참여자가 막내로 태어났다. 연구참여자와 누님은 샤흐토르스크에서 태어났다.

"지역 이름이 포로나이스크. 현재 지명이 포로나이스크입니다. 그 다음에 거기서 살다가 어디 가서 집중해야 되니까 우글레고르스크, 포로나이스크는 제지공장이 있었어요. 제지공장도 있고 어업도 하지만은, 우글레고르스크 제지공장이 있어요. 그쪽으로 이사 갔다고 하네요. 집을 찾아서 해야 되니까 우글레고르스크 갔다가 우글레고르스크 구역에 샤흐쬬르스크, 12~14km 정도 됩니다. 샤흐쬬르스크에 집중했고, 토로. 우글레고르스크는 일본말로 에스토루, 에스토루에서 조금 있다가 토로로 넘어갔다고 하네요. 그래서 거기서 제가 태어났습니다. 거기서 오래 살았기 때문에 누나도 태어났고 거기서, 저도 토로에서 태어났다고 합니다. 1943년 5월에. 그리고 둘째 형님은 우글레고르스크에서 태어났다고 하고요."

(2) 지식도 없고, 말도 짧은 부모님의 고단한 삶

연구참여자의 아버지는 사할린에서 갖은 험한 일을 하셨다. 해방 전까지는 도로공사, 벌목, 공항에서 기계 수리, 보수 등의 일을 하셨고, 해방 이후에는 도랑 파는 일, 겨울에는 보일러 근무, 건축, 또 일이 없을 때는 텃밭 일을 하셨다. 사할린에서 이용할 수 있는 별다른 지식이 없었기에 몸을 쓰는 일을 할 수밖에 없었다.

"일제 때는 해방 전까지는 도로공사, 그다음에 산림 뭐라 할까 벌목, 그다음에 공항이 있었습니다. 전쟁 준비한다고 공항도 계속 다녔다고 하네요. 수리한다 뭐 한다 보수한다 해서. 그런 일입니다. 그다음에 해방 후에도 보면은 지식이 없으니까 말도 짧으니까 주로 일이 도랑 파는 일, 하수도를 놓는다면은 도랑 파서 일단 하청을 받아가지고 러시아말을 하시는 분들이 일을 받아서 그렇게 하다가 또 겨울에는 보일러, 보일러에서도 근무했다고 하네요. 내가 기억이 납니다. 그거는. 보일러에서 근무했고, 그렇게 하다가 나중에 건축 일을 했습니다. 그때 힘이 있으니까."

"우리 부모님들에게 기술이란 게 없었지 않습니까? 건축일, 도로일, 닦는 일 그런 일만 했기 때문에, 땅 파는 일만 했기 때문에 거기서 하수도를 깐다 하면은 도랑을 파야 하니까 그런 일들만 했습니다. 그 당시는 포크레인이라고 없었지 않습니까? 그래서 제가 그게 좀 기억이 납니다. 그런 일만 하다가 해방 후에라도. 왜냐하면 그러니까 지식이 없으니까. 제주도에서는 처음에는 제가 기억이 나는데 하늘천따지 한문을 배운다고 어릴 때는 다 모두들 다녔다고 하네요. 우리 아버님도. 그러니까 그런 학문 같은 거는 알지만은 기술은 안 배웠기 때문에 그거는 어쩔 수 없지요."

연구참여자의 아버지께서는 벌목 일을 하면서 부지런히 모은 목재들을 이용해서 단독집을 지어 살았다. 하지만 1945년 전쟁터에 폭탄을 맞았다. 피난을 갔다가 다시 돌아왔더니 집은 폭탄을 맞아 모두 무너져 내렸고, 집에 있던 물건들은 다 도둑맞아 아무것도 없었다.

"그때 보면 그 당시에 살기는 단독집에 우리 아버님이 그때 이제 목재 산림, 뭐냐 벌목을 했기 때문에 나무를 메어다 와서 일부 사서 단독집을 지었다고 하네요. 아버님께서 직접. 물론 친구들 도움으로 해서 친구들도 거기서 살면서 그렇게 했지만은, 1945년도에 전쟁터에 폭탄이 바로 맞아서 그게 없어졌다고 합니다. 그 집이 없어졌고 했기 때문에 피난 갔다 온 후에 다시 왔더니 다 집에 있던 물건이나 이런 거는 다 도둑맞았고 아무것도 없었고 하니까 그때 일제강점기 보면 인력을 고용하기 위해서 임시 가건물들, 가건물들이라 하면은 길쭉하게 한 건물들을 가볍게 지었습니다. 그러니까 그런데 이제 살게 됐습니다. 해방 후에는. 겨울에는 춥기도 하고, 둥근 베지카 있는데 석탄로 때면서 열을 내면서 가건물에서 살았지만은 그런 게 기억이 납니다."

연구참여자 가족은 집을 잃고 일본인이 지어놓은 임시 가건물(빈집)을 찾아 들어가 살았다. 그 가건물은 일본말로 '나가야(長屋)'라고 했는데, 길게 늘어진 형태로 열 가구 정도 들어와 살았다. 그중에는 일본 사람들도 있었고, 러시아인도 있었는데, 당시에 먹을 것이 없어서 대부분의 사람이 배급살이를 했다. 전쟁 전에 있었던 쌀들, 창고에 있었던 식량들을 배급해줬는데, 배급을 받기 위해 밤을 새워 기다리는 것이 부지기수였다고 했다.

"가건물 보면 일본말로 나가야라고 하는데, 긴 건물인데 가구들이 열 가구 정도 그렇게 살았습니다. 그중에서는 일본 사람들도 살았고. 그리고 이제 보면 러시아인들이 들어와서 그때는 먹을 것도 없고 하니까 배급살이, 그러니까 전쟁 전에 있었던 쌀들이나 창고에 있었던 쌀들이나 그걸 배급한다고 했고 그렇습니다. 배급 받자고 밤에도 새지 않고 그거 받자고 헤매다가 조금 얻어가지고 하고."

연구참여자의 어린 시절은 부모님께서 매우 바쁘게 살았던 것으로 기억됐다. 해방 이후에는 땅에 주인이 없으니까 얼마든지 가서 텃밭을 일구고 수확해서 가져갈 수 있었다. 그런데 국가소유의 땅에서는 수확해서 일부를 국가에 바쳐야 했기 때문에 연구참여자 가족이 가져갈 수 있는 수확량이 적었다. 하지만 불이 났던 산으로 들어가 텃밭을 일구는 것은 허락을 받지 않아도 되는 일이었다. 그래서 그곳에 울타리를 치고 땅을 일구고, 감자를 갖고 와서 햇볕에 말렸다가 씨를 만든 다음에 그것을 짊어지고 산으로 가서 땅을 일구고 밭을 매고 수확했다. 그 당시에 도로가 없어서 지질 탐사원들이 다닐 때 사용했던 도로를 이용했다.

> "산불 나는데 그 뒤에 감자가 잘되더라고요. 그래서 얼마든지 가서 얼마든지 심어라. (허락받지 않아도 되는 거고요?) 그렇죠. 울타리 자기가 뭐 치고 해서 자기가 땅을 일구고. 지금 생각하면 제가 거기서 다녔지만은 그 감자씨를 갖고 따서 그거를 조금 말려와 가지고 햇빛에 쪼여서 씨를 만든 다음에 그거를 짊어지고 산으로 가서 땅을 일구고 심고 그다음에 밭을 매야 되지 않습니까? 가을에는 또 수확을 걷고 하려면 그 먼 데 가서 얻는 것이 그게 힘들더라고요. 왜냐하면 도로도 없지요. 도로라고 하면은 지질탐사들 다닐 때 그 도로를 이용해서. 사할린 석탄 많았거든요. 지질탐사들이 많이 다녔어요. 그래서 그분들이 도로를 깔고 수출을 한 다음에 시험실에 옮겨서 뭔가를 테스트를 해야 되니까 도로를 닦은 그 도로를 이용하고 하니까."

연구참여자 가족의 생계를 유지하는 데 가장 큰 역할을 한 것은 감자 농사였다. 감자 농사는 여러모로 집안 생활에 도움이 많이 됐다. 수확을 하면 100포대, 마대당 50~60kg 정도 됐다. 이렇게 농사지은 감자를 팔아서 연구참여자의 기숙사비(10년제 학교)도 냈고, 용돈도 받을 수 있었다.

"도와드리면서 하지만은 주로 거기 보면은 큰 생활이 도움이 되더라고요. 도움이 된다고 하더라고요. 왜냐하면 그것이 하면은 겨울에 수확이 뭐 100포대, 마대로 보면은 한 50kg, 60kg 마대로 하면은 100포대, 잘할 때는."

(3) 사랑받는 막내이자 성실한 모범생

연구참여자는 1950년 만 일곱 살이 되어 토로(샤흐토르스크)에 있는 조선학교에 입학했다. 1957년 조선학교 7년제를 졸업했고, 바로 그 옆에 있는 10년제 학교에 8학년으로 입학해 10학년에 졸업했다. 그 당시에 각 도시마다 조선학교는 7년제로 설립되었는데, 1955년 10년제 학교가 생겼다. 스탈린 사망(1953년 3월) 이후에 나라 정책이 바뀌어 10년제 학교가 생겼다고 했다.

"에스토르는 우글레고르스크 구역이고, 그 구역 내에 샤흐쬬르스크 토로가 있었어요. 그러니까 토로에서 제가 조선학교 7년제 끝났고요. 1957년도에. 그다음에 끝난 후에 1960년도까지 그 옆 10년제 학교가 있었거든요. (그건 조선학교랑 다른가요?) 그렇죠. 처음에는 7년제 학교를 설립, 도시마다 있었는데 그때까지만 해도 조선학교 10년제라고 없었습니다. 그래서 마침 1957년도에, 아니 1955년도에 왜냐면 제

누님이 먼저 갔기 때문에, 1955년도에 10년제 생겼습니다. 스탈린 사망 이후, 스탈린이 1953년 3월달에 사망했거든요. 그 이후 나라 정책이 좀 변해가지고 법이 좀 변해서 완화가 됐고, 우리에 대한 완화가 있었고, 10년제도 생기게 됐고, 그래서 1955년도에 생겼습니다. (그래서 우선은 7년제 학교를 다니다가 졸업하고, 그다음에 10년제 학교에 8학년으로 입학하신 거예요?) 그렇죠. 제가 8학년 입학하니까 벌써 10학년분들이 계셨거든요. 그분들은 1955년도에 입학해서 10년제 졸업하는 거죠. 제가 계산이 그렇게 되네요. 그전에는 없었기 때문에. 왜냐하면 10학년분들은 보면 나이가 드신 분들도 계셨고, 왜냐하면 1955년도에 생겼기 때문에 없었기 때문에 공부를 못했고 그렇기 때문에 나이가 드셨더라도 입학을 해서 10년제를 나온 분들도 있었습니다."

연구참여자는 학창시절 우수한 모범생으로서 생활했다. 항상 반장을 도맡아 했고, 피오네르에서 공연도 하고 악기도 배우는 등 활동도 열심히 했다. 피오네르는 7학년까지 할 수 있었고, 7학년부터 10학년까지는 '공청년'이라고 해서 공천당에 들어가기 전 예비당원 같은 조직에 있었다.

"친구들과 놀다가 장난도 치고 뭐 했고 별로 하지만은 취미라고 큰 취미라고 없었고, 겨울에는 스케이트, 스키 그런 거 타지만은 스포츠 같은 거는 그리 취미는 안 했지만은 일단 일반 애들이 즐기니까 저도 그렇게 다녔고, 학교에서 무슨 뭐 큰 취미라고 말씀드렸지만은 제가 학생 중에서도 좀 우수로 공부했기 때문에 언제나 반장이나, 그때는 공천당이 있었고, 아니 공천당이 아니고 공청년, 공청년 전에 피오네르라고 빨간 넥타이 하고 그런데 그런 조직도 있었기 때문에 취미라고는 무슨 뭐 합창단 우리 조직해서 공연도 하고 그렇죠 뭐. 그렇습니다 일단. 악기도 좀 배우면서 하지만은. (조선학교 1학년부터 10학년까지 피오네르 활동을 하셨나요?) 10학년까지는 아니고요, 7학년까지. 왜냐하면 벌써 8학년부터는 피오네르 없어요. 공청년으로 해서 감사몰레스(러시아어로 추정). 감사모. 이거는 당은 아니지만 학생들 조직이죠. 피오네르는 7학년까지, 7학년부터 10학년까지는 공청년. 대학에서도 공청년. 대학에서도 공청년이지만 대학에서 몇 살부터인가 이제 모범이 있는 분들은 추천을 합니다. 당으로 들어가라고. 저는 이제 보면 대학 끝나고 직장에 들어가서 무슨 일을 하려면 물론 이북에서처럼 당이 지시하면 꼭 해야 된다 그런 식으로요. 그런 식으로 해서 당신 당으로 들어가야 된다. 왜냐하면 직책도 높이지려면 책임감도 높아야죠. 믿어야죠. 그래서 당에 들어가서 그 사람을 믿고 직책도 주고 책임감도 더 갖고 그렇게 한 것 같습니다. 시스템이."

연구참여자는 학창시절에 주로 책을 읽거나 영화를 보러 다녔다. 그 당시에는 수영장이 없었기에 호숫가에 가서 헤엄을 치고 노는 걸 좋아했는데, 집안의 막내라서 형님들은 위험하다고 호숫가에 가지 못하게 했다. 막내라서 이것저것 할 수 없었던 것도 많았지만(위험해서 저지당했던 것들), 막내라서 더 아껴주고 챙김을 받았다는 것을 알고 있었다.

"취미가 책 읽고, 공부하고, 같이 다니고, 영화도 다니고, 영화가 유행이었기 때문에. 영화도 같이 다니고 뭐 그 당시는 수영장도 일부러 없고 야외 간다고 해도 호숫가에 가서 헤엄도 치고 하는데 제가 집에 막내라서 우리 형님들이 잘 못하게 했습니다. 혹시라도 위험하니까.

물에 들어 가서 이제 하다가 많이 당한 분들이 많습니다. 돌아가신 분들이 계시니까. 그래서 계속 지시를 하더라고요. 제가 밑이니까 어떡해. (형님들이 무서우셨어요?) 크게 무서운 것은 아니지만은 말하면 제가 들어야 하니까 그렇습니다. 크게 무섭게는 안 하고 막내라서 일단 살기는 우리 형님이 매 맞는다면 우리 아버님께서 잘못하면 뭔가 장난을 쳐서 하면은 매를 우리 둘째 형님은 많이 맞았는데, 나는 밑이라고 막내라고 해서 그런지 그런 거는 아니고 바로 똑바로 서서 한참을 서 있어라. 집안에서도 구석에 서 있어라. 그런 식으로 너 인식할 때까지 잘못했다고 인식할 때까지 서 있어라 그런 식으로 나왔댔어요. 그것도 그거 제가 느꼈습니다. 진짜 그렇게 했기 때문에 이렇게 하는구나. 그리고 서 있는 것도 벌이지요. 그러니까 많이 느꼈습니다."

연구참여자는 어린 시절 부모님을 떠올렸을 때 막내라서 특히 귀여움을 받았던 것을 생생하게 기억하고 있었다. 음식을 하나 먹더라도 가장 좋고 맛있는 부위는 연구참여자의 접시에 올려졌다. 심지어 학교에서 잘못한 일이 있어 혼이 나야 하는 일이 생겼을 때도 부모님께서는 체벌을 가하지 않으셨고 스스로 생각해서 반성할 수 있는 시간을 주셨다.

"(막내셔서 사랑을 많이 받으셨네요.) 그런 것 같습니다. 왜냐하면 음식상을 차린다 하더라도 닭을 잡아서 한다 하더라도 좋은 부분은 저한테 주고. 그거는 제가 느꼈습니다. 우리 형님이나 누님이나 쳐다보면서 내도 그런 거 받고 싶은데. 예를 들어서 닭이라면은 닭다리가 2개지 않습니까? 그래서 닭다리는 저한테 주고, 저한테는 안 준다고. (웃음) 그런 제가 그냥 드는 생각이죠. 그때 그 당시. 제가 기억이 나지만은 우리가 장난치거나 잘못하면은 욕도 많이 얻어먹었죠. 아버님은 그리 무섭지 않은데, 어머님이. 하지만 그래도 알아듣고. 제가 막내니까 형님들을 때렸으면 때렸지 나는 안 때리거든. 한 번은 제가 잘못이 뭐가 있는가 하면 친구들과 함께 4학년 때인가 한 번 장난친다고 담배, 애들이 담배를 가지고 다녔어요. 장난친다고. 그래서 저는 이제 뭐 학교에서 반장 그런 지위가 있었는데, 그런 스타일이었어요. 반장 아니면 그런 걸 했는데, 선생님들이 그렇게 생각했는데, 모범 있는 학생으로 생각했는데, 담배 피운다? 그래서 한 번 학교로 안 갔을 때 있었거든요. 학교 간다 해놓고 책가방 들고 이제 산으로 가니까. 거기서 놀다가 시간 가는 거 몰라가지고. 그리고 이제 드러난 건 어디서 한 거냐면 담배 많이는 안 피웠지만은 장난이죠. 그게 이제 찌끄러기가 호주머니에 남아 있어 가지고 다 털기 시작하니까 그게 나오더라고요. 그게 우리 아버님한테 일러주니까 선생님이 왔댔어요. (선생님께서 아버님께 말씀드렸던 거예요?) 때리지도 않고, 서라. 오늘 자지 못한다. 그런 일이 있었습니다. 그렇게 해서 한 번 혼난 다음에는 아프게는 하지 않고. 그냥 저는 제자리에 서서 벌을 받는다고 서 있고. 재미있었지요."

(4) 뜻하지 않은 사고, 의대에서 공대로

연구참여자는 샤흐토르스크에 있는 조선학교에 다녔다. 4학년이 되던 해에 근처에 있는 우글레고르스크라는 바닷가에 살고 있던 아내가 전학을 왔다. 짓궂은 남학생들은 예쁘장하게 생긴 조선학교 4학년 학생인 아내에게 장난을 치고 놀리기도 했다. 그 당시 모범생이었던 연구참여자는 짓궂은 남학생들의 장난을 말리거나 저지했는데, 그러는 과정에서 아내와 가까워졌다. 전학을 와서 반 년 정도 지났을까, 아내는 다시 우글레고르스크로 돌아가게 됐다. 그렇게 헤어지고 나서 조선학교 8학년 때 기숙사에서 아내와 운명 같은 재회를 했고 자연스럽게 가까워졌다.

> "그때 4학년 때 우리 학교에 왔더라고. 우리 샤흐쬬르스크 학교에. 왜냐하면 우리 도시에 친척이 살았거든요. 친척이 살아서 그 집에 조그만 애들만 있으니까 와서 살면서 왜냐하면 우글레고르스크라도 바닷가에 살았기 때문에 학교가 멀었습니다. (사모님을 조선학교 4학년 때 만나셨다고요?) 4학년 때 한 반 학기? 일단 학교 학생 때는 모범적인 학생이니까 언제나 하는데 학생들 중에서도 장난도 잘 치고 하는 분들이 있지 않습니까? 놀리기도 하고 여학생들. 그러니까 그렇게 하지 말라고 계속 하고 그렇게 하다가 일단 개가 4학년 때 우리 만났습니다. (같은 반이셨어요?) 그렇죠. 같은 반에 있었다가, 반 년 살았는가? 살다가 우글레고르스크로 넘어갔습니다. 그런 일이 있었기 때문에 그때 그렇게 잠깐 만나 뵙고, 그다음에가 8학년 때 기숙사 갔을 때 벌써 계셨더라고요 거기에. 그래서 거기서 다시 만났고. 학생 때 만났고, 학생 때 뭐 큰 뭐냐 연애라고 없었지 않습니까. 그리고 그때 친구로서 우리 학생 때 동창생이라고 하지만은 10년제 끝난 후에는 개는 유즈노사할린스크 사범대학, 나는 대륙으로 갔고."

연구참여자는 10년제 학교를 다닐 때, 8학년 때까지는 의대에 가려고 생각했다. 9학년이 지나서 3개월 동안 건축 현장에서 돈을 벌었는데, 1959년 8월 23일 벽돌을 올리다가 손가락 하나가 절단되는 사고를 당했다. 의사가 되면 수술을 해야 하는데, 그 당시 손가락이 없으면 의사가 될 수 없다는 이야기를 듣고 의과대학 진학을 접어야 했다. 그래서 1960년 블라디보스토크 공업대학에 진학하게 되었다.

"제가 친구들이 상트페테르부르크 가려고 했는데 의대로. 가려고 했는데 제가 8학년 때 그런 생각이 있었거든요. 그런데 9학년 지나서 9학년에 우리 친구들이 뭐 하겠는가 방학에. 그래서 이제 좀 3개월간 돈을 벌었습니다. 건축에서. 노가다일 했는데 좀 힘이 있으니까 했는데 1959년 8월 23일. 8월 25일 끝난다고 했는데 왜냐하면 9월 1일부터 10학년 새 학기가 시작하니까. 계약을 이렇게 8월 25일까지 근무하겠다 했는데, 23일에 제가 이제 사고가 나가지고 손가락 다쳤습니다(왼쪽 네 번째 손가락 절단). 벽돌을 올리다가 와이어로 묶어가지고 손가락 좀 없어지니까 그때 생각했습니다. 어떻게 앞으로 의사가 되려면 물론 남자로서 제가 생각이 그랬어요. 남자로서 수술도 할 줄 알아야 되고, 하니까 그때는 그렇게 말씀하시더라고요. 손가락이 다 있어야 한다. 그렇지 않으면 합격이 안 된다. 입학 안 된다. 그래서 의과를 접고 공대로 가기로."

연구참여자는 블라디보스토크 공업대학으로, 그의 아내는 유즈노사할린스크 사범대학으로 진학했다. 서로 다른 대학에 입학했지만 연구참여자와 그의 아내는 편지를 주고받으며 오랫동안 우정인 듯 사랑을 키워 나갔다. 그리고 졸업하자마자 1966년 그녀와 결혼하게 되었다.

"친구로서 편지를 주고받고 하다가 그렇지요. 우연히 나중에 3년 지난 후에, 대학 3, 4학년 때에 모르죠. 본격적으로 모르죠. 그래서 잔치도 하고, 그게 1964년? 그래서 워낙에는 모르겠습니다. 걔는 5년 공부했고, 나는 6년 했기 때문에 먼저 졸업했고. 이제는 결혼할 준비 됐고, 우리 부모님들은 아직도 멀었다 졸업을 해야 허락을 하겠다 해서 바로 이제 졸업하자마자 결혼했습니다. 1966년도에. 결혼은 입학해서 6년 대학에서 6년간 거기서 공부하다가 대학을 졸업해서 졸업한 후에 바로 결혼했습니다. 왜냐하면 부모님들이 그렇게 말씀하시더라고요. 너 졸업장을 안 받으면 결혼을 못 시킨다. 그래서 그렇게 됐습니다."

(5) 워커홀릭, 아내와 자녀에게 미안한 마음

연구참여자는 건축계에 종사하면서 한 팀을 이끄는 팀장으로서 팀원들을 먹여살려야 한다는 부담이 컸고, 그래서 잦은 출장으로 집에 들어오지 못하는 날이 많았다. 귀국하기 전까지 70번 이상 한국을 방문했고, 길게는 3개월 출장을 다녀온 적도 있었다.

"1966년도에 졸업했고, 건축과고, 현장에서 제가 근무 한 5년 근무했고, 그다음에 설계연구소에서. 하바롭스크 와서 큰 도시에서 괜찮은 연구소 있으니까 거기서 우리 설계도 기사장까지 나왔어요. 그러니까 만약에 건축물을 한다면 다 기초부터 시작해서 마무리까지 기계까지 포함해서 전기, 수도, 다 포함해서 그거 책임져야 하니까 그거 총괄하는 거 기사장은 그렇습니다."

"우글레고르스크, 샤흐툐르스크. 그게 이제 뭐냐면 1970년대에 우리 부모님들이 1969년에 이주했습니다. (하바롭스크로요?) 네, 왜냐면 제가 휴가를 받고 집을 사서 놔줬어요. 제가 옮긴다고 해서. 했는데 난 못 가고 직장에서 못 보내니까 하던 일 다 마무리하고 가라고 해서 거기에서는 서약서를 서로가 써서 왜냐면은 서약서를 써서 꼭 보내야 한다. 나를 안 보내려고 했습니다. 왜냐면은 그때에 제가 이제 체제가 그랬습니다. 젊었을 때는 공천당, 아니 공청원이 있었고, 나이가 들면 깨끗하고 괜찮은 사람은 다 공천당으로 추천했거든요. 그래서 제가 이제 당으로, 왜냐하면 2년 있어야 되거든요. 뭐라 할까 간지다트, 완전히 당원이 되기 전 (예비당원이요?) 예비당원. 그때까지 했습니다. 제가 예비당원으로 있었기 때문에 당이 말하면 해야 된다고 그런 식이지요. 제가 어떻게 하겠습니까? 우리 애들도 거기서 둘이나 낳았는데. 우리 마누라는 가고 싶고 하니까, 그다음에 우리 부모님들이 가야 된다고 하니까. 부모님을 모셔야 되지 않겠어요? 그런 이유로 사정을 해서 갔습니다."

"제가 하바 극동 하바롭스크. 블라디보스토크 하바 위엡니다. 한 900km 위쪽 북쪽에. 도시 하바롭스크. 원래 옛날에는 지난해까지만 해도 극동 시베리아 수도입니다. 하바롭스크.* 그게 아무르강이 있지 않습니까? 옛날에는 흑룡강이라고 했습니다. 그래서 하바롭스크에서 여기 귀국했습니다. 그러니까 블라디보스톡에는 프리모리 있지 않

* 하바롭스크(러시아어: Хабаровск)는 아무르강(흑룡강)의 축복을 받은 도시라고도 알려져 있다.

습니까?* 제가 프리모리에서 설계연구소로 가라 했는데 제가 안 가겠다 해서 건축 현장으로, 제가 건축 전문이니까 현장으로 가겠다 했거든요. 그리고 또 현장도 큰 데로. 그래서 블라디보스톡 제주해라고 현재는 달림고스크시입니다. 시로 돼 있습니다. 달림고스크 4년 반, 5년 거기 현장에서 근무했습니다. 다음에 이제 우리 부모님들이 추천으로 큰 도시로 나와라 몇 번 왔지만은 너무 구석이니까 촌구석이니까 좀 나오라 해서 하바롭스크로 이주했습니다. 하바롭스크로는 1970년도에 하바롭스크 이주했습니다."

연구참여자에게는 두 명의 자녀가 있다. 네 살 터울로 아들은 1967년생이고, 딸은 1971년생이다. 두 자녀를 생각하면 그동안 잘해주지 못해서 미안한 마음이면서도 지금까지 잘 자라주어서 고마운 마음이 크다. 프리모리에 있을 때, 근처에 있는 약수(약물)가 나오는 곳에 가서 아이들과 함께 휴가를 보낼 때 아이들이 좋아했던 것을 기억한다. 하지만 연구참여자는 배우자의 요청으로 휴가를 가서도 일에 대해서만 생각했고, 그때를 생각하면 자녀들에게 더 미안한 생각이 들었다.

"발령이 났어요. 제가 그쪽으로 갔다 온다고 했습니다. 설계연구소도 있지만은 도시에 살면서 해야 하는데, 아니다 나는 큰 좀 제가 느낌이 있어야 하니까 실제로 그쪽으로 가겠다 그런 마음이야 됐습니다, 젊었을 때. 그래서 사할린에서 결혼해서 바로 그분을 데리고 같이 프리모리로 갔습니다. 애들은 거기서 낳았고. 프리모리에서."

---

* 블라디보스토크(러시아어: Владивосто́к)는 러시아 극동의 중심지이며, 프리모르스키 지방의 행정중심지다.

"출장을 많이 다녔어요. 일이 그런 일이니까. 왜냐하면 물론 프리모리에 있을 때는 애들 조그마할 때니까요. 하지만은 하바롭스크로 넘어오니까 일이 그렇게 됐습니다. 출장 많이 다녔습니다. 뭔가 하려고 하면은 또 만들어야 하니까 일을 만들어야 하니까. 제가 책임자로서 팀장 예를 들어서 팀의 일을 사업을 만들어야 되니까. 그렇게 하니까 그렇습니다. 만들게 되면은 그 일이 또 딴 도시에 있지 않습니까. 딴 도시에 가서 또 출장을 가서 만들어와야 되니까. 그게 보면은 1990년도까지. 왜냐하면 1990년도에 한국 기업들이 하바에 오기 시작했습니다. 그러니까 나를 대표부에 1990년도부터 대표부에 근무하다가 한 4년 근무하다가 자유로 다른 기업들이 나를 몇 명이 조직해서 또 그와 마찬가지로 대표부. 제가 러시아 대표로서 통역도 하는 겸 계약도 맺고 해야 되니까 그런 수출 수입 그렇습니다. 그렇게 하다가 한국 그러니까 많이 다녔습니다. 여러 번 다녔습니다. 한국 제가 이제 귀국하기 전 2009년에 우리가 귀국했는데, 귀국하기 전 70번 이상 한국 방문했기 때문에 한 번은 길게 출장한다고 3개월은 없었습니다. 뭐 문제가 있어가지고 있다면 한 2개월, 한 1~2주일 그렇게 해서 왔다 갔다 왕래했습니다."

"마누라하고 같이 여행이라고 하면은 우리 프리모리 있을 때, (아이들도 상당히 어렸을 때겠네요?) 네 어렸을 때, 제가 기억이 나는데 아들이 세 살인가, 네 살 될 때 바로 하바에서 무슨 일이 있어가지고 친척분이 아시는 분이 뭔가 하바에 계셨어요. 그때 그 당시에. 거기에서 이제 장인 장모님이 오셨고, 우리도 그 행사에 갔고, 잔치가 있었어요. 그 행사에 갔는데 만나가지고 우연히 애를 데리고 갔는데, 아직 딸 안 낳을 때(아들만 있을 때), 그러니까 한국 나이고 네 살 아직도 안 됐죠. 그때 부모님께 맡겨가지고 우리는 여행을 다녀왔습니다."

"그다음에 좀 커가지고 우리 하바에 있을 때는 프리모리에 온천 아니고 약물, 지하수 약수가 있었어요. 아직도 운영하고 있습니다. 거기 이제 보면 휴가도 받고 치료도 받으면서 그 물을 마시면 위에 참 좋습니다. 간에도 좋고, 여러 가지로 그런 약수가 있기 때문에 그쪽으로 몰두해서 자주 가자고 해서 다녔습니다. 애들과 같이. (되게 좋아했겠어요. 아무래도 물놀이하는 것은 아이들이 좋아하니까요.) 인상적인 기억들이라 하면 크게 느낌이 없어요. 왜냐하면 우리 집사람이 가자고 해서 가는 거지. 왜냐하면 나는 계속 일에 대해서만 생각을 하니까 어쩐지 그렇게 되더라고요. 휴가 가도 (계속 일에 대한 생각이 나고) 그렇게 그런 일이니까 그렇습니다."

(6) 88올림픽 이후, 러시아와 한국 사이에서

한국과 당시 소련은 88올림픽을 계기로 서로 화해의 분위기가 조성되었고, 마침내 1990년 6월 4일 수교를 했다. 그 이듬해 소련은 해체되었지만, 그 후 세워진 러시아연방공화국은 한국의 중요한 교역 대상국으로 부각되었다. 그리고 연구참여자는 러시아와 한국 사이의 수출 교역에 가교 역할을 했다.

"1990년도에 1990년도에 큰 기업들이 하바롭스크로 왔거든요.

(88올림픽 하고 나서요?) 네, 그래서 거기서 잡혔잖아요. 그래서 제가 한 5년 대표부에서 근무했습니다. 공식으로. 고려합성. 고려합성이 현대 그룹보다 먼저 왔더라고요. 먼저 와서 제가 잡혀가지고 딴 데로 못 갔지요. 고려합성이 가장 앞섰습니다. 하바롭스크에서. 그래서 제가 잡혀가지고 거기서 한 5년 근무하다가 나왔지요. 그거는 또 다른 기업들이 나를 또 이제… (다른 기업에 스카웃 되셨어요? 그러면 고려합성에 5년 정도 대표부 하시고 어디로 옮기셨어요?) 그러니까 한국 기업 대표로 있었지요. 사무실까지 있었습니다. 사업자등록은 러시아 회사 있었고요. 제가 만들었지요. 회사를 만들고 한국 기업들을 도와드렸지요."

러시아 개방 시기인 1990년 하바롭스크에 한국 기업들이 진출하기 시작했다. 연구참여자는 러시아에 진출한 한국 기업들과 협력하는 일을 했고, 약 5년간 고려합성 대표부에서 근무했다. 그리고 1995~1996년 개인 사무실을 차리고 한국 기업과 협력하여 한국과 러시아 간의 수출 및 영업의 매개 역할을 수행했다.

"1990년대는 벌써 이제 그때 러시아가 개방되기 시작했지 않습니까? 개방되기 시작하니까 마음대로 자기 회사도 만들 수 있었고. 그러니까 회사를 언제 만들었냐 하면은 제가 1995년도인가, 1996년도인가 그렇게 했습니다. 그래서 한국 기업을 도와드리면서 수출을 제가 좀 책임지고. (한국으로 들어오는 수출) 그래서 영업에 대해서는 수출 수입에 대해서는 훤히 알고 있었습니다, 그 당시. 그래서 어른들 같이 오시니까, 여기 어른들 저보다 다 나이가 드셨지요. 물론 그분들이 힘도 없고 말도 서툴고 하니까 저를 세웠지요. 저는 자기 일만 하려고. 왜냐하면 한국 기업들이 알아가지고 왔거든요. 필요할 때는 나를 부르거든요."

(7) 1995년, 어머니를 모시고 고향 제주로

연구참여자의 아버지와 어머니께서는 사할린에서 고향에 대해 자주 언급하지 않으셨다. 그런데 1995년 어머니와 함께 제주도를 처음 방문했을 때, 어머니께서는 그제야 이야기를 해주셨다. 어머니의 시아버지, 즉 연구참여자의 할아버지께서는 제주도에 땅이 워낙 많으셨는데 그 땅을 3형제에게 똑같이 나눠주셨다고 했다. 연구참여자의 아버지는 막내라서 가장 위치가 좋은 땅을 받았는데, 큰아버지와 사할린으로 이주하는 바람에 그때부터 모든 땅은 둘째 큰아버지께서 관리하게 되셨다고 했다.

"고향은 제주도 제주군. (어머님 아버님 두 분 다요?) 그렇죠. 애월읍 장전리 현지 우리 조카님이 계시고요, 거기에 우리 땅인데, 하지만은 거기에 언제냐면 1995년도에 우리 어머님을 모셔서 아버님 돌아가셨기 때문에 어머님 모셔서 제가 영업을 할 때 한국 드나들었으니까 한국 땅에 모시고 간 적이 있었습니다. 그래서 왜냐면은 첫 번째는 대한적십자로 해서 방문했어요. 왜냐하면 우리 몰랐습니다. 어디 계신지. 구소련 때는. 연락이 없어서. 연락을 못하게 했고. 그다음에 연락도 없고. 그래서 어떻게 됐냐면 우리 맏형님이 어떻게 해서 88올림픽 후에 현대건설 그 기업이 하바에 왔댔어요. 그래서 부사장님을 만나서 현대건설 부사장님을 만나서 조인해서 부탁을 했댔습니다. 현대 그룹이면 제주도도 있지 않습니까? 바로 연락해서 찾아봐라 하니까 바로 찾았어요. 그렇게 찾아봤습니다. 알아봤더니 형님들은 다 땅에서 4.3사태에 돌아가셨고, 그렇더라고요. 애들만 남았고, 그러니까 손자들이지."

연구참여자는 제주도에 계신 친지들을 방문하고 족보를 보게 되면서 가족들에 대해 알게 되었고, 지금은 매년 귤을 받아먹고 있을 만큼 제주에 있는 친지들과 살갑게 지내고 있다. 또한 얼마 전에는 세계제주인대회에 초청받아 제주도에 다녀오기도 했다.

"1995년도에는 공식으로 이제 기업 사장의 도움으로 어머니를 모시고 갔댔습니다. 제주도. 갔더니 우리 어머님이 그때 이제 말씀하시더라고요. 땅이 워낙 많았는데, 시아버니께서. 그러면 저한테는 할아버지죠. 할아버지께서 3형제가 계셨는데, 땅은 워낙 많았고, 애월에 제주군 있었는데 아들들에게 나눠주는데 땅을 똑같이. (3형제한테요?) 예, 3형제한테 똑같이. 고모님도 계셨지만은 고모님은 안 주고 아들한테만. 그게 아직도 남아 있습니다. 고모님은 따님이 거기에 계셔가지고. 이렇게 하고 있다고. 우리 조카들한테. 조카들이라고 둘째 아들이, 그러니까 둘째 맏형님이죠. 둘째 큰아버지가 고정적으로 집이 있었거든요. 일본에 안 다니고. 그분이 세 집의 밭을 다 운용했다고 하네요."

"우리 어머님께서 말씀하시더라고요. 현재 가보니까 우리 조카님들이 운영하는 밭이 다 우리 집 땅이야. 우리 아버지 땅이야. 왜냐하면 제일 막내라서 우리 할아버지가 막내한테 제일 위치가 좋은 데 드렸다고 하네요. 그 당시 어머님이 말씀하시더라고요. 여기도 우리 땅이다. 여기도. 그러니까 조카님이 우리를 전송하고 다니는데 얼마나 제가 그분께서 듣기가 어려웠겠어요. 그래서 엄마 좀 그렇게 하지 말고 살짝 나중에 말하라고. 아니다. 우리 땅인데 우리 땅인데. 그래 보면 우리 집 땅이에요. 우리 아버님의 땅이에요."

(8) 한국인으로서의 자부심, 한인회 활동

연구참여자는 영주귀국하기 전까지 극동지역의 이산가족회 책임을 맡아 한인회 활동을 했다. 한인 중에서는 귀국 희망을 갖고 계신 분들이 많았다. 1990년 구소련이 개방된 이후에 본격적으로 한인단체들이 만들어졌고, 각 단체가 각자 요구사항에 대해 정부에 제출하기 시작했다.

"제가 생각하기에 우리 또래에 친구들 중에서도 제가 한국 사람으로서 그런 느낌이 드는 것은 뭐냐면 첫째로 제가 한국 대표부에 근무했고, 비교해서 다른 분들과 다르거든요. 그리고 또 이제 보면 책들은 많은데, 사할린에 우리 한인단체가 있었기 때문에 단체에서도 몰두해서 있었고, 열성자로서 있었고 하니까 물론 이제. 한국에서 오신 분들 책 가져오면 책 받아서 읽고 하니까 현재도 가끔 시간 있으면 읽습니다. 장편 소설이나 읽습니다. 그래서 한국인이라고 하면은 제가 물론 이제 자존심이죠. 자존심을 갖고 물론 이제 우리 이끌려고 노력을 했습니다. 한인 한족들을 사회단체, 우리 명절 때나 열성자로서 모집도 해서 예를 들어서 8월 15일 해방날이라고 해서 명절을 쇠었고. (영주귀국하신 다음에도요?) 아니 귀국하기 전에. (가족들끼리요?) 가족들끼리 아니고 친구들끼리요."

"마지막으로 한인회 활동이라고 명절 때나 그렇게 하고, 한국과 이산가족회 책임을 맡아서 극동지역, 왜냐하면 한 분이 나이가 드신 선생님께서 한국말도 잘하고 일본말도 잘하고 할 때 물론 이제 우리 한인 중에서 귀국 희망을 갖고 하신 분들 많았거든요, 그래서 우리 사할린 하면은 1990년도 러시아가 구소련이 개방되기 전까지는 그런 일이 없었지만은 1990년도부터는 본격적으로 한인단체들도 만들고, 정관도 만들어서 자기 요구사항에 대해서 정부에도 제출하고 그런 일이 많았거든요."

연구참여자는 또한 극동시베리아 이산가족회 대표로서 귀국을 희망하는 한인의 염원을 풀어주는 일에도 앞장섰다. 극동시베리아는 러시아의 8개 연방관구 중 극동 연방관구와 시베리아 연방관구를 지칭하는 개념이다. 특히 극동시베리아에서 블라디보스토크, 연해주, 하바롭스크 등의 도시는 한인 강제이주의 아픔이 고스란히 남아 있는 지역이자 일제강점기 36년간 독립운동이 활발하게 전개된 곳이라고 할 수 있다.

"귀국할 때까지 극동시베리아 이산가족회 회장이었습니다. 그리고 직책을 넘겼고, 무슨 일인가 하면은 우리 동포들 중에서 귀국을 희망하시는 분들 명단을 작성해서 대한적십자사에 제출하고 그랬습니다. 그리고 불만, 불평이 있는 분들이 도와달라 하면은 그 아픈 마음을 대한적십자사에 전해드렸고요. 회의 때는 처음으로 2001년에 신년 사할린 이산가족회 사업보고가 있었어요. 처음으로 맡았습니다, 회장으로서. 그때부터 본격적으로 해서 일단 제 몫이 있습니다. 2000년도에 보냈지요, 안산 고향마을로, 명단이 많기 때문에 명단을 다 만들어서 보냈지만은 자리가 없으니까. 그래서 공간이 생기면은 그거를 나눠서 연년별로 해서 제출하고 또 제출하고. 그렇게 해서 몇 명씩 보냈지만은 본격적으로는 희망자가 많아서 2007년도부터는 본격적으로 임대아파트에 귀국하도록. 제가 물론 저만 아니고 저와 함께 우리 열성자들. 제가 대륙에서 했고요."

(9) 형제는 모두 떠나고, 나만 홀로

연구참여자의 누나는 스무 살 되던 해에 사할린에서 사망했다. 당시에 블라디보스토크 종합대학 역사학과에 진학할 예정이었는데, 대학 입학 전에 벽돌공장을 다니고 있었다. 그런데 퇴근길에 트럭과 기차가 충돌하는 사고로 목숨을 잃었다. 누님은 공부를 하고 싶어 했는데, 아버지의 반대로 2년 동안 진학할 수 없었다. 그러다가 당시 기차 기장으로 일하던 큰형님의 도움으로 다시 진학을 꿈꿀 수 있게 되었다. 그렇게 블라디보스토크 역사학과에 진학할 꿈에 한창 부풀어 있던 시기였는데, 1960년 초 누님이 탄 버스가 기차와 부딪쳐 큰 사고가 나서 3명이 즉사했는데, 그중 1명이 누님이었다.

"누님은 10년제 끝나가지고 1학년 더 앞섰습니다. 3년 차이지만은

1학년만 앞섰습니다. (학년으로는 1학년 차이셨군요?) 네, 세 명이 줄줄이 갔지만은 누님은 그 당시에 학교가 없었기 때문에 간다, 안 간다 하고, 그리고 또 8학년 때부터는 기숙사에 살아야 하기 때문에 집에서 또 우리 아버지 허가를 안 했지요. 여아니까 그래도 저학년 끝나면 그걸로 끝나지 하면서 좀 쉬었다가 또 우리 맏형님이 제가 도와줄게 가라. (그래서 누님께서 8학년에 입학하게 되셨던 거군요. 큰형님께서 상당히 리더십도 있고 멋있는 분이셨네요.) 네, 저하고는 13살 차이니까 그렇습니다. 그리고 우리 형님은 그 당시 일본학교 다녔지만은 또 공부하려고 했지만은 집 상황이 안 되니까 기술 일을 배우고 기차 기장이었습니다. 기장으로 해서 오래 근무를 했어요."

"누님 돌아가신 거는 그것도 사고로, 교통사고로 돌아가셨어요. 딱 스무 살 때 사할린에서. 다 졸업하고 10년제 졸업하고 이제 같이 블라디보스토크로 와야 되는데, 종합대학 역사학과로 가겠다고 해서 제가 기억이 나는 게 계속 논문도 쓰고 뭐고 하더라고요. 연습하는데 그때 직장생활 하다가 오는 도중에 왜냐면 그 당시에 버스가 없어요. 그냥 화물차 트럭에 사람들 실어가지고 벽돌공장에서 임시 근무했는데 그렇게 당했습니다. 오는 도중에. 퇴근길에 집에 오는데 기차가, 우리 형님이 기차 기사장입니다. 그런데 큰형님 그 차 아니고 다른 기차가 자동차하고 부딪혀가지고. 즉사했어요. 3명 즉사했어요. 뒤에 앉은 분. 앞에 앉은 분들은 다쳐가지고 고생했지만은 살아남았습니다. 하지만은 3명은 즉사했어요. (뒤에 앉아 계셨구나.) 네. 1960년대 초이니까 딱 스무 살."

연구참여자의 누나는 어린 나이에 세상을 떠나고 3형제가 남았다. 남은 형제는 모두 영주귀국을 원했지만 뜻을 이루지 못했다. 큰형님은 영주귀국하기 바로 전 2009년 하바롭스크에서 사망했고, 둘째 형님은 배우자의 반대로 영주귀국을 하지 못 하고 살다가 2011년 사망했다. 지금은 연구참여자 홀로 남았다.

"우리 형님들 귀국하기 전에 돌아가셨잖아요. 하바에서 돌아가셨어요. 둘째도 귀국하려고 했는데 저와 함께, 마누라가 형수님이 그 자리에서 못 가게 했어요. 제가 귀국해서 좀 심장이 불편 그때는 약했거든요. 우리 둘째 형님께서. 2011년도에 돌아가셨어요. 이제 저 혼자 남았습니다."

(10) 낯선 조국, 사할린동포를 위한 노력

연구참여자는 2009년 영주귀국했고 오산시에 정착했다. 영주귀국하기 전부터 한국과 러시아를 활발히 오갔던 연구참여자는 자연스럽게 오산시 사할린동포 노인회 회장을 맡아 봉사하게 됐다. 또한 오산시로부터 명예회장을 임명 받았다. 특별한 활동이나 요구할 수 있는 위치는 아니었지만, 그래도 오산시에 정착한 사할린 한인 동포를 위한 일들을 찾아다니면서 노력했다.

"제가 2009년도에 오산시에 왔지요. 왔는데, 제가 이제 바로 첫해부터 회장으로 임명돼가지고 우리 단체 오산시 사할린 동포 어르신들의 단체에 회장으로 있었거든요 첫해부터. 그래서 1년, 2년 여기 있습니다. 기억이 안 나는데 1년 있다가 명예시장으로 받은 것 같습니다. 현재도 시장님이거든요. 박상훈 시장님. 그분께서 제가 명예시장을 받고. 명예시장이라고 큰 활동이라고 없습니다. 어떤 하자가 있으면 도움이 되도록 하려고 주면은 거기서 참고해서 하도록 하지만은 그 시기에 귀국자로서 많이 몰랐지요. 이제야 좀 있으면 하자가 있으면 좀 여기 좀 고쳤으면 좋겠다 이 말만 할 수 있지요. 어떡해 제가 뭘 그렇습니다."

연구참여자는 한국 사회에서 사할린 한인 동포에게 쉼터 공간이 필요한 이유에 대해 말했다. 영주귀국한 첫해에 나이대가 비슷한 이곳 현지의 어르신들과 좋은 관계를 맺어보고자 경로당에 들어가자고 건의한 적이 있었다. 하지만 사할린동포가 한국어에 취약해 러시아어로 대화를 진행하다 보니 소통이 어려웠을 뿐 아니라, 사고방식의 차이 역시 넘어서기 힘든 벽을 만들어냈다. 같은 민족이라는 상상의 개념만으로 가까워지기에는 너무 먼 사이였다. 결국에는 사할린 한인 동포 대부분이 경로당을 떠날 수밖에 없었다. 한국에 영주귀국한 사할린 한인 동포가 마음 편하게 지낼 수 있는 쉼터가 필요한 이유다.

"첫해부터 회장으로서 현지 어르신들과 같이 친절하게 지내려고 경로당에 들어가자 제가 말씀을 드렸어요. 우리 경로당이 크기 때문에. 크게 만들어놨어요. 크기 때문에 그렇게 했더니 아니 그게 아니에요. 친절하게는 아니고요. 왜냐하면 사고방식이 둘이 서로 다릅니다. 그리고 또 말이 짧고. 우리 어르신들이. 또 서로가 만나면은 자기들끼리 만나면은 딴 나라 말을 하거든. 그래서 옆에 현지 어르신이 계시면은 무슨 욕을 하는지 뭐하는지 모른다고 하고. 서로가 불편하시더라고. 그래서 일부는 주로 화투나 마작이나 즐기는 사람들은 처음에는 남았겠고, 관심이 없는 분들은 다 떠났습니다. 안 다닙니다. 그래서 공간이 없습니다. 우리 쉼터 공간이. 현재 2009년에 107명이 왔지만은 현재는 딱 70명입니다. 장애자까지 해서. 그래서 현재는 일부는 거동이 괜찮은 분들은 복지관에 다니고, 즐기시고, 하지만은 거동이 불편한 분들이 있습니다. 그리고 또 병원에 자주 다니시는 분들이 많습니다. 그리고 또 한국 보면 아주 무덥지 않습니까, 여름에는. 쉼터 공간이 있었으면 좋겠습니다."

(11) 부모님의 고향 제주, 가족들과의 인연

연구참여자는 부모님의 고향 제주도와 깊은 인연을 만들어가는 중이다. 현재 제주도에 거주하고 있는 조카들은 매년 수확한 귤을 보내며 안부 인사를 전한다. 얼마 전 제주도에서 개최된 2019 세계제주인대회에 초청받아 다녀오기도 했다. 세계제주인대회는 세계 각 분야에서 활동하는 제주인의 모임을 만들어 제주인의 정체성을 재확인하고, 제주의 미래 발전상을 모색하는 자리였다. 그 자리에는 연구참여자를 포함해서 총 31명의 제주 출신의 영주귀국자들이 참여했고, 사할린에 거주하고 있는 한인 동포 6명도 함께 자리했다.

"현재 남은 것이 우리 조카님들끼리 있지만은 그 땅에 귤 심고 있습니다. 가끔 보내지만은 보내지 마라 하는데, 여기 귤을 싸게 파는데. (아, 매번 귤을 보내주세요?) 네, 어떨 때는 너무 미안해가지고 안 보내도 괜찮아 주소 달라고 하는데 언제나 기억이 안 나가지고 언제나 저한테 전화합니다. 조카님께서. 바로 주소 달라고 말이야. 주소 적어달라고. 우편국에 가서 택배로 보내지 않았는데 직접 거기서 직원이 받아서 저한테서 주소를 받아서 보내야 하니까. 왜냐하면 그 조카님께서 기억력이 작아서 암만 이야기해봤자 소용이 없어요. (요즘에는 바로 전화해서 물어보면 되니까요.) 이번이 마지막이라고 보내지 마라고. (웃음) 금년도에도 다녀왔습니다. (제주도에 다녀오셨어요?) 어떻게 된 거냐 하면 제주도인 세계제주도인대회 첫 대회가 있었어요. 세계 제주도인 왜냐하면 다 흩어져 있지 않습니까? 첫 대회가 언제 있었냐 하면은 10월달인가? (작년에요?) 2019년도에. 그렇게 다녀왔습니다. 그래서 나를 알고 있고, 지사님도 가끔 제가 얼굴로는 모르지만은 서로가 비서님들이 저한테 보내면 새해 축하도 받고 하지만은 지사님이 안 하지 않습니까. 알아서 해외에 있는 사람들한테 보냅니다."

(12) 이산(離散)의 아픔, 가족에 대한 그리움

연구참여자는 사할린과 하바롭스크에 두고 올 수밖에 없었던 가족들에 대한 그리움을 숨기지 못했다. 대한적십자사에서 매년 사할린 한인 2, 3세 방문을 추진하고 있지만, 오고자 하는 사람들이 많아 줄을 서서 기다려야 하는 상황이었다. 행정적으로는 해방 전에 태어난 1세대만 영주귀국을 할 수 있도록 해놓았지만, 해방 이후에 태어난 이들도 아픈 과거를 가슴에 묻고 한국인으로서의 자존심을 지키고 사는데, 1세대라는 기준으로 이렇게 갈라져 살아야 하는지 마음 아픈 이야기를 토해냈다.

"보고 싶죠. 그런데 그 작년부터인가? 2세, 3세 방문을 하도록 자리는 없지만은 방문은 하도록 이렇게 부모님들을 뵙도록 이렇게 대한적십자사에서 조직하고 있습니다. 그래서 금년에는 벌써 3년째. (여름에 한 번, 겨울에 한 번 오시는 거예요?) 여름에, 가을에. 하지만은 사람이 많아서 희망자가 많아서 각자한테 매해 못하지요 그렇게. 당신 자녀들이 금년에 다녀왔으면 스톱하고 다른 해는 다른 분을 보내드려야 하니까."

"우리 마음이 아픈 거, 현재 급한 거는 사할린에 계신 분들, 또 다른 사할린 출신들, 다른 지역에 살고 계신 분들. 그분들이 암만 해방 이후에 출생했다고 하더라도 한국 전통을 지키고 살았고, 한국말도 꽤 하지만은 러시아말도 하지만은 그분들을 이용해서 한국 발전에 이바지하도록 좀 만들었으면 하는 동시에. 왜냐하면 그분들은 아무도 뭐 그분들끼리 허가한다 하더라도 물론 이제 뭐냐 큰 마이너스는 안 되거든요. 발전에 플러스면 플러스지."

연구참여자가 재차 강조한 사할린동포 특별법은 17대 국회인 2005년부터 계속적으로 논의되어온 사할린 한인의 숙원과도 같은 문제였다. 2020년 1월 현재까지 사할린에 남아 있는 동포는 약 2만 5천 명 정도로 추산되는데, 이들 역시 한국으로의 귀국을 손꼽아 기다리고 있다. 그리고 얼마 전 사할린동포 지원 정책의 법적 근거를 마련한 「사할린동포 지원에 관한 특별법」이 20대 국회 본회의를 통과했다. 이 특별법은 사할린동포 지원 정책 수립과 피해 구제를 위한 외교적 노력, 명예 회복 기념 사업 추진 등을 책무로 규정했고, 무엇보다 국내 영주귀국 대상범위를 확대했다는 데 의미가 있다. 이 법은 2021년 1월부터 발효될 예정이다.

"해방 후 우리 형님들, 형님들 또래들이 꼭 조선학교를 설립했지 않습니까? 우리들이 가서 공부하도록. 제가 이제 줄줄이 나왔어요. 1950년도에 1학년 올라갔고, 7살 때. 한글학교 10년제까지. 하지만은 약했지요. 그러니까 무슨 말인가 하면은 러시아어도 3학년 때부터 보기 시작했고. 그러니까 러시아어도 약했고, 한글도 뭐 선생님들이 잘해야만 잘되지만은 그래도 영리한 분들이 계셨기 때문에 제가 고마운 마음으로 다들 돌아가셨지만은 고맙지요. 이렇게 민족의 전통을 지키기 위해서 한국말을 배워야 한다. 저도 그렇습니다. 마음은 있지만은 사할린 특별법안이 통과돼서 우리 후손들이 한글도 배우면서 직장도 다니면서 자유롭게 그렇게 하면은 한국 발전에 도움이 될까 그렇죠."

(13) 한국에서 우리가 할 수 있는 일

연구참여자는 영주귀국한 사할린동포가 사회에 기여할 수 있는 어떠한 역할을 할 수 있기를 바랐다. 그래서 한국 사회의 한 구성원으로서 당당하게 인정받기를 원했다.

"노인대학에서도 강의해 달라 해서 한 번 한 적 있습니다. 한 45분 해서 동영상 보면서 러시아가 어떤 나라고 사할린이 어떤 지역이고,

우리 사할린동포들이 어떻게 살았고 거기에 대해서 간단히 설명한 바 있습니다. 그렇게 강연을 했습니다. 또 여기서 러시아어 배워드리려고 강의했는데 잘 안 되더라고요. 학생들이 없어서. 관심 있는 학생들이 있으면 한 5명 모여서 해줄게. 왜냐하면 나는 무료다. 왜냐하면 집에 앉아서 뭐하겠습니까? TV나 보고 먹고 있다가 그래서 그렇습니다. 뭔가 활동을 해야 되고 하니까."

"이제 집중해서 배우는 거는 나이가 들어서 어떻게 살아야 되고 그렇죠. 음식도 어떤 음식을 먹어야 하고, 노년에 어떻게 활동을 해야 되고, 그래야 운동도 해야 되고, 대화도 어떻게 해야 되고 그렇죠. 그게 뭐 우리 인성교육원이라는 곳도 있어요. 실버교실 동시에 선생님들이 계시는데 우리 부탁은 그래요. 제가 회장으로 있지만은, 부탁은 언제나 우리 잘 모르기 때문에 좀 우리를 심심하지 않도록. (웃음) 활동을 하게 좀 했으면. 그래서 지난해부터는 텃밭, 음성협동조합에서 선생님이 나서가지고 와서 텃밭도 고구마도 심고. 어떻게 우리는 고구마라고 모릅니다. 왜냐하면 러시아에는 고구마라고 없습니다. 그래서 어떻게 심어야 되고, 우리 일반 감자는 심어봤지만은 거기 감자가 많아서 하지만 고구마는. 그래서 그런 제안도 있고, 또 이제 금년에도 제가 벌써 계약을 맺었습니다. 사인했습니다. 도장 찍었습니다."

영주귀국 사할린동포에게는 거주할 공간이 제공되고 일정의 생활비가 지급되지만, 사회에서 다른 활동을 할 수 있는 기회는 거의 없다. 연구참여자는 우리를 심심하지 않게 했으면 좋겠다고 했는데, 여가활동에 대한 요구가 아닌 사회 구성원으로서의 역할에 대한 의지를 표현한 것으로 이해할 수 있다. 연구참여자는 생애를 통틀어 사할린, 블라디보스토크, 하바롭스크에서 쉼 없이 부지런히 활동을 해왔다. 이제 이곳 조국에서 낯선 쉼터이지만, 여생을 의미 있게 보내는 것이 남은 소원이다.

3.
연구참여자 3: 사할린에서 고향마을까지 달려온 삶

1) 생애담 요약

연구참여자는 90세(1930년)로, 사할린 아니바에서 태어났다. 부모님은 경상북도 고령군 선산면 농촌에서 농사를 지으며 사셨다고 한다. 1910년 일본에 나라를 빼앗기고, 농사를 지으면서 살기는 힘들다고 생각하던 중 하루는 쌀을 구매하기 위해 부산에 갔다가 사할린에 갈 인부를 찾는 광고를 보고 지원하게 되었다. 부친은 사흘 후에 사할린으로 바로 떠났고, 3년 동안 사할린에서 길을 닦거나 탄광일을 하셨다. 부친은 한국에 돌아가서 농촌에서 고생하는 것보다 사할린에 남아 일하는 것이 낫겠다는 생각을 하고 아니바(유즈노사할린스크에서 35km 정도 떨어진 농촌도시)라는 도시에 집을 짓고 집에 편지를 보내 가족을 불렀다. 연구참여자의 어머니는 아버지의 연락을 받고 아들 식구들과 함께 사할린으로 이주했는데, 그 당시 맏이인 큰형님은 자기 식솔이 있어서 아내와 딸을 데리고 사할린으로 이주했다.

사할린에 이주한 지 1년 반 정도 지나 연구참여자가 태어났다. 연구참여자의 부모님은 사할린에서 돈을 벌어 한국으로 돌아가고자 했지만, 1945년 해방이 되고 사할린에 발이 묶여 귀국하지 못하게 되었다. 부친은 언제든 조선에 가게 될 것이라고, 조선에 가야 한다고 입버릇처럼 말씀하셨다. 연구참여자는 8년제 일본학교(보통학교)를 졸업했다. 그리고 1949년 아니바에 조선학교가 생겨 동무들과 함께 4학년에 편입해서 한 달 동안 한글을 배웠다. 이후에 연구참여자는 러시아어 공부를 하고 싶었지만, 아버지께서는 한국에 가게 되면 러시아어를 공부할 필요가 없으니 집에서 기다리라고 하셨다. 하지만 10여 년의 세월 동안 집에 있으면서 한국에 갈 수 있는 희망이 없다는 것을 깨닫고 러시아어와 재정에 대한 공부를 하고자 마음먹었다. 사할린주에 교육대학은 있었지만 재정을 배울 수 있는 대학이 없어 하고 싶은 공부를 위해서는 하바롭스크(Хабаровск)까지 가야 하는 상황이었다. 연구참여자는 러시아어를 집에서 독학으로 깨치고 하바롭스크 대학에 입학하고 싶다는 편지를 보냈으나, 대학에 들어가기 위해서는 10년제 학교를 졸업해야 한다는 회신을 받았다. 그래서 할 수 없이 사할린에서 야간학교를 찾아가게 됐다. 7학년 입학 허락을 받고 1년 동안 야학 공부를 해서 러시아어만 4점이고, 다른 과목은 모두 만점(5점)으로 7학년을 무사히 졸업했다. 그리고 재정전문학교 통신과에 입학했다. 오라쉬엔스크에 재정전문학교가 있었는데, 그곳 통신과에서 4년 동안 공부했다.

연구참여자는 재정전문학교를 졸업하고 사할린주 재정부 검사관이 됐다. 재정부 검사관은 국가에서 주는 돈을 각 기관에서 법대로 바로 쓰고 있는지 검열하는 역할을 하는 사람이었다. 연구참여자는 경찰서, 검찰서, 공산당기관을 제외한 모든 기관의 재정 상황을 검열했다.

연구참여자는 재정부 검사관으로 일하면서 '레닌의 길' 신문사에 종종 기사를 써서 보냈다. 국가 재정 검열을 할 때 여러 가지 재미있는 에피소드들이 있는데, 그런 것에 대해 기사를 써서 보낸 것이다. 처음에는 짧은 기사를 써서 보내다가 보낸 글들이 신문에 실리는 횟수가 증가하면서 점차 긴 기사를 쓰게 됐다. 하루는 신문사에서 기자가 찾아와 사장의 부탁으로 왔다고 하면서 한글 신문사(레닌의 길)에서 일할 생각이 없냐고 제의했고, 연구참여자는 재정부 검사관 일에 만족하고 있었기에 거절했다. 그 이후 유즈노사할린스크에 있는 공산당 본부의 서열 세 번째 서기관이 연구참여자를 찾았고, 갖은 회유와 압력으로 신문사에서 일할 것을 제안했다. 공산당원 수첩을 압수하겠다는 말에 하는 수 없이 신문사로 이직을 결정해야 했다. 연구참여자는 검사관으로 3년 동안 일하고 나서 새고려신문사(당시 '레닌의 길')로 이직하게 되었다. 당시 '레닌의 길'은 사할린주 공산당 기관지로서 발간 부수도 많았고 권위가 대단한 신문사였다. 연구참여자는 신문사에서 27년간 일했고 마지막에는 사장까지 역임하게 되었다. 5년 동안 사장을 하고 나니 시대가 바뀌어 1992년에는 당 기관지가 없어져버렸다. 신문사를 그만두자마자 NHK 신문사에서 사람이 찾아와 일본어 번역원으로 15일만 일해달라고 부탁했는데, 연구참여자의 번역 실력이 뛰어나다는 것을 알고 정식 고용이 진행되어 15년간 일본어 번역원으로 일하게 됐다. 그리고 NHK 번역원을 그만둔 이후 3~4년간 집에 있다가 2010년 한국으로 영주귀국했다.

현재는 사할린 귀국 동포 노인회에서 고문 역할을 맡고 있다. 한국 24개 도시에 사할린 영주귀국자들이 살고 있는데, 도시마다 회장들이 있고, 그 회장들만 모인 단체에서도 고문을 맡고 있다. 연구참여자는 한국에서의 생활을 매우 만족스럽게 느끼고 있었다. 영주귀국하지 않고 사할린에 있었으면 지금까지 살아있지 못했을 것이라며, 사할린에 있었으면 자식들 문제로 매일같이 걱정이었을 텐데 이곳에 와서 눈에 안 보이니 편안한 생활을 하고 있다고 말했다.

2) 생애담

(1) 사할린으로, 생존을 위한 선택

연구참여자의 부모님은 경상북도 고령군 선산면 농촌에서 농사를 지으며 사셨다. 1910년 일본에 나라를 빼앗기고, 농사를 지으면서 살기는 힘들다고 생각하던 중 하루는 쌀을 구매하기 위해 부산에 갔다가 사할린에 갈 인부를 찾는 광고를 보고 지원하게 됐다고 한다. 부친은 사흘 후에 사할린으로 바로 떠났고, 3년 동안 사할린에서 길을 닦거나 탄광일을 하셨다.

> "부모님이 한국에서 경상북도 고령군 선산면에서 살았는데, 농촌이어서 집에서 농사를 지었어요. 아주 곤란하게 넉넉한 살림은 아니고 자기 힘으로 농사지어서 자기 집 식솔들이 겨우 살만한 그런 수확으로 살아왔는데, 1910년 일본한테 한국이 뺏기고 나서 농사짓는데 고생을 하시다가 이래가지고는 안 되겠다 해서 한 번은, 그 당시에는 부부들이 사시는데 선산면에서는 쌀 파는 데가 없어서 쌀을 사려면

대구나 부산이나 먼 데 가서 사와야 했어요. 한 번은 부산으로 쌀을 사러 가셨지. 부산에 가서 돌아다니다가 보니까 광고가 붙었는데, 사할린으로 가실 분들을 젊은 사람들을 남자들, 노동자들을 모집한다, 이런 광고가 붙어 있었는데, 그 길로 사무실을 찾아가셨네. 사할린이라는 데가 섬인데, 일본어로 가라후토라고 하는데, 거기 가서 길 닦는 일을 하는데, 그렇지 않으면 탄광일을 하는데 그 인부를 모집한다. 하여간 지금 만약 제가 가고 싶다 하면은 언제 갈 수 있느냐 했더니, 사흘 후부터 언제든지 갈 수 있다. 그러면 내 가겠다. 그런데 가는데 거기 가서 살 때 쉴 때 식솔을 다 놔두고 가기 때문에 잘 데는 제공해주는가? 그거는 문제없다, 회사에서 다 해준다. 그러면 바로 가겠다 해서 부친이 가셨는데 합숙 같은 데서 사시는데 3년 동안 집에 오지 않았어요."

부친은 한국에 돌아가서 농촌에서 고생하는 것보다 사할린에 남아 일하는 것이 낫겠다는 생각을 하고 유즈노사할린스크에서 35km 떨어진 농촌도시인 아니바에 집을 짓고 편지를 보내 가족을 불렀다. 연구참여자의 어머니는 아버지의 연락을 받고 아들 식구들과 함께 사할린으로 이주했는데, 그 당시 맏이인 큰형님은 자기 식솔이 있어서 아내와 딸을 데리고 사할린으로 이주했다.

"아버지가 혼자 도시에서 조그만한 루다라고 하는 도시인데, 지금은 아니와라고 하는 도시인데, 유즈노사할린에서 한 35km 떨어진 조그마한 농촌도시. 거기에 집을 지었지, 일하면서. 그래서 집을 지어서 그다음에는 집에다 편지를 했어요, 이쪽으로 오라고. 그래서 모친이 두 번째 형은 아주 조그만한데 데리고 사할린으로 건너왔어요. 어머니께서 아들 둘이랑 아버지께서 계신 사할린으로 이주해서 그렇게 사할린에 남게 됐어요."

연구참여자의 선산은 경남 창녕에 있다. 그러나 사할린에서 태어났기 때문에(1930년생) 조부모를 한 번도 뵌 적이 없다. 한국에서 1988년도 올림픽을 할 때 러시아 통역관으로 한국을 방문했는데, 그때 조부모님 묘에 가서 성묘를 했다. 조부모님은 연구참여자가 태어나서 얼마 안 돼서 돌아가셨다고 한다.

"저는 사할린에서 태어나서 조부모님을 본 적이 한 번도 없어요. 한국에서 1988년도 올림픽을 할 때, 한국에 갔었어요. 러시아 통역관으로 올림픽에 갔는데, 그때 할아버지 할머니 묘에 가봤어요. 성씨들이 두 집이 살고 있었는데, 성묘하고 왔어요. 제가 조그만할 때 돌아가셨다고 해요. 사할린 이주 후 얼마 안 되서 돌아가셨어요."

(2) 학교에는 모두 일본 사람, 나만 조선 사람

연구참여자는 일곱 살 때 일본학교(보통학교)에 입학해서 열다섯 살인 1945년 졸업했다. 일본학교가 있었던 도시 이름이 일본명으로 '루다카', 러시아어로는 '아니바(Анива)'였다. 학교는 집에서 1시간 반 정도 걸어서 가야 했다. 당시 1937년, 연구참여자가 살던 집은 시내에서 1.5km 정도 떨어진 곳으로 주변에는 인가가 하나도 없는 산중에 위치하고 있었다.

"제가 일곱 살 때 일본학교 입학했는데, 그 학교에 가려면 전차도 없고 아무것도 없는 시대인데, 그때가 1937년도, 우리 집에서, 시에서 한 1,500m 정도 떨어진 데에, 옆에는 집이 하나도 없고 동떨어진 곳, 전부 다 산밖에 없었어요. 그곳에 부친이 집을 지어서 살았음. 학교에 가려면 그곳에서 1시간 반 정도를 걸어서 가야 했어요. 8년 동안 매일. 1학년 때는 한 시간도 더 걸리는 거리. 혼자서 통학. 제가 1학년 때 집에서 조금 5~6m 오면 조그마한 도랑이 있는데, 빨건 물이 흘러 내려가는데, 도랑 근처에 학교 가려면 집에서 7시에 나와서 걸어가야 하는데 도랑 근처 가니까 길에 어떤 짐승이 하나 누워 있었어요. 조금 가까이 가보니까 큰 개가 한 마리 있었는데 무서워서 가지 못하고 집으로 울면서 되돌아갔어요. 부친이 야단을 쳤어요. 그 잘난 개를 무서워서 학교를 못 가네 마구 야단쳐서 할 수 없이 갔는데 다시 가보니 개가 없었어요."

연구참여자는 8년 동안 매일 혼자서 통학했다. 당시 기억으로는 집에서 5~6m 정도 걸어오면 빨건 물이 흐르는 조그마한 도랑이 있었는데, 하루는 도랑 근처에 어떤 큰 짐승이 한 마리 누워 있었다고 한다. 가까이 가보니 큰 개가 한 마리 누워 있었고, 연구참여자는 어린 마음에 무서워서 지나치지 못하고 울면서 집으로 되돌아왔다. 그때 아버지는 "그 잘난 개를 무서워서 학교를 못 가네"라며 야단치셨고, 할 수 없이 다시 길을 가보니 개가 없어졌던 것을 기억하고 있다.

"8년 동안 통학했는데, 낮에 1시 즈음까지는 학교에서 공부를 하고, 학교에서 점심을 주면 얻어먹고, 집에 오면 아무도 없었음. 학교에서 반에는 모두 일본 사람이었고 조선 사람은 나밖에 없었어요. 아이들하고 놀고, 저녁때 4~5시 정도 되면 집에 돌아옴. 숙제도 하고 저녁도 먹고 집에 일도 거들고. 집에서 부모들이 농사를 지었음. 그저 감자, 배추, 그저 소소한 거, 집에서 먹을 것들. 팔 것이 아니고. 아버지는 사할린에서 길 닦는 일, 도로 만드는 일 하셨는데, 어머니가 사할린에 도착하시고 그 일을 안 하셨어요. 그 일을 해야 할 시기가 모두 지나가서 안 해도 됐어요. 그래서 자기 맘대로 일을 하는데 주로 어디 가서 임시로 일이 있으면 며칠 하시고 집에서 농사일 많이 하시고."

연구참여자는 8년 동안 통학하면서 오후 1시경까지는 학교에서 공부를 하고, 학교에서 점심을 주면 얻어먹었고, 아이들하고 놀다가 오후 4~5시 정도 되면 집에 돌아왔다. 학교에는 거의 일본 학생들이었고, 조선 사람은 연구참여자밖에 없었다. 당시 한 학급에 35명, 학교 전체로는 1천 명 정도의 학생이 있었다. 당시 한 가정에 아이들이 5~6명 정도 됐기 때문에 학생들이 많았다.

"일본학교에 8년 동안 다녔는데 학급에 조선인은 혼자만 있었어요. 한 학급에 35명, 학교 전체는 그 당시 한 천 명 정도. 도시가 작지만 그때는 일본 사람이고 누구고 식솔이 모두 많았어요. 한 가정에 아이들이 5~6명 정도 됐었어요. 일본학교가 있었던 도시 이름이 '루다카'. 일본학교를 열다섯 살 때까지 다니다 졸업. 1945년 졸업했어요."

(3) 돈 벌어서 가겠다 했는데, 좌절된 귀국의 희망

연구참여자는 귀가해서 숙제도 하고 집안일도 거들었다. 당시 집에서는 부모님께서 농사를 지었는데, 팔기 위한 것이 아니라 배추, 감자 등 집에서 먹기 위한 농작물이었다. 아버지께서는 사할린에서 길 닦는 일, 도로 만드는 일을 하셨는데, 어머니가 사할린에 도착하고 나서는 일을 나가지 않으셨다. 그래서 일이 생길 때마다 임시로 여러 가지 일을 하면서 집에서 농사일을 하셨다.

> "러시아 영토가 돼서 일본인은 일본으로 귀국하고, 당시 우리는 임자가 없었어요. 1945~1950년까지 한국 정부가 우리를 데리고 갈 형편이 되지 못했어요. 국내 문제가 너무 복잡하고 재정상으로도 그렇고 집도 없었고 그래서 남북전쟁(6.25전쟁) 발생했고. 그래서 계속 늦춰지다가 러시아 땅에서 60~70년을 하게 됐어요."

연구참여자의 부모님은 사할린에서 돈을 벌어 한국으로 돌아가고자 했지만, 1945년 해방이 되고 사할린에 발이 묶여 귀국하지 못하게 되었다. 연구참여자의 부친은 언제든 조선에 가게 될 것이라고, 조선에 가야 한다고 입버릇처럼 말씀하셨다. 이후에 연구참여자는 러시아어 공부를 하고 싶었지만, 아버지께서는 한국에 가게 되면 러시아어를 공부할 필요가 없으니 집에서 기다리라고 하셨다.

> "돈 벌어서 한국으로 가겠다 했는데 1945년도에 해방이 돼서 그래서 못 가게 됐어요. 그래서 부친이 언제든지 한국 가게 된다고 항상

그러셨어요. 조선으로 가야 된다. 그래서 제가 러시아어 공부를 한다고 하면은 때려치아불라. 공부해서 어디에서 써먹을래. 한국에 와가지고 임시로 아무데서나 일하고 거 가서 한국 공부를 해야 된다. 그래서 러시아 공부는 절대로 하지 말라고. 그래 하고 있는 동안에 자기가 다른 도시에 가서 일하고 하니까 그래서 제가 공부를 시작했어요."

연구참여자의 바로 위의 형(셋째 형)은 연구참여자가 학교를 다닐 때, 학교를 졸업하고 일을 하기 시작했다. 아버지는 일을 하지 않으시고, 큰형은 따로 살림을 차려서 촌에 가서 살고, 둘째 형은 당시 한국에 남아 있었다. 셋째 형은 어머니와 함께 사할린에 와서 일본학교를 졸업하고 일을 하기 시작했다. 어머니가 이주할 때 데려온 아들이 연구자의 큰형과 셋째 형이었고, 둘째 형은 할머니, 할아버지와 한국에 남아 한국 소식을 사할린에 전했다. 연구참여자의 조부모님께서 돌아가시고 난 후 1944년 둘째 형님도 사할린으로 이주해왔다.

"집에 바로 위에 형님이 그때는 벌써 제가 학교 다닐 때는 바로 위의 형님은 학교를 졸업하고 일하기 시작했어요. 부친은 일을 하지 안하고. 셋째 형님, 큰형님은 따로 살림을 촌에 가서 살고. 농촌에 가서 일하시고. 둘째 형님은 그 당시 한국에 그냥 남아 있었어요. 셋째 형님은 사할린에 와가지고 일본학교를 졸업했어요. 그래서 일을 하기 시작하고. 큰형님과 셋째 형님만 어머니를 따라서 사할린에 오고, 둘째 형님은 할머니 할아버지와 한국에 남고, 한국 소식을 둘째 형님으로부터 들었어요. 둘째 형님이 조부모님 돌아가시고 1944년도에 사할린으로 들어왔어요."

(4) 벌목, 점원, 시험농장, 할 수 있는 모든 일

연구참여자는 일본학교를 졸업하고, 약 4년(1945~1949) 동안 집에서 러시아어를 독학하면서 집안일을 거들었다. 그리고 1949년 한 달 동안 조선학교를 다녔다. 연구참여자는 일본어와 한국어가 문법적으로 비슷한 구조라는 것을 깨닫고 동무들과 조선학교를 한 달 다니고 나와버렸다. 셋째 형님은 해방되기 전에 시청에서 일하다가 해방 이후에 국가로부터 돈을 지원받아 국가상점(러시아에서는 상점도 식당도 전부 국가기관임)을 운영했다. 주로 일본식품을 파는 상점이었는데, 연구참여자는 4년 동안 집에 있으면서 셋째 형님이 운영하는 상점 일을 도왔다.

> "일본학교 졸업, 러시아어 집에서 독학, 1945~1949년 동안 집에서 일을 거들었어요. 한국학교를 한 달 동안 다니고(1949년) 집에서 셋째 형님이 일본 시대에는 시청에서 일하시다가 해방된 이후에는 러시아 시대가 돼서 형님이 국가상점, 러시아는 전부 국가기관이에요. 상점도 식당도 전부 다 국가기관이고. 국가에서 돈 나와서 그것으로 운영했어요. 셋째 형님은 주로 일본식품을 파는 상점이 있었는데 그 상점 주인으로 취직을 하고. 그래서 저는 4년 동안 집에 형님 일하는 상점에서 일하는 것을 거들었어요. 형님도 저도 일본학교를 졸업했기 때문에 전혀 문제가 없었어요."

연구참여자가 살던 루다카(아니바)에는 굉장히 큰 강이 흐르고 있었는데, 강 너비가 50m 넘는 규모였다. 그 강으로 해마다 벌목을 해서 싣고 와 운송을 하는데, 연구참여자는 그 기관에서도 일했고, 운송하는 장소에 위치한 조그마한 상점에서도 일했다.

"제가 살던 루다가라는 도시에 굉장히 큰 강이 흐르고 있었는데, 강 너비가 50m 정도 넘는 강이 있었는데, 그 강으로 해마다 벌목을 해서 거기에 싣고 와서 운송을 했어요. 그 기관에서도 일하고. 그 기관에 유송하는 그 장소에 조그마한 상점이 있었는데, 그 상점에서 혼자서 일하다가 벌목장으로 올라가서 일을 하게 됐어요."

아버지께서 도시에서는 크게 할 일이 없어 농사나 짓고 사는 게 좋다고 하셔서 농촌으로 이사를 가게 됐다. 당시 일본 사람들이 해방 이후 일본으로 돌아가 빈집이 많이 있어서 아무데나 들어가 살아도 문제가 되지 않았다. 연구참여자는 그곳에 있는 농산물 시험농장에서 일했다. 사할린에서 어떤 농사를 지으면 적합한지 시험하는 국가운영기관으로, 여러 가지 종자를 구해와서 밭에 심어보고 '여기서는 이런 채소가 적당하다'라는 식의 내용을 소개하는 일을 하는 곳이었다.

"유즈노사할린스크, 일본말로 도요하라, 거기 나와 가지고. 그다음에는 농촌으로 가가지고 집에 형님들이 촌으로 가셨어요. 도시에서는 크게 할 일도 없고 상점도 없고 그래서 농사나 짓고 사는 게 좋겠다. 아버지가 그렇게 해가지고 그러면 갑시다. 일본 사람들이 일본으로 가버리고 빈집이 많이 있었으므로 아무데나 들어가서 살면 됐었어요. 문제없었어요. 산에 올라가서 살았어요. 제가 산 농촌이 농산물 시험농장이었어요. 사할린에서 어떤 농사를 지면 적당한지 시험하는 곳, 국가에서. 소련 국가에서 하는 건데 여러 가지 종자를 구해서 가져와서, 여러 가지 종자를 밭에 심어봐서 여기서는 이런 채소가 적당하다는 것을 소개하는 것이었어요. 농촌에다 소개하고. 이런 채소가 적당하고 이런 곡식이 적당하고. 감자도 이런 종자를 심어라. 이런 걸 권하는 그런 기관. 그곳에서 일을 했어요."

그곳 시험농장 주인이 러시아 본토에서 온 이○○이라는 조선 사람이었는데, 연구참여자를 포함해 그곳에서 일하는 노동자들은 1년 이상 임금을 받지 못한 상태였다. 그래서 농장 주인을 찾아가 따졌다가 일을 그만두게 되었고, 유즈노사할린스크에 있는 친구에게 연락하여 이사하게 되었다.

"노동자 일 했어요. 밭을 매고 그런 일. 거기에서 시험농장 주인이 이○○이라고 조선 사람이었는데, 러시아 본토에서 온 사람임. 우리가 거기서 1년 이상 일을 했는데 돈은 1전도 못 받았음. 그래서 한 번은 제가 저희들을 일을 시키는 노인이 한 분 계시는데, 그 노인한테 물어봤어요. 제가 물을 수 있는 여러 사람한테 물어봤어요. 우리가 1년 이상 일을 하고 있는데 돈은 1전도 못 받았다. 이거 어떻게 된 기가? 이거 옳은가? 에라 이 사람아, 그거 따질려면 쫓겨나간다. 일도 못하고 쫓겨나간다. 우리도 그거 알지만은 가만히 있다. 우리 밭으로 개인적으로 부쳐 먹지 않나. 그거 가지고 때우는 모양이다. 그거를 월급으로 해가지고, 밭을 공짜로 주니까. 그렇게 말해요. 그래도 제가 한 번은 러시아 사람한테 물어봤어요. 이렇게 농촌에서 밭을 얻어서 농사를 지으면서 일을 해주는데 기관 일을 해주는데 월급을 안 주는 법이 있는가? 아, 그런 건 없다는 기지. 그게 옳은 거 같애요, 저도. 이○

○한테 찾아가서 따져보자, 국가에서 우리가 일하고 있는 것에 돈이 나오고 있다는데, 그 돈이 어디로 가는지? 몇 사람한테 가서 이야기하고. 모두 거절했어요. 안 가겠다, 밉보여서 쫓겨난다. 그러면 좋다, 내 혼자 가겠다. 그래 가서 물어봤어요. 이거 어떻게 된 거냐? 당신들이 밭을 국가 땅을 받아서 거저 쓰고 있는데 무슨 소리를 하고 있는 거냐고. 내가 알아보기에는 농촌에서 일하는 사람들한테는 공짜배기로 다 밭을 주고, 임금은 따로 나온다고 하는데 어떻게 된 건가? 당신이 일하는 시험농장은 돈이 안 나오는 건가? 우리는 공짜로 일해주고 이거 틀렸지 않은가? 그러니까 그런 소리 많이 하는 거면 나가라 하고 말했어요."

(5) 야학교에서 재정전문학교까지

연구참여자는 8년제 일본학교(보통학교)를 졸업하고, 해방 이후에 조선학교를 잠깐 다녔다(4학년에 편입, 1개월 배움). 연구참여자에게 처음 한글을 가르쳐준 사람은 형수였다. 한글을 배우기 위해 조선학교 4학년에 입학했는데, 혼자서 공부해도 되겠다는 판단이 들어 한 달 만에 나와 독학으로 한글을 습득하게 됐다.

"한글도 제가 자습입니다. 한글을 형수한테 배웠어요. 제가 처음에 살던 때 사할린 아니바라는 데서 살았는데, 거기서 태어났어요. 거기에 1949년도에 조선학교가 생기고. 제가 일본학교 8년 졸업하고, 4년제 학교거든요. 1학년부터 4학년까지 한글을 배웠는데, 동무들하고 그 학교에 가서 한글을 배우자 해서 들어갔는데, 받아줬어요. 4학년으로 받아줬어요. 그 이상은 없었어요. 공부하려면 하시라고 받아줬어요. 그래서 공부를 시작했는데 거기서 배울 것이 산수니, 다른 과목은 배울 게 하나도 없고, 딱 한글밖에는 다른 게 배울 게 없었어요. 그래서 한글을 배우니까 더 배울 것이 없었어요. 쓰고 읽고 하면 다 된 것. 다른 것은 책을 구해서 자기 혼자 얼마든지 자습으로 자기 지식을 배울 수 있어요."

10여 년의 세월 동안 집에 있으면서 한국에 갈 수 있는 희망이 없다는 것을 깨닫고 러시아어 공부를 하기로 결심하고, 재정에 대한 공부를 하고자 마음먹었다. 사할린주에는 교육대학은 있었지만, 재정을 배울 수 있는 대학이 없어 하고 싶은 공부를 위해서는 하바롭스크까지 가야 하는 상황이었다.

"그 당시 결혼해서 아이가 두 명이나 있었어요. 거기는 살만하나? 유즈노사할린스크는 큰 도시니까 일감이야 노동이야 얼마든지 있을 것이니 걱정하지 말라. 그래 내가 살아보고 그다음에 내가 통지하겠다고. 그래가지고 일을 하면서 내가 곰곰이 생각하건대 어디 건축 일을 하는 현장에 가서 건축일도 배운 것도 없고 건축 찌그래기가 있으면 소진하는 거 그런 일이나 하고, 한 번은 내 이삿짐 실어준 친구가 말하길, 우리 이래가지고 맨날 운전이나 하고 어디 가서 이런 거나 싣고 이래가지고 되겠나? 우리 무슨 다른 생각을 해보자."

연구참여자는 러시아어를 집에서 독학으로 깨치고 하바롭스크 대학에 입학하고 싶다는 편지를 보냈으나, 대학에 들어가기 위해서는 10년제 학교를 졸업해야 한다는 회신을 받았다. 그래서 할 수 없이 사할린에서 야간학교를 찾아가게 됐다. 7학년 입학 허락을 받고, 1년 동안 야학 공부를 해서 러시아어만 4점이고, 다른 과목은 모두 만점(5점)으로 7학년을 무사히 졸업했다. 그리고 재정전문학교 통신과에 입학했다. 오라쉬엔스크에 재정전문학교가 있었는데, 그곳 통신과에서 4년 동안 공부했다.

"일본어는 이제 쓸데도 없고, 러시아어 공부를 하겠다고 부모님께 말씀드리니, 한국으로 곧 갈 텐데 러시아어를 왜 배우느냐고 하시면서 집에서 기다려라 하셨어요. 그러다가 10년 세월이 지나 언제 한국에 갈지에 대한 희망이 없어 러시아 공부를 하기로 결심하고, 재정에 대한 공부를 하고자 마음먹었어요. 재정에 관한 러시아 공부를 하고 싶었어요. 사할린주에는 그런 대학이 없고, 교육대학밖에 없었어요. 그 공부를 하기 위해서는 하바롭스크를 가야 하는 상황이었고. 일본학교 8학년밖에 졸업하지 못했고, 러시아어를 집에서 자습을 했어요. 이 정도를 가지고 대학에서 받아줄지 걱정했는데, 러시아 하바롭스크 대학에 나의 상황에 대해서 편지를 썼어요. 대답이 왔는데 대학에 들어가기 위해서는 10년제(10학년)를 졸업해야 한다는 회신이 왔어요. 그러면 할 수 없어서 공부를 해야겠다 해서 러시아 야학교를 들어갔어요. 그래서 사할린에서 야간학교를 찾아갔어요. 일본학교 8년제를 졸업하고, 러시아 공부를 자습을 했으니, 7학년에 들어가서 공부할 수 있겠는지 질문했는데, 그랬더니 교원들이 7학년으로 받아줄 테니 안 되면 낙제, 되면 졸업장을 받을 수 있다고 했어요. 그래서 친구와 함께 둘이서 들어갔어요. 7학년을 들어갔어요. 1년 동안 야학 공부를 해서 7학년을 무사히 졸업했어요. 러시아어만 4점이고, 다른 과목은 모두 만점(5점)으로 졸업."

유즈노사할린스크에서 소일거리를 찾아 전전하다가 이래서는 안 되겠다는 생각에 야간학교(7학년)에 들어가 졸업하고, 30대 초반쯤 재정전문학교에 입학하게 됐다. 연구참여자는 재정전문학교 4년제를 졸업하고 재정부 검사관으로 일하게 됐는데, 재정검사관으로서 나라의 법을 잘 알아야 한다는 것을 깨닫고, 재정검사관을 하면서 모스크바 법률학교 5년제에 통신으로 다니게 됐다.

"7년제를 졸업했지만, 이것만 가지고서는 다른 데서 일을 못 해요. 그래서 재정전문학교, 통신과에 입학했어요. 하바롭스크에서 조금 더 가면 오라쉬엔스크라는 도시가 있는데 재정전문학교가 있었어요. 통신과에서 4년 동안 공부를 해야 했어요. 매년 공부하는 시험을 보는데, 시험의 답을 보내고 받고 보내고 이렇게 해서 4년 동안 공부를 해서 졸업을 했어요."

연구참여자는 재정전문학교를 졸업하고, 다시 모스크바 법률대학에 도전했다. 재정검사관으로서 제대로 일하기 위해서는 국가의 법률 체계를 잘 알아야 했기 때문이다. 법률대학에 들어가기 위해서는 하바롭스크에서 시험을 쳐야 했는데, 오랜 시간이 지나도 시험 결과에 대한 소식이 없어 불안했다고 한다. 떨어졌다고 생각했는데, 어느 날 입학 통지를 받았다. 그래서 5년 동안 모스크바 법률대학을 통신으로 다니게 되었다.

"30대 후반에는 대학교에 들어갔어요. 37세 됐을 때 대학에 들어간 거예요. 재정전문학교 4년제 졸업하고, 대학교 졸업. 법률대학. 모스크바 법률대학, 5년제 재정전문학교 졸업하고 재정검사관을 했어요. 법률학교는 통신으로 다녔어요. 대학에서 1년 동안 과목이 많았어요. 과목에 따른 시험장이 오면 답장을 만들어서 보내면 점수가 매겨지고, 그렇게 5년 동안 공부했어요. 왜 대학에 들어갔냐면 재정검사관으로 하는 일이 그것도 나라 법을 잘 알아야 하는 일이니까. 어떤 것은 내가 어떻게 조사할 수 있고, 어쨌든 조사하는 데 나라 법을 잘 알아야 하고. 이거는 이렇게 하면 안 되고, 이렇게 해야 되고, 그런 법을 잘 알아야 하기 때문에 그것은 앞으로 꼭 필요한 것이에요. 인턴에서 올라가려면 꼭 대학졸업장이 있어야 하고. 그래서 들어간 것이에요. 입학을 해서 저는 떨어지면 어쩔 수 없는 거고, 시험 치고 해보자고. 러시아 친구하고 대학에 들어갈 때 서이 같이 가가지고 시험은 하바로브스크에 가서 치고, 대학은 모스크바 대학인데, 그래 쳐가지고 한참이 지나도 아무 통지(연락)도 없어. 우리 입학 못했다. 어느 날 보니까 입학됐다고 통지가 왔어. 아이고, 좋다고 언제까지 대학으로 와서 입학 소속하고 등록하라고. 그렇게 해서 대학에 입학했는데, 대학 졸업하는 데 고생 많이 했어요."

(6) 사할린주 재정부 검사관이 되다

연구참여자는 재정전문학교를 졸업하고 사할린주 재정부 검사관이 됐다. 재정부 검사관은 국가에서 주는 돈을 각 기관에서 제대로(법대로) 바로 쓰고 있는지를 검열하는 역할을 한다. 연구참여자는 경찰서, 검찰서, 공산당기관을 제외한 모든 기관의 재정 상황을 검열했다.

"4년 동안 졸업을 해서 무슨 일을 했냐면 사할린주 재정부, 나라 돈을 관리하는 부서, 검사관이 됐어요. 국가에서 주는 돈을 각 기관에서 제대로 법대로 바로 쓰고 있는가를 검열하는 사람. 아주 중요하고 책임이 무겁고, 사회주의는 전부 국가기관이에요. 그러다 보니 그 기관에서 하는 사람들이 모두 저를 가장 겁내했어요. 돈 쓰는 기관에서는. 제가 검열을 못하는 기관은 경찰서, 검찰서, 공산당기관 이 세 기관은 검열하지 못했어요. 나머지는 가능했는데. 검열하는 사람이 한 도시에 한 사람밖에 없어서. 자기 마음대로 내가 어디에서 검열하고 싶다, 그러면 소식이 들어오고, 저쪽 어디 기관에 돈 쓰는 게 험하다, 그런데를 찾아다니면서 검열을 하거든요. 그래서 제가 3년 동안 일을 했는데, 3년 동안 한 사람을 8년치에 보냈고, 여자 한 사람을 3년치에 보냈어요. 다른 것은 주의만 주고 무사히 지나갔고. 엄격했어요. 그래서 주 기관에서 일 잘한다고 해서 1년만 더 일할 것 같으면 주 기관에 저를 데리고 가겠다, 주 기관에 들어가면 사할린 전 주 내에 어디에서든지 근무할 수 있어요."

연구참여자는 유즈노사할린스크에서 재정검사관으로 일하다가 북사할린 쪽으로 이동하게 됐다. 쿠릴에서도 러브콜을 받았지만 연구참여자의 마음을 이끄는 곳은 북사할린이었다.

"세 군데 일할 데가 있었어요. 가까운데 한 시간 북쪽으로 가면 토모리라는 데 있는데 거기서 일하라는 데가 있고. 제가 물었어요. 집은 언제 되나? 반년만 기다려라, 틀림없이 집을 만들어주마. 생각해보겠다 하고, 끊고. 그다음에 전화하니까 꾸릴에서 오라. 오면 월급도 좋고, 그런데 꾸릴에서 살기는 싫단 말이에요. 섬에 가서 어디 놀 데도 없고 갈 데도 없고. 그래 생각해보겠다 하고. 그리고 마지막 북쪽에 전화를 하니까 제가 그렇잖아도 재정부에 일하는 사람이 저하고 같이 공부 들어가가지고 같이 졸업하고 일하는 사람이 있어서 전화를 하니까 일하러 오라. 재정 검사원으로. 집은 우리 재정부 의장한테 열쇠, 세 칸짜리 집 들어갈 수 있다. 그래서 제가 거길 가겠다 결정했어요."

(7) 재미있는 일이 생기면 한글 신문 기사로

연구참여자는 재정부 검사관으로 일하면서 레닌의 길 신문사에 종종 기사를 써서 보냈다. 국가 재정 검열을 할 때 여러 가지 재미있는 에피소드들이 있는데, 그런 것에 대해 기사를 써서 보낸 것이다. 처음에는 짧은 기사를 써서 보내다가 보낸 글들이 신문에 실리는 횟수가 증가하면서 점차 긴 기사를 쓰게 됐다.

"그 신문에 종종 제가 기사를 보냈어요. 국가 재정 검열을 할 때 여러 가지 재미있는 사실들이 많이 나오는데, 그런 것에 대해서 제가 기사를 써 보냈어요. 한글 신문이다 보니 제가 한글로 써 보냈지요. 그렇게 해서 한글 신문사가 됐었는데 제가 처음에는 자그마한 기사를 써서 보냈음. 그렇게 신문에 실리고, 차츰차츰 큰 기사를 쓰게 됐음.

어떨 때는 상당히 큰 기사도 쓰고, 무슨 소설 비슷한 것도 쓰고. 제가 그때는 사할린 북쪽에 가서 일했거든요. 북쪽에 가서 재정전문학교를 졸업하고, 국가 돈 쓰는 기관마다 돌아다니면서 검열을 하고 댕겼는데."

당시 사할린에는 기사를 쓸 만큼 한글을 능숙하게 구사하는 사람이 많지 않았다. 연구참여자는 재정검사관으로 일하고 있었지만, 신문사에 종종 기사를 써서 보냈다. 처음에는 20줄 내외 분량으로 기사를 썼는데, 시간이 지남에 따라 조금씩 분량이 늘어갔다. 그러면서 연구참여자의 한글 실력도 더 좋아졌다. 어느 날은 제법 큰 기사도 거뜬히 써 내려갈 만큼의 실력이 되었다.

"한국어를 잘 아는 사람을 신문사가 구하기가 참 힘들었어요. 찾아도 없었어요. 그래서 제가 다른 기관에서 일을 하면서도 신문사에 기사를 자주 보냈어요. 한글로 써서 기사를 보냈어요. 그래 처음에는 자그마한 기사로 한 20줄 정도 되는 기사, 30줄 되는 기사도 보내고, 차츰차츰 한글이 늘어서 자꾸 써 버릇하니까 자꾸 늘어가지고, 모르는 것은 일본옥편 사전을 들춰가지고 일한사전을 들춰서 말을 배우고, 그래가지고 한글이 상당히 늘었어요. 일본글 아는 정도로 한글이 늘어나가지고. 자습을 해서 제법 큰 기사도 쓰게 됐어요."

연구참여자가 신문사에 기사를 써 보내고, 그 기사가 신문에 실리는 일이 반복되니 신문사에서 눈여겨보게 되었다. 어느 날은 많은 사람이 연구참여자를 찾아와서는 여러 가지 방식으로 한글 신문사로 이직을 권하는 일이 발생했다. 연구참여자는 검사관으로 3년 동안 일하고 새고려신문사(당시 '레닌의 길')로 이직하게 됐다.

"한글로 기사를 쓰게 되고, 그게 자꾸 발간되고 자꾸 나오기 시작했거든요. 신문 제목이 '레닌의 길'이에요. 그 신문사에서 기자님이 올라와가지고 저를 찾아왔어요. 신문사 사장의 부탁을 받아서 가지고 왔다고 하면서 한글 신문사에 와가지고 일할 생각이 없느냐고 저보고."

(8) 공산당의 호명, '레닌의 길' 27년

하루는 신문사에서 기자가 찾아와 사장의 부탁으로 왔다고 하면서 한글 신문사(레닌의 길)에서 일할 생각이 없냐고 제의했고, 연구참여자는 재정부 검사관 일에 만족하고 있었기에 거절했다. 그 이후 유즈노사할린스크에 있는 공산당 본부에서 서열 세 번째 서기관이 연구참여자를 찾았고, 갖은 회유와 압력으로 신문사에서 일할 것을 제안했다. 공산당원 수첩을 압수하겠다는 말에 하는 수 없이 신문사로 이직해 일하게 됐다.

"사할린에서 정부 공산당 본부가 유즈노사할린스크에 있는데 위에서 세 번째로 높은 사람이 저를 불렀는데, 세 번째 서기, 그 사람이 나를 찾는다고. 그 당시 저도 공산당원이었어요. 국가의 돈 쓰는 거 검열할 수 없었어요, 당원이 아니면. 나쁜 일 한 것도 없는데 왜 찾는가 생각했는데, 공산당이 이런 얘기 저런 얘기… 내가 말했어요, '서기님 시간 끌지 말고 뭐 때문에 불렀는지 그것부터 말해주세요'라고 말했어요. 그랬더니 지금 일하는 데가 재미가 어떤가 물어보더라구요. 괜찮다 하니, 그래 그것 참 다행이라고. 당신을 부른 것은 직업 때문에 불렀다. 지금 한글 신문 발간되고, 그래서 당신이 신문사에서 일하는 것이 어떤가 해서 당신을 불렀다. 제가 기사들은 자주 보내고 신문에 나오고 하지만 거기 가서 실제로 일하고 싶다는 생각은 없다. 지금 일하는 데가 너무도 좋고 마음에 들고 그래서 신문사 일은 제가 하고 싶다는 마음은 없다고 했어요. 조금 더 생각해보고 답을 하라고 하더라구요. 유즈노사할린스크 제일 큰 도시에서 살게 되고, 거기서 주택을 줄 것이고, 생각을 해보라고."

새고려신문은 1949년 설립되었다. 처음에는 하바롭스크에서 '한국의 노동자(Корейский рабочий)'라는 제목으로 발행되었다. 그다음에 편집국을 유즈노사할린스크로 이전했고, '레닌의 길'로 제목을 바꾸었다. 당시 '레닌의 길'은 사할린주 공산당 기관지로서 발간 부수도 많았고 권위가 대단한 신문사였다. 사할린에서 한국어로 발행하는 유일한 신문이었는데, 총 8쪽으로 매주 금요일 1,500부씩 발행한다. 1991년부터는 '새고려신문'이라는 이름을 사용했다.

"공부도 더 하고 싶고, 재정에 대한 법도 알고 싶고, 신문사는 안 가겠다고 하니까, 꼭 거절하겠느냐 하니까, 주 공산당 위원회에서 보통 다 신문사에 가서 일하라고 권하지 않는다. 특별히 틀림없는 사람, 아주 믿음성 있는 사람을 골라서 신문사에 가라고 권한다. 그러니까 그것을 생각하더라도 우리 공산당에서 권하는 일을 거절하면 그거는 안 된다. 이렇게 나왔어요. 그러면 공산당원 수첩(어디 주 당 위원이라고 적혀 있는 수첩)을 내놓으라고. 사흘 동안 생각할 시간 주겠으니 대답해달라. 가겠다고 하면 수첩을 되받을 수 있고, 안 가겠다 하면 이 수첩은 나한테 남는다. 당신은 이 수첩을 못 가져간다. 기가 찼어요. 만약에 공산당 수첩을 못 갖게 되면 지금 하는 일도 못하게 되니까. 신문사도 못하고 아무것도 못하게 됐어요. 어디 가서 막노동 일이나 할까. 하루 있다가 그 이튿날 가서 신문사 가겠다고 했어요."

재정검사관 3년을 하고 레닌의 길 신문사로 이직했는데, 처음에 들어가서는 북사할린 지역 전반의 취재를 맡았다. 1년 반 정도 북사할린 취재를 하다가 유즈노사할린스크 본사로 오라는 연락을 받았고, 신문사로 올라와서는 국가의 공업기관에 대한 기사를 담당하는 공업부 부장을 맡아 3년을 채우지 못하고 부사장이 됐다.

"제가 취재기자로 지방에서 있으면서 북사할린, 사할린 절반은 전부 제 구역이었어요. 새고려신문사는 유즈노사할린스크에 있었고, 내 취재영역은 북사할린. 1년 반 정도 일했더니 그다음에 신문사로 올라오라 했어요. 신문사로 올라와서 공업부 부장을 하라고 했어요. 주로 국가의 공업기관 건축, 공업기관에 대한 부수가 있는데, 그런 기사들만 신문에 쓰는 그 부장으로 오라는 것이었어요. 그 부장 참 괜찮다 해서 그리 가서 그 부장을 한 3년 했는가 3년 채 못했음. 그러고 난 다음에 부사장이 됐어요. 대학 졸업하자마자 부사장이 됐어요. 1966~1967년도 부사장 됐어요. 부사장으로는 언제까지 했는가, 제가 신문사에서 나오기를 대충 1980년대까지. 1988년도 서울올림픽 번역관으로 갈 때도 신문사 부사장으로 있었어요. 1990년대까지 있었던 것으로 기억해요. 그리고 사장이 돼서 그 후에 5년 동안 사장으로 일했어요."

당시 부사장으로 진급했던 시기에 모스크바 법률학교를 졸업했다. 신문사 부사장으로 10년 정도 일하다가 신문사 사장이 돼서 5년 동안 일했다. 연구참여자는 이렇게 신문사에 27년간 일하면서 마지막에 사장까지 역임하게 되었다.

(9) NHK 번역원, 15일 약속하고 15년 일하다

5년 동안 사장을 하고 나니까 시대가 바뀌면서 당 기관지가 없어져 버렸다(1992년). 신문사를 그만두자마자 NHK 신문사에서 사람이 찾아와 일본어 번역원으로 15일간 일해달라고 부탁했는데, 연구참여자의 번역 실력이 뛰어나다는 것을 알고 정식 고용이 진행되어 15년간 일본어 번역원으로 일하게 됐다.

"신문사에서 나가자마자 NHK 신문사에서 사람이 왔음. 그 당시 사할린에서 제가 아는 사람임. 저보다 네 살 젊은 사람인데, 그 사람이 NHK 사할린 기자와 같이 번역원으로 일하고 있었는데, 그 사람이 일본 지식이 너무도 약해가지고 일본학교 5학년까지 못 다녀서. 저는 8학년까지 다녔으니까 영 다르죠. 어떻게 알아가지고 NHK 회사에서 사람들을 찾아서 저한테 연락이 왔어요. 마침 저 전에 하던 사람이 몸이 좋지 못해서 병원에 입원하게 되었어요. 보름 정도. 그래서 와서 일 좀 거들어달라고. 제가 신문사에서 나와서 놀고 있는데 거들어주겠다고 했어요. 그래서 일을 하게 됐는데 첫날 가서 일하게 된 거예요. NHK는 사할린에 있었는데, 카메라맨도 있고 운전수도 있고. 그래서 번역원이 있어야 해요. 러시아 글로 한 것을 일어로 번역해야 하기 때문에 한 보름 동안 일해달라고 해서 좋다고 했어요. 그렇게 하다가 보름 동안 일한다는 게 15년 동안 일하게 된 거예요."

"첫날에 가니까 조그마한 기사를 줬어요. 러시아 글로 된 것을 일어로 번역해달라고. 1시간 반 정도 걸려서 번역을 마쳤어요. 기자가 다 했는가? 다 했다고 하니까 그래 보자고 보더니 잘됐다고 하는 거예요. 일본말로 문제없이 잘되었다고. 내가 일본 글을 8년 동안 공부했는데 이 정도 못하겠는가. 아 잘됐다고. 그래 가지고 이 기자가 동경 NHK 본부에 연락을 해서 그전에 하던 번역원은 몸이 아파서 병원에 입원해 있지만 다른 사람을 임시로 받아놨는데 그전 하던 번역원이 했던 일이 적어도 하루 걸려서 번역될 일이 새로운 사람이 1시간 반에 해결했다 하니까 제 생각에 새로 들어온 사람을 번역원으로 받았으면 어떻겠는가 해서, 그거 좋다 그전에 하던 사람은 많이 느리고 많이 고쳐야 되고 일본말이 되도록 고쳐야 하니까 우리 생각해보겠다. 그렇게 되가지고 번역원을 하게 됐어요."

NHK 번역원을 그만두고 3~4년간 집에 있었다. 새고려신문사를 그만두었을 시점에는 연금생활을 하며 지내야 하는 나이였다. 모든 일을 그만두고 집에서 가족들과 시간을 보냈다. 그사이에 두 번째 아내가 병으로 세상을 떠났고, 새 인연을 만났다. 그리고 2010년 한국으로 영주귀국을 하게 되었다.

(10) 2010년 영주귀국, 사할린동포 노인회 봉사

2010년 한국으로 영주귀국을 하게 되었고, 현재는 사할린 귀국 동포 노인회에서 고문 역할을 맡고 있다. 한국 24개 도시에 사할린 영주귀국자들이 살고 있는데, 도시마다 회장들이 있고, 그 회장들만 모인 단체에서도 고문을 맡고 있다.

"안산 사할린에서 귀국한 사람들만 노인회를 조직했어요. 사할린에서 온 사람들이 때때로 문제가 생길 때가 있어요. 자식들을 불러온다든가 사할린에 갔다 온다든가 여러 가지 문제가 생길 때 해결하기 위해서 사할린 귀국 동포 노인회를 만들었었어요, 2012년쯤. 제가 여기 오기 전부터 만들어졌어요. 지금 제가 그 단체의 고문. 회장은 여성분인데, 제가 고문으로 8년째 있어요. 지금 24개 도시에 사할린 영주귀국자들이 살고 있어요. 도시마다 회장들이 있는데, 그 회장들만 모인 단체가 있어요. 그 단체의 회장과 부회장이 있는데, 제가 그 단체의 고문. 그 단체에 문제가 생기면 회장님들과 문제를 상의하고 어떻게 해결하면 좋을까. 그러면 저희들이 자기 의견을 말씀드리면 그것을 해가지고 이 문제를 어떻게 했으면 좋겠다 답을 찾아요."

"노인들이 하시는 일은 사할린에서 오셔서 살면서 무슨 불편한 점이 있는가, 도움이 필요한 점이 있는가, 또 혹시 문제가 생기는가, 이런 거를 도와드리라고 노인회가. 한국 지방 단체하고 협의를 해서 그분들이 하고 싶은 일, 가고 싶은 일, 이런 것을 될 수 있는 대로 되게끔 도와드리는 것이에요. 사할린 영주귀국 노인회를 만든 것. 봉사하는 단체. 봉사하면서 마음도 뿌듯하고. 영주귀국한 노인들이 자기들이 이런 것을 하고 싶은데 그런 것을 못하면 노인회에 와서 무슨 부탁을 하면 그것도 도와드리고. 그걸 위해서. 여기 많은 분들이 한국말을 잘 못해서 자기들이 가서 말을 여쭙고 싶은데 말이 안 통할 때가 많아요. 그때마다 노인회가 도와드려요."

"이제는 눈도 잘 안 보이고, 정신도 왔다 갔다 하고. 그래서 지금 저희들이 소개해드린 여성 회장님이 자꾸 그만하겠다 기간이 돼서, 두 임기 이상은 못하게 돼 있어서. 그래서 나가신다고 하는데 나가시면 딴 분을 찾아야 하는데, 그전부터 와서 계시는 분들 중에서 할 만한 사람이 있으면 좋겠는데, 모두 연령이 너무도 높아가지고 못해요. 그분들은 다 90이 가까이 되가는데, 그중에서 또 젊은 사람들은 한국말 잘 못해요. 관청이나 시청에 가서 말도 전하지 못하는 사람이 회장을 하지 못해요. 그래서 회장을 찾고 있는데 제가 찾았어요."

(11) 새 동반자, 가족을 생각하며

연구참여자는 현재 안산 고향마을 아파트에서 함께 살고 있는 배우자는 세 번째 아내라고 소개했다. 첫 번째 아내는 13년을 함께 살다가 여러 문제가 있어 헤어졌는데, 현재 이곳 안산 고향마을 아파트에 영주귀국자로 살고 있다. 첫 번째 아내의 큰딸이 부산에 와 있는데, 큰딸의 손녀가 한국 사람과 결혼해 살면서 자기 모친을 한국에 부른 것이다.

> "우리가 이사를 가야 되겠는데 다른 데는 갈 데가 없고 일할 데가 좋은 일이고 주택도 집도 괜찮고 나는 약속을 다했다. 일주일 후에 가기로 약속을 했으니 아이들 데리고 다 가자 하니까 저기 한 이틀 생각해보겠다 하니까 좋다 생각해보라고 했음. 한 사흘 지났는가 당신 먼저 혼자 가요. 그다음에 내가 생각해보고, 내가 좋다 해서 내일 아침에 내가 떠나게 됐는데."

> "제가 제일 처음 처하고 갈렸을 때 제가 아이 둘은 데리고 갔었어요. 머스마들 둘이. 데리고 가서 제가 그애들을 재간이 있는 아이들. 이 둘은 공부시켜야 되겠다 생각을 먹고 있었어요. 그래서 둘을 데리고 갔어요. 이것들은 내가 어떻게든 공부를 시켜야겠다고 생각했어요. 그때 큰애가 1학년 들어갔던가. 나도 이자는 기억이 안 나는데 어쨌든지 데리고 가서 큰아이는 학교를 댕기고 하는데, 한 반년 동안 있다가 집에 처가 와가지고. (중략) 아이들을 나한테는 머스마들 둘이 맽길 수 없다. 자기가 데리고 가서 부양하겠다, 어렸을 때니까. 내가 말했는데, 잘 생각해봐라, 엄마랑 같이 가면 아이들이 너이나 되는데, 딸아이 둘이 더 있어서, 너들까지 가면 너이나 되는데 엄마 혼자서 너희 돌보기 힘들다. 너희가 공부를 할라면은 나한테 있어서 러시아말로 감시할 수 있지만 너희를 감시하는 게 너무도 어렵다. 그래도 엄마 있는 데 좋단 말이에요, 아들이 작아서. 조금 더 열 살이나 열댓 살 먹으

면 아이가 생각이 다르지만은 어리니까 어떻게든지 거기서 친구들도 없고 낯선 자리지, 엄마 있는 데 가면 친구들도 많지. 그래서 가겠다고 했어요. 그래서 할 수 없다. 그래서 데리고 갔다. 결국에는 중학교는 졸업했지만 그 이상은 못하고. 그렇게 하고 있는데 저는 그래도 가장 큰아이를 공부를 시켜가지고 그애를 좋아했어요. 어쨌든 간에 머스마 둘은 좋아했어요. 이것들 사람 만들어야겠다고 어릴 때부터 생각하고 있었어요. 결국에는 결과가 이렇게 되었는데 지금도 아주 아쉽게 생각해요."

두 번째 아내는 15년 전 사할린에서 생을 마쳤다. 세 번째 아내는 현재 15년째 함께 살고 있다. 큰아들과 둘째 아들, 막내아들은 현재 사할린에서 살고 있고, 작은 딸은 러시아 본토 모스크바에 거주하면서 결혼하지 않고 연금생활을 하고 있다.

"제가 조그만할 때부터 잘 아는 시집간 여자가 있었는데 그 여자가 집에 형제간들 아버지는 돌아가시고 없고 어머니하고 형제간들이 있었는데 그들이 그때 한창 사할린에서 북한으로 이사 가는 바람이 나가지고 많은 사람들이 북한으로 갔어요. 당시 2천 명인가 갔는데 그 여자 부모들이 북한으로 갔어요. 여자는 시집가서 남편이 있고 아이 둘이 남겨졌고. 처갓집이 북한에 가고 나서 어떻게 됐는지 부부 간에 뭔가 의견이 안 맞아서 처 되는 사람이 '여자가 우리도 북한으로 가자' 해서 남편 되는 사람은 출생이 남한 출생이라 북한으로 안 가겠다 해서 의견이 안 맞아서. 결국에는 남편이 북한으로 안 가겠다 하니까 우리 갈리자 이렇게 되버렸어요."

“제가 그래서 러시아 큰 땅으로 가자고 생각한다고. 큰 땅으로 가서 어떤 도시에 가면 친한 러시아 여자 친구가 있다고. 그렇지만 그 친구를 믿고 살 곳은 어떻게 구하느냐 하면 아이들은 어떻게 하고. 그러면 안 된다, 내가 지금 곧 북사할린으로 가게 되니까, 북사할린으로 가겠느냐 하니까 가겠다 했어요. 내가 가겠다는 도시에 오겠다 하면 일이랑 살 데 구해주마. 내가 먼저 가서 살 테니까 그다음에 내가 통지하면 꼭 갈리겠다면 그쪽으로 오라. 그렇게 약속이 돼가지고. 일칸도 약속도 됐고, 야마다상이라고 한인, 한국 사람인데 노부부가 둘이 사는데 한 70 된 노인이 두 분 사는데 굉장히 큰 집이에요. 밭도 있고. 제가 말했어요. 아이들 둘 데리고 당신네 집에서 살고 따로 살림을 하는데 살라고 하라고 우리도 안 심심하고 좋다. 우리 만날 심심해가지고 그랬는데 그 집에 들어가서 살기 시작했어요.”

“결국은 제가 친구의 동생 아이 둘 데리고 온 그 사람이랑 살게 됐어요. 그 사람하고 살게 됐는데 실제적으로는 유즈노사할린스크에서 살 때도 상점에서 일했거든요. 상점에서 일했는데 거기 가가지고 좋아하는 상점 주인으로 일하기 시작했단 말이에요. 시작했는데 그래가지고 인자 결국은 그 사람하고 근 40년을 살았어요. 병으로 죽었어요. 아들 하나 낳고. 그 아들 하나 지금 유즈노사할린스크에 살고 있어요. 그래 지금 그 아가 낳아가지고 손자, 내가 한국에 와서 살 때 그 손자가 여기 와서 한 번은 놀다갔어. 지금은 내가 가면 그놈의 손자가 내한테 붙어댕겨요. 그래가지고 지금 어디서 공부하고 있냐고 했더니 의원대학 내년에 졸업하는데 졸업하면 병원 의사가 돼요, 손자가. 상시적으로 전화해. 엊저녁에도 전화하면서. 손자랑 자주 통화해요. 일주일에 두 번은 틀림없이.”

그리고 지금 배우자는 15년 전 사할린에서 만난 사람이다. 연구참여자의 외로운 마음을 채워주며 마지막 삶의 길을 함께해주는 고마운 사람이다. 현재 그녀는 한국말을 전혀 구사하지 못하고 러시아어만 할 수 있다.

(12) 한국 정부에 고마운 마음

연구참여자는 한국에서의 생활을 매우 만족스럽게 느끼고 있다. 현재 함께 거주하는 사람들은 모두 다 아는 사람들이고, 사할린에서 지냈던 경험과 기억을 공유하는 사람들이기에 마음이 편안하다. 부모님께서 한국에 오셨어야 했는데, 자식인 사람들이 혜택을 받고 있으니 아무리 생각해도 고마울 뿐이다.

“처음에 왔을 때 여기 와서 사니까 전부 아는 사람들 많으니까 전부 사할린에서 온 사람들. 아무것도 어려운 것이 없는 생활을 하고 있어요. (한국에 오니까 사할린에 있을 때보다 더 좋으신가요?) 아무것도 안 하고 매일같이 놀러 다니고 음악이나 듣고 산보나 하고 친구들하고 거시기 바둑이나 두고 그저 세월을 보내잖아요. 저희들을 우리들이 요구하는 거 일찍 좀 저희들을 데리고 왔으면 더 좋았지만은 늦게 데리고 와도 지금 저희들은, 원래는 저희들이 아니라 저희들 부모들을 데리고 살아야 하는데 사할린에서 다 돌아가시고 부모님 대신으로 저희들이 혜택을 받고 있는 것이고. 하여간 저희들은 한국 정부를 고맙게 생각하고 있어요. 일본 정부도 저희들을 많이 도와주어서 고맙게 생각해요."

연구참여자는 영주귀국하지 않고 사할린에 있었으면 지금까지 살아 있지 못했을 것이라며, 사할린에 있었으면 자식들 문제로 매일같이 걱정이었을 텐데 이곳에 와서 눈에 안 보이니 편안한 생활을 하고 있다고 말했다.

"한국에 와서 아무것도 안 하고 먹여주는 거 고마워요. 제일 편안해요. 지금 집사람하고도 말이에요. 우리가 사할린에 있을 것 같으면 아이들이 고생하는 거 눈으로 보고 하면 우리 잘살지도 못할 거라고 자주 말해요. 여기 와서 눈앞에 안 보이고 우리 편안하게 먹고 지내고 놀고 있으니까 지금까지 살고 있지 90이 다 될 때까지 살고 있지, 사할린에 있었으면. 여기 90이 넘는 사람이 많아요. 아마 25명인가 돼요. 그렇게 많이 살고 있는데. 다 그런 분들이 사할린에 있으면 오래 전부터 돌아가셨어요. 거기 있으면 매일같이 걱정거리. 거기서 못살았을 텐데 여기 있으니까 모르고 눈에 안 보이고 하여간 자기 생활은 편안해요. 우리는 고맙게 생각하고 있어요."

(13) 지금은 고향마을이 내 삶의 전부

연구참여자는 1년에 한 번은 사할린에 가서 자녀들을 만나고 온다. 하지만 자녀들도 사할린에서의 생활이 있으니 자녀들의 집에 오랫동안 머무는 것이 미안하게 생각된다고 했다. 연구참여자는 올해 한국이 한창

더운 여름, 사할린에 가서 더위를 피하고 왔다고 했다.

"아이들이 한국어 배워서 뭐하겠음? 필요가 없어요. 가서 두 달 있다 오자고 생각해도 실제로 가면 그렇게 되지 않아요. 가면 애들한테 짐이 되고 귀찮으니까. 신경 써야 되니까. 가봤자 빨리 오게 됨. 금년에는 한 달하고 일주일 있다 옴. 8월 한 달. 8월 초에 가서 9월 초에 왔어요. 한국이 한창 더울 때 도망가서 있다 왔어요."

연구참여자는 자신의 나이가 많아 한국에 있는 다른 친지나 가족들은 모두 세상을 떠났다고 했다. 이제 남은 사람은 이곳 안산 고향마을에 함께 마지막 길을 걷는 배우자와 이웃들뿐이라고.

"(경남 창녕이 본가인데, 그쪽에도 자주 가시고 교류도 하시는지요?) 그건 옛날이었고 그래도 오시지도 않고. 저희들도 갈 명분도 없고 혹시 오라카면 갈 수 있지만은 그럴 것도 없고. 그리고 저희들이 가차운(가까운) 친척이 아무도 없거든요. 먼 친척들, 성씨는 성씨인데 본도 한 가지이고, 아주 먼 분들이고. 몰라도 많이 모르지. 그래서 가차운 친척들이 몇 분 있었어요. 8촌 되는 분들이 두 분인가 계셨는데, 두 분 다 돌아가셨어요. 한 분은 제가 사할린에 있을 때 사할린에 왔다 갔어요. 그분이 사할린에 오셨다 간 지 2년 있다 돌아가셨어요. 또 한 분 남은 분도 제가 여기 와서 할머니 할아버지 묘에 갔을 때 만났어요. 가까운 친척 간이 아무도 없어요. 현재는 안산 고향마을에 있는 분들이 가족의 전부."

4.
연구참여자 4: 부모의 나라에서 배우고 또 배우고

1) 생애담 요약

연구참여자는 본인보다 부모의 이야기를 더 많이 하고 싶어 했다. 방송에 한국전쟁 이야기가 나오면 눈물이 난다면서 부모 이야기를 꺼냈다. 연구참여자의 아버지는 열일곱 살 되었을 때 일본 고베에 있는 둘째 삼촌의 업장에 가서 목공일을 했다. 1943년 친구 결혼식에 참석하기 위해 왔다가 친구 아내의 동생인 연구참여자의 어머니를 만나게 되었고, 친구 가족이 사할린에 끌려가고 이들을 찾아갔다가 전쟁이 끝나는 바람에 돌아오지 못하게 되었다. 연구참여자의 부모와 이모부는 사할린 땅에 남아 탄광에서 일하게 되었는데, 일요일에 쉴 때마다 연구참여자를 데리고 놀러 다녔다. 왜 자신을 데리고 다니는지 어렸을 때는 알지 못했는데, 1990년 처음으로 고국을 방문했을 때 이모부가 1943년 결혼해서 1944년 첫딸을 낳고 그 딸이 생각나서 자신을 데리고 다녔다는 것을 알게 되었다. 그래서 지금도 전쟁영화 같은 것을 보면 이모부 생각이 난다고 했다. 이후 이모가 남한에서 다시 결혼한 것을 알게 된 이모부는 자신도 새살림을 이뤄보겠다며 북한에 갔다고 한다.

연구참여자는 호기심 많고 장난도 심한 아이였다. 선물받은 라디오로 일본 방송의 주파수를 잡아 부모님이 고국 소식을 들을 수 있도록 해주기도 했고, 2학년이던 1953년에는 교과서의 레닌 사진에 낙서를 했다가 KGB에 잡혀가서 취조를 당하기도 했다. 사소한 일로도 그렇게 감시를 당한 것은 부모의 사상 검증을 위한 것이었다. 그해 3월 5일에 스탈린이 사망했는데, 만약 그렇지 않았다면 어떤 일이 생겼을지 알 수 없는 일이었다.

연구참여자의 부모는 한인이니까 더 열심히 공부해서 똑똑하게 살아야 한다며 교육에 열성이었다. 고등학교를 졸업하고 대학에 진학할 때쯤 러시아 주민증을 취득하고 군대를 면제받기까지의 과정이 연구참여자에게는 러시아에서의 중요한 기억으로 남아 있다. 연구참여자는 대학은 모스크바로 가고 싶었다. 그러나 사할린을 벗어나서 러시아 본토에 가려면 러시아 국적이 있어야 했다. 1962년 러시아 주민증을 받기 위해 청원을 넣은 이후 1년 반 이상 기다려서 1963년에야 주민증을 받게 되었다. 그사이에 입영 대상이 되어 주민증을 받자마자 입대하라는 통지를 받았다. 그런데 유즈노사할린스크의 대학에 입학하면 군대를 안 가도 된다는 말을 듣고 바로 시험을 보아 합격했다. 대학에서 입영 관련 서류를 제출하라고 했으나 잊어버리고 고향에서 안 가져왔다고 대답하자 학교 쪽에서 알아서 처리해주어 학업을 계속할 수 있었다.

연구참여자가 기억하는 사할린의 삶에서 부모님과 어르신들이 고향 이야기를 하시던 모습이 남아 있다. 처자식과 떨어져나와 홀아비처럼 사는 사람도 있었고, 평생 결혼하지 않고 혼자 몸으로 사는 사람도 있었다. 이런 사람들이 함께 모여 형님, 동생, 삼촌 삼아 가족처럼 지냈는데, 이들은 모이면 자기 고향이 어디이고, 거기에는 무엇이 유명한지 이야기했다. 그때 들은 이야기 덕분에 안동은 사과, 나주는 배가 유명하다는 것을 알게 되기도 했다.

1988년 서울올림픽 때까지만 해도 러시아에서 사할린 한인은 사람 취급을 받지 못했고 정치사상 검증 때문에 공산당원으로도 받아주지 않았는데, 올림픽 이후 인식이 크게 달라졌다.

연구참여자는 현재 배우자와 함께 영주귀국한 상태인데, 배우자를 만나게 된 계기는 러시아의 교육 정책 덕분이다. 모스크바에서 사할린에 파견된 교사가 한인 학생들끼리의 교류에 관심을 갖고 학생회를 조직했는데, 그때 현재의 배우자를 만나게 되었다. 열일곱 살 때였으니까 딱히 연애라고 할 것도 없이 그저 아는 사이로 지냈는데, 연구참여자가 학업을 위해 유즈노사할린스크로 이주했을 때도 연락을 주고받으며 인연을 이어가다가 혼인을 하게 되었다.

영주귀국 후 두어 달 되었을 때쯤 마트에서 콩을 보고 보리밥만 먹던 시절 일곱 살 생일이라고 어디에서 구했는지도 모를 콩을 넣어 밥을 해주셨던 것이 떠올라 멍하니 서 있기도 했다. 연구참여자는 귀국 후 족보를 확인하고는 아버지, 큰아버지, 큰어머니 이름까지 다 있는데 어머니 이름은 없기에 다 알아보고 올해 4월에 어머니 이름을 올려달라고 신청해놓았다.

연구참여자는 영주귀국 이후 한국에서의 삶에 만족하고 있다. 나이도 있고 하여 힘든 일은 하지 못하지만 의미 있는 일을 하고 싶은데, 수급자 상태에서 수익을 발생시키는 일을 더 하기는 힘들어서 그것이 좀 답답하다. 지금은 자치단체에서 운영하는 컴퓨터교실에 다니면서 포토샵과 파워포인트 등을 배우고 있다. 러시아 지역에서 활동하던 독립운동가들의 삶에 관심이 많아서 이들을 알리는 일을 하고 싶다. 아직 국내에 번역되지 않은 자료들이 많이 있으니 러시아어로 된 자료들을 번역해서 알리고 싶고, 봉사활동이라도 좋으니 일을 하고 싶다고 생각한다. 또한 그러기 위해서는 건강을 챙기는 것이 가장 중요하다고 생각해서 어디를 가든 웬만한 거리는 걸어 다니고 운동을 꾸준히 하려고 노력하고 있다.

2) 생애담

(1) 자신이 태어난 이유

연구참여자는 한국전쟁 이야기가 담긴 영화나 TV 방송을 보면 지금도 눈물이 난다. 본인이 세상에 태어나서 살아온 과정이 떠오르기 때문이다. 연구참여자는 이모부 덕분에 자신이 세상에 태어날 수 있었다고 생각하면서 그분에 대한 강렬한 기억을 가지고 있다.

연구참여자의 할머니는 아버지가 일곱 살 때 돌아가셨고, 할아버지는 열네 살 때 돌아가셨다. 아버지는 그렇게 부모가 모두 세상을 떠나고 나서 조카들과 함께 살고 있었는데, 열일곱 살이 되었을 때 밭이나 땅이 있다고 해봤자 재산이 많지도 않은데다 형제들이 많다 보니 나누어 갖기도 어려운 상황에서 기술이나 배우라는 주변 어른들의 말씀을 들어야 했다. 그때 마침 둘째 형님이 일본 오사카에서 업장을 하고 있었기에 그곳에서 목공일을 배우기 위해 일본으로 건너갔다. 그때가 1943년 무렵이었는데, 결혼하지 않은 청년들은 무작정 사할린으로 끌고 가던 시절이었다.

> "아버지가 일본으로 직업병으로 나갔었지요. 그때 원래 부모들은 일찍 잃었지요. 일곱 살에 어머니가 돌아가시고 그리고 열네 살에 할아버지가 돌아가시고. 당시에 그러니까 아버지가 제일 큰형 가족이었어요. 가족 그러니까 조카들하고 같이 살고 있었지요. 이제 열일곱 살 되니까 밭 있다 해봤자 땅 있다 해봤자 다들 못 나누고 직업이나 배우라고. 둘째 형님이 일본에서 좀 지식 있는 분이 있었는 모양이에요. 업장을 했대요. 오사카, 오사카 어디더라 고베 그 동네 어디에서 업장했대요. 그래 거기를 보냈대요. 우리 아버지 거기에서 이제 직업을, 목공을 배우고 있었지요. 그런데 나이 되니까는 1943년에 그때 아버지 이야기 들어보면 홀로 사는 사람들은 젊은이들은 막 데리고 갔대요. 그러다 가족 있는 사람들은 봐주고. 그때 그렇게 갔지요."

연구참여자의 아버지는 일본에서 목공일을 배우면서 지내다가 1943년 친구의 결혼식에 참석하기 위해 한국에 들어왔다가 친구 아내의 여동생을 알게 되었다. 그러나 일을 배우던 중이었기에 일단 일본에 다시 가야 했다. 그렇게 일본에서 지내다가 강제징용으로 사할린에 끌려가게 되었다. 아버지 친구가 보기에 연구참여자의 아버지와 자신의 처제가 서로 마음에 두는 눈치는 알겠는데, 사할린에 가버렸으니 어떻게 할 도리도 없고 하여 여동생을 데리고 사할린에 들어갔다. 당시 겨울철이 되면 물이 얼어버리기 때문에 5월은 되어야 연락선 운행이 시작된다. 그런데

1944년에서 1945년으로 넘어가던 그 겨울에는 유독 춥지 않아 연락선 길이 일찍 열리면서 3월이 되니까 연락선이 다니기 시작했다. 친구는 여동생을 데리고 사할린으로 갔는데, 얼마 안 있어 전쟁이 끝나는 바람에 연구참여자의 부모뿐만 아니라 이모부도 고국으로 돌아오지 못하게 되었다.

> "그전에 친구가 있었지요. 한국에. 1943년도에 그 친구가 결혼할 때 왔다 갔지요. 친구 결혼 참석하자고. 그때 친구 결혼하는데 동생하고 알게 되었지요. 아버지랑. 그때 이제 알고 있었고. 배우러 가야 하니 일본 또 나가야지요. 나가고 살고 있었는데 그렇지만 매부가 알고 있었지요. 눈이 맞았구나. 이렇게 생각하고 있었지요. 근데 뭐 강제로 사할린으로 끌려가버리니 이 친구도 답답한 거예요. 그래서 이대로 안 되겠다 해서 1944년도에 어떻게 아버지하고 연락을 했는지 여기서 기다리는 사람이 있는데 소식이 왜 없는가 하고. 그래서 연락해 가지고. 아마 아버지도 좋다는 마음을 표현은 했지만 나 여기서 못 나간다고, 지금 못 나간다고 하는 게 뭐 어떻게 생각하냐 친구들끼리는. 마음은 있지만은 어떻게 도리를 할 수 있는가 하고. 아, 그러면 내가 다 해결할 거니까는 마음 놓고 있으라고. 사할린하고 한국 사이가 얼음판인데 얼음이 돼야 하는데 1944년 그 겨울엔 얼음이 약했대요. 그래서 봄에 5월인가 시작해야 하는데 연락선이 다니기 시작해야 하는데, 2월인가 3월에 시작했대요. 그때 첫 연락선 타고 내 어머니 될 사람 데리고 왔지요. 그런데 그만 전쟁이 끝났잖아요. 그래서 이모부 못 돌아가고 우리 부모들도 못 돌아가고 다 그렇게 됐지요."

연구참여자의 아버지가 친구 결혼식에 참석했다가 친구 아내의 여동생을 마음에 두게 되었고, 그 눈치를 알고 있던 친구는 사할린에 끌려가 있던 아버지를 만나기 위해 여동생과 함께 사할린을 찾아간 것이다. 이렇게 해서 아버지의 친구가 연구참여자에게는 이모부가 되었다. 이모부가 어머니를 데리고 사할린까지 가주었기에 연구참여자의 부모가 만날 수 있었다. 그래서 연구참여자는 이모부 덕에 본인이 이 세상 빛을 볼 수 있었다고 생각한다.

그러나 졸지에 가족과 생이별을 하게 된 이모부는 사할린에서 마음 편히 살 수 없었다. 결혼한 상태여서 강제동원 대상이 아닐 수 있었지만, 사할린에 갇히면서 강제동원된 사람들과 마찬가지로 생활하게 되었다. 아버지와 이모부는 사할린 탄광에서 일하게 되었다. 그렇게 함께 일하면서 지내다가 연구참여자의 아버지가 목공일을 할 줄 알아서 다른 곳으로 직장을 옮겨가게 되었다. 이모부는 사할린에서 계속 탄광일을 하고, 연구참여자와 부모는 다른 도시로 옮겨가서 살면서 또 한 번 이별을 맞이했다.

> "우리 아버지 일 나갔던 탄광 거기로 일 들어가서 일하기 시작했죠. 그렇지만 일하다가 아버지가 좀 소목을 하거든요. 목수거든요. 그때 전쟁 바로 끝났으니께는 어느 회사나 책장도 아무것도 없었잖아요. 아버지가 다 만들어가지고 만들고 있었거든요. 만들고 작은 직장에서 만들고 있었는데, 큰 데 위에 직장에서 와서 보니깐 잘 만들어졌거든요. 그래서 아버지를 데리고 사할린 수도 유즈노사할린스크로 데리고 왔죠. 일 마련해주고 우리 회사에 딱 이렇게 만들어가고 이모부는 거기 남았고. 우리는 다른 도시로 이사 왔지요."

전쟁이 끝나고 재건기에 돌입하게 되면서 목수의 수요가 많아졌다.

어느 곳이나 집기나 가구 등이 필요한 상황이었으므로 일본에서 목공일을 배운 연구참여자의 아버지는 탄광에서 벗어나 목수로 일할 수 있게 되었다. 이모부는 사할린에서 탄광일을 계속 해야 했기에 두 가족은 또다시 떨어지게 되었다. 그런데 그렇게 떨어져 지내게 되었음에도 이모부는 주말마다 연구참여자를 보기 위해 찾아왔다. 그때는 한 다섯 살 때쯤인 것으로 기억하는데, 일요일이면 자신을 데리고 시내로 놀러 다니고 공원도 데리고 가곤 했다. 해마다 그렇게 3~4년을 했던 것 같다. 동생들도 있었지만 동생들은 안 데리고 다니고 꼭 자신만 여기저기 데리고 다니면서 맛있는 것도 사주고 일요일 내내 함께 놀아주곤 했는데, 그 경험이 연구참여자에게는 어린 시절의 강렬한 기억으로 남아 있다.

> "그 얘기는 내가 왜 하냐 하면 이모부가 있지요. 사할린 러시아 땅에 남아서 탄광 들어가서 일하게 되었는데. 일요일마다 쉬는 날이었는데요, 거기 한 50킬로 됩니다. 우리 집으로 놀러 와가지고 나를 데리고 공원도 데리고 가고 시내도 가고 언제든지 나를 놀러 데리고 다녔어요. 그래서 나는 어렸을 때부터 아무 생각도 없었지요. 왜 나를 꼭 데리고 다니는가를. 그래서 이제 1990년도에 우리 첫 방문했지요. 모국 방문. 그래서 알게 되었어요. 이모부가 1943년에 결혼해서 1944년에 첫딸을 낳고 그 딸 생각나서 나를 꼭 당신 애처럼 데리고 놀러 다니고. 그 생각으로 그랬구나 하고 내가 그렇게 짐작했어요. 그래서 전쟁영화나 TV 보면 이모부 생각이 나요."

어렸던 연구참여자는 왜 이모부가 매번 자신을 찾아오고 함께 데리고 다니면서 놀아주는지 이해할 수 없었다. 그러다가 1990년 모국방문을 왔을 때 이모와 이모의 딸을 만나게 되었다. 모녀는 연구참여자와 어머니를 무척 원망했다. 이들 때문에 자신들이 남편과 아버지 없이 힘든 세월을 살았다는 것이다. 그 원망을 연구참여자가 혼자 다 들어야 했다. 연구참여자는 그 경험을 하고 나서야 그때 이모부가 왜 그렇게 자신을 데리고 다녔는지 알 수 있었다. 자기 또래의 딸을 한국에 두고 왔으니 가족에 대한 그리움이 컸던 것이다.

전쟁이 끝나고 나서 1953년인가 1954년쯤 되었을 때 연구참여자는 이모가 이제는 마음을 돌렸을 것이라고 어른들끼리 말씀하시는 것을 들은 적이 있다. 그때는 학교도 다니기 시작했을 때였지만, 아직은 어른들의 그 말씀이 무엇을 뜻하는지 분명하게 알지 못했다. 그래서 부모님께 그 말에 대해 물어보지도 않았는데, 나중에 고국방문 때 이모를 만나보니까 충분히 이해가 되었다. '마음을 돌리다'라는 표현을 이모를 만나보고 나서야 그 뜻을 짐작했다. 어른들은 그때, 지금쯤이면 이모가 재혼했을 것이라는 이야기를 나누었던 것임을 나중에야 알게 되었다. 이모부도 어느 날 꿈에서 이모를 보고는 이모가 새살림을 이루었을 것이라고 짐작했다고 한다. 그래서 이모부도 새살림을 이루겠다고 북한으로 갔는데, 그때가 1955년쯤이었다.

사실 이모부는 이모가 새살림을 차렸을지도 모른다고 생각했지만, 일단 북한에 가 있으면 한국으로 갈 기회를 찾을 수 있을 것이라고 기대했다. 러시아와 남한은 아무 관계가 없고, 관계될 기회도 없으니 북한에 가 있다가 통일이 되면 그때 가족을 만날 수 있을 것이라고 생각했다. 그러나 이모부는 북한으로 간 다음에는 딱 한 번 연락이 왔고, 그 이후로는 소식을 알 수 없게 되었다. 그래서 지금도 전쟁영화나 당시 역사를 다룬 텔레비전 프로그램을 보면 이모부 생각이 나서 눈물 짓곤 한다.

모국방문 때 만난 이모는 이제 세상을 떠났으며, 이종사촌은 여전히 원망스러운 마음을 갖고 연구참여자와 연락을 끊은 상태다. 연구참여자는 귀국 이후 이모부의 딸을 찾으려고 백방으로 노력했다. 모국방문 때 받았던 연락처로 전화를 했지만, 전화가 연결되지 않았다. 처음 방문 때 만난 이후로 벌써 8년이 지났는데, 죄송스러운 마음도 있고 하여 만나서 인사를 드리고 싶었다. 전화를 몇 번이나 했는데 연결되지 않고, 편지도 썼지만 답이 없다. 이모부 딸의 주소지인 전라도 광주로 찾아가야 하나 싶기도 하고, 경찰서에 신고하면 찾을 수 있을까 싶기도 하지만 지금으로서는 방법을 찾기가 힘들다. 연구참여자에게는 자신이 태어난 이유가 되어준 이모부가 자신을 그렇게나 아껴주었던 기억과 그로 인해 헤어져야 했던 이모부의 한국 가족들에 대한 죄책감, 책임감이 함께 깃들어 있다.

(2) 뭔지도 모르고 당했던 사상검열과 강압적 교육

연구참여자의 어린 시절은 라디오와 함께 기억된다. 당시에 사할린 한인은 늦은 밤이나 새벽에 남조선의 소식을 몰래 라디오로 듣곤 했다. 그때 들을 수 있었던 방송은 한국 방송이 아니라 일본에서 송출되는 방송 중에서 남조선과 관련된 소식이 있으면 귀담아들었던 것이다.

라디오를 갖게 된 사연은 이렇다. 연구참여자는 어렸을 때 장난이 무척 심한 아이였다. 학교에서 선생님들이 "이 아이는 머리가 있어서 공부를 하면 잘할 텐데, 장난에 미쳐서 공부를 안 하니 기술에 관심을 가질 수 있게 그런 거라도 사주면 좋겠다"라고 말씀하셔서 부모님이 라디오를 한 대 선물해주셨다. 8학년 때쯤이었고, 브랜드는 당시 유명했던 스피도가였다. 연구참여자의 어머니가 처음 라디오를 들어보시고는 왜 이 방송 저 방송 여러 나라 다 하느냐고 해서 방송마다 다 잡을 수 있다고 하고 주파수를 찾아보다가 일본 방송을 잡을 수 있게 되었다. '강코쿠데스', '강코구' 등은 알아들었기에 일본 방송인데 한국 이야기를 한다고 하니 그거 잡아 놓으면 건드리지 말라고 해서 한 채널에 맞추어둔 채 낮에는 일하고 밤에 와서 듣곤 했다. 1950년대만 해도 밤중에 남조선 방송이나 일본 방송을 듣다가 발각되면 러시아 정부에서 잡아가던 시절이었다. 스탈린 시대를 지나왔기 때문에 꼭 잡아가서라기보다 마음속에 늘 두려움을 갖고 있어 조심할 수밖에 없었다. 그 당시, 즉 1954년, 1955년쯤이면 다른 집에서는 한국 방송도 들었다고 하는데 연구참여자의 집에서는 그것까지는 알지 못하여 일본 방송을 통해 한국 소식을 들었다. 사할린에서도 KBS 국영 방송을 들을 수 있게 된 것은 1960년대부터였다.

그 당시에 이런저런 이유로 감옥에 간 한인이 많았는데, 이웃뿐만 아니라 형제지간에도 서로 고발하고 일러바치는 일들이 있었기 때문이다. 그런 사람들을 '개'라고 불렀다. 개가 무엇이든 찾아다 주인에게 갖다 바치는 습성이 있다는 것에 빗댄 말이다. 그렇게 서로 고발하는 것에 대한 내용을 담은 책도 나와 있다. 예전에 한때 땅을 마음대로 나눠 가지고 무엇이든 재배해서 먹고살라고 한 적이 있었다. 그 대신 수확한 것의 20분의 1은 국가에 바쳐야 한다는 법이 나왔다. 그러니까 땅을 받은 사람들은 열심히 농사를 지어 수확하고 좀 살게 되었는데, 그중에서도 차이가 있으니 잘사는 사람도 있고 못사는 사람도 있었다. 그런데 잘사는 사람들에 대해서는 '주먹을 틀어쥐고 있는 사람'이라는 뜻의 별명이 붙기도 했다. 잘사는 사람들을 질투해서 주먹을 틀어쥔 듯 자기 재산을 쥐고 놓지 않는 사람이라는 뜻으로 별명을 붙인 것이다. 그렇게 서로 질투하다 보니 고발하는 경우가 많았다. 골고루 다 똑같이 잘살아야 하는데, 내가 못 먹으면 당신도 못 먹어야 하는데, 그렇지 않은 상황이 생기면 질투해서 신고를 하는 것이다.

사할린 한인에 대한 사상검열이 이처럼 심하던 시절이다 보니 그 때문에 생긴 일화가 하나 있다. 연구참여자가 2학년이던 1953년, KGB에 불려간 적이 있다. 그때 학교에서는 1학년부터 러시아어와 문화를 배우기 시작했는데, 교과서에 레닌에 대한 내용이 있었다. 레닌의 집이라고 설명되어 있는 집 사진이 하나 있었고, 어떤 사람의 사진이 있었다. 연구참여자는 레닌 얼굴이야 교실에도 걸려 있으니 알고 있었지만, 교과서에 실린 사진은 수염도 있고 머리도 검고 해서 교과서에 적혀 있던 레닌의 친구인 줄로만 알고 수염도 그려 넣고 이것저것 장난삼아 칠을 했다. 그런데 레닌 사진에 그렇게 장난을 했다고 해서 불려간 것이다. 여덟 살짜리 어린아이는 뭘 몰라서 그럴 수도 있었겠지만, 그렇게 아이까지 불러내어 조사를 한 것은 부모의 사상이 의심스럽다는 것 때문이었다. 그런데 1953년 3월 5일 스탈린이 사망하면서 그 바람에 연구참여자는 살아나게 되었다고 한다. 이 사건이 사실 웃을 일만도 아닌 것이 아무리 어린아이라고 하더라도 사상검증에서 살아남지 못하면 어떤 일이 생겼을지 상상할 수도 없기 때문이다.

"왜냐하면 스탈린 시대를 지나왔거든요. 내가 1953년도에 2학년 때 내가 걸렸어요. 스탈린 정치에 제가 딱 2학년 때예요. 그래가지고 부모들 불러들이고 선생님들도 불러들이고. 누가 일러바쳐가지고 다 불러들여서 나가고. 그때 우리 1학년 때 러시아어 배우고 문자 다 배우고 어, 그거 뭐야, 문화 배우기 시작했는데요. 그런데 거기에 레닌.

레닌 누군지 알지요. 레닌에 대해서 이야기 있었어요. 거기에 사진 그림이 있었어요. 둘이 있는데 하나는 레닌 집, 근데. 아, 그림은 하나 있었어요. 레닌 사진은 내가 걸려 있으니까 아는데, 수염도 있고 머리도 검고, 이거 젊을 때 사진이구나, 했지요. 전혀 다른 그림이에요. 그런데 그 책에 친구에 대해서 이야기 있었어요. 아, 이건 레닌 친구구나. 수염도 그리고 뭐 이것도 그리고 다 그려놨지요. 거기 왜 레닌 사진에다가 이렇게 했냐 하고 불려댕겼어요. (중략) 그리고 북한에서 온 사람들한테는 특별한 조건이 있었어요. 왜냐하면 사상이 의심스럽다고. 그래도 다행히 3월 5일에 스탈린 그만 사망해버렸어요. 그 바람에 내가 살아났어요."

연구참여자의 부모는 이러한 시대 상황에서도 자녀 세대의 의식이 계속 변화해가는 것에 대해 불편해했다. 연구참여자가 어렸을 때부터 부모 등 어른들로부터 러시아 사람하고는 결혼할 생각도 하지 말라는 말씀을 자주 들었다. "큰 땅 사람들하고 만나기만 해봐라. 잡아 죽인다" 하는 말을 들었던 것이다. 연구참여자가 열서너 살쯤 되었을 때도 학교에서 보고 배운 것을 집에 가서 이야기하면 부모님은 "너도 이제 빨간 물 다 들었구나" 그런 말씀을 하셨다.

"죽을 때까지 그 말을 했어요. 우리 자랄 때 한 5~6학년 다닐 때 열서너 살쯤 됐거든요. 학교에서 뭘 배우고, 뭘 보고 집에 와서 좀 딴 말 한단 말이에요. 조선 사람이 이해할 말 아니고 다른 말, 변경된 사상, 사상이 변경돼요. 아, 너도 이제 빨간 물 다 들었구나. 그렇게 말을 했어요."

연구참여자는 어른들이 말씀하시는 '빨간 물'이 무엇인지도 몰랐지만, 어른들은 자신들이 보고 듣고 배우는 것들에 대해 좀 다른 생각을 하는 것 같다는 것 정도만 눈치 채고 있었다. 하지만 그것이 무엇인지는 정확하게 알 수 없었기에 부모 세대에 무조건 순응하지도 않았던 것 같고, 그렇다고 딱히 반항하지도 않았다.

그러니까 어렸을 때는 빨갱이 된다고 그 걱정에 마음고생하고, 좀 더 나이가 들고 나서는 노거놈한테 시집장가 가지 말라면서 그 걱정에 마음고생하는 것이 연구참여자의 부모 세대였다. '노거놈'이라는 말은 아마도 노란 머리라고 그렇게 부른 듯하다. 연구참여자는 부모에게서 그런 말을 들으면서도 그다지 집중해서 기억한 것 같지는 않다. 내일 누구를 어떻게 만날지, 어떤 좋은 사람을 만날지 어떻게 아나 싶었다. 또 주변에서 듣기로, 러시아 여성과 결혼한 아들이 있었는데, 아들이 일하러 나간 동안에 비행기표를 사서 며느리를 실어 보낸 사람들도 있었다. 연구참여자는 그건 너무했다고 생각하지만, 부모가 그렇게 해도 잠자코 사는 사람들이 있고, 부모라도 자기 생을 망가뜨리는 것과도 같은 일이었던지라 그걸 참지 못하고 집에서 나간 사람들도 있었다. 이런저런 문제 때문에 부모와 갈등하는 경우들이 있었다.

그러나 또 한편으로 연구참여자의 부모가 가진 생각이 그러했기에 한글, 한문을 열심히 가르치셨는데 그때 좀 더 열심히 한문을 배워두지 않았던 것이 이제 와 후회될 때가 있다.

"우리 한국에 들어올 적에 그런 줄, 이렇게 될 줄 알았으면 한문도 배울 수 있었어요. 아버지가 판에다가 있지요, 종이 공책 사는 데 돈이 없거든요. 판에다가 모래 흩어지지 말라고 가에 사각형짜리 못 박아가지고 모래 깔아가지고 오늘 이거 복습해라. 달 월 그려주고 그다음에 또 매일 다른 글자를 보고 가르쳤죠. 이거를 배워서 지금 뭐하나. 그때 조금 영리했으면 그걸 배웠으면 지금 한문 100자는 알 거예요, 적어도."

연구참여자의 아버지는 나무로 틀을 짜서 모래를 채운 후, 모래에 글자를 쓰면서 한자를 가르쳤다. 어린 마음에 '이걸 배워서 뭐 하나' 하고 생각했지만, 그때 조금 영리해서 한문을 열심히 배웠으면 최소한 한문 100자는 읽고 쓸 줄 알았을 것이라는 말에는 현재 한국에서의 삶에서 유용한 정보나 지식이 될 수 있었던 텐데 그것을 충분히 익히지 못한 아쉬움이 깔려 있다. 그 당시에는 연구참여자뿐만 아니라 주변에서도 그런 공부는 미래가 없는 공부라고 생각했기에 더욱 관심을 가지지 못했던 것 같다.

연구참여자의 어린 시절 기억에는 너무 강압적이고 무서웠던 부모가 있다. 사할린 한인 집단에서도 부모 세대와 자녀 세대 사이에 갈등이 있는 편이기도 했지만, 연구참여자는 부모와 싸웠다기보다는 강압적인 부모 때문에 주눅 들어 지낸 기억이 있다. 지금 생각해도 말수가 적은 성격은 그래서 생겨난 것 같다. 부모는 연구참여자가 학교에서 있었던 일을 말하거나 잘해서 칭찬받은 일들을 이야기하려고 하면 "또 자랑한다. 일이나 해라" 하는 소리만 하셨다. 그래서 어디 나가서 제대로 말을 할 줄도 모르게 되었다고 생각한다. 어렸을 때 어머니에게서 들은 말들에 지금도 '정신이 꽉 눌려' 있는 것 같다. 그렇게 기가 죽어 살았는데, 당시 사할린 한인 부모들은 대체로 그렇게 감정을 표현하는 것도 좋지 않다고 생각하면서 자녀들 교육에만 집중했다.

(3) 행운과 함께한 인생 황금기

러시아에서는 대학을 마치면 학교에서 일을 나눠준다. 즉, 대학 졸업자는 대학으로부터 직업을 배정받는다. 연구참여자가 고등학교 다니던 시절에 그렇게 배정을 받아서 모스크바에서 사할린으로 파견 나온 교사가 있었다. 사할린 지역의 교사가 부족하다는 것도 이유였지만, 특히 사할린 지역 한인의 사상 교육을 위해 모스크바에서 파견된 것이다. 아마도 그 당시 모스크바에서 보기에 사할린 지역은 사상이나 문화 면에서 옛 황제 때처럼 시대에 뒤떨어졌다고 판단한 것 같았다. 그래서 문화를 발전시키라는 임무를 부여받은 것이다. 연구참여자가 사할린에서 학교를 다니던 시절에는 주변에 북한에서 온 사람들도 꽤 있었는데, 그 사람들은 조선 등록증도 있고 사상검증이 된 상태였기에 사할린 한인을 좀 깔보는 분위기가 있었다. 사할린 한인에 대해서는 그만큼 믿을 수 없는 사람들이라는 인식이 러시아 지역에 만연해 있었다. 이런 분위기 속에서 사할린에 파견되는 교사들 중에는 그래도 좋은 분들이 많았다. 보통 노동해서 돈 벌러 온 사람들과는 좀 차원이 달랐다고 기억한다.

그때 파견되는 교사들도 사실 남한에서 온 사람들의 사상을 바꾸도록 교육해야 한다고 해서 보내졌다. 남한에서 갔어도 사실 강제징용으로 끌려간 것이지만, 남한 사람들은 자본주의 국가에서 왔으니 다르다는 인식 때문에 교육해서 바꿔야 한다고 생각했다. 그중에서도 연구참여자가 기억하는 교사는 그렇게 해서 사할린에 갓 부임한 교사였는데, 코르사코프 조선학교와 사할린의 수보란 유즈노사할린스크 두 군데 한인학교 학생들이 서로를 잘 알지 못한다는 것을 알고 학생들 간 교류를 위해 노력했다. 그 일환으로 졸업생들이 코르사코프 조선학교의 학생들을 연구참여자가 다니던 유즈노사할린스크의 학교로 데려왔는데, 연구참여자는 미래의 배우자를 그때 알게 되었다.

그때 연구참여자의 나이는 열일곱 살쯤이었다. 아직 순진하기만 해서 연애라는 생각도 없었고, 대학교에 가기 위해 러시아 주민증을 받으려고 기다리는 동안 지금의 아내를 잠깐씩 만나면서 관계를 유지했다.

> "그래서 그때 만났죠. 그때부터 알게 되고. 그때 생각은, 아직도 연애라는 생각도 그때 없었죠. 이제 뭐 열일곱 살도 안 됐는데 뭐 허허. 그런데다가 사범대 유즈노사할린스크 가서 입학했죠. 나는 러시아 여권이 없었거든요. 나도 좀 멀리 가려 했죠. 모스크바 멀리 대학 배우러 가려 했거든요. 거기는 러시아 주민등록증 없으면 입학을 못 하거든요. 그래서 나는 그걸 기다리고 있었죠. 청원해가지고 그거 나올 때까지 기다리고 있었어요. 2년 기다렸어요. 그래 2년 동안 일하고 있었죠. 그래서 이제 여기서 공부하고 유즈노사할린스크에서 만나서 이따금 만나고. 러시아 주민증은 1962년 청원해가지고 1964년 봄에 나왔어요. 그게 1년 반 넘게 기다렸어요."

연구참여자는 본래 사할린을 떠나 모스크바처럼 큰 도시에 가서 대학에 진학하는 것이 목표였다. 사할린 한인은 '비국민증'이라는 것을 발급받아서 신분증을 대신해왔기에 그러기 위해서는 러시아 주민증을 발급받아야 했다. 그것을 신청한 것이 1962년이었고, 실제 발급받은 것은 1964년이었다. 연구참여자는 그 기간 동안 이런저런 일을 하면서 지금의 아내와 이따금 연락을 주고받으며 지냈다.

그런데 그렇게 주민증을 발급받기 위해 2년 정도 시간을 보내는 동안 나이가 찼고, 러시아 주민증이 나오자마자 군대에 가야 하는 문제가 발생했다. 그동안은 러시아 사람이 아니니까 군대에 갈 필요는 없었지만, 러시아 국민으로 인정받고 나서는 병역의무를 이행해야 했다. 주민증이 나오자마자 우편으로 입영통지서가 배달되었고, 연구참여자는 머리도 다 깎고 5월 예정인 날짜에 맞추어 군대에 간다고 찾아갔다.

"2년이라도 한동안 그, 그 주민등록증 받는 동안 나이가 찼거든요. 군대 갈 때가 됐거든요. 러시아 사람 아니니까 안 데려갔었거든요. 근데 2년차 되니께는 내 주민등록증이 나오자마자 군대 가자고 우편, 우편 쪽으로 왔어요. 머리 다 깎고 5월에 갈 준비했어요. 근데 가니께는 63방이 있고 63a방이 있었어요. 그 5월에 63방 그러면 그, 그 사람들은 운전할 사람들이에요. 그 사람들 데리러 왔거든요. 나는 63a인데 나는 a를 안 보고 갔지요. 머리 깎고 갔지요. 그러니께 아, 당신 가을에 간다고. 아 그럼 9월까지 뭘 하지. 무슨 방법을 찾아야지. 도망가야지. 어떻게 여기서 나중에 찾을 낀데. 그때 바로 모스크바로 가는 비행기가 없었어요. 하바롭스크 거쳐서 가야 해요. 하바롭스크 오니까는 동창들 둘이서 공부하고 있었어요, 벌써. 그래 내 이야기 듣고, 아 그러면 우편 받았으면 어디에 더 멀리 가는 가고 여기 이 대학 붙으라고. 이 대학은 공부도 다 가르치니께는 안 데려간다고. 그렇게 말 듣고 거기서 시험 보고 붙었지요. 그러니까 한 12월 난 암말도, 거기서 대학에서 계속 말도 안 하고 가만히 있었지요. 그랬더니 대학서 부르데요. 너 그건 어디 갔는가고. 증명증, 군대 안 가는 주민증, 그거는 어디 갔는가. 그거 여기 남아 있다고 했지 유즈노사할린스크. 거기 남아 있다고 했더니 왜 남아 있는가고. 손에 가지고 와야 하는데 왜, 아,

나는 잊어버리고 안 가지고 왔다. 그랬더니 자기들이 요청해서 받아 가지고 그래가지고 공부, 거기서 계속 공부하게 됐지."

연구참여자는 자신이 가야 할 곳을 착각하여 9월 징집대상이었음에도 5월에 찾아간 것이다. 군대를 지금 당장 가지 않아도 된다는 것을 알게 되었을 때 연구참여자는 대번에 어떻게 하면 방법을 찾을 수 있을지 고민하기 시작했고, 마침 친구들에게서 대학에 들어가면 군대에 안 갈 수 있다는 말을 듣고는 곧바로 시험을 쳐서 대학에 입학했다. 대학에서는 군 입대 관련 증빙자료를 요구했는데 집에 두고 왔다고 적당히 둘러댔고, 학교 쪽에서 처리해주어 군대를 가지 않고 계속 공부할 수 있었다. 그때 시기가 딱 맞아떨어졌던 것이 그전에는 열아홉 살에 군인 복무하러 들어갔는데, 딱 그해 1963년 제도가 변경되어 열여덟 살에 군대에 가게 되었다. 그래서 연구참여자는 주민증이 나오자마자 바로 징집대상이 되었던 것이다.

사실 러시아는 나이만 차면 무조건 군대를 가야 했다. 한국은 영장이 나와도 공부를 좀 더 하다가 갈 수도 있지만 러시아는 그렇지 않았다. 그 대신에 대학에 가면 군대를 안 갈 수 있었는데, 연구참여자는 징집영장 자체가 소멸되면서 그 대상에서도 빠지게 되었다.

연구참여자는 그렇게 공과대학을 졸업하고 1969년에는 사할린에서 제일 큰 도로회사에 취업했다. 그 당시 기술자가 많지 않았기에 대학에 가는 학생들은 공대를 많이 지원했다. 공업대학을 졸업하면 일자리도 더 많았기 때문이다. 그런 시절이었기에 기계화된 공업을 아는 사람이 많지 않았는데, 연구참여자는 공과대학에서 공부한 덕분에 처음으로 기술자로 일할 수 있게 되었다.

나름대로 좋은 성적과 기술을 가지고 직장에서 성실하게 일할 수 있었지만, 한인이라는 조건은 직장생활을 하는 데도 걸림돌이 되었다. 그 회사에서 3년 정도 일하고 나서 다른 곳으로 갈 수도 있었는데, 그때 직속 상사인 과장이 더 높은 일을 찾아서 나갔다. 그래서 과장이 하던 일을 물려받아서 할 수 있는 상황이었는데, 어느 정도의 직급을 갖춘 일을 하려면 공산당원 자격을 갖추어야 했다. 그러나 연구참여자는 그것이 없었기 때문에 이전 과장이 하던 일을 맡아서 하면서도 5년 동안 정식 과장으로 임명받지 못하고 임시직 상태에서 일하게 되었다. 모스크바의 본사에서는 허가했는데, 사할린 지역 담당부에서 공산당원이 아니라는 이유로 동의하지 않았다.

(4) 부모님의 나라로

1988년 서울올림픽은 한국의 존재를 세계만방에 알린 사건이었다. 그것은 사할린 한인의 삶에도 영향을 주었다. 러시아 사람들이 한국에 대해 새롭게 인식하기 시작한 것이다. 그전까지 한인은 거의 인간 취급을 받지 못한 상태였다. 정식 국민으로 인정해주지 않아서 국적을 가질 수도 없었고, '비국민증'이라는 이름으로 신분증을 대신하던 시절이었다. 그러나 서울올림픽 이후 남한이 경제적으로나 문화적으로나 크게 발전한 곳임을 알게 되었고, 그 이후로는 비인간적 처우가 점차 개선되기 시작했다.

1990년대부터는 그 기류를 타고 사할린 한인회에서도 본격적으로 움직이기 시작했다. 한국 정부와 일본 정부에 서신을 보내어 한인 문제를 해결해달라고 요구하기 시작했다. 한국 정부에서도 사할린 한인 문제에 관심을 갖기 시작하여 한국 적십자사와 일본 적십자사가 몇 차례 모여 의

논한 뒤, 1945년 8월 15일 이전에 탄생한 사람들을 1세로 취급하여 모두 귀국시키자는 데 의견이 모아졌다. 날짜가 그렇게 지정되는 바람에 연구참여자는 귀국 대상자가 될 수 있었지만, 동생들은 귀국 대상자에 포함되지 못 하는 일이 생겼다. 자녀들도 데리고 올 수 없게 되면서 사할린 한인 귀국 정책 때문에 본의 아니게 또다시 이산가족이 생기는 상황이 되었다.

연구참여자는 주변의 지인이 한번 같이 가보자고 하여 1994년쯤 사할린 한인회에 방문했다. 1945년생이어서 영주귀국 대상자 중에서는 가장 마지막 순번이 되었다. 그런데 연구참여자는 1995년경부터 병이 생겨 치료를 받게 되었다. 러시아에서 치료받을 때 암은 아니라고 진단을 받았는데, 그래도 수술을 하는 게 낫다며 원한다면 수술을 하라는 권유를 받기도 했다. 연구참여자는 암이 아니라면 그냥 좀 더 참아보겠다고 하고 한국에 와서 진료를 받았다. 그때 서울대학병원에서 검사도 하고 서울 구경도 하고 친척들도 만날 수 있었다. 한국에서도 확실히 암이 아니라는 진단을 받고 마음을 놓고 돌아갔는데, 사할린으로 돌아가자마자 영주귀국 대상자로 선정되었다고 사할린 한인회에서 연락이 왔다. 한인회에서는 소식을 알리기 위해 두 달 동안 찾고 있었는데 어디에 가 있었느냐며 당장 귀국 준비를 하라고 했다. 연구참여자가 한국에 다녀간 것이 1월이었는데, 바로 다음 달인 그해 2월에 귀국했다. 한 달도 안 되어 준비해서 온 것이다. 영주귀국을 결심하는 데는 별다른 고민이 없었고, 기회가 되었을 때 바로 실행해야 한다는 생각밖에 없었다.

영주귀국 당시 자녀들도 함께 데려오고 싶었지만, 자녀들의 삶을 존중하여 그러지 않기로 했다. 연구참여자가 자녀들도 데려오려고 한 것은 예전에 전쟁이 끝난 후 일본인 가족이 사할린에서 나갈 때 자녀들을 다 데리고 나가는 것을 보았기 때문이다. 그때 알고 지내던 가족 중에 부부

중 한쪽이 한인이고 다른 한쪽은 일본인인 경우가 있었는데, 그들이 가장 마지막 순서로 나갔다. 그 가족들을 연구참여자의 아버지가 알고 있었는데, 그들은 아이들을 다 데리고 나갔다. 그런 기억이 있었기에 연구참여자도 기왕이면 자녀들을 모두 데리고 한국에 영주귀국을 하고 싶었다. 그러나 자녀 세대도 이미 나이가 40~50이 되어 그곳에서 터전을 잡고 있는데다 이곳에 와서 새삼스럽게 언어를 배우면서 일을 찾아 적응하고 생활한다는 것이 쉽지는 않은 일이었다. 자녀들도 귀국하고 싶어 하는 부모의 뜻은 알지만, 자신들은 러시아에 남겠다는 의사를 밝혀서 현재는 따로 지내고 있다.

연구참여자가 귀국한 후 첫 달인가 두 번째 달인가에 문산역 근처에 있는 대형 마트에 간 적이 있다. 마트 구경을 하는데, 한 곳에서 곡식을 팔고 있었다. 봉지에 콩 같은 게 한 다섯 종류 정도 섞여서 담겨 있었다. 연구참여자는 그것을 보고 일곱 살 생일이 떠올랐다. 그때 쌀이 무척 귀해서 사할린에서는 늘 보리밥을 해 먹었는데, 생일 아침에 받은 밥상에는 보리밥에 콩이 들어 있었다. 연구참여자는 어머니에게 "왜 오늘 이런 밥이 나와요?" 하고 물어보았다. 밥에 콩이 섞인 것이 신기할 정도로 못 먹던 시절이었는데, 콩을 어떻게 구할 수 있었는지 놀라웠다. 한 대형 마트에서 콩이 담긴 봉지를 보고는 일곱 살 생일에 콩이 섞인 보리밥을 보고 놀랐던 기억이 느닷없이 떠올라서 한동안 정신이 멍했다. 지나가는 아주머니가 괜찮으냐고 물어볼 정도였다. 아마 옛날 생각을 하면서 기색이 좀 변했던 모양이다.

"우리가 여기 귀국을 해가지고 첫 번째 달인가 두 번째 달인가 마트가 있었어요. 그때는 이마트인가? 아무튼 문산역 그 동네 마트 있었어요. 큰 마트가. 아마 이마트였을 거예요. 그래서 빙 둘러보니까 봉다리에 콩 같은 게 있어요. 콩 같은 거 한 다섯 종류 섞어서. 그러니 그때 7살에 닥친 그해가 기억났어요. 왜냐면 우리 쌀, 쌀이 좀 귀했지요. 사할린에서. 보리밥, 보리밥 했는데 그 콩이 들어 있었어요. 물어봤지요. 왜 오늘 밥이 이런 밥이 나오냐고. 그러니까 니가 오늘 일곱 살 됐다고. 근데 그게 생각해보니까 그 콩을 어머니가 어디서 나서 만들었는지 내가 모르겠어요. 마트에서 콩 봉지를 보고 중간에 서서 멈추고 그거 생각하고 정신없죠 뭐. 지나가는 아주머니가 괜찮으냐고 물어보데요. 얼굴 기색이 좀 변한 모양이죠. 그런 것도 생각나고. 그랬어요. 조금만 더 살아있었으면 같이 와 있을 긴데."

연구참여자는 현재 자신의 자녀들과 떨어져 있지만 서로 각자의 자리에 맞는 삶을 살아가면 된다고 생각한다. 떨어져 있다 보니 부모로서 영향을 줄 수 있는 상황도 아니고 가끔 자녀들을 보고 싶다는 생각을 하지만, 그들에게는 그들의 인생이 있다고 생각한다. 한국에 와서 함께 산다는 것은 자녀들에게 한국인이 되라고 요구하는 것과 마찬가지다. 그러나 그게 마음대로 되지는 않을 것이고, 자녀들도 이미 중년의 나이가 된 데다 그곳 사할린에서 자리를 잡고 잘살고 있으니 이제 연구참여자는 이곳 한국에서 잘 지내는 데 더 집중하는 것이 옳다고 생각한다.

(5) 자부심 넘치는 한국인

연구참여자는 귀국 이후의 삶에 무척 만족하고 있다. 사할린 한인에 대해 정부에서 관심 갖고 신경 써준 것만으로도 감사하고, 정착을 위한 각종 지원 덕분에 편하게 잘 지내고 있으며, 이제는 한국인으로서 자부심과 긍지를 느낀다. 한국어로 운전면허시험을 보고 자격증을 취득한 일은 연구참여자에게 '내가 한인이구나' 하는 자신감을 갖게 했다. 연구참여자에게는 러시아에서 취득한 운전면허증이 있었다. 국제면허증이 있으면 시험도 안 보고 국내용으로 바꿔주었는데, 2013년 12월 이후부터는 시험을 보아야만 국내 면허증을 취득할 수 있도록 제도가 변경되었다. 그냥 바꿔주다 보니 사고가 많이 나는 현상이 생긴 것이다. 사할린뿐만 아니라 카자흐스탄 등에서도 일하러 많이 왔는데, 사고가 자주 발생하다 보니 국내용 운전면허 시험을 본 뒤 자격증을 취득하는 것으로 바뀌었다.

연구참여자는 처음에 러시아어로 시험을 볼 수 있다고 하여 응시했는데, 번역기를 이용한 듯 조악한 문장들 때문에 절반 정도밖에 답을 하지 못했다. 문장의 앞뒤가 전혀 맞지 않아서 러시아어로 적혀 있기는 하지만 뜻을 알 수 없었다. 그래서 시험에 탈락하고 나와서 면허시험장의 담당자에게 그런 사정을 전달했더니 담당자가 한국어로 시험을 보겠느냐고 했다. 담당자는 한 달 안에는 다시 시험을 볼 수 없으니 한 달 후에 와서 한국어로 시험을 보라고 안내해주었다. 연구참여자는 그동안 책을 사서 다시 열심히 공부했고, 한국어로 운전면허시험을 보아서 87점 받고 합격했다. 그렇게 한국어로 시험을 보아 당당하게 합격했을 때는 흥분을 주체할 수 없었다.

"근데 여기서도 시험 준비하면서 내가 한인인 걸 알았어요. 시험 준비하면서 나 여기서 시험 봤어요. 2013년 12월까지요. 러시아 운전면허증 국제면허증 있으면 시험도 안 보고 바꿔줬어요. 그 뒤로는 2013년 12월 후로부터는 꼭 시험 쳐야 했어요. 왜냐면 그냥 바꿔주니까 사할린에서 오는 사람들뿐 아니고 저 카자흐스탄에서도 많이 오고 일하러 많이 오고. 그런데 사고가 많아. 그들이 사고가 많이 났어요. 시험 준비해야 돼요. 시험 준비 할 수 있냐고 러시아어로 할 수 있냐고. 러시아어도 시험장 들어가서 보니까 그 구글 번역한 모양이지요. 그걸 번역을 어떻게 해놓았는지 앞뒤가 맞아야지요. 그러니까 한 50프로밖에 대답 못 했어요. 그래, 안 된다 하니까는 그럼 한국어로 해보라고. 일하는 분이. 그분이 왜 그러냐고 그랬는데 내가 얘기했죠. 문장이 앞뒤가 안 맞아간다 하니까. 한국어로 시험 쳐보겠는가? 예, 해보겠다고 하니 기한이 있대요. 한 달 후에 꼭 봐야 한대요. 한 달 전엔 안 된대요. 한 달 후에 오라는 거야. 그동안 내가 복습도 해보고 좀 그래서 책 사서 복습도 해보고 그렇게 가니까 87점 받았어요. 내가 진짜 그때 마음적으로 흥분이 돼서."

영주귀국한 사할린 한인 중에는 시험을 다시 보아야 하니 엄두가 나지 않아서 면허증을 바꾸지 않고 있는 분들도 많다. 연구참여자는 영주귀국 이전에 한국에 잠깐씩 다니러 왔을 때까지만 해도 한국에서 살게 되면 자동차를 사서 끌고 다닐 것이라고 생각했다. 그래서 운전시험도 보았던 것인데, 이제는 운전하기가 싫어져서 그렇게 어렵게 취득한 면허증을 쓸 일은 없다. 혹시 필요한 일이 있으면 렌트하면 되니 굳이 차를 사야겠다는 욕심도 나지 않는다. 게다가 나이가 많다 보니 걸으면 혈압도 내려가고 좋으니까 하루에 두어 시간은 걸어야 한다는 생각에 매일 조금씩이라도 걸으려고 노력한다. 하지만 한국어로 시험을 보아 합격했다는 사실만으로도 '나도 이제 한인이다' 하는 자신감을 갖게 되었기에 그때 느꼈던 뿌듯함과 흥분은 연구참여자에게 소중한 경험으로 남아 있다.

그리고 한국 국민이 사할린 한인이나 러시아 지역의 독립운동가에 대해서도 좀 더 잘 알기를 바란다. 지난 설날 전에도 경기도 지역의 도청과 시청에서 러시아에서 온 한인에 대해 이야기해달라고 찾아왔다. 그런데 그들은 중앙아시아, 러시아 쪽에 있는 한인의 역사나 사할린 한인촌 형성 배경 등에 대해 아무것도 모르고 있었다. 그게 답답해서 사실을 정확하게 알려주려고 노력하고 있다.

"저 중앙아시아 가서 있는 분들은 러시아 원동에서, 블라디보스토크 그쪽에서 살다가. 어떻게 해서 거기로 나갔나. 1860년도부터 나가기 시작했어요. 땅이 없는 사람들. 저 한국 사람들은 땅에서만 먹고 살았잖아요. 그런데 땅이 없으니까 그때는 국경이라고는 지금처럼 없었지요. 그러니까 쉽게 넘어갔지요. 그리고 원동에서 수십 명까지 살아왔죠. 그러니까 고려 시대 때 고려, 조선 시대 그사이에 그 사람들이 이사 갔거든요. 그러니까 정신이 남아 있는 말이 고려. 자기 고려 사람이라고 그래서 그 사람들이 자기들 이때까지 지금까지도 고려 사람이라고 불러요. 자기들을 그래서. 거기서 살다가 1938년에 사할린 일본하고 좀 관계가 어려워지면서 일본, 독일하고 손잡은 뒤로 바로, 아 이거 조선 사람들은 아시아 사람들이다 보니 일본 사람들하고 관계도 쉽게 맺을 기라. 그러면 스파이가 생긴다고 다 잡아가지고. 동원한 거예요 강제로. 그분들도 강제로 동원됐지. 그분들은 적들한테 강제동원된 게 아니라 자기 같이 사는 나라 한민족은 아니지만도 그 민족 동원 그렇게 강제동원됐지. 사람도 많이 죽었어요. 그때 겨울에 추웠는데, 집도 아무것도 없는데 그 들판에서 버티고. 어떻게든지 살아나든지 죽든지 어떻게 땅에 구덩이 파고 살아요. 살아왔어요. 그래도 머리가 좋으니께는 막 지휘자(지도자)들도 많이 나왔어요. 그러면서도 우리 한글이라고 배운 걸 그중에서 한 분이 영리한 분이 책을 만들어가지고 한글을 그래서 그 책으로 공부하고 그랬어요."

연구참여자에게 러시아 한인의 역사와 더불어 독립운동가들의 삶에 대한 공부와 그들을 알리는 작업도 매우 중요한 삶의 일부다. 연해주에 살다가 동원된 분들 중에 박사가 있다. 종합대학에서 공부를 마친 뒤 사할린 한인과 큰 땅에 사는 한인 사이의 차이에 대해 연구했다. 그분이 한국어를 못해서인지 신문에 소개되어도 시원치 않게 번역되어 있어 좀 답답하다. 그나마 그렇게 해서 연구 작업이나 활동이 알려지는 게 중요하다고 생각하고, 기회가 된다면 본인이 직접 그 자료들의 번역 오류를 잡고 수정하여 알리는 일을 하고 싶어 한다.

(6) 배우고 또 배우고

연구참여자는 거실 한켠에 컴퓨터 책상을 마련해두고 하루의 대부분을 그곳에서 보낸다. 한번 컴퓨터 앞에 앉으면 일어날 생각도 하지 않고 새벽 3시까지 잠도 안 자고 몰입한다.

"우리는 못 배웠거든. 우리는 러시아, 소련에서, 러시아에서 이런 걸 못 배웠거든. 나 여기 와서 배우기 시작했어요. 들어가 보니까 얼마나 재미있어요. 배우는 게 재밌어요. 배우는 게."

연구참여자가 요즘 배우는 것은 포토샵이다. 매일 지자체에서 운영하는 컴퓨터교실에 다니면서 배우고 있다. 한번은 가족이 어디를 가서 사진을 찍는데 손자가 사진을 안 찍으려고 해서 함께 찍지 못한 적이 있다. 그때 연구참여자는 다른 데서 손자의 사진을 가져와서 가족사진에 합성하여 딸한테 보내주기도 했다. 일단 컴퓨터 앞에 앉아서 이것저것 보다 보면 배울 게 많아서 늘 바쁘기만 하다. 컴퓨터 책상 옆에는 책장이 있는데, 책장에 가득 찬 책들도 공부하기 위해 사 모아둔 것이다. 이제 손자가 점점 커가면서 영어를 배우고 쓰고 하니까 손자와 말하기 위해서라도 영어를 배워야 해서 인터넷 강의도 열심히 듣고 있다. 러시아에 거주하고 있는 딸과는 거의 매일 연락하는데, 러시아에서 많이 쓰는 스카이프 비슷한 것이 있어서 딸, 손자와 영상통화를 매일 한다.

연구참여자가 어린 시절에 공부할 때만 해도 누군가와 연락하려면 편지를 써야 했는데, 러시아에 있는 손자와 영상통화도 하는 지금 시대가 참 좋다고 생각한다. 새롭게 배워야 하는 게 자꾸 많아지는 것도 재미있어서 공부할 것이 있으면 자료를 들고 다니면서 기차 타고 갈 때도 앉아서 외우기도 하고, 그렇게 반복적으로 단어를 듣고 배우기 위해 애쓰고 있다.

그렇게 배우고 공부할 것도 많고 한국에서 사는 것에 크게 만족감을 느끼며 살고는 있는데, 다만 한 가지 아쉬운 게 있다면 1원도 국가에 안 바치고 다 소유하고 있는 게 마음에 걸린다. 봉사나 아니면 건설장에서 도와주는 정도의 일은 할 수 있다고 생각한다. 하루 8시간은 못해도 서너 시간 정도는 허락하면 좋겠는데, 그렇게 하지 못하게 하니 불편하다. 어떤 회사에서 수리하는 데 일손이 요구된다고 하여 그런 데서는 일을 할 수 있는가 하고 알아보기도 했다. 돈이 필요해서가 아니라 본인이 할 만한 일에는 손을 보태고 싶다는 생각이 강하기 때문이다. 연구참여자는 아버지가 목수였던지라 보고 배운 게 많다. 아버지께서는 "말해서는 다 못 가르친다. 눈으로 보고 배우고, 귀로 듣고 배우고, 읽고 배우고, 그렇게 배우는 거다" 하고 가르침을 주셨다. 그 덕에 연구참여자는 벽돌을 만들 줄도 알고, 벽돌을 놓거나 쌓는 일도 잘하며, 문이나 상도 만들 줄 안다. 할 줄 아는 게 많은데 쓰일 곳이 없다는 것이 아쉬울 때가 많다. 많이는 일할 필요도 없고 힘도 없지만, 현재 건강에 문제없으니 직업을 갖고 활동하는 게 좋다고 생각한다.

연구참여자가 밤새워가며 하는 공부 중에는 러시아 역사와 관련된 것이 많다. 특히 그 지역에서 활동했던 독립운동가들의 삶에 대해 잘 알고, 그것을 사람들에게 알리는 일에 관심이 많다. 러시아 역사를 읽으면서 나라를 위해 몸 바친 분들의 이야기를 읽다 보면 한국인으로서의 자부심을 더욱 크게 느끼게 되기도 한다.

연구참여자가 관심을 가진 독립운동가는 김병하, 최재형 등이다. 최재형은 한글로 된 책도 나와 있다. 최재형은 어렸을 때 러시아 연해주로 넘어갔는데, 거기에서 부자를 만나 정착하게 되었다. 교육도 잘 받은 최재형은 책도 몇 권 발간했고, 재산을 모아서 펀드를 만들어 공부하고 싶어 하는 한인에게 장학금을 주며 지원했다.

"한글로 된 책들도 하나 있었는데. 최재형이라고 아십니까? 그분들도 러시아 어린애가 원래도 러시아로 넘어갔어요. 그런데 만나는 사람을 잘 만났어요. 부자 사람을 만났어요. 부자 사람을 만나보니 상인을 붙여줬어요. 상인도 부자를. 애들을 일을 시키고 뭘 하든지 부모님께는 영리하거든요. 글을 가르쳤어요. 그래서 완전 자기도 잘살게 됐고, 책도 몇 권 발간했고. 그 돈이 모여 있어 가지고 자손들이지? 그분들의 자손들이 펀드, 펀드라고 해요. 펀드를 만들어가지고 러시아 살면서 한국어 배우는 사람들 한국에서 공부하고 싶다 하면 장학금 주고. 한국인이 러시아에서 뭘 배우고 싶다 거기서 이 장학금, 그 펀드에서 장학금 지금 한 수십 명이 이렇게 배우고 있습니다. 양쪽에서."

러시아의 역사와 독립운동가들의 이야기를 읽으면서 러시아어 자료가 한국에 충분히 소개되지 못하거나, 소개되었어도 번역에 오류가 있는 점 등이 안타까워서 능력 닿는 한 자료들을 모으고 번역하는 일에도 관심을 갖고 꾸준히 할 생각이다.

(7) 한국의 정치에 바라는 것

연구참여자는 한국의 정치에 대해 하고 싶은 말이 많다. 국민이 너무 점잖은 것 같다고 생각한다. 국민 개개인이 모두 꿈이 서로 다 다른데, 대통령이 그 서로 다른 국민에게 꿈을 심어주겠다고, 전 국민을 함께 데리고 가겠다고 말한다. 그러니까 지금 대통령이 하는 말은 자기가 꿈을 봤다고 그 꿈으로 당신들을 데리고 갈 것이니 잠자코 있으라고 하는 것으로 들린다. 그것이 이해하고 받아들이기가 힘들다.

"한국 지금 정치하는 거 보면 한국 국민들이 점잖은 거 같아요. 나라 국민이 허가하나 안 하나 당신들이 꿈에 봤다는 세상으로 데리고 간다는데 이게 무슨 말입니까. 내 꿈하고 다르고 회장 꿈 다르고 여기 꿈 다르고 꿈이 다 다른 건데. 무슨 꿈을 봤어. 꿈나라를 전 국민을 데리고 가겠다고 대통령이 그렇게까지 말을 할 수 있는가. 내가 그 이해를 못하겠어요. 그거에 대해서는."

정치에 대해 비판적인 생각을 갖고 있다 보니 종종 친구들이 웬만하면 정치에 대해 말하지 말라고 말리기도 한다. 연구참여자는 사회주의를 경험했기에 그것이 어떤 것인지 알고 있어서 불안하다고 한다. 그리고 텔레비전에서 국경의 지뢰밭을 본 적이 있는데, 연구참여자에게 그것은 국가적 비밀이라고 한다. 그런데 그런 것을 방송에서 보여주는 것을 보고 깜짝 놀랐다.

"KBS가 그렇죠. 그전에 사건이 있었어요. 누군가는 어떤 대장을 불러가지고 청와대에서 얘기하라고 어떤 카페에 데려가서 이야기했다고 그래서 내가 짐작했어요. 그거를 보여줘야 하는데 북한에서 보게 해야 하는데 대통령이나 청와대에서 말이 나오면 안 된다. 그거를 카페에 가서 이야기해라. 그렇게만 생각할 수 있어요. 그 사건이 차례로 따라가는 게. 그거 다 감옥 갈 사람들이에요. 나는 이제 정치가 바뀌면 그거 다 찾아낼 거예요."

연구참여자는 우리가 아직 남북관계에서 좀 더 긴장해야 하는데 허술하다고 생각한다. 특히 통일 문제에 대해 우려를 나타냈다.

"아무리 한민족이 말을 한다 해도, 통일에 대해서 이야기하는데 왜 둘이서 비밀 이야기를 하냐고. 한 시간 동안 따로 얘기했잖아요. 그것도 이상하잖아요. 내 그것도 무슨 이야기인지 알아요. 짐작하니. 당시는 반대하는 사람들 다 잡아버렸어요. 북한에서. 전혀 발달해 나온 1960년도 1970년대 얼마나 바빴어요, 나라가. 우리는 거기서 나라가 바쁘니까 우리를 안 데리고 간다. 그렇게까지 짐작하고 있었는데."

남한과 북한의 국가 정상이 대화를 나누는 일에 대해서도 그렇고, 새 정부 들어서 한창 구호처럼 외친 '적폐청산'에 대해서도 연구참여자는 불만스러운 시각을 갖고 있다. 한국이 1960년대 이후로 바쁘게 살면서 경제성장을 위해 노력했고, 1970년대, 1980년대를 지나면서 눈부신 성장을 이루었다. 사할린에서 살 때는 우리 정부가 그렇게 바쁘게 성장하고 발전하느라 자신들한테까지 신경을 못 쓰는 것이라고 짐작하면서 때를 기다리기도 했다. 그런데 그렇게 해서 열심히 발전을 이루었는데, 지금 와서는 적폐청산이라면서 과거의 노력과 성과를 지우려고 하는 것만 같아서 불쾌하다.

"적폐고 그러면 그때 발달한 나온 그걸 왜 자랑하고 다녀요. 이상하지 그거. 아무튼 그때 우리 북한에서 천리마운동할 때 우리 한국에서는 새마을운동 그거 얼마나 나라 우리 컸어요. 그걸 어떻게 잊어버릴 수 있어요. 지금 자라나는 애들이 그거를 알고 있어야 하는데, 그걸 왜 덮어두려 하느냐고. 내 처음 왔을 때 이모 찾아갔을 때 도로를 어떻게 큰 도로를 짧은 기간에 만들고 우리가 집에 모은 금 있는 거 다 갖다 바쳤는데. 그걸 어떻게. 우리 사람의 핏줄 같은 도로를 만들고 있는데 어떻게 안 도와줘요. 나라에 안 도와주겠는가. 그렇게 이야기할 수 있지. 근데 그것도 잘못이고, 그것도 다 잘못이고. 서울, 부산 만든 도로만 그것만 해도 대단한 건데, 그때 대통령이 본들 욕할 자격 없어요."

연구참여자는 어느 나라든지 독재자도 필요한 때가 있다고 생각한다. 그때 우리에게도 필요한 때 필요한 사람이 있었기에 발전을 이룰 수 있었다고 본다. 그것은 러시아 역사를 보아도 알 수 있다. 독재자의 강력한 통치력으로 중공업을 발전시키면서 러시아 중간 지역에 공장을 세워서 무기를 만들어낼 수 있었기에 전쟁에서도 지지 않을 수 있었고, 나라의 성장을 이룰 수 있었다.

5.
연구참여자 5:
어머니의 용기를 기억하는 딸

1) 생애담 요약

연구참여자의 어머니는 1920년생이다. 열일곱 살이던 1937년에 결혼했고, 일본학교를 6년간 다녀 졸업했다. 당연히 시댁에서 심하게 반대했지만, 남편이 사할린에 끌려간 이후 남편을 찾기 위해 공부해야 한다고 생각했고, 1944년 부산에서 배 타고 일본의 아오모리에 갔다가 다시 사할린까지 찾아가는 여정을 거쳤다. 그렇게 해서 연구참여자는 1945년 사할린에서 태어났고, 집에 찾아오던 사할린 강제징용자들이 지도를 펼쳐놓고 자신들의 고향을 짚으며 이야기하던 장면들이 지금도 가끔 생각난다고 한다. 그들은 대부분 한국에 못 돌아오고 실종되었는데, 그분들 중 한 분이 연구참여자의 남동생을 자신의 아들처럼 예뻐했던 기억이 있다.

연구참여자의 아버지는 한국으로 돌아올 꿈을 안고 짐을 싸놓은 채 늘 바다를 바라보면서 누군가 구하러 올 거라고 말하곤 했지만, 1950년대 후반, 1960년대를 지나면서는 그 꿈도 버렸다. 당시에 물건을 사면 싸주던 종이에 한글을 적어 가르치면서 '우리는 한국 사람이다'라는 인식을 심어주느라 애썼다. 어릴 때 명절마다 부모님이 한복을 지어 입혀주신 기억이 있다. 연구참여자의 부모님은 50년 넘게 사할린에 살면서도 러시아말은 잘하지 못했지만, 농사를 지어서 자식들 교육시키는 일에는 매우 열성이었다.

한국에 가야겠다는 생각을 하게 된 것은 이렇게 늘 어머니로부터 들었던 말이 있었기 때문인데, 한국 땅은 매우 행복한 땅이고 사할린 땅은 죽은 땅이라고 했다. 사할린에서는 여름에도 풀밭에 앉으면 찬기가 올라오는데, 한국에서는 풀밭에 얼마든지 앉을 수 있다고 했다. 그래서 한반도는 복 받은 땅이라고 생각했다. 사할린에서는 작물이 풍족하지 않아서 감자를 깎으면서 감이 이렇게 생겼다고 말해주시곤 했는데, 한국 와서 큰 나무에 감이 열려 있는 것을 보고 깜짝 놀랐다.

연구참여자는 러시아에서 사범대 러시아어과를 졸업하고 교사로 일했다. 사할린 한인으로 살면서 부모로부터 늘 '너는 한국인이다'라는 생각을 주입받으면서 살았던 데다가 1990년도 이후 한국어교육원이 설립되면서 3세대 한인에게 한국어를 가르치는 일을 하면서 긍지감을 심어주고자 했다. 한국어교육원의 지원을 받아 한국에 연수를 오기도 했으며, 귀국 후에는 러시아 이주민을 위한 한국어교육 봉사활동을 하고 있다. 더 열심히 일하고 싶지만 기초생활수급자 자격을 유지하려면 벌이가 많아져도 문제여서 그게 많이 아쉽다고 한다. 다만 도서관에서 가르치는 봉사를 하면서 행복감을 느낀다.

늘 한국으로 돌아와 살 생각만 하던 부모님은 명절 때마다 연구참여자의 형제들에게 한복을 해 입혔다. 사할린에서 한인으로 살면서 힘든 일도 많았는데, 88서울올림픽 이후 한국이 크게 발전하고 경제 수준도 높아진 것을 러시아 사람들이 본 이후로는 한인에 대한 태도가 많이 달라졌다. 그 당시에 한인도 러시아 주민증은 받을 수 있었지만 집을 받기는 어려웠고, 공산당원이 되기는 힘들었기에 때로 인간 취급도 못 받았다고 생각한다. 특히 사상검열이 혹독했던 일을 기억하고 있다. 공산당원이 되기 힘들었던 것은 자격을 취득하기 위해 힘든 조사 과정을 거쳐야 했기 때문이다. 러시아어가 서툴렀던 연구참여자의 부모는 그래서 더욱 힘들게 살았고, 연구참여자와 형제들에게 한국에서 살아야 한다는 생각을 심어주려고 애썼다.

어린 시절 기억 중에서 연구참여자의 부모와 형제처럼 지냈던 이들이 있다. 그때 어린 시절 눈에는 무척 나이 든 사람들이었지만, 지금 와서 생각해보니 서른 살도 채 안 된 젊은이였다. 그러나 그들은 이후 50년 넘게 독신생활을 유지했다. 그런 경험들 덕에 연구참여자는 러시아 지역에서 독립운동을 했던 이들에 대해서도 각별한 감정을 갖고 있다. 그래서 한국 사람들이 사할린 한인의 역사와 배경을 좀 더 잘 알기를 바란다.

연구참여자는 영주귀국 후 한국에서의 삶에 크게 만족하고 있다. 집이나 생활비를 지원받고 있어 편하고 좋으며, 무엇보다 부모님의 고국에 와서 살고 있다는 것이 마음 편하고 좋다. 영주귀국 이후에도 러시아 지역에서 온 사람들에게 한국어를 가르치는 일을 해왔다. 그 일은 꼭 돈을 벌어서라기보다 가르치는 일을 하는 데서 행복감을 크게 느끼기 때문이다. 그러나 일할 수 있는 기회가 많지 않아서 그게 좀 아쉽다.

2) 생애담

(1) 남편 찾아 혼자 사할린에 간 용감한 어머니

어머니는 남편, 즉 연구참여자의 아버지가 사할린에 강제징용으로 끌려가고 나서 일본학교를 다니기 시작했다. 시집온 사람이 시집살이하는 데 신경 써야 하는데 공부하러 다니겠다고 하니 시댁에서는 크게 반대했다. 연구참여자의 어머니는 살림살이도 열심히 하면서 공부는 저녁에 하러 다니겠다고 했다. 시댁에서는 공부하면 바람 들어가고 집안사람이 될 수 없다고 반대했지만, 어머니는 끝내 고집을 부려서 6년을 공부했다. 일본학교의 6년 과정을 마치고 나자 어머니는 남편을 찾으러 가겠다고 했다.

당시에 사할린에는 남자들만 강제징용을 갔는데, 그 이후에 가족이 찾으러 가려 해도 여자들이 혼자서 가지는 못했다. 남자들이 동행하여 데려다주어야만 갈 수 있었는데, 어머니는 여자 혼자 몸으로 사할린에 가겠다고 나선 것이다.

> "제가 하고 싶은 말은 우리 어머니가 연기도 했어요. 우리 어머님은 연기. 그때는 다 그 사할린으로 끌려가신 분들은 다 남자분들만 다 끌려갔지요. 그 뒤에 누군가가 가고 싶으면 데리고 가셨습니다. 남자들이 데리고 저희들을 데려다줬지요. 그런데 우리 어머님은 시집에서 살면서 1937년도에 일본으로 나가신 다음에 왠지 그 공부를 하고 싶어서 그런지 또 앞의 희망을 생각해서 그러신지 일본학교를 마쳤습니

다. 마쳤는데 시집에서는 아주 반대를 했지요. 여자들은 일본에서 교육했잖아요. 고향이요? 전북 무주. 그런데 집안에서는 시집에서는 너무 반대했어요. 시집온 사람이 시집살이 안 하고 왜 공부 다니는가. 시집살이 하면서 저녁으로 다니겠다 하니까 절대로 반대했어요. 왜냐하면 너 공부하면 바람 들어가고 우리 집안사람 안 된다고 그래서 6년을 공부했어요. 그때는 일본학교 6년 마쳤나 봐요. 그래가지고 나중에는 말씀드릴 것이 있는데 나는 남편을 찾으러 간다고. 그러니까 혼자 여자가 돼서 어떻게 가는가. 그러기 위해서는 내가 공부했는데 갈 수 있다고 생각한다고 아무나 데리고 갈 생각 안 했어요. 데려가야겠다고. 데려다주겠다고. 사할린으로. 보통 남자들이 데려다줬어요. 그런데 엄마가 혼자 떠났어요. 근데 너무 고집인가."

연구참여자의 부모는 고향이 전라북도 무주다. 그곳에서 어머니는 일본인이 세운 학교를 다니면서 공부했다. 학교 공부를 마친 후에는 무주에서 부산으로 가서 배를 타고 일본의 아오모리로 건너갔다. 어머니가 부산에 갈 때 연구참여자의 외할머니와 외할아버지도 부산까지 배웅하러 나갔다. 어머니는 남편을 찾아가야 한다는 생각만 하는 바람에 부모님 마음까지는 헤아릴 여유가 없었다. 어머니가 탄 배가 부산항을 막 출발하려던 때 외할머니와 외할아버지가 어머니를 직접 보지 못하고 고개를 돌려 돌아섰다. 어머니는 나중에 그때 '자신이 너무 무례하게 행동하지 않았는가' 하는 생각을 했다고 말해주었다. 부모는 이제 보면 언제 다시 볼 수 있을지 기약할 수 없는 이별이었기에 부산항까지 배웅을 나가서도 차마 끝까지 볼 수 없었던 것이다. 떠나기 전에도 전쟁 시기이고 대폭발도 많이 되는 상황인데, 가다가 죽으면 어떻게 하느냐고 걱정을 많이 하셨던 터였다.

"부모님들도 친정에서도 그렇게 말씀하셨답니다. 시집에서 말씀 하시는 건 못 하고 오해로 생각하지 말라고 진짜 이 시기가 아주 전쟁 시기인데 가다가 죽으면 어떻게 하냐고. 대폭발도 많이 되고 그렇다 하면서."

그러나 연구참여자의 어머니는 사할린에 가서 남편을 찾아야 한다는 생각에만 집중하고 있었기에 부모가 어느 정도나 걱정하고 있을지, 부산항에서 떠나는 배를 직접 보지 못하고 고개를 돌릴 수밖에 없었던 마음이 어떤 것이었을지 충분히 헤아리지 못했다. 부산항에서 그렇게 이별한 후로는 일본이 전쟁에 져서 국경이 갈라지고, 소련은 공산주의가 강화되면서 가족은 영영 만나지 못하게 되었다.

부산에서 일본 혼슈의 아오모리로, 그리고 다시 홋카이도의 와카나이로 이동하여 그곳에서 배를 타고 사할린으로 입도했다. 연구참여자의 어머니는 아오모리에서 한국인 유학생들을 만나게 되었는데, 학생들은 어머니가 남편을 찾기 위해 사할린에 갈 것이라는 말을 듣고는 지금 전쟁이 한창이고 위급한 상황인데 어디를 가느냐며 말렸다.

"그다음에 와카나이. 그랬지요. 누님 우리들 말 들으라고요. 도로 한국 가세요. 못 찾아요. 지금 막 폭발시키고 그런데, 그래서 가다가 도중에 남편도 못 만나고 자신도 생명 잃고 한다면서. 그러니까 우리 어머니 내가 고집이 그런지 아주 그 결심을 하셨어요. 찾아간다고. 그래서 진짜 폭발도 만나고 그래서 화태까지 찾아오셨어요. 간편하게 얘기해드리면 시간이 없으니까요. 그러니까 사람들이 알고 깜짝 놀랐대요. 어떻게 여자가 혼자. 그러니까 내가 공부를 했지요."

연구참여자의 어머니는 전쟁이 한창 막바지로 치닫던 1944년 무주에서 부산, 아오모리, 와카나이를 거쳐 사할린까지 혼자 몸으로 건너갔다. 사할린에서 결국 남편을 만났을 때 주변 사람들은 모두 놀랄 수밖에 없었다. 여자 혼자 여행해서 왔다는 것을 믿기가 어려운 힘든 길이었기 때문이다. 연구참여자의 어머니는 그러니까 공부를 한 것이라고 대답했다. 먼 길이기도 하고, 일본을 거쳐야 건너갈 수 있었던 땅이었기에 혼자서 찾아가기 위해서는 공부를 해야 했다.

나중에 1990년 이후 사할린 한인이 한국에 다녀갈 수 있는 길이 열렸을 때 어머니는 남동생, 여동생과 연구참여자의 형제들을 데리고 한국을 다녀간 적이 있다. 그때도 일본을 통해 가느라 공항에서 밤을 새워야 했다. 우연히 일본 사람을 만나서 일본말로 대화를 하니까 상대방이 어떻게 이렇게 일본말을 잘하느냐며 깜짝 놀랐다. 연구참여자의 어머니가 학교를 좀 다녀서 알고 있다고 답하니 크게 감탄한 일본 사람이 호텔에 데려다 주겠다고 호의를 베풀어서 호텔에서 잘 수 있었다. 이튿날에도 그 일본 사람이 차를 준비해주어서 공항까지 편히 갈 수 있었다. 다만 어머니는 러시아어는 조금 배우다가 말아서 잘하지 못하는 편이었다. 어머니가 그렇게 용기를 내어 사할린까지 찾아갔기에 연구참여자의 인생이 시작될 수 있었다.

(2) 결의형제로 이루어진 가족

연구참여자는 사할린의 사범대학을 졸업했다. 어려운 시절이었음에도 대학 교육까지 마칠 수 있었던 것은 부모의 열성적인 교육열 덕분이었다. 부모는 러시아어에는 서툴렀지만 자녀들에게 한국어를 가르치려고 무척 노력했다. 포장지 종이에라도 가갸표를 만들어서 한글을 가르치려고 했고, 무엇보다 한국인이라는 인식과 긍지감을 심어주기 위해 무척 노력했다. 그러나 사할린 한인은 공산당원이 될 수 없었기에 출세하기는 쉽지 않았다. 공무원이 될 수 있는 자격도 갖출 수 없었기 때문이다. 공무원이 되려면 공산당원 자격이 있어야 했고, 공산당원이 되려면 정치사상을 봐야 하니까 시험에 통과해야만 당원이 될 수 있었다. 큰 회사에서 일하게 되어도 공산당원들은 첫째로 집을 받을 수 있었지만, 공산당원이 아닌 사람은 그 순위에서도 밀리기 때문에 좋은 집을 구하기는 쉽지 않았다. 공산당원이 되어야만 기본 혜택이 주어지는 사회에서 공산당원이 될 수 있는 자격조차 갖추지 못한 상태로 살아야 했던 이들이 사할린 한인이었다. 사할린 한인은 한마디로 인간 취급도 받지 못했다.

연구참여자의 부모는 50년도 넘는 긴 세월을 사할린에서 살았지만 러시아어를 능숙하게 하지 못했다. 밭에서 일해서 수확한 작물은 시장에 내다 팔아야 했으므로 간단한 생활어는 했지만 잘하지는 못했다. 그러다 보니 자녀 세대에게는 공부해야 한다는 것을 강하게 인지시켰고, 그렇게 힘들게 일해서 번 돈을 자식들 교육시키는 데 아낌없이 쏟아부었다. 연구참여자의 부모는 한국인으로서의 자부심을 늘 강조했기에 어디 갈 때마다 항상 아이들에게 한복을 입혀서 데리고 다녔다. 물론 어머니도 한복을 입으셨다. 그렇게 온 가족이 한복을 입고 나와 사진관에서 찍은 사진도 있다.

연구참여자의 시부모도 자녀를 위한 일에는 헌신적인 분이었는데, 시아버지의 회갑 때 연구참여자가 둘째 아이를 임신한 상태였다. 시아버지는 무거운 것을 들고 그러면 안 된다고 연구참여자가 집안일을 하지 못하게 했다. 나중에 셋째 아이를 낳고 나서 시아버지의 진갑이 되었을 때는 잔칫상을 잘 차려드렸다.

어린 시절 기억 중에 학교에서 배운 내용을 부모님이 궁금해하여 말씀드리자 그 이야기를 듣고는 "아이구 너희들 이제 빨간 물이 다 들었구나" 하고 말씀하셨다. 그것이 무슨 말인지 처음에는 전혀 이해하지 못했는데, 나중에 알고 보니 러시아에서는 특히 한인을 압박하여 진짜 러시아 사상을 가르치려고 했다.

> "그렇죠, 얼마나 한국도 어려웠어요. 그리고 그다음에 6.25전쟁이 일어났잖아요. 근데 부모님은 그냥 한국 가야 된다. 우리가 학교를 가게 되니까, 오늘 학교 가서 뭘 배웠나. 우리 삶은 제일 행복하고 국가가 지금 한국은 뭐 깡통인데. 선전이지. 우리를 교육시키느라고 그래서 한숨을 쉬드만요. 아이고, 너희들 이제 빨간 물 다 들었구나. 그것이 무슨 말씀인가, 이해 못했습니다. 전혀. 처음엔 이해를 못했습니다. 그러니까 우리를 이렇게 압박시키고 큰 땅에서 분들이 우리를 교육시켰습니다. 그 사람들은 진짜 러시아 사상이라고 해서."

연구참여자의 시아버지도 형제들과 떨어져서 혼자 와 있다 보니 외로워서 그러셨을 텐데, 홀로 사할린에 와서 독신으로 지내는 분들과 함께 어울리면서 결의형제를 맺었다고 한다. 피를 나눈 형제는 아니지만 서로 형님, 아우 하면서 형제를 맺어서 이름과 고향을 적은 책도 만들어 맹세했다. 그렇게 어르신들이 형제처럼 모여 지내다 보니 자녀들은 자연스럽게 그들을 큰아버지, 작은아버지, 이모, 고모, 언니, 동생으로 부르며 다 함께 어울려 지냈다. 그렇게 지낸 분들이니 다른 사람하고는 만나도 정이 다른 그런 사이가 되었다.

연구참여자는 어린 시절에 근처 마을에서 친하게 지냈던 강제징용인들을 아직도 기억하고 있다. 당시 어린 눈으로 보았을 때는 아주 나이가 많은 사람들인 것으로 기억하고 있었지만, 지금에 와서 떠올려보면 당시에 채 서른 살도 되지 않은 사람들이었다. 강제징용으로 사할린에 끌려와서 한인 1세대로 삶을 살아가신 분들은 독신자로 평생을 사는 경우가 많았다. 강제징용 자체가 결혼하지 않은 사람을 상대로 한 경우가 많았기 때문이기도 하고, 언제 금세 고향으로 돌아갈지 모르기 때문에 함부로 인연을 맺지 않고 독신 상태를 유지했던 분들이 많았다.

한인 1세대는 가끔 일이 끝나고 나서 연구참여자의 집에 모여서 시간을 보내곤 했다. 그들은 지도를 펼쳐놓은 채 서로 자기 고향이 경기도다, 충청도다 하면서 짚어보기도 하고, 고향 특산물을 말하기도 하면서 한참 그렇게 고향 이야기를 나누었다. 그러면서 고향 자랑을 하는 말들을 듣다 보니 나주는 배가 맛있고, 안동은 사과가 유명하다는 것도 알게 되었다. 또 어떤 분은 유독 연구참여자의 남동생을 예뻐해서 옷도 사주고 잘해준 분이 있었는데, 나중에 듣기로 그 무렵에 아들이 태어났다는 소식을 듣기는 했지만 가볼 수 없으니 그 대신 남동생에게 정을 주었던 것이다. 그러나 그분들 대부분이 끝내 고국으로 돌아오지 못했다.

"강제징용으로 끌려와 계신 1세는 어린 눈으로 보면 아주 나이가 높게 보여요. 독신자들이 자기들 스스로 살아서 이런 집에서 다 같이, 그 모집되어 가셨던 분들이 해방 후에 살았는데 나 눈에는 그분들이 나이 높게 보였는데 지금 생각하면요, 서른 살도 안 되신 분들이었어요. 그러면 저녁에 가끔 우리 집에 놀러 오신 그분들이요. 다 고향 생각나서 지도를 차 한 잔 마시고 그다음 지도를 펴가지고 그 지도 나 생각나요. 기다란 지도. 길쭉하게 생겼데요. 그러니까 여기는 일본이고 여기는 한국이고 나는 내 고향 충청북도 어디다. 내 고향은 경기도 어디다, 내 고향은 서울 어디다 하면서 자기 고향 찾으면서. 그러니까 나이는 참 적은 분들이시지만 속으로 얼마나 더 기대됐겠는가. 지금에서야 제가 생각합니다. 어린 시절에는 그런 거를 몰랐지요. 그런 생각을 몰랐지요. 그래, 그분들도 지금 한국으로 돌아오고 싶은 그런 희망을 갖고 계시면서 대부분 그분들은요, 한국을 못 들어오고 다 실종되었었어요. 사할린에서. 그때는 그 한 친구는요, 우리 집에 와서 제 남동생을 데리고 가게에 가서 옷도 사주고 그랬어요. 보니까, 알고 보니까 그분이 화태로, 사할린으로 들어오실 그 무렵에 아들을 낳았다는, 아들이 태어났다는 그 소식을 들었을 때 가보지를 못하니까 제 남동생을 자기 아들 거로 삼아가지고 그런 생각이 났어요."

그분들은 생활이 바쁘고 힘들면서도 희망을 안고 살았고, 그러면서도 소리 없이 울면서 지냈을 것이다. 연구참여자가 기억하는 그 1세대분들은 나중에 부모를 찾아서 유골 봉헌하신 분들도 있고, 아직까지 못 찾으신 분들도 있으며, 또 그 1세대분들 중에도 연락되지 않는 분들이 많다. 어떤 분들은 부두에 나가서 우리 아버지가 곧 고국에서 오실 것이라며 기다리기도 했다. 저기 먼 데서 배를 타고 아버지가 오실 것이라면서 짐도 다 싸놓고 부두에 나가 있었다. 연구참여자는 어린 시절에 철이 없어서 그분들이 왜 그렇게 하는지를 이해하지 못했는데, 나중에 1950년대 후반을 지나 1960년대가 되면서 라디오를 통해 북한 소식을 듣고서는 이제는 고국에서 그분들을 데리러 오시기는 글렀다는 것을 알게 되었다.

연구참여자가 학교에 들어가서 배운 것은 러시아, 소련이 제일 잘살고 행복한 국가라는 것이었다. 그러나 연구참여자의 부모 세대는 아이들에게 "너의 혈육에는 한국 사람의 피가 흐르니까 한국인이라는 것을 절대로 잊지 말아야 한다"라고 가르쳤다. 그러면서 가게에서 물건을 사면 싸주는 포장지 종이에 글자표를 만들어서 한글을 가르치기도 했다. 그 시골에서 연구참여자를 비롯한 어린아이들은 한국에 사는 한국 사람도 아닌데 왜 글자를 배워야 하느냐고 불평하기도 했다. 연구참여자의 아버지도 끝내 한국에 들어오지 못하고 돌아가셨지만, 부모 세대는 한국 사람이라는 긍지감을 가져야 한다는 것을 항상 강조했다.

"아직까지 못 찾으신 분들도 있고. 그리고 우리 어린 시절에는 철이 없어서 그렇지요. 가끔 부두에 나가서 우리 아버지가 곧 우리 고국에서 온다. 올 거야. 저기 먼 데서 배를 타고. 짐을 싸놓고 그냥 있었어요. 우리는 왜 그렇게 하는가도 모르고. 북한이 1960년대 1950년도 후반이 되니까 야 이제 틀렸다, 이제 라디오를 듣고 그렇게 알았지요. 그런데 뭐라 하신가 하면, 동시에 제가 학교 가니까 어떤가 하니까 학교 우리 러시아 소련이 제일 잘사는 국가고, 제일 행복한 국가고 우리가 그렇게 배웠어요. 그래, 너의 혈육에는 한국 사람의 피가 흐르니까 한국인이라는 것을 절대로 잊지 말아야 한다 하면서 이런 종이를 있지요. 그때는 그 가게에서 뭐든 사면요, 종이에다가 싸줬어요. 그 종이로 책을 만들어서 가갸표 만들어서 배워야 한다고 우리 시골에서. 우리는 한국 사람 아닌데 뭐 하러 배우느냐고. 아니 나는 한국 사람들이다. 그렇게 애국심을 많이 심어주셨어요. 부모님들이. 우리 아버지는 한국에 못 들어오시고 돌아가셨어요. 한국 사람이라는 것을 긍지감으로 삼아야 한다고, 그렇게 말씀하셨어요."

연구참여자에게 부모의 영향은 거의 절대적이었다. 연구참여자는 어머니가 어떻게 혼자 몸으로 사할린까지 갈 수 있었는지 그 이야기를 가장 하고 싶어 했다. 본인의 인생살이는 그다지 이야기할 것도 없고 중요하지 않다고까지 생각하는 듯했다. 대신 '어머니의 용기'만큼은 꼭 이야기하고 싶다고 했고, 어떻게든 한글을 가르치려고 했던 아버지 이야기를 하면서 '한국 사람'이라는 긍지감을 단단하게 가지고 있음을 드러냈다. 그런 긍지감은 사할린 지역에서 활동한 독립운동가를 소개할 때 더욱 자신감 넘치는 목소리로 나타났다.

(3) 동토의 땅에 대한 기억

연구참여자가 기억하는 사할린은 차갑고 죽어 있는 땅이다. 사할린에서는 섬이라서 그런지 풀밭에 앉지 말라는 주의를 항상 들었다. 한국에서는 풀밭에 얼마든지 앉을 수 있지만 사할린에서는 여름에도 풀밭에 앉으면 찬 기운이 올라와서 앉을 수 없었다. 그래서 어른들이 한반도는 복받은 땅이라고 말하셨던 것을 기억한다. 그것은 생물을 보아도 알 수 있다. 물도 안 주는데 식물들이 잘 자라고 커나가는 것을 보면 확실히 사할린에 비해 한반도는 축복받은 땅이다.

어렸을 때 연구참여자의 어머니가 감자를 깎으면서 "한국에는 감이라는 게 있는데, 꼭 이렇게 생겼다" 하며 알려주시기도 했다. 어머니도 아마 감이 많이 그리우셨던 모양이라고 생각한다. 그 시대분들은 러시아말을 능숙하게 할 수 없어서 힘든 점이 많았다. 그러나 죽인다 해도 말을 배운다는 게 쉬운 일은 아니었으니 주민증에 이름을 잘못 적어도 어떻게 할 수 없었다.

사할린 한인이 러시아 국적을 취득하기보다 비국적 상태로 있을 수밖에 없었던 것은 정식 국민으로 인정받기 힘들었던 상황도 있지만, 언제든지 고국으로 돌아갈 수 있다는 희망을 버리지 않았기 때문이기도 하다. 언젠가는 반드시 돌아갈 것이기 때문에 사할린에서 굳이 러시아 국민의 자격을 얻을 이유가 없었다.

그런데 이런 소식을 들은 적이 있다. 한국에 가고 싶어 했던 사할린 한인 중에서 서울에 있는 친인척에게서 편지를 받고는 비국적을 가지고 한국에 나간다고 데모를 했는데, 그랬다가 전부 잡혀가서는 북한에 보내져버렸다. 비행기에 실어서 북한에 보내서는 전부 강제수용소에 보냈다는 소문이 있었다. 그런 경우라면 어디로 가는지 설명도 하지 않고 북한에 가고 싶어 하지 않았느냐고 하면서 끌고 가버리는 것이다.

그럼에도 연구참여자의 부모는 언젠가 한국에서 자신들을 데리러 올 것이라는 희망과 믿음을 가지고 다른 많은 사할린 한인처럼 짐을 싸서 코르사코프 항구에 나가 하염없이 기다리기도 했다.

> "그러면서 우리가 태어난 그때 내가 말씀드렸죠. 부모님이 어떻게 아버님이 저기 고국으로 돌아가고 싶은 마음에 코르사코프라고 거기 항구가 있습니다. 거기서 내렸죠. 일본 사람들 데려갔죠. 근데 거기로 가가지고 짐을 싸 가지고 언제까지 기다리셨어요. 한국을 나간다고."

전쟁이 끝난 후 사할린에 머물던 일본 사람들은 일본에서 모두 데려갔으니 한인도 그렇게 고국에서 데리러 오지 않을까 하는 기대를 했던 것인데, 지금 생각해보면 그때 한국은 전쟁을 치르면서 형편이 무척 어려웠기 때문에 사할린으로 들어간 사람들을 생각할 여유가 전혀 없었을 것이다. 해방 직후에 바로 한국전쟁이 일어났으니 상황이 좋지 않았을 것이다. 그러나 부모는 무작정 한국에 가야 한다는 생각을 너무도 강하게 갖고 있었다. 이제 나이가 드니까 부모님이 한국에 함께 오셨어야 했다는 안타까운 마음에 부모님 생각이 더 나기도 하고, 보고 싶다는 생각도 많이 한다.

(4) 사할린을 알리고 싶은 마음

연구참여자는 2011년 2월 17일 한국에 왔는데, 귀국 이후의 삶에 무척 만족하고 있다. 집도 마련해주고 무엇이든 편하고 자유롭다. 그리고 무엇보다 부모님의 고국에 왔다는 것이 중요하다. 오로지 그 마음으로 살아왔기 때문이다. 그러나 부모님이 함께하시는 것은 아니기에 아쉬움이 많다. 그 대신 그분들의 삶을 떠올리고, 러시아 지역에서 활동했던 독립운동가들의 삶을 배우면서 한국에서의 삶을 이어가고 있다.

연구참여자는 한국 사람들이 사할린 한인의 삶에 대해 의외로 잘 모르고 있다는 것에 놀라고 있다. 공무원들이 나와서 사할린 한인에 대해 한참 인터뷰를 하고 간 적이 있는데, 그 사람들이 중앙아시아 고려인과 사할린 한인의 차이도 잘 모르고 있던 것에 많이 놀랐다.

중앙아시아, 러시아 지역에서 한인이 살게 된 데는 땅이 부족했던 고려인이 러시아 원동 지역까지 넘어가기 시작했던 것이 시초다. 고려 시대 때부터 러시아 지역으로의 넘나듦이 있었고, 그때 정신이 남아 있어서 한반도에서 이주해온 사람들을 '고려인'이라고 부르게 되었다. 그러다가 1938년 이후에 사할린과 일본의 관계가 껄끄러워지면서 일본이 독일하고 손잡은 뒤에 조선 사람들은 아시아 사람들이다 보니 일본 사람들과도 관계를 쉽게 맺을 수 있을 것이라고 생각한 러시아 사람들이 스파이가 생기는 것을 방지하기 위해 강제동원하기 시작했다. 1863년부터 연해주 지역에 살기 시작했던 고려인은 스탈린의 강제이주 정책에 따라 중앙아시아에 끌려가 뿔뿔이 흩어져 살게 되었다. 그곳에는 집도 없어서 땅에 구덩이를 파고 살았다. 그래도 머리가 좋아서 지도자도 많이 나왔는데, 그쪽 중앙아시아 고려인과 이쪽 사할린 한인은 사상적으로 좀 차이가 있다.

그런데 중앙아시아 고려인은 사할린 한인만 적십자가 나서서 도와주고 집도 주고 하면서 법이 다르게 적용되는가 하고 문제 제기도 하면서 자신들도 사할린 한인과 같은 혜택을 해달라고 요구하기도 한다. 이런 부분들에 대해 잘 모르는 사람들이 있어서 설명해준 적이 있다. 연구참여자의 부모는 한인 1세로, 강제로 일본 사람들이 끌고 가서 연구참여자가 속한 2세대로 이어지게 된 것이고, 중앙아시아로 끌려간 분들은 전부터 자유롭게 개인적으로 연해주에 나와서 살았다. 그러니까 차이가 좀 있다는 것이다. 그렇게 설명하면 사람들은 사할린에서 나올 수 있게 된 것은 어떤 과정이었는지를 또 질문했다. 그 배경을 설명하자면, 1988년 서울올림픽 이후에 소련, 일본, 한국이 같이 만나서 한인 문제에 대해 의논한 뒤에 결정된 것이다. 일제강점기에 본인들의 의사와는 상관없이 일제에 의해 강제로 끌려간 한인은 연해주에서 살다가 스탈린에 의해 강제이주를 당한 경우와는 다르다는 점에서 적십자를 통해 귀국 정책을 시행하도록 논의된 것이다.

"근데 그분들이 뭐라 하시냐면 왜 사할린 사람들은 이렇게 적십자를 해 가지고 법이 다른가. 법이 달라서 집도 주고. 근데 우리는 아무것도 없다. 그러니까 이분들도 그렇게 말씀하시데요. 그분들이 말한 게 알게 돼서. 그러니까 우리가 좀 설명해드렸죠. 우리 부모님들은 1세 한인은 강제로 일본 사람들이 끌고 가서 그래서 우리가 나오게 되고 연해주에 살다가 저쪽 가서 거기로 끌려간 그분들은 전부터 자유롭게 개인적으로 연해주에 나와서 살았다. 그러니까 이분들 이렇게 말씀하시데요. 어떻게 나왔는가. 우리는 적십자를 통해서 나왔다 하니까 그걸 모르시데요. 어떤 분은. 그러니까 자꾸 연해주 출신자들이 있죠. 자꾸 우리들도 사할린에서 온 사람들처럼 그렇게 해달라. 혜택을 받고 싶다. 그런데 이분들 모르시던데. 어떻게 해가지고 나와. 적십자 해서 나왔죠. 1988년이고 올림픽 그 이후에 저 소련하고 일본하고 한국 같이 저 만나서 이거 대해서 얘기가 나왔다고. 왜냐면 그래서 결정이 되었다고. 왜냐면 한국에 살던 사람들이 끌려간 사람들은 억지로 일본 사람들이 끌려갔으니까. 적십자를 통해서 나왔고. 저분들은 자유롭게 그때 연해주로 국경이 열렸었던. 그렇게 설명드렸습니다. 아, 그런가 그렇게 하시데요. 젊은분들이니까 잘 그런 건 모르시지."

그리고 또 한국 사람들이 잘 모르는 분야 중 하나가 러시아에서 활동한 독립운동가다. 그런 분들로는 박농학, 김병하, 최재형 등이 있다. 그중에는 최재형이 좀 더 알려진 편이어서 한글로 된 책도 있다. 박농학이나 김병하에 관해서는 그다지 알려진 바 없고 러시아 쪽 자료들이 좀 있는 편이다.

연구참여자는 독립운동가의 삶을 적은 책이나 자료를 읽으면서 이들이야말로 '미래 향군'들이라고 생각한다. 그분들은 연해주에 있었으니 자유롭게 공부도 할 수 있고, 러시아어를 잘했으며, 러시아 정부의 인정도 받을 수 있었다. 북한과 소련, 중국은 동맹국가였으므로 연해주 쪽 한인에 대해서는 러시아 정부에서도 사상적으로 믿는 편이었다. 그에 비하면 사할린 한인은 사상적으로 압박을 많이 받았는데, 자본주의가 기반인 한국에서 왔기 때문에 무시당한 것이다. 그래서 사할린 한인은 상대적으로 공부도 못 하고 국적을 받을 수도 없었다.

> "미래 향군들이라고. 그분들은 연해주에서 계셨잖아요. 연해주에서 계셨으니까 아주 자유롭게 공부도 할 수 있고 러시아 정부에서 이 사람들 잘 인정해줬잖아요. 그러니까 공부도 하고 러시아말도 잘하시고 그분들은. 벌써 100년 전부터 연해주에 살고 있었으니까요. 그러니까 이분들을 믿었습니다. 러시아 정부에서는. 왜냐하면 북한하고 러시아 소련하고 중국이 동맹국가였잖아요. (중략) 그러니까 공부도 자유롭게 하고 100년 전부터 연해주에 와서 살게 되니까 아주 러시아말도 잘하고 그리고 제일 중요한 것이 인정해줬습니다. 사상이 러시아 사상이라고. 그러나 우리들은 왜 이렇게 압박을 받았다 할 수 있는가, 사상이 한국 사상이라고 한국에서 왔다고. 한국은 자본주의 국가라고. 그러니 우리가 공부도 못 하고 우린 또 국적도 없었습니다. 무국적으로. 왜냐면 한국 사람들이고 그때 우리 식민지였었지요. 일본 식민지. 금방 갔으니까 러시아말도 모르고."

사할린 한인 1세대는 러시아말을 제대로 배울 겨를도 없이 일만 하다가 돌아가셨다. 시장에서 물건을 팔고 사는 일은 해야 했으니 그때 쓰는 말 몇 마디 정도만 알고 있었을 뿐이다. 그러니까 외국인 등록증을 발급받을 때도 이름을 정확하게 적지 못한 경우가 많았다. 그냥 불러주는 대로, 발음 나는 대로 러시아 철자로 적다 보니 한인의 이름이 정확하게 적히지 못했다. 그래도 크게 신경 쓰지 않았는데, 사할린 한인은 연해주에서 온 사람들과는 완전히 다른 사람들이라서 차별을 받았다. 그래서 결혼도 그 사람들과 잘 안 하려고 하는 풍습이 있었다. 어르신들도 그렇게 자주 말씀하셨는데, 러시아 사람, 큰 땅 사람과 결혼할 생각은 하지도 말라는 것이었다. 러시아 지역에는 북한에서 온 사람들도 많이 있었는데, 그 사람들과도 갈등이 좀 있었다. 그들은 그래도 조선 사람이고, 조선 등록증도 있는데, 사할린 한인은 비국민증을 받는, 사상도 다른 사람들이라고 해서 좀 아래로 보는 경향이 있었다. 그러다 보니 사할린 한인은 공부하기도 힘들었고, 사는 데 여러 제약이 많았다.

그러나 그런 대우도 서울올림픽 이후로 많이 좋아졌다. 늘 사상을 의심하고 그렇게 깔보던 민족이었는데 막상 올림픽을 치르는 것을 보니 그런 나라, 그런 민족이구나 하는 인식이 러시아 쪽 사람들에게 생긴 것 같다. 그 이전까지는 남한 출신이라도 어떻게 해서든 잘 보여서 공산당원이 되는 경우도 없지는 않았고, 그런 경우에는 지도자가 되기도 했지만, 보통의 경우 아무리 일을 잘하고 인격이 높아도 남한에서 온 사할린 한인은 지도자, 리더의 위치에 오르지 못했다.

그러던 중에 러시아 정치인 중 쿠진이라는 사람이 처음으로 사할린 한인의 비극적인 생활을 연구하여 책으로 펴낸 적이 있다. 자기의 감정을 넣지 않고 진짜 실제 있었던 일을 중심으로 하여 매우 생생하게 서술했다. 연구참여자는 쿠진의 책에서 본 사할린 한인 가족의 사례를 기억하고 있다. 그중 하나는 다음과 같다.

> "한 가족이 살았었는데 아이들도 많고, 아이들이 공부도 잘하고 그랬는데 갑자기 그 한국에서요. 서울에 계시다던가, 도시든 일본으로 해가지고 편지가 왔어요. 우리 한국으로 오게 할 거니까 준비하라고. 그러니까는 이분들은 좋아서 자기 한국 간다고 그때 1960년대였어요. 한국 간다니까 안 보내주잖아요. 그러니까 이 가족이 어떻게 해서든 나가보겠다고 막 시위를 하고 그랬어요. 그랬더니 정부에서 어떻게 이 사람들 입을 막겠나 하다가 어떻게 대책을 세웠는가 하면요. 밤에 가서 말한 건 '한국 보낸다. 지금 빨리 준비해라. 옷 같은 거하고 지금 입을 거하고 준비해라' 하는 거예요. 이분들이요 어리석게 믿었어요. 그 말을 믿으니까. 네, 하고 갔는데 북한으로 가버렸어요. 북한으로 가 가지고 어린 아이들은 고아원, 그다음에 어른들은 다 그 채굴하는 탄광보다 더 무서운 북한의 이런 채굴하는 거 있죠. 금, 은 이런 거 있죠. 여러 가지 철 같은 거. 그런 데로 보내 가지고 다 돌아가신 이야기가 있어요."

사할린 한인이 한국으로 갈 수 있는 방법은 애초에 없었고, 남한으로의 송환을 요구할 경우 도리어 북한으로 보내버렸다는 사연이다. 그렇게 해서 북한에 가게 되면 그 이후 소식을 알 수 없는 경우가 많았음을 다른 연구참여자들의 증언을 통해서도 확인할 수 있다. 연구참여자는 책에서 읽은 다른 사례를 하나 더 소개했다.

> "그리고 또 하나는 그 가족도 한 몇 년 후에 막 우리를 한국으로 내

보내달라, 우리 고국은 한국이다 하니까 어떻게 했는가 말도 없이 그 가족들을 어디로 비행기를 태워가지고 가버리니까. 어딘가 천도열도라고 있죠? 쿠릴열도. 아시죠? 저 일본하고 사할린하고 그 가운데에요. 지금 일본 사람들이 자기 땅이라고 막 하죠. 근데 거기는 섬이 아주 많잖아요. 사람 못 사는 섬으로 들어가 내버려 버렸어요. 그러니까 그 식구들이 다 돌아가시고 굶고 살 데가 없으니까 한 사람만 살아났어요. 굴을 파가지고 굴 안에서 살고. 그러니까 뭐 사람 같은 그런 모습이 없었는데, 어떻게 됐는가 하면 여행하러 온 사람들이 대륙에서 러시아 사람들이 여행한 사람들이 거기 와가지고 다니면서 그 섬으로 들어갔대요. 그 섬이 좀 마음에 들었나 봐요. 그 어디서 사람 같은가 짐승 같은가 모르겠다고 나와가지고. 막 놀라지 말라고 러시아말로 내 말 좀 들어달라고, 내가 이거를 편지로 쪽지로 써가지고 사할린말 당신들이 공항에 오면 거기 한인 사니까 누구한테든지 편지를 전해달라고. 이 역사를 어떻게 되는 건가. 그래서 누가 받았어요. 편지를. 그 여행자들이 편지를 가져가지고 공항에 와서 우리 한인한테 주니까 그래서 소문이 막 퍼졌어요. 그 가진 황 씨인가? 황 씨인데 다 멸시돼버리고. 그분도 돌아가셨지. 근데 러시아 사람들이 얘기할 때 사람 같지 않더라고요. 짐승인가 사람인가 깜짝 놀랬다고. 그래서 책을 썼대요. 러시아 사람들이."

러시아 정부에서 한국에 보내달라고 요구하는 사할린 한인 가족을 이번에는 쿠릴열도의 무인도에 보내버렸다는 사연이다. 사람이 살 수 있는 환경이 아니었으므로 가족들은 모두 그곳에서 목숨을 잃었고, 그중 살아남은 한 사람이 러시아 여행객에게 발견되었다. 그때는 입고 있던 옷은 이미 해져서 입은 둥 만 둥 하고 사람 몰골을 잃은 지 오래였다. 그렇게 짐승인지 사람인지 구분하기도 어려운 그런 상태에서 발견되었으니 그를 발견한 러시아 사람들은 깜짝 놀랄 수밖에 없었다. 황씨 집안 사람으로 알려진 그 사람은 이런 상황을 세상에 알리기 위해 편지를 써서 한인에게 전해달라고 요구했고, 이런 사연들이 알려져서 책에도 남게 된 것이다.

연구참여자는 이런 이야기를 책에서 읽으면서 두려움을 갖게 되었다. 그리고 실제로도 조금만 잘못하면 밤에 잡아가고 감옥에 가두던 일들이 있었기에 늘 무서워하면서 긴장하고 살 수밖에 없었던 시절이었다. 그러다 보니 어른들은 밤에 몰래 라디오로 한국 소식을 들으면서도 늘 긴장했고, 자녀들에게 늘 조심시키면서도 한국 사람임을 잊지 말아야 한다는 교육을 강하게 시키곤 했다. 어찌 보면 모순된 태도라고 할 수도 있을 텐데, 이처럼 죽음의 위험을 무릅쓰면서도 한국 소식을 궁금해하고 한국에 가고 싶어 했던 부모 세대의 마음을 더욱 강하게 느끼게 되었던 것 같다.

(5) 그리운 가족

연구참여자는 부모 세대와 부모의 고향인 한국에 대한 생각을 매우 강하게 갖고 있었기에 기회만 된다면 언제든 한국에 갈 수 있다는 생각을 늘 품고 살았고, 한국과 일본의 적십자사를 통해 사할린 한인의 한국 송환 문제가 제기되기 시작했을 때도 한국에 가서 산다는 것에 대해 흔들림 없는 믿음을 갖고 있었다. 다만 자녀들을 러시아에 두고 와야 한다는 것이 마음에 걸리기는 했지만, 그들에게는 그들의 삶이 있고, 자녀들은 이미 러시아에서 터전을 잡고 러시아 국민으로 살아가고 있으므로 굳이 한국으로 돌아올 이유도 없다고 생각한다. 그리고 연구참여자는 그런 자녀들의 생각을 존중하면서 본인은 한국에서의 삶을 의미 있게 꾸려가는 데 좀 더 집중하고자 한다.

다만 가족의 이산에 대해서는 좀 마음 아프게 생각하는 부분이 있는데, 사할린에서 살 때도 한국에서 이산가족 상봉하는 방송을 한 적이 있다. 그때가 1989년 아니면 1990년이었던 것으로 기억한다.

> "근데 생각나는 것이 KBS에서 8월 15일인가 오셨어요. 배우들하고 여러 가지. 그 몇 년도인가 1989년도 아니면 1990년도에 와서 KBS에서 생방송을 어떻게 했냐면요. 부부가 만나게 되었어요. 한국에서 그 아내가 오시고 여기서 혼자 된 독신자로 생활하신 남편 갑자기 만나니까 얼마나. 그러니까 아내가요. 남편을 막 가슴을 치면서 당신 때문에 내 생애 다 망쳤다고. 얼마나 기차겠어요. 그러니까 여자들은 소리 치고 울 수 있다지만 남자니까 그냥 이렇게 서 있데요."

연구참여자는 어머니도 아버지를 찾기 위해 학교를 다니면서 일본어를 배우고 혼자 몸으로 한국에서 일본을 거쳐 사할린까지 여행했던 일을 기억하고 있다. 그렇다 보니 가족이 함께 한국으로 들어오려고 애썼다거나, 그러다가 안 좋은 일을 겪었다거나, 부부가 헤어져서 힘든 세월을 살아야 했던 이야기들을 들을 때 좀 더 안타깝게 느끼는 감정이 있는 것 같다.

연구참여자도 현재 남편과 함께 한국에 들어와 살고 있지만, 러시아에 자녀들을 두고 왔기 때문에 본의 아니게 이산가족 상태가 되었다. 게다가 자녀들은 딱히 한국 사람이라는 긍지감을 갖고 있지는 않다. 그리고 한국말을 전혀 모른 채 러시아 사람으로 살고 있으니 자녀들은 진짜 러시아 사람이라고 할 수 있다. 만약 자녀들과 함께 한국에 왔다고 해도 말이 통하지 않기 때문에 힘들었을 것이라고 생각한다.

연구참여자도 어렸을 때부터 부모로부터 한국어를 배워야 한다, 한국인으로서 긍지감을 가져야 한다는 말을 계속 들으면서 자랐기 때문에 자녀들에게도 자연스럽게 한국어를 배워야 한다는 가르침을 주고자 했고, 한국어를 가르치려고 노력은 했으나 막상 본인도 집에서는 아무래도 러시아말을 더 많이 쓰다 보니 생각만큼 한국어 교육이 잘되지는 않았다. 그런데 사할린에 살 때 1998년 한국어를 재생하는 운동을 한 적이 있다.

"그 경험이요, 우리가 저, 1998년도 한국어를 재생하는 그런 운동을 시작했죠. 그런데 어떻게 말씀을 해야 되는지. 큰 관심이 없었어요. 뭘 한국말을 배우냐. 그렇게 말하는 학생들도 있고요. 재미있게 배우려면 좀 어떤 학생들은 또 받아들이겠지 그렇게 생각하는데 거기 사범대학에요. 한국어과가 열렸어요. 우리 지금 학교에서 배워주기 시작해서 한국 정부에서 그거를 많이 도움을 많이 주셨어요. 그리고 한국어과도 열고. 그래 처음에는 아주 거기서 공부하고 싶은 학생들이 많았는데, 나중에 보니까 끝나고도 그 한국어를 배워가지고 거기서 일자리를 찾게 되니까 그게 큰 관심이 없고 전혀 없어져버렸어요. 배워봐야 딱히 어디 쓸 데가 없어서 그거 때문에 그리고 한국에 와도 첫째는 한국말을 모르니까. (이미 선생님들 시대에서도 그렇게 가르치려고 해도 별로 관심도 없고 그렇게 사셨으니까 자녀분들한테까지 뭐 굳이 한국어를 가르쳐야 되겠다는 생각은 안 하셨겠네요?) 아니요, 있었습니다. 왜냐면 제가 가르쳐줬으니까. 한국어를 제가 처음에 가르칠 때에는 제가 한국말을 모르니까 배우면서 가르쳐줬죠. 그러니까 집에서는 러시아말만 하지요. 어떨 때에는 저녁에 앉아서 밥상에서 지금 러시아말 하지 말고 한국말만 하자. 만약에 지금 러시아말 하면 뭐라 하냐 돼지저금통 여기다 넣는다 하니까, 온종일 식구들이 모두 침묵하고 있었어요. 그럴 때도 있었어요. 우리도 우리끼리 얘기할 때 러시아말이 먼저 나오고 하니까요. 한국말을. 지금도 한국말이 많이 서툴러서."

연구참여자는 사범대를 졸업하고 교사로 일했던 경력이 있다. 그리고 사할린에서도 한국어교육원이 생기면서 한국어를 제대로 가르치려는 움직임들이 있다 보니 그런 기회를 통해 한국어를 배우면서 가르치는 과정을 거쳤다. 자녀들에게도 한국어를 제대로 가르치고 싶어서 집에서 식구들이 모여 앉아 밥을 먹을 때도 한국말만 쓰자고 하면서 만약 약속을 어길 경우 돼지저금통에 얼마를 넣자고 벌칙까지 정했다. 그러나 그렇게 했더니 식구들이 오히려 아무 말도 못 하고 그저 밥만 먹었다는 것이다. 연구참여자도 지금 한국에 와서 살면서 부부가 대화할 때는 자기도 모르게 러시아말을 더 많이 쓰고 있는 것을 발견하면서 한국어로 소통한다는 것이 쉬운 일은 아니라고 느끼고 있다. 여전히 한국어가 많이 서툴다고 생각해서 발음 하나를 하더라도 제대로 하고 싶어서 긴장하게 되고, 정확한 단어를 찾느라 고생하기도 한다. 그리고 자녀들과의 소통에서 한 가지 더 걸리는 것은 사상이 다르기 때문에 서로 기대할 것이 없다는 것도 작용한다.

사할린에 한국어교육원이 설립되면서 한인을 대상으로 하여 한국어를 교육하는 사업이 벌어졌는데, 초기에는 사할린 한인 젊은 세대에게 어떻게 하면 한국어를 재미있게 가르칠까 고민하면서 한국 정부에서도 지원을 많이 하던 단계였다면, 어느 정도 배우고 나서도 젊은이들은 막상 한국어를 배운다고 해서 직업을 구하거나 생활하는 데 크게 도움이 된다는 생각을 하지 못하게 되면서 한국어 교육의 열기가 식어가는 현상을 바라보기도 했다. 이제 와서 러시아와 한국이 이렇게까지 교류될 줄은 생각도 하지 못 했기 때문에 그런 세대 간의 차이나 소통의 어려움 등에 대해서는 예상하지 못한 면이 있다. 지금은 연구참여자도 자녀들과 헤어져 있으면서 이산가족이 되기는 했지만, 자녀 세대를 비롯하여 젊은이들에게는 러시아에서의 삶을 살아가는 것이 중요하다고 생각한다. 그 대신 연구참여자와 남편은 부모가 평생 가고 싶어 했던 고향인 한국에 돌아가야 한다는 것을 늘 마음에 품고 살았고, 그것을 실현했기에 이곳에서 잘사는 것이 더 중요하다. 부모가 원했던 한국에 와서 살고 있다는 사실만으로도 마음이 편하다.

"그때 결심했던 계기는 우리 부모님들이 그렇게 그리워하셨는데, 그리고 돌아가시면서도 우리 고국은 한국이라는 그 부모님들 대신에라도 우리가 와야 한다는 그런 생각이 들었습니다. 처음에 왔을 때에는 좀 많이 힘들었죠. 이렇게 적응하기 힘들었지만 그 생각을 하고 있으면 든든했습니다. 부모님들이 언제나 한국을 가고 싶은 그런 마음을 심고 계셨어요. 우리한테도 심어주시고 그걸 갖고 계셨다가 여기로 못 돌아오시고 그 땅에 파묻혔으니까. 우리는 와야 한다, 그런 생각이 있었어요. 그 마음이 편하죠."

연구참여자는 오로지 부모의 나라에 와 있다는 것, 그리고 이곳에서 충분한 지원과 혜택을 누리면서 편하게 살고 있다는 것만으로도 충분히 만족하고 있다. 평생 고국에 돌아가고 싶다, 돌아가야 한다는 생각을 부모가 가지고 있었고, 그 생각은 연구참여자에게도 고스란히 심겨 있었기에 부모님은 못 오셨지만 자신이 대신해서 한국에서 살고 있다는 것만으로도 마음이 편안하다. 다만 이곳에서 자신이 할 수 있는 역할을 찾아서 하고 싶다는 욕심 또한 있다. 혜택을 받고 누리고 있는 만큼 국민으로서의 역할을 충분히 하고 싶다는 욕심이다. 교사로서 일했던 경력이 있기에 이곳에서 러시아어를 배우고 싶어 하는 분들에게 자원봉사로라도 교육할 수 있는 기회가 생기기를 바란다. 어머니의 나라에서 어머니를 대신하여 사는 삶이니 의미가 있기를 바라는 마음이다.

6.
연구참여자 6: 자부심 대장의 우등 인생

1) 생애담 요약

연구참여자는 1942년 경상남도 밀양 태생이다. 아버지는 1943년 일본 사람들에 의해 강제로 사할린에 끌려가 있었던 상황이고, 연구참여자가 두 살이던 1944년 어머니가 사할린으로 아버지를 찾아가서 그때부터 사할린에서 부모님과 살게 되었다. 그리고 연구참여자의 할머니는 일본 홋카이도에 거주했는데, 손자 보고 싶다고 사할린에 들어왔다가 전쟁이 끝나면서 나가지도 못하고 사할린에서 살다가 돌아가셨다. 어머니는 귀국하여 안산에서 살다가 돌아가셨다.

연구참여자는 영주귀국 후 제일 먼저 자신의 호적을 찾는 일에 집중했다. 한국에서 태어났다는 증명이 필요했기 때문이다. 고향이라고 알고 있던 밀양을 먼저 찾아갔다가 친척들이 도와주어서 부산까지 가서 호적을 찾을 수 있었다. 러시아에서 살 때부터 북한과 관계가 안 좋았을 때 자신이 어디 태생인지를 분명하게 해둘 필요가 있다고 생각하게 되었다. 그때 북한 국적을 받은 사람들도 많이 있었기 때문이다. 그리고 북한 김일성대학에 가면 공부할 수 있다는 선전을 많이 해서 북한으로 간 사람들도 많은데, 막상 들어가고 나서는 소식을 알 수 없는 경우도 많았기 때문에 연구참여자는 그때부터 본인이 밀양에서 태어났다는 사실을 확인해둘 필요가 있다고 생각했다.

연구참여자는 어렸을 때부터 공부를 잘했고, 사할린 한인으로서는 매우 성공한 삶을 살았다고 자부한다. 연구참여자의 부모는 "내가 똥거름을 져서라도 공부시킬 테니까 우선 공부나 열심히 해라"라고 하면서 대학 공부를 시키려고 무척 열심히 일했다. 연구참여자는 조선 사람은 사할린에서 아예 나가지도 못하게 막던 시절에 큰 땅에서 공부하고 싶어서 친구와 함께 몰래 도망 나갔다. 정식으로 외부 출입이 가능해진 것은 1965년인데, 연구참여자는 1962년 유즈노사할린스크에 가서 대학을 졸업한 후 러시아법으로 대학 졸업자에게 성적순에 따라 지정해주는 곳에 취직하여 동시베리아의 이르쿠츠크에서 1991년까지 살았다. 이르쿠츠크에서 살던 그 기간은 연구참여자의 인생에서 가장 행복했던 때다.

당시 이르쿠츠크에는 사할린에서 공부하러 오는 조선인이 많았지만,* 연구참여자는 러시아어를 제대로 배우기 위해 조선인은 전혀 만나지 않고 러시아인 친구들과만 어울렸다. 그리고 공산당원증도 받았다. 당시에 사할린 한인은 러시아 국민으로 인정받지 못해서 '비국민증'만 받을 수 있었기에 공산당원이 되는 일은 거의 불가능했지만, 연구참여자는 어렵게 공산당원이 될 수 있었고 그 덕에 총영사관에서 공무원 신분으로 일할

* 이르쿠츠크는 무국적으로도 갈 수 있었다고 함

수 있었다. 그러나 조선인으로서 공산당원임을 드러낼 수는 없었다. 특히 사할린 출신 한인은 아예 대상이 아니라는 생각이 있었기 때문에 정치사상 검열이 엄청나게 강했다.

연구참여자는 대학 성적도 좋고 공산당원 자격이 있었기에 이르쿠츠크 총영사관에서 공무원으로 일할 수 있었고, 그 덕에 경제적으로도 어렵지 않게 생활할 수 있었다. 그런데 영사관으로 3년 근무하고 났을 때, 주변 사람으로부터 한국으로 들어가는 것이 어떻겠냐는 말을 듣고 한국행을 고민하게 되었다. 영사관에서 나가면, 나이도 있고 러시아에서 자리 잡고 사는 일도 만만치 않을 것인 데다 그렇다고 사할린으로 들어가는 것도 원하지 않았기 때문이다. 처음에는 귀국하더라도 고향인 김해 쪽에서 자리를 잡으려고 했지만, 서울에서 너무 멀고 하니 서울에서 1시간이면 갈 수 있는 파주 쪽이 좋다고 하여 파주에 정착하게 되었다.

2) 생애담

(1) 남조선 밀양 출신

연구참여자는 1942년 경상남도 밀양 태생이다. 아버지가 1943년 강제징용되어 사할린으로 이주했고, 어머니가 뒤따라 들어가면서 연구참여자는 두 살 때인 1944년부터 사할린에서 살게 되었다. 할머니는 일본 홋카이도에서 살고 있었는데, 손자 보고 싶어서 사할린에 들어왔다가 바로 전쟁이 끝나는 바람에 일본에 돌아가지 못하고 사할린에서 돌아가셨다. 연구참여자의 아버지도 사할린에서 돌아가셨고, 어머니는 한국에 들어와서 안산에서 사시다가 돌아가셨다. 할아버지에 대한 기억은 없다.

연구참여자는 한국에 들어와서 제일 먼저 호적부터 찾기 시작했다. 고향이 밀양이라는 것을 알고 있었기에 그것을 기준으로 해서 찾았다. 연구참여자에게 호적 찾기는 매우 중요한 문제였다. 한국 땅에서 태어난 한국인이라는 것을 증명해야 했기 때문이다. 밀양 및 부산 등지에 퍼져 살던 친척들을 일일이 찾아다니면서 호적을 찾을 방법을 물색했고, 어머니 이름이 빠져 있던 것도 확인하여 호적 기재를 신청하여 호적에 등재할 수 있었다.

연구참여자가 이렇게 호적 정리에 적극적으로 나선 이유는 사할린에 있을 때의 경험 때문이었다. 북한과 관계가 좋지 않을 때 조선인은 북한 여권을 많이 발급받았다. 그때 연구참여자는 빨리 자신의 국적을 제대로 찾아놓아야겠다는 불안감을 갖게 되었다. 안 그러면 본인이 어디에서 태어났는지, 조국이 어디인지도 모른 채 잘못하면 북한 국적을 갖게 될지도 모른다고 생각했기 때문이다.

> "여기 호적에 보시면 김영태 되어 있거든요. 우리 아버지 이름은 여기 있어요. 제가 우리 집에서 마지막이거든요. 한국에서 태어났던 거예요. 호적에 그때 들어가 있었지요. 신청해놨었어요. 우리 집 사람들 아무도 안 들어가 있었거든요. 사할린에서 태어났고. 사할린에서 태어난 사람 없지요. 호적에 없거든요. 제가 한국 호적에 들어 있어요. 제일 처음에 내가 한국에 들어왔을 때 어떻게 들어왔는가 들어와서 내가 이거를 먼저 내가 호적을 찾아야겠다 찾았거든요. 우리 고

향이 어디인가. 그래서 밀양까지 내려갔지요. 밀양 가서 그래서 친척분 만나가지고 밀양에 있거든요. 지금도 있어요. 그래서 그다음에 부산에도 있고 친척분들이. 그래서 내가 찾는 방법을 그때는 몰라가지고 친척분들이 도와줘가지고 그래서 내가 호적을 내가 찾았어요. 그 당시에 제가 신경을 많이 쓴 거예요. 왜냐하면 옛날에 우리 러시아 살 때 소련 살 때 북한하고 관계가 안 좋지 않았습니까. 그때 그 당시에 북한 사람들이 여권을 북한 여권 받아야 된다 국적이. 그때 한참 그걸로 시끄러울 때 그때는 내가 빨리 찾아놔야 되겠다. 그래야 내가 어디에서 태어났는지 알지 안 그러면 어디 자기 조국에 대해서 모르거든요. 어디에서 태어났는가 알아야 되지. 그래가 내가 이거 찾아놨거든요. 그래 그때부터 아 내가 밀양에서 태어났구나. 그때는 우리가 사할린에 살 때라서 소련일 때 남조선 북조선 막 가르고 그랬으니까. 우리 어머니가 야, 너는 남조선에서 태어났다."

연구참여자는 어머니께서 "너는 남조선 출신이다" 하고 말씀해주셨던 것과 고향이 밀양이라는 것을 기억하고 있었다. 조선인이 북한 국적을 취득하고 공부하기 위한 목적 등으로 북한으로 이주도 많이 하던 시절에 연구참여자는 자신이 태어난 곳 정도는 정확하게 알고 있어야 한다고 생각했다.

게다가 당시에 김일성대학 선전도 많이 하여 북한에 공부하러 들어간 사람들이 많았지만, 아무도 못 나왔던 일도 기억한다. 북한에 들어갔다가 나온 사람을 한 명 만난 적이 있다. 그때 그 사람은 자신이 북조선에서 공부하면서 잘살고 있다고 말했는데, 한참 술을 먹고 나서는 취해서 북한 욕을 하기도 했다. 다음날 그 사람이 아침 일찍 찾아와서는 어제 말한 거

믿지 말라고, 조심해야 한다고 말하기도 했다. 그러나 그 사람은 그렇게 북한에 다시 들어간 뒤로는 소식을 알 길이 없었다.

> "지금 아주 잘 기억나는 게, 북한에 공부하러 들어가가지고 아무도 못 나왔거든요. 그런데 한번은 한 명 나왔어요. 어떻게 나왔는가 나왔어. 나왔는데 그래 우리 집에서 한 번 만난 적이 있어요. 사할린에서. 만났는데 뭐라 그랬냐 하면은요. 아, 내가 북조선에 잘살고 있다. 공부하고 있다 그랬는데. 근데 술 먹고 술 취해가지고 한 잔 들어갔는데 그때부터 막 욕이 나오고 난리인 거예요. 그런데 말인데 자기 조심해야 된다는 거예요. 그다음 날 아침 동무 일찍 왔어요. 다음날에 어제 말한 거 믿지 마라고. 그렇게 들어가자마자 끝. 누가 찌르면 찌르겠지 뭐. 들어가더니 죽었다 살았다는 소식도 한 번. 제가 아직도 그런 기억이 나요."

조선인은 사할린에 살면서 아무도 사할린 밖으로는 못 나가게 되어 있었다. 한 도시에서만 고정적으로 살면서 다른 도시로 가려면 허가를 받아야 했다. 그래서 그것 때문에 공부하러 나가고 싶어도 못 갔던 기억이 있다. 그런 조치가 풀린 것이 1965년이었다. 그전에는 전혀 못 나갔다.

그렇게 사할린에서 조선인으로 사는 삶에 순응하기보다 자기 길을 열심히 찾아가려고 한 연구참여자는 그런 일들을 해내면서 크게 실수 없이 자신만의 능력으로 난관을 헤쳐나간 일들에 대해 자부심을 갖고 있다. 자신의 뿌리, 조국을 정확하게 아는 것에서부터 시작하여 스스로의 힘으로 인생을 개척해온 사람으로서의 자신감이기도 하다.

(2) 공부는 시키겠다는 굳은 의지

연구참여자는 사할린 조선인이 사할린 밖으로 여행하는 것이 아직 금지되어 있던 시절에 사할린에서 도망나간 경험이 있다. 1962년 공부하겠다고 사할린에서 큰 땅으로 간 것이다. 혼자 가기에는 섭섭해서 친구 하나를 데리고 함께 갔는데, 사할린에서 나가서 유즈노사할린스크에 갔다. 그곳에서 러시아 친구들도 많이 사귀었고, 그 친구들이 도움을 주어서 공부를 할 수 있었다.

"제가 1962년도에 제일 처음으로 사할린에서 내가 큰 땅에 공부하러 갔어요. 갈 때 내가, 혼자 가는데 섭섭해서 친구를 데려갔지. 거기 유즈노사할린스크 가가지고. 거기가 수도거든요. 그 친구들도 많이 생겼거든 러시아 사람들이. 그 친구들이, 우리가 도와줄 테니까 거기 가면 나오지 말고 거기 딱 살아라 한 군데에서. 아무데도 다니지 말고. 걸리면 끝."

그 당시에 연구참여자는 러시아 여권도 받지 않았던 때여서 도망간 상황이나 다름없었다. 1960년도까지는 다들 비국민증을 받고 있었는데, 연구참여자는 공부하기 위해 친구와 함께 유즈노사할린스크까지 나간 것이다. 그러니 그곳에서 함부로 돌아다닐 수 없었고, 방학이 되었지만 집에 다니러 갈 수도 없었다. 허가받지 못한 상태에서 여행이라도 하다가 걸리면 그냥 끝나는 상황이었다.

"내가 거기서 사할린에서 유즈노사할린스크에 있는 게 아니라 사할린스크에서도 큰 땅으로 이르쿠츠크로, 동시베리아, 이르쿠츠크라고 있어요. 거기 갔거든요. 거기서 공부했지. 그래 졸업하고 옛날에 러시아 법으로 대학 졸업할 때 일자리 다 잡아주거든요, 졸업한 학생들. 그러면 만약 한 100명 자리 나면 150자리가 올라와요. 그래가지고 공부하는 학생들 제일 먼저 들어가지. 그렇게 뽑아가지고. 그럼 거기다가 뭐라고 쓰냐면요. 직장 나올 때 직장 기숙사 준다, 그렇지 않으면 아파트 준다, 봉급 얼마 준다 다 써 있어요. 그래 그거 받아다가 뽑지. 그럼 미리 한 일주일 이주일 전에 나와요. 그러면 우리 친구랑 어디 가자, 어디 가면 저는 가고 끝나면 거기 가고 한 2~3년 꼭 일해야 돼요. 국가에서 돈 대주고 공부한 거 다 갚아줘야 돼요. 그래서 2~3년 꼭 있어야 돼요. 그리고 공부 잘하는 학생들 먼저 가서 제일 좋은 자리로 뽑아가고 그리고 공부 못하는 학생들 제일 마지막으로 들어가죠. 그렇게 되어 있었어요."

연구참여자가 사할린을 떠나서 실제로 거주한 곳은 동시베리아 이르쿠츠크였다. 어렸을 때부터 공부를 상당히 잘하는 편이었는데, 이르쿠츠크에서 학업을 마쳤을 때는 우수한 성적을 갖고 있었기에 직장을 배정받을 때도 좋은 조건으로 취직할 수 있었다. 러시아 제도상 졸업생에게는 국가에서 일자리를 잡아주고, 그 대신 의무 근무 기간을 채워야 하는 시스템이었다. 그때 좀 더 좋은 조건의 직장은 성적이 좋은 학생에게 우선 배정되었는데, 연구참여자는 성적이 최상위권에 있었으므로 좋은 직장을 얻을 수 있었다. 연구참여자는 그러한 과거 경력들에 상당한 자신감을 가지고 있다.

"저는 그때 그래도 러시아 이르쿠츠크에서 제일 좋은 때 살았어요. 거기에서 살 때가 제일 좋은 기억이죠. 제일 좋았어요."

자기 스스로 판단하여 자기 실력으로 기회를 얻어 대학 공부를 하고 직장도 좋은 곳을 얻어서 생활할 수 있었기에 거기에 따르는 경제적 안정과 더불어 심리적 안정도 크게 가질 수 있었다. 남들보다 자신이 더 뛰어나다는 생각, 그리고 스스로의 힘으로 쟁취한 인생에 대해 자부심을 가장 크게 느낄 수 있었던 시기였기에 지금 생각해도 연구참여자의 인생에서 가장 좋았던 때로 기억하고 있다.

연구참여자가 이렇게 공부와 사회생활을 열심히 하면서 우등생으로 살 수 있었던 데는 부모의 헌신적인 노력이 뒷받침되었다. 사할린에서 살 때 겨울에는 정말 추웠는데, 가난한 집에서 따뜻한 옷을 마련하기는 어렵고, 담요로 옷을 만들어 아이들에게 입히기도 했다. 그리고 어디에서 구해 왔는지 고무장화를 갖다주어서 겨울 내내 신고 다녔던 기억도 있다. 그렇게 억척스럽게 살림을 꾸려가던 어머니는 다른 무엇보다 아이들 공부시키는 데 가장 열성이었다. 거의 매일 아이들을 매질하면서 공부를 시켰다. 당시 연구참여자의 부모는 우리 세대는 이렇게 살았지만 너희 세대는 다르게 살아야 한다는 말을 자주 했고, 공부 잘해서 똑똑하게 살아야 한다는 말을 자주 했다.

"우리 어머니가, 아버지, 아버지 말은 공부를 못 해가지고 1등 못해가지고 그랬기 때문에, 너는 공부 잘해가지고 똑똑하게 잘살아야 된다. 내가 똥거름을 지고 다녀도 공부시켜줄 테니까는 공부는 잘해라. 그래 그때 당시에 이르쿠츠크 근무할 때 내가 여름에도 못 나가고 거기서 있었는데. 우리 어머니가 돈을 얼마를 보내주는데, 아직까지 기억나죠."

"내가 똥거름을 지고 다녀도 공부시켜줄 테니까 공부는 잘해라" 하는 부모의 말씀이 연구참여자에게 큰 영향을 주었고, 그렇게 열성적으로 공부를 강조하는 부모님 덕분에 공부에 더욱 집중하게 되었다. 연구참여자가 이르쿠츠크에 머물면서 방학이 되어도 못 나오고 살던 시절에 연구참여자의 어머니가 돈을 보내준 적이 있다. 그 일은 아직도 기억에 남아서 '참 대단한 부모님이었다' 하고 생각한다.

연구참여자가 기억하기에 당시 사할린 조선인은 러시아에서도 부지런한 것으로 유명했다. 어디에서든 감자, 토마토, 오이 등을 심고 키우면서 열심히 살았기에 당시 러시아 사람들이 말하기를, "사할린에서 조선 사람들 없었으면 우린 굶어 죽었다"라고 했다. 그런 영향도 있었겠지만, 특히 부모는 공부를 잘해야 한국 가서 잘살 수 있다는 믿음을 가지고 있었기에 연구참여자가 어렸을 때부터 공부 욕심을 많이 냈고, 연구참여자 역시 공부에는 욕심이 있었기에 자신감을 가지고 공부에 매진했다.

(3) 우등생 인생

연구참여자는 이르쿠츠크에서 대학을 마친 후에도 국적을 받지는 않았다. 친구들이 도와줄 테니 국적을 받아두는 것이 좋겠다고 했지만 일부러 그러지 않고 있었는데, 그것은 군대를 가지 않기 위해서였다. 러시아에서도 적정 나이가 되면 군대에 가야 했지만, 특별히 대학에 입학한 사람은 졸업할 때까지 군대에 가지 않아도 되었다. 그래서 옛날에는 군대에 가지 않으려고 대학에 가는 사람도 많이 있었다. 그리고 대학교 졸업장에도 빨간색과 파란색 두 가지 종류가 있는데, 일반 졸업장은 다 파란색이고, 특별히 성적이 좋은 사람들에게는 빨간색 졸업장을 주었다. 연구참여자는 빨간색 졸업장을 받았다. 그것을 받으면 일자리를 잡을 때 어딜 가도 좋은 자리를 잡을 수 있었고, 대학원에 들어갈 자격도 주어졌다.

> "원래 대학 공부하면 군대를 안 가거든요. 대학 공부하면 안 가요. 대학 졸업한 다음에 군대 가요. 졸업한 다음에. 그렇지만 어떤 때는 보면요. 군대 안 가려고 대학 가는 사람 많아요. 옛날에. 지금은 없어. 별로 없지만 옛날에는 많이 있었거든요? 그리고 공부 잘하면은 대학교 간다 하면 대학에서 좀 도와주죠. 대학 졸업할 때 공부 잘하면. 그리고 또 러시아에서 옛날에 공부할 때 보면요, 졸업장도 두 가지 종류 있어요. 하나는 빨간 게 있고 하나는 파란 게 있고. 일반 졸업장은 다 파란 색깔이에요. 그렇죠? 다 그랬어요. 공부 잘하는 사람들, 또 특별히 잘하는 사람들은 빨간 졸업장 주거든요. 제가 빨간 졸업장 받았어요."

그 빨간색 졸업장을 받았으니 어디든 마음대로 가고 싶은 데로 갈 수 있었다. 그래서 연구참여자는 원래 모스크바에 갈 예정이었는데, 알고 지내던 공산당원이 왜 모스크바에 가려고 하느냐면서 이르쿠츠크에 일자리를 주선했다.

> "어디 가도 할 수 있어요. 마음대로 하고 싶은 대로. 그래서 제가 대학 졸업하고 원래 모스크바 가려 했거든요? 근데 옛날에 이르쿠츠크

공산당원, 공산당원이라고 알죠? 공산당원이 와가지고 만나가지고 말하더니, 너 왜 모스크바를 가려고 하냐, 그때 다른 도시 가고 싶은 학생들도 있었고, 모스크바 가고 싶은 학생들도 많았지만은. 나한테 말하는데 특별히 너는 이르쿠츠크에서 일하면 되지. 직장도 자리 잡아주고."

당시에 대학을 졸업하고 나서 다른 도시에 가고 싶어 한 학생들도 많았고, 특히 모스크바에 가고 싶어 하는 학생들도 많았는데, 이르쿠츠크의 공산당원은 성적이 우수했던 연구참여자에게 굳이 큰 도시로 나가려 하지 말고, 이르쿠츠크도 나름 대도시이고 좋은 직장이 있으니 이르쿠츠크에서 자리를 잡을 수 있도록 도와주었다.

"이르쿠츠크도 큰 도시예요. 지금도 동시베리아 수도예요. 그때 내가 말했지. 나는 모스크바 가고 싶다 했거든. 지금 당장 야, 너 지금처럼 해가지고 조선인인데, 일자리 그 좋은 자리 줬는데 왜 그런 곳을 안 하냐. 내가 졸업하자마자 취업위원 있죠? 취업위원 그 부위원장으로 들어가서 내가. 그럼 한 1년 2년 일하다 보고. 보자 한 게 1년이 넘어가지고."

연구참여자에게 일자리를 주선했던 공산당원은 조선인 신분으로 모스크바에 가봐야 대우받고 살기 힘들 테니 상대적으로 좋은 일자리를 얻을 수 있는 이르쿠츠크에 머무는 것이 좋겠다고 조언했다. 연구참여자도 그 생각에 동의했고, 대학을 졸업하자마자 취업위원회의 부위원장으로 일하게 되었다. 그때 당시에는 1~2년 정도 일단 일을 해보고 나서 나중

일을 도모하자는 생각이었는데, 계획대로 되지는 않았다.

> “이르쿠츠크가 원래 교육도시거든요. 지금도 이르쿠츠크에 대학이 한 10개 돼요. 그리고 2년 대학제 있죠? 2년제 기술대라고 그런가? 그래, 전문대학. 전문대가 한 30개 돼요. 그럼 지금 이르쿠츠크 옛날에 기억이 나는 게 9월달이 되면 사할린에서 많이 들어와요. 막 공부하고. 근데 저는 100프로 러시아 사람하고만 다니었어요. 러시아말도 배워야 되고. 근데 그때, 그때는 우리, 사할린 조선 사람들이 들어올 때는 다 들어오면 공업대학에 입학하고 그렇지 않으면 다른 대학 가고. 취업 대학 들어가는 사람 없었어요. 아무도 없었어요. 저희밖에 없었어요.”

이르쿠츠크에는 한국식으로 말하자면 전문대학에 해당하는 공업대가 많았다. 그래서 사할린 조선인이 대학에 갈 때도 대부분 공업대에 입학하는 경우가 많고 상대적으로 취업대학에 들어가는 일은 없었는데, 연구참여자와 친구만 취업대학을 졸업했다. 그리고 성적이 좋았기에 일자리를 주선 받을 수도 있어 연구참여자의 인생에서는 이르쿠츠크에서 공부하고 취업하여 일하던 시절이 가장 좋았던 때로 기억에 남아 있다.

그리고 연구참여자가 자랑스럽게 생각하는 것 중 하나는 공산당원이 된 것이다. 사할린 조선인은 러시아 국적을 취득할 수 없었고, 그 대신 ‘비국민증’이라는 것을 받았다. 국민으로 인정받지 못하고 사할린 거주민으로서만 인정받은 것이다. 그런 상황이었기에 공산당원이 되는 것은 아예 자격 미달이었다. 그러니 공무원은 되고 싶어도 될 수 없었다. 공무원이 되기 위해서는 기본적으로 공산당원의 자격을 갖추어야 했기 때문이다. 그런데 연구참여자는 그 과정도 어렵게 거쳐서 공산당원의 지위를 얻을 수 있었다.

> "공무원이 될라면요. 공무원 될라면 공산당원이 되야 되니까. 안 되면 못 들어가는 거예요. 그런데 또 특별히 들어가고 싶어도 못 들어가요. 그애들은 큰 직장에서 공무원으로서는 보통 노동자들이 들어갈 수 있어요. 공산당 들어가는 것도 시험 쳐야 돼요. 들어가려면 딱 모여가지고 보죠. 이거 대답 잘해야 돼요. (정치사상을 검증해야 하니까) 1년 동안 기다려야 돼요. 1년 일하면서 일 열심히 하고 해야 들어가지. 안 그러면 1년 동안 일 잘하지 못하면 못 들어가요. 그걸 제가 받았어요. 그리고 공산당은 임명장을 증서, 공산당원증. 그건 비밀이에요. 아무도 못 보여줘요."

공산당원이 된다는 것은 정치사상의 검증을 거쳤다는 뜻이므로 더욱 각별한 의미를 갖는다. 사할린 조선인은 늘 사상 검증에 시달려야 했던 시절이다. 그런데 그 검증 과정도 거쳤고, 대학을 우수한 성적으로 졸업한 뒤 취업하고 나서 열심히 일해서 업무 능력도 인정받았다는 것이니 사할린 조선인 출신으로서 공산당원증을 취득했다는 것은 연구참여자의 인생에서 매우 중요한 의의를 갖는다.

> "사할린은 심했지. 큰 땅에서 공부할 때처럼 너는 특별히 소련 사람보다 소련말을 더 잘해야 된다. 한마디라도 틀리면 끝. 그렇게 욕을 얻어먹기 때문에 그때는 똑바로 해야 한다. 매일 그랬지."

연구참여자는 사할린에서 나온 이후로는 조선인과는 말도 섞지 않았고 러시아 사람들하고만 다녔다. 러시아말을 더욱 유창하게 잘하기 위해 의도적으로 그렇게 한 것도 있지만, 작은 실수에도 안 좋은 소리를 들을 수 있었고, 여러 가지 신분적인 제약 때문에라도 더욱 서투른 모습을 보일 수 없었다. 사할린 조선인과는 러시아말을 하더라도 아무래도 원어민과는 말이 좀 다르게 들릴 수 있었기에 더욱 조심했다.

그렇게 노력한 덕에 연구참여자는 이르쿠츠크에서 허가를 받고 농구 해설을 하기도 했다. 그 일은 8년 정도 했는데, 해설자로 활동할 수 있었다는 것은 그만큼 러시아어를 똑바로 잘했다는 뜻이다. 그렇게까지 되기 위해 무척 많은 노력을 했다. 그러다 보니 지금 영주귀국을 한 후에도 가끔 러시아에 다녀올 일이 있을 때 석 달 정도만 거기 있다가 와도 한국말을 다 잊어버린다. 친구들이 다 러시아 사람이라서 그 석 달 동안 한국어를 한 번도 하지 않기 때문이다. 그래서 러시아 한번 다녀오고 나면 다시 한국어에 익숙해지느라 시간이 좀 걸리기도 한다.

연구참여자는 그렇게 러시아 지역에서 자리를 잡고 살기 위해 긴장하며 고군분투하는 삶을 살았는데, 사할린 조선인에 대한 러시아 사람들의 인식이 크게 바뀐 사건이 생긴다. 1988년 개최된 서울올림픽이었다. 연구참여자는 그때 러시아 농구 심판으로 참여했던 친구에게 들은 이야기를 생생하게 기억하고 있다.

> "88올림픽 때 모스크바에 있는 내 친구가 농구 심판으로 들어갔거든요? 소련에서 2명이 들어갔어요. 그래서 모스크바에서 들었는데. 그 심판하면서 한국 봤거든요. 왔을 때 모스크바에서 우리 집까지 왔어요. 뭐라 하냐면, 야 너 왜 여기서 자고 있냐. 빨리 가라고. 그래 여

기서 너 뭐하고 있냐? 친구랑 모여가지고 그때 TV 보면서, 야 전 세계에서 이런 나라가 있구나. 그전에 우리 생각에 우리 그때는 남조선 북조선 이랬잖아요. 남조선은 굶어죽고 그런 북조선은 잘살고 있고 북조선에 가서 김일성대학 입학해서 공부시켜주는 데 가라. 그리고 남조선은 죽고 아무것도 없고, 뭐 없다."

서울올림픽 이전까지 러시아 사람들은 한국에 대해 아는 바가 거의 없었다. 남조선과 북조선으로 나뉘어 있었던 것, 그리고 남조선은 깡통 차고 굶어 죽어가고 북조선은 김일성대학도 있고 발전된, 잘사는 나라라고 알고 있었던 것이 거의 전부였다. 그런데 그런 남조선에서 올림픽을 치른다는 것부터 놀라운 일인 데다 막상 가서 보니 매우 발전한 국가라는 것을 확인할 수 있었기에 친구들은 연구참여자에게 "네 출신 나라가 그렇게나 발전하고 훌륭한 곳인데 왜 여기에서 이러고 있느냐?"라며 고국으로 돌아가야 하는 것 아니냐고 했다는 것이다. 이러한 반응은 이 사례의 친구뿐만 아니라 러시아 문화권 전역에서 나타난 현상이어서 서울올림픽 이후 대한민국에 대한 인식이 크게 달라지면서 사할린 한인에 대한 국내외의 관심도 높아졌고, 그로 인해 사할린 한인의 생활에도 변화가 생기기 시작했다.

연구참여자는 서울올림픽으로 인해 인식이 바뀌기 시작하기 전에도 러시아에서 잘산 편에 속한다. 성적도 뛰어났고, 좋은 직장을 얻을 수도 있었으며, 공산당원이 된 덕분에 공무원으로 일할 수 있었기 때문이다.

연구참여자는 집에 못 하나 박는 것도 잘 못하고, 옛날 친구들이 농담처럼 "제일 무거운 물건 든 거는 술잔밖에 없다"라고 할 정도였다. 그렇게 다른 일은 잘 못하는 편이지만, 공무원으로 일하면서 친구들을 도와줄 수도 있었고, 시의원을 지내기도 했다. 특히 공산당 당원으로서 자격을 갖출 수 있었던 것이 큰 도움이 되었다. 당시에 보통 사람들은 집을 구하기도 상당히 어려운 편이었다. 아파트를 신청해서 받는 것이 거의 불가능한 경우도 있었지만, 연구참여자는 아파트를 서너 채나 받을 수 있었다.

교육열이 높았던 부모님과 욕심 많은 성격 덕에 뛰어난 성적을 보였던 연구참여자는 한인 친구는 하나도 만나지 않고 오로지 러시아어만 쓰려고 노력하면서 열심히 일한 덕분에 공산당원이 되고 공무원으로서 사회적인 인정과 성공을 이룰 수 있었다.

(4) 나다운 삶을 위해

연구참여자가 그렇게 이르쿠츠크에서 자리를 잡고 평안한 생활을 하고 있었음에도 영주귀국을 결심하게 된 데는 그 이후의 삶에 대해 확신할 수 없었기 때문이다.

> "그거를 내가 언제 생각했냐면 내가 한국 총영사관에 근무했거든요. 이르쿠츠크에 총영사관이 처음 생기자마자 내가 첫날부터 거기서 내가 처음에 열심히 일했거든요. 왜 그러냐면 옛날에 이르쿠츠크에 공산당원이 많거든요. 친구들이. 또 문제 있으면 친구들이 우리 말하는 한국 총영사관에서 거기 있었어요. 그래서 내가 거기서 3년 동안 근무했어요. 총영사 보좌관으로. 총영사 보좌관으로 내가 3년 근무하고, 끝나고 나와서 그래 보니 그때 나이도 많이 먹었지. 그때 가려면 못 들어가고. 지금 오라오라 해도 말만 그렇지 나이가 많이 먹고 안

되겠다. 말은 못 하지만은 그저 눈치가 보이니까 아, 영사관에서 총영사님이 야, 너 러시아 가지 말고 못 들어가는데 나이가 많이 먹었는데 못 받아주지. 한국으로 가라. 한국에 가서 하면 되지 않냐. 그래서 내가 그랬지. 그걸 어떻게, 그래서 총영사관님이 내가 도와줄 테니까 그때 당시에 또 이르쿠츠크에서 세 명이 나왔어. 그래 그때 뭐 있어봤자 어디 직장도 못 들어가지, 들어가도 거기는 또 우리 말하는 공무원 이런 것도 안 주거든. 나이가 많이 먹었기 때문에 그래서 있다가 안 되겠다. 가야겠다. 한국 가보자 뭐. 그래서 우리 집사람도 내 따라온 거지 뭐. 그래서 집사람 같이 와서 여기서 뭐. 그냥 하는 수 없지 뭐. 저는 그때 만약에 직장 잡고 있었으면 되는데."

연구참여자가 공무원으로 일했다는 것은 총영사관에서 근무한 일을 말한다. 이르쿠츠크에 총영사관이 처음 생겼을 때부터 총영사 보좌관으로 일했다. 3년 정도 일하고 났을 때, 진로를 고민하기 시작했다. 원래 꿈은 모스크바에 가는 것이어서 그 기회를 다시 얻어보고자 한 것인데, 이미 세월이 흐르고 나이도 먹은 상태여서 모스크바에 가서 새로운 삶을 시작하기에는 여러 가지 현실적인 어려움이 따랐다. 그렇다고 해서 사할린으로 돌아갈 수도 없었다. 그곳에서 삶을 지속하는 것은 의미가 없다고 생각했기에 다른 진로가 필요했다.

그때 영사관에서 모스크바도, 사할린도 가기 어려운 상황이니 차라리 한국으로 가는 것이 어떻겠느냐고 제안했다. 이미 한국에 대한 인식이 많이 좋아진 상황이었고, 한국도 살 만한 곳이라는 것을 다들 알고 있었기 때문이다. 방법이 없었던 것도 아니고, 사할린 한인을 한국으로 귀국시키기 위한 움직임이 시작되고 있던 시기였다. 연구참여자는 그러한 분위기도 있고 어디든 일할 직장이야 얻을 수 있었지만, 영사관 일을 마친 후에 다시 자리 잡기에는 마음에 드는 곳을 찾기가 쉽지 않을 것이라는 생각도 한몫했다.

> "옛날부터 내가 우리 말하면 우리 지도자? 책임자? 같은 그런 거 사장 회장 같은 그런 거 했거든요. 다른 일은 제가 잘 못하거든요. 그러면 내 밑에 일하는 놈들이 내보고 시키고 하니까 내가 또. 그래서 내가 그때는 김해, 김해로 했거든요? 김해 쪽으로 되어 있고. 근데 영사님이 김해는 너무 멀다. 서울에서 너무 떨어져 있고, 그리고 전철도 없고 거기는 KTX는 옛날엔 없었거든요. 가려면 7시간 8시간 가야 된다. 그래서 갈아타고 또 가야 된다. 너무 멀다. 서울에서 가려면 너무 멀다. 근데 그때 영사관이 파주는 갈 수 있다. 파주. 1시간이면 지하철이 있다."

집에 못 하나 박는 일도 못한다고 말했던 연구참여자는 스스로 생각하기에도 늘 리더 역할을 해왔기에 그 정도 일을 할 수 있는 곳이 아니라면 직장을 구하는 것이 쉽지 않을 것이라고 생각했다. 직장 자리는 국가에서 주는 것이니 일자리 자체를 구하는 것은 가능했다. 그래서 원한다면 배정받은 직장에서 그냥 일하면 되는 문제이기도 했다. 하지만 연구참여자는 자신에게 맞는, 자신이 원하는 곳에서 일하고 싶다는 생각이 있었다. 그래서 어느 곳에서든 자신이 인정받을 수 있는 곳이 필요하다는 생각이었고, 그 무렵 사할린 한인 영주귀국 정책이 시행되던 때이기도 했기에 이주하는 것이 좋겠다고 판단한 것이다.

연구참여자가 처음에 원했던 정착지는 고향과 가까운 곳이었다. 경남 밀양이 고향이라고 알고 있었고 친척들도 밀양과 부산 등지에 꽤 있었기에 경상도 지역에서 정착지를 찾다가 김해로 가기로 마음먹었다. 그런데 영사는 기왕이면 서울에서 가까운 곳에서 자리를 잡는 것이 좋겠다고 조언했다. 서울 다닐 일이 많을 텐데 김해에 자리 잡고 있으면 시간이 너무 오래 걸려서 불편할 것이라는 이유였다. 그러면서 영사가 추천한 곳이 경기도 파주였다. 파주는 서울에서 전철로 1시간 이내에 왕래할 수 있었고 지역도 나쁘지 않았기 때문이다. 영사는 한국이 괜찮은 것 같다고 한번 가보라고 했다.

그래서 연구참여자는 고국 방문으로 나오게 되었을 때 친구들과 파주를 한번 돌아다녀보기도 했다. 그렇게 다녀보니 파주가 서울에서 지하철로 딱 1시간 걸리는 것을 보고 괜찮겠다고 생각해서 파주에 자리를 잡게 되었고, 현재는 파주 사할린동포회 회장으로 일하고 있다.

7.
연구참여자 7: 의사 가운을 벗은 대장간의 용접공

1) 생애담 요약

연구참여자는 1943년 사할린에서 태어났다. 부친의 고향은 강원도 횡성이다. 연구참여자의 부친은 결혼하고 며칠 뒤 어머니만 고향에 남겨두고 돈을 벌기 위해 1938년 일본으로 떠났다. 일찍이 일본으로 가 있던 누나의 영향이었다. 아버지는 일본에서 돈을 벌다가 1940년 고향으로 와서 어머니를 모시고 다시 일본으로 갔다. 그런데 1942년 돈을 더 많이 벌 수 있다는 말을 믿고 사할린으로 건너갔다.

사할린에 도착한 아버지는 산판에서 마차를 몰면서 나무를 실어 나르는 일을 했다. 그리고 1943년 연구참여자를 낳은 뒤 고향에 있는 아버지의 형제들도 사할린으로 불러들여 모두 같은 마을에 모여 살아 홀아비로 간 사람들의 부러움을 샀다. 연구참여자는 어려서 친척들과 어울려 살아서 외로움 없이 자랐다.

조선학교에 다니던 연구참여자는 1963년 조선학교가 폐지된 후 러시아학교에 들어가 힘겹게 수학했다. 그러나 국적이 없어서 대학에 갈 수 없었다. 연구참여자는 대학에 가기 위해 북한 국적을 받을까도 생각했다. 그러나 러시아 국적을 받아 대륙으로 대학을 가기로 마음먹고 부모님 모르게 러시아 국적을 받았다. 이런 오빠의 고민을 알고 있던 여동생은 부모님 모르게 가방을 싸주고 오빠의 유학을 응원해주었다. 연구참여자는 야반도주하여 대륙으로 가서 치과대학에 입학했다.

치과의사가 된 연구참여자는 군에 입대하여 치과 군의관으로 일했다. 제대 후에 부모님 곁으로 돌아와 용서를 빌고 치과병원에서 일했다. 그러나 치과의사의 월급이 너무 적어 3남 1녀와 생활하기에는 부족했다. 연구참여자는 과감하게 의사 가운을 벗고 대장간의 용접공이 되었다. 용접공 일은 힘들었지만 급여는 의사보다 많았다. 하지만 아내는 용접공으로 일하는 남편이 늘 안타까웠다. 아내는 남편을 설득하여 하바롭스크에 있는 통신대학의 건축설계학과에 다시 들어가 공부할 수 있도록 뒷받침해주었다. 낮에는 용접공으로 일하고 밤에는 대학 공부를 하려니 힘에 부쳤다. 아버지께서 이런 어려운 상황을 극복하기 위해서는 공부해야 한다는 가르침을 주셨기 때문에 참고 견뎠다. 연구참여자는 아내의 조력으로 건축설계학과를 졸업하고 사할린에 있는 건축회사에서 설계사로 일했다. 정직하고 성실하게 일하여 인정받고, 정년퇴임 당시에는 건축회사의 사장이었다.

연구참여자는 2010년 충청북도 제천으로 영주귀국했다. 제천은 공기도 좋고 인심도 좋아 두 노인이 살기에는 매우 좋은 도시였다. 무엇보다 아버지의 고향인 횡성과 가까워 위로가 되었다. 그러나 교통편이 불편하여 러시아 각지에 흩어져 사는 자녀들이 방문할 때는 매우 번거로웠다. 그래서 2019년 안산의 고향마을로 이사를 왔다. 안산의 고향마을은 영주귀국 사할린동포의 거점으로 교통이 좋고, 러시아 음식도 쉽게 접할 수 있어서 좋다. 하지만 자연이 주는 아름다운 경치도, 정답게 나누는 이웃의 정도 제천만 못하다는 생각을 하며 또다시 적응하기 위해 노력한다. 그가 쓴 유언장은 "내가 죽으면 묘를 만들지 말고 화장하여 바다에 뿌려달라"로 시작한다.

2) 생애담

(1) 좀 더 나은 삶을 꿈꾸며 떠난 길

연구참여자는 사할린에서 태어났다. 부모님은 일찍이 일본으로 시집간 고모의 영향으로 일본으로 건너가게 되었고, 일본에서 다시 사할린으로 노동이주를 했다. 이러한 부모님의 선택으로 연구참여자의 사할린 생활은 벌목장에서 시작된다.

> "저는 사할린에서 장남으로 태어났습니다. 아버지가 1918년생이니까 33세에 사할린으로 가셨어요. 아버지가 사할린으로 간 게 아니고 일본으로 1938년도에 나가셨거든요. 우리 고모가 일본으로 시집가서 살았어요. 그 바람에 일본을 간 거 같아요. 일본에 있을 때 사할린에 가면 돈을 잘 벌 수 있다고 모집해서 사할린으로 가셨지요. 사할

린으로 가 노가다일을 했지요. 뭐 다른 일이 없으니까. 아버지는 사할린에 먼저 가서 우리 고향 사람과 같이 살았대요. 나중에 김 씨라는 사람한테 돈 빌려서 고향으로 가서 식구들 다 데려왔대요. 아버지가 사할린이 다 살기 좋고 굶는 거보다 낫다고 가자고 해서 다 갔어요."

사할린으로 간 한인은 모집이나 강제동원으로 간 사람들도 있지만, 연구참여자의 아버지처럼 조국이 헐벗고 못살 때 단지 살기 위해 일본으로 간 사람들도 있다. 그들은 일본에서 일하다가 좀 더 나은 조건으로 일할 수 있다는 말을 듣고 사할린으로 갔다. 늘 배가 고팠던 고향보다 먹을 것이 있다는 것만으로도 고향에 두고 온 가족들을 데리고 사할린으로 가기에는 충분한 조건이었다. 돈을 벌어 고향으로 다시 돌아가 논밭을 사서 자녀들과 배불리 먹고 자녀들을 교육시킬 꿈을 꾸면서 말이다.

"아버지는 겨울이 되면 말을 끌고 산판에 가셨어요. 나무 실어 나르는 말이 있었는데 그건 특별히 일본 말이라서 훈련된 말이에요. 훈련받은 말은 누구한테 샀는지 모르지만 내 기억에는 우리 집에 4년 동안 그 말이 있었습니다. 겨울철에는 산판으로 일하러 갔어요. 사할린의 겨울은 매섭지요. 눈이 한 번 오면 사람 키만큼 옵니다. 여름에는 밭에 농사하러 갔어요. 그리고 6시간 정도 가는 상점에 가서 먹다 남은 음식을 싣고 와서 돼지에게 먹여 팔았어요. 그렇게 쉬지 않고 노력하면서 살았어요."

일본의 노동력을 해결하기 위해 자의든 타의든 사할린으로 간 한인이 할 수 있는 일은 매우 제한적이었다. 사할린 한인은 철도부설, 비행장 건설, 탄광 등에서 온갖 멸시와 차별을 받으면서 노동을 착취당하고 인권을 유린당하기도 했다. 오로지 돈을 벌겠다는 신념만이 한인이 붙들 수 있는 유일한 희망이었다. 연구참여자의 아버지는 일본 사람이 길들여놓은 말을 사서 겨울에는 말을 몰고 산판으로 가서 나무를 실어 날랐다. 사할린의 겨울은 유독 길고 매섭다. 눈이 한 번 내리면 처마 밑까지 쌓여 사람이 밖으로 나갈 수 없을 정도였으며, 말이 없으면 벌목한 나무를 강기슭까지 실어 나를 수 없었다. 그렇기 때문에 말을 가지고 있는 연구참여자의 아버지는 다른 사람들보다 임금을 높게 받은 편이었다. 그리고 여름이 되면 말은 농사를 짓는 데 활용되었다. 아버지는 이른 새벽에 말을 몰고 멀리 있는 식당으로 가 먹다 남은 잔반을 거두어 돼지를 키워 팔았다. 짐을 나르는 데 말보다 더 좋은 것은 없었다. 아버지는 그런 말을 애지중지하면서 그렇게 돈을 벌어 자녀들을 키웠다.

(2) 고려인 선생님의 따끔한 가르침

사할린에는 고향에 갈 수 없는 한인이 자녀의 교육을 위해 십시일반 돈을 모아 조선학교를 만들었다. 교사는 중앙아시아로 강제이주한 고려인과 글을 읽을 수 있는 한인이 맡았다.

> "학교선생들이 보통 보면 글자를 좀 읽는 사람들이 교원질을 했어요. 그리고 나중에는 저기 대륙에서 온 고려인들이었어요. 그 사람들이 와서 공부를 가르치고, 러시아 사람들도 있었잖아요. 아무 낯 찡그리지도 않고 앉아서 가르쳐주고 가는 러시아 선생님들이 있었어요.

지금 생각하면 참 고마운 선생님들이었어요. 우리 한 반에 30명, 35명이었어요. 들어오면 냄새가 얼마나 났겠어요. 아침에 밥 먹고 이도 안 닦고 오지, 옷도 그냥 바랬나 안 바랬나 갈아입을 옷도 없었고, 입는 거 다 떨어질 때까지 입었거든요. 그래도 학교 교복은 어머니들이 깨끗이 다 씻어서 보내는데 우리 머스마들은 그런 거 생각 안 했잖아요. 우리한테 무슨 향수 냄새 나겠습니까. 아이들이 뭐 생활하는 건 다 한가지겠지요. 공부시간에 앉아서 떠들고 장난하다 보면 연필 같은 게 날아옵니다. 맞거든요. 말 안 들으면 벌 받는 건데 손을 내놓고 막 때립니다. 안 그러면 손을 들고 서 있죠. 처음에 안 아프니까 까불면 손 위에다가 책 아니면 무거운 거 올려놓는 게 벌이었어요. 팔이 아파서 오래 못 있습니다. 무섭게 그런 벌 받았어요. 선생님은 우리가 잘되라고 한 것이지요."

사할린 한인은 성이 같거나 동향 사람들이 같은 마을에 어울려 살면서 작은 고향을 만들어 실향의 설움을 달랬다. 불안정한 사람들은 따뜻하고 편안한 인간적인 공간을 갈망하게 되는데, 그곳이 바로 고향이기에 쉽게 어울려 살게 되었다. 그리고 사할린 한인은 먹을 것이 없어 힘들었지만, 마을에 크고 작은 학교를 지어 자녀를 공부시켰다. 학교 교사들은 초창기에는 글을 읽을 줄 아는 한인이었다. 그러나 시간이 지나면서 교사의 수준이 낮다는 이유로 중앙아시아에서 온 고려인과 러시아 사람들로 바뀌었다. 파견 나온 선생님들은 꼬질꼬질한 조선 아이들을 탓하지 않고 잘 가르쳤다. 눈이 초롱초롱한 개구쟁이들은 선생님들을 보면서 꿈을 키웠다. 그때는 벌을 주던 선생님이 무섭고 싫었는데, 지금 생각하면 더없이 고마운 선생님이었다. 연구참여자는 "그 선생님들이 그립습니다"라고 하며 어느새 교실에 앉아 있는 코흘리개 말썽꾸러기 친구들을 그리워했다.

"그때는 공도 없었고 볼 차려고 하는 것도 없었고, 그거 나무 잘라서 깎아서 동그랗게 한 다음 툭 때리면 뱅글뱅글 도는 거 있잖아요. 팽이치기, 제기차기, 그런 것도 놀고 아니면 뭐 그림 그려서 손으로 자기편으로 땡기고 그런 땅따먹기 노름 있고, 눈감고 도망 다니고 감추고 찾으러 다니는 거 숨바꼭질도 놀고 했습니다."

사할린 한인의 자녀들은 쉬는 시간이 되면 밖으로 뛰어나가 흙바닥에 선을 긋고 땅따먹기를 하면서 놀았다. 노는 데는 시간과 장소가 따로 없었으며 눈에 띄는 것은 무엇이든 놀이 도구가 되었다. 그 놀이는 고향에서 하던 놀이였고, 숨바꼭질을 하다가 숨은 곳에서 잠이 든 적도 있었다. 놀이를 하다 보면 쉬는 시간은 늘 부족했다.

(3) 부모님 모르게 받은 러시아 국적

고등교육을 받기 위해 "고향에 가려면 무국적자의 삶을 살아야 한다"라는 부모님의 말씀을 거슬러야 했다. 연구참여자는 대륙으로 나가 고등교육을 받기 위해 부모님 모르게 러시아 국적을 받았다.

"아버지는 고향 가야 한다고 끝까지 러시아 국적도 북한 국적도 받지 않았고, 우리는 공부를 해야 한다고 러시아 여권 받아야 한다고 했어요. 러시아 여권이 있으면 마음대로 다닐 수 있고 대륙으로 공부도 하러 갈 수 있지만, 북한 거나 비공민증 그거 가지고 있으면 어디든 안 받아주고, 일도 불편하고, 어디를 가더라도 불편하잖아요. 허가증 없으면 여기 촌에서 다른 촌 가는 것도 벌금 내고 붙들리고 그랬습니다. 그래서 내가 아버지 허락 안 받고 러시아 여권을 냈습니다. 내가 러시아 여권 받으니까 밑에 동생들도 러시아 여권 내기 시작하고, 대륙으로 공부하러 가는 것도 밑에 동생이 몰래 책가방을 메주는 바람에 그거 들고 도망갔어요."

대부분의 사할린 한인이 고향에 돌아가기 위해 무국적자의 삶을 살았듯이 연구참여자의 아버지도 무국적자의 삶을 살았다. 국적을 가지고 있지 않으면 모든 활동이 제한적이었다. 직업은 물론이고 심지어 이동도 자유롭지 않았다. 그래서 대륙으로 가는 것은 꿈도 못 꾸었다. 연구참여자는 그런 아버지가 싫었다. 그래서 아버지의 허락 없이 러시아 국적을 받았지만, 아버지한테는 말할 수 없었다. 그런 심정을 헤아린 여동생은 오빠를 지원해주었다. 부모님 모르게 가방을 챙겨주었고, 그 덕분에 연구참여자는 대륙으로 갈 수 있었다. 그리고 동생들도 여권을 받기 시작했다. 연구참여자가 물꼬를 튼 셈이다. 연구참여자는 부모님 모르게 러시아 국적을 받아 불효를 했지만, 동생들에게 새로운 삶을 살 수 있는 길을 터주었다.

(4) 의사 가운을 벗고 선택한 용접공

연구참여자는 부모님 모르게 받은 여권을 가지고 대륙으로 갔다. 그곳에서 치의학과 공부를 마치고 치과의사가 되었다. 그러나 사회주의에서 의사의 위치는 다른 노동자보다 못 했고, 어렵게 성취한 의사 가운을 벗을 수밖에 없었다.

> "본래 저는 우리 사할린에서 10년제 중학교 끝났어요. 동생이 몰래 챙겨준 가방을 메고 대륙으로 가서 이빨 의과대학에 갔어요. 그리고 군대에 가서 거기서 의사로 군대에서 복무하면서 치과의사로 일했어요. 제대한 다음에 사할린으로 돌아왔지요. 돌아오니까 사할린에서 공부한 사람들이 숫자가 많고 일 장소가 없었어요. 일할 장소가 없다고 하니까 다른 도시로 보내대요. 거기 가서 치과의사로 일해보니 그 월급 가지고 그냥 혼자 살기도 바빴어요. 차라리 노동하는 게 나았어요. 노임을 노동자가 두 배나 더 받습니다. 그래서 의사 옷을 치워버리고 공장에 가서 땜질하잖아요. 쇠 같은 거 놓고 땜질하잖아요. 철 같은 거 때우지요. 숟가락 같은 거, 철근 용접도 하고 철 가지고 뭐 만드는 거 기계 같은 거 만드는 데 있잖아요. 용접이라고 합니까? 용접하는 일 했습니다."

우여곡절 끝에 어렵게 공부하여 꿈에 그리던 치과의사가 되었다. 그리고 바로 당의 명을 받아 군에 입대하여 치과 군의관으로 지내다가 제대 후 부모님 곁으로 돌아왔다. 그가 치과의사가 된 것만으로도 러시아 국적을 받은 불효는 갚은 셈이 되었다. 그러나 가까운 곳의 병원에는 자리가 없어 멀리 떨어진 곳에서 일하게 되었는데 대우가 형편없었다. 심지어 노동자의 급여만 못 했다. 그래서 어렵게 딴 의사 가운을 벗어 던지고 일터로 나섰다. 그는 쇠를 녹이고 땜질하는 용접공이 되었다. 용접공은 의사보다 급여도 많았고 자유로웠다.

"용접공으로 일하니 너무 천불나서 새로 대학교 공부했어요. 일하면서 공부하려니 어려웠습니다. 대학교에서 공부하는 독일어 배우고 뭐 어떤 나라 법이 있고, 또 생활법이 있고, 교수님들이 가르쳐주고 가면 뒤로 책으로 그거 다 읽어야 하잖아요. 책은 손에 들고 열심히 읽었는데 한 시간도 안 돼서 뭐를 읽는지 모르겠습니다. 저절로 눈이 감기고 잠이 오고 자죠. 그 대학에는 들어가기는 어렵게 들어갔는데 견디지를 못 할 거 같아요. 하지만 여기서 포기하면 죽는다. 배워야 산다는 그 뜻이 자꾸 있어서, 아버지도 공부하는 것만이 살길이고, 도와주는 부모들한테 뭐라고 하기도 어려웠어요. 그러니까 우리 아내가 자기 도와주겠다고 하면서 이 건축에 들어가라고 하대요. 부인도 설계를 합니다. 자기 일하는 설계 그거 하면 빨리 배울 수 있을 거라고 하대요. 저녁으로 공부해가며 일 년에 한 번씩 하바롭스크 가서 시험 치고 그렇게 해서 끝나기는 끝났어요. 설계회사에서 설계사 노릇했습니다. 처음에 뭐 하려고 하니까 어렵대요. 그러니까 처음에 시작할 때 적은 월급 받다가 차차 월급이 올라갔지요. 그게 이제 경력이 쌓이고 설계기사가 되니까 나올 때는 집사람보다 월급을 더 받았습니다. 돈을 좀 더 높이 올라갔습니다."

용접공이 된 연구참여자는 일이 단순하고 월급이 많아 좋았다. 그러나 시간이 갈수록 용접공으로 살기에는 스스로 용납할 수 없었다. 과거 치과의학대학에서 공부할 때도 너무 어려워 포기하려던 적도 있었다. 그러나 부모님의 뜻을 어기고 여권을 받아 대륙으로 갔고, 부모님께서 항상 공부만이 어려움을 극복할 수 있는 길이라고 믿고 있다는 것을 알기 때문에 어려움을 견뎠다. 건축설계사로 일하던 아내의 지지로 하바롭스크 건축

대학에서 건축설계를 공부하여 설계사가 되었다. 그리고 아내와 같이 일했는데, 아내의 급여가 더 많았다. 하지만 연구참여자는 기사 시험에 합격하여 건축 기사가 되었다. 그래서 아내보다 월급도 더 많이 받고 실력도 인정받아 건축회사의 사장으로 정년퇴임을 했다.

(5) 고향을 향한 그리움

타향살이를 하는 한인에게 고향에 대한 그리움은 고통이었다. 즐거울 때보다는 몸이 아플 때나 힘들 때, 뭔가 아쉽고 답답할 때, 삶이 녹녹하지 않거나 사회관계 혹은 가족들과 충돌할 때 그 고통의 깊이는 더했다.

> "고르바쵸프 시대가 돌아오니까 러시아 여권도 받을 수 있었어요. 그런데 아버지가 고향으로 가겠다고 여권을 받지 않았어요. 우리는 비공민증이라 어느 나라 국민도 아니었어요. 그런데 북한에서 와서 북한 여권을 받으면 북한으로 해서 고향에 갈 수 있다고 받으라고 했어요. 그렇게 선전해도 우리 북한 여권 안 받았습니다. 아버지는 끝까지 안 받고 누구도 모르게 이불을 뒤집어쓰고 새벽 4시 반부터 5시까지 미국에서 나오는 번역한 기사들을 말하는 거 듣고 그랬어요. 그렇게 하다가 들키면 벌 받은 사람들도 있고 들켜서 북한으로 추방당한 사람도 있어요. 들키면 자식들까지 다 데리고 갔는데 몰살당했는지 살았는지 아무도 모릅니다."

대부분의 한인이 그랬듯이 연구참여자의 아버지도 고향에 가기 위해 고난의 길을 걸었다. 이불 속에 들어가 숨죽이며 라디오에 귀를 대고 고향 소식을 들으며 고향에 돌아갈 꿈을 꾸었다. 사실상 조선학교를 열 수 있게 허락해준 구소련은 1963년부터 정책을 바꾸어 한인의 조선학교를 모두 폐교시키는 등 우리말 교육을 전면 금지했다. 모국어 교육이 사라지면서 한인의 정체성도 흔들리기 시작했다. 그리고 고등교육을 받으려면 러시아 국적을 받아야 했다. 그러나 대다수의 한인은 러시아 국적을 받지 않아 고등교육을 받지 못할 위기에 놓이게 되었다. 그 틈을 타 북한에서는 북송사업을 시작했다. 북한 국적을 받으면 김일성대학에 무료로 다닐 수 있을 뿐만 아니라 원하면 육로로 고향으로 갈 수 있다는 꿈도 꾸게 했다. 많은 사람들은 고향에 가기 위한 수단으로 북한 국적을 받았다. 그러나 북한에 간 한인은 공부를 계속할 수 없었을 뿐만 아니라 지금까지 생사가 확인이 안 되는 한인도 있어 가족들의 애간장을 녹이고 있다.

"아버지는 술 드시면 힘없이 나는 고향 안 간다 하대요. 다 굶어 죽고 미국 땅처럼 됐는데 내가 뭐 하러 가냐. 억지로 안 간다 그러시대요. 그러더니 또 내 아들 둘이 있으니까 내 아들 둘만 데려가면 된다. 빨개 벗고 애들 데리고 간다. 그 말까지는 하대요. 아버지가 돌아가신 다음에 올림픽이 열렸어요. 1988년 올림픽 한 다음에 여기 러시아에 있는 사람들 다 한국 땅이라는 나라가 강하고 잘사는 나라라는 것을 알게 되었습니다. 그전에는 북한 선전에 미국 땅 군대들이 있어서 시래기밥만 얻어먹는다고 우리보고 그렇게 가르쳤습니다. 텔레비전을 보다가 다 눈 동그라졌죠. 러시아에서 왜 거짓말했는가. 아버지가 계셨으면 얼마나 좋았을까 했죠. 어머니는 1984년도에 돌아가시고, 아버지는 2년 더 사셨어요. 부모님이 못 보고 돌아가신 것이 한이 되었어요."

고향에 돌아갈 수 없다는 것을 인식한 한인은 고향을 가슴에 묻고 자녀들을 교육시키기 위해, 또는 신분 상승을 위해 러시아 국적을 받고 러시아화되어갔다. 한인 1세가 할 수 있는 일은 농사를 지어 시장에 내다 팔거나 공사판에서 어렵게 일하는 것밖에는 살길이 없었다. 차별과 편견을 이겨내어 어렵게 교육을 마친 한인 2세는 자영업을 하여 경제적으로 어려움이 없게 되고, 좋은 직업도 찾아 한인의 위상을 높여갔다. 그렇게 러시아화되어가면서 고향은 점점 잊혀갔다. 그러던 중 1988년 서울올림픽이 열리면서 러시아 텔레비전에도 '대한민국, 한국'이 부각되었다. 텔레비전에 비친 한국, 아니 한인의 조국은 그동안 러시아에서 듣던 시래기밥만 먹고 미국화되었다는 것과는 아주 다른 건강하고 잘사는 나라였다. 올림픽이 열리자 그동안 업신여기며 차별하던 러시아 민족들도 한인의 위상을 인정해주었고, 움츠러들었던 한인의 어깨도 절로 펴졌다. 그러나 대부분의 한인 1세는 조국이 올림픽을 개최할 정도로 경제성장을 이룩한 진정한 모습을 보지도 못했다.

"우리 아버지는 글자도 모르는 사람인데 아마 누구한테 부탁해서 편지 쓴 모양이에요. 그 일본에 박노학이라는 그 사람이 러시아에 계시다가 일본 땅으로 갔었거든요. 그 사람이 우리 한인을 많이 도와줬어요. 그 사람이 그 편지를 받아서 한국으로 보낸 모양이지요. 1989년도에 나는 장남이라고 큰고모하고 같이 아버지 고향에 갔었어요. 당시에는 한국으로 바로 올 수 없으니까 유즈노에서 하바롭스크로 가서 하바롭스크에서 일본으로 들어갔습니다. 1989년에 고향에 가서 아버지가 고향으로 보낸 편지를 봤어요. 5촌 삼촌이 우리한테 그 편지 줘서 사할린으로 가지고 왔어요. 그 편지에는 아버지가 얼마나 고향이 그리운지, 그리고 고향에 가고 싶어 하는지 다 써 있었어요."

해방이 된 후 일본 사람들이 철수하면서 일본 사람과 결혼한 한인도 모두 일본으로 데려갔다. 사할린 한인 박노학은 일본 여성과 결혼했기 때문에 일본으로 갈 수 있었다. 일본에 간 박노학은 일본 변호사 다카키 겐이치와 사할린에 잔류한 한인이 고향의 부모친척들과 소식을 주고받을 수 있도록 연결고리 역할을 했다. 그 덕분에 많은 한인이 고향 소식을 접했고 친척들과 만나게 되었다. 글을 모르는 연구참여자의 아버지도 글을 쓸 줄 아는 사람에게 부탁하여 고향에 계신 부모님께 편지를 썼다는 것을 아버지가 돌아가신 후에야 알게 되었다. 아버지의 편지에는 고향에 대한 그리움이 가득 담겨 있었다. 그 덕분에 연구참여자는 고향을 방문할 수 있었다.

(6) 50년 만에 맡아보는 고향의 흙 내음

'고향'은 타향살이로 인해 불안정한 사할린 한인을 안정적인 존재로 전환시켜주는 대표적인 장소로 고정되어 있다. 고향을 생각하는 것만으로도 설레고, 고향을 상징하는 흙이야말로 고향 땅을 밟아보지 못하고 이슬로 사라진 사람들에게 가장 '한(恨)'으로 남았을 것이다.

"내가 아버지 고향 도동이라는 촌에 가니까 고향집에 가보니까 할

아버지가 말하는 그 집하고 똑같고, 삼촌들이 기계 하나 들고 나락 같은 거 두드리고 있었어요. 우리 일가 같은 사람들이 꽤 많이 살더라고요. 우리 삼촌이 사과밭 하는데 사과밭도 좀 보니까 괜찮게 사는 거 같이 보였어요. 그런데 집안 들어가니까 볼 게 하나도 없대요. 방 하나는 우리 작은아버지가 자고, 이쪽에 고모들하고 애들이 이불 펴고. 옛날에 할아버지 살던 집은 땅이 크지는 않았는데 가니까 다른 사람들 살던데 그대로 있대요. 우리 아버지가 여기 살았다고 하던데요. 구경 다 했는데 뭐 때문인지 표정이 안 좋았어요. 땅 나누어달라고 할까봐 걱정하는 것 같았어요. 내가 작은아버지 사는 거 보고 땅에 대해서 아무 관심 없다고 걱정 마시오 했어요. 그런 건 내가 정말로 생각도 안 했습니다."

연구참여자는 아버지의 고향을 방문했다. 아버지 고향은 도동이라는 작은 마을이다. 고향은 아버지가 말씀하시던 그대로였다. 돈을 벌어 고향에 땅을 사고 부모친척들과 행복하게 살 수 있다는 꿈을 안고 사할린으로 갔다. 하지만 고향에 돌아오지 못하고 사할린에 묻혔다. 아버지가 살던 집에도 방문하면서 아버지가 고향으로 오지 못한 것에 대한 서러움만 가득했다. 그리고 친척들을 만났다. 친척들은 처음에는 반겼으나 며칠 지나서부터 재산을 나누어주어야 한다는 부담 때문인지 그리 반가워하지만은 않았다. 동상이몽, 친척들의 행동에 씁쓸하기만 했다.

"장모님이 나보고 자네 고향에 가면 시간 내서 장인 고향 땅 좀 갔다 와달라고 말하데요. 장모님의 어머니는 일찍 돌아가셨는데, 장모님의 어머니가 맏이고, 여동생이 넷에 남동생이 하나라고 들었어요.

그 여동생들이 고향에 살고 있다고 해서 연락했더니 이모님 둘이 내 찾으러 도동으로 왔었어요. 그래서 이모 따라서 장인 고향도 다녀왔어요. 그리고 내가 1972년도에 우리 집사람 데리고 장인 어르신 고향에 갔지요. 장인 고향은 촌인데 버스 내리니까 집 한 11개밖에 안 서 있어요. 저기 아버지 장인 살던 집인데 지금은 없어졌다고 하니까 집사람이 눈물 흘리고 서 있었어요. 그리고 몇 번 또 갔다 왔어요. 그 이모하고 삼촌은 제가 초청해가지고 1993년도에 사할린 우리 집에도 왔다 갔어요. 고향은 다 없어져서 어디가 어딘지 모르게 변했어도 고향은 고향이에요."

연구참여자의 아버지 고향에서 그리 멀지 않은 곳에 장모님의 고향도 있었다. 연구참여자는 장인어른의 고향에도 들러달라는 장모님의 부탁을 받고 그곳으로 향했다. 장인어른의 고향은 몇 채 안 되는 작은 동네였고 살던 집은 터만 있을 뿐 집은 온데간데없었다. 연구참여자는 장인어른의 고향을 하나도 빠뜨리지 않고 모두 눈에 넣었다. 그리고 사할린에 가서 아내에게 말해주었다. 연구참여자는 형편이 펴서 자비로 고향에 올 정도가 되었을 때 아내를 데리고 장인어른의 고향 집에 들렀다. 아버지가 살던 터만 남은 고향 집을 바라보며 하염없이 눈물 흘리는 아내가 애처로워 기회가 되면 자주 들르곤 했다. '고향'은 듣기만 해도 가슴 먹먹해지는 정겨운 곳이며, 모든 시련도 추억으로 만들어주는 묘약이다.

"아버지가 이불 속에서 맨날 라디오 들었어요. 저는 들키면 벌 받는데 왜 거짓말하는 거 듣느냐 했지요. 아버지가 뉴스를 듣고 말씀하시면 믿어지지 않아서 이해 안 됐어요. 그런데 왜 아버지가 고향 고향

했는지 직접 와서 눈으로 보고 깨닫게 되었지요. 그래서 사할린에 갈 때 차 세우라고 해서 잠깐 내려서 봉지에 흙을 좀 담았어요. 작은아버지는 내가 무슨 소변이나 볼까 그런 생각을 했대요. 아무 말도 안 하고 흙을 담았어요. 고향의 흙을 가지고 가서 할아버지, 할머니 묘하고 부모들 묘에 가서 고향 땅에서 가져온 흙이라고 뿌려드리면서 말했어요. 내가 아버지 어머니 대신 고향에 가서 살 테니 걱정하지 말라고 했어요."

연구참여자는 고향에 가서 1개월 동안 친척들과 함께 지내면서 아버지의 고향을 가슴에 담았다. 아버지가 살던 집, 아버지가 거닐던 골목길을 걸으며 아버지를 불러보기도 하고, 흙도 만져보았다. 그리고 사할린으로 돌아가던 날 연구참여자는 달리던 차를 잠시 멈춰 말없이 비닐봉지에 흙을 담았다. 고향 땅을 떠나 한 번도 다시 밟아보지 못한 할아버지와 할머니, 그리고 부모님의 묘에 고향의 흙을 뿌려 고향의 냄새를 맡게 해드리고 싶었기 때문이다. 가지고 간 흙을 묘에 뿌리면서 아버지의 고향에 가서 살리라고 다짐했다.

(7) 부모님의 몫으로 얻은 고향에서의 삶

연구참여자는 2010년 제천으로 영주귀국했다. 제천은 공기도 좋고 정이 많은 도시였다. 무엇보다 아버지 고향인 경상도와 가까워 마음에 들었다. 그리고 작은 아들도 동포비자를 받아 제천에서 일하면서 같이 살았다.

"우리 아버지 나이 때 되는 사람들이 1세입니다. 그런데 다 돌아가시고 몇 안 되잖아요. 그래 1945년 8월 15일까지는 1세대로 들어간다고 하니 우리도 시간 되면 들어가겠다 해서 기다렸지요. 정말 한국에 온다는 생각은 내가 꿈에도 안 꾸고 생각도 못 했죠. 그래 아버지 대표로 이렇게 나왔다는 게 정말 믿어지지 않아요. 그런데 우리가 여기 와서 나는 좋은데 또 자식하고는 이산가족이 되었으니 좀 좋다는 소리는 못 하겠습니다."

연구참여자는 조부모님과 부모님이 꿈에 그리던 고향으로, 아니 디아스포라의 기원지로 회귀했다. 사할린 한인의 영주귀국은 1988년 러시아 정부가 사할린 한인의 영주귀국을 허용함으로써 1989년부터 추진해온 결과다. 하지만 이들 대부분은 수십 년 동안 이국땅에서 염원해온 그리운 조국과 고향에 돌아왔다는 기쁨과 동시에 자신이 평생 살아온 삶의 터전을 떠나 새로운 곳에 적응하면서 시간이 지날수록 자식에 대한 그리움과 사할린에 대한 향수병이 도지고 있다.

"제천 집은 두 칸짜리 집이거든요. 보통 우리가 사는 곳이 그렇습니다. 그런데 우리 둘째 아들이 사할린에 일 없다고 해서 여기에 와서 방 하나 차지했어요. 제천은 공기도 맑아서 좋지만 특히 고향 땅 경북에서 가깝습니다. 경북에 작은아버지가 계셨거든요. 그래서 그런지 나는 제천이 괜찮았어요. 작은아버지 계실 때 같이 가서 차례 참석하고 그랬어요. 그리고 사촌 동생들이 또 다 나이가 차서 자식들 결혼식하면 청첩장이 옵니다. 대구에 사는데 잔치는 서울에서 합니다. 그러면 서울 결혼식장에 갑니다. 내가 할 일은 다 하고 삽니다."

연구참여자는 제천이 좋다. 공기도 좋고 인심이 좋은 것도 있지만, 무엇보다 아버지 고향이 가깝기 때문이다. 명절이 되면 고향에 사는 작은아버지 댁으로 가서 차례도 지내고 제사도 지냈다. 그리고 친척들의 애경사에도 참석하여 70여 년 동안 왕래하지 못한 간극을 메우고 있다. 그가 고향을 찾는 것은 명절과 제사 때문만은 아니라 아버지의 몫이다. 그리고 고향을 잊지 않으려는, 자식들에게도 고향을 전수해주고 싶은 간절함이다. 그때마다 아버지에 대한 그리움이 더욱 커진다.

> "지금은 고향에 갈 일이 없어졌어요. 작은어머니가 그 땅 있는 거다 팔고 아들이 사는 일산으로 갔어요. 일산에는 믿는 사람들입니다. 제가 제사하러 갔더니 앉아서 이렇게 성경책 놓고 노래하고. 나는 제사 지내는 사람이라 술이나 한잔 부어드리고 인사하고 제사 드리고 그런 생각하고 갔는데 안 하데요. 첫해는 참석했지만 뭐 그다음에는 가서 내가 뭐 보겠습니까. 큰애가 우리 사촌 되지만 인정머리가 좀 없습니다. 둘째는 동생은 그래도 일 년에 몇 번 전화 안 하면 또 우리 집에 찾아오고 제천으로 찾아도 오고 그렇게 하는데, 큰애는 그런 정이 없어서 안 가요."

연구참여자는 고향에 갈 수 없는 서러움이 있다. 70여 년 헤어져 소식도 듣지 못하고, 고향에 온다는 꿈만 꾸다가 사망한 아버지에 대한 그리움으로 찾은 고향이었는데 친척들이 떠나면서 고향에 갈 이유가 없어졌기 때문이다. 고향에 계시던 작은아버지가 돌아가시자 작은어머니는 고향에 있던 논과 밭 등 재산을 정리하여 자녀가 거주하는 곳으로 이사했다. 게다가 종교가 달라 제사를 지내지 않게 되자 제사에도 참석하지 않게 되었다. 상황이 그렇게 되자 간신히 이어오던 사촌들과도 거리가 멀어지게 되어 서운함이 더 크다.

"아버지 어머니 유해를 한국으로 모시고 싶어서 허가 다 받았습니다. 그런데 우리 부모들만 생각 못 하잖아요. 내가 책임 있는 사람인데 할아버지 할머니들도 다 해야 하고, 그리고 밑에 작은아버지도 계시죠. 삼촌도 있죠. 마음대로 안 되네요. 그리고 어머니가 오래된 묘는 건드리면 좋은 일 안 생긴다고 하셨어요. 그 말씀이 머릿속에 깊이 들어 있어요. 그 말도 아들한테 일러두었어요. 아들이 이번에도 추석에 가서 다 페인트칠도 하고, 낫 가지고 다 풀도 다 자르고 청소했다고 자기 할 일 했다고 하데요. 그래 한쪽으로는 자식한테 맡겨놓는 것도 풍습을 끝까지 하라는 뜻이기도 합니다."

사할린 한인은 본인이 희망하면 사할린에서 돌아가신 분들의 유골을 한국으로 가져올 수 있다. 그러나 어머니는 살아계실 때 오래된 묘를 건드리면 좋은 점보다 안 좋은 점이 많다고 늘 말씀하셨다. 그래서 그런지 연구참여자는 부모님뿐만 아니라 조부모님의 유골을 한국으로 가져오고 싶지 않다. 특히 그 깊은 내막에는 지금 사할린에 거주하는 동생들과 자녀들이 한인의 풍습대로 제삿날이 되면 제사를 지내고, 추석명절이 되면 묘를 찾아가 정비하면서 한인의 정체성을 유지하라는 의미이기도 하다. 연구참여자는 자신의 몫을 대신 해주는 아들이 믿음직스럽다. 연구참여자는 내심 비록 한국어를 하지 못하는 자녀이지만 산소를 돌보고 제사를 지내며 아들에게서 손자한테로 한인의 정체성을 전수하고 싶은 욕심을 부려본다.

(8) 안산에서의 새로운 둥지

연구참여자는 2019년 제천에서 안산으로 재이주했다. 안산은 사할린 한인의 거점지역으로 교통도 좋고, 러시아에서 먹던 음식을 쉽게 살 수 있어서 마음에 든다.

> “연세 많은 사람들이 돌아가시는 분들이 자꾸 생겨서 빈집이 나옵니다. 시간이 문제잖아요. 그래서 거기는 원래 근 20년 다 되어가는데 나이가 뭐 90 넘었지만 100살 사는 사람들이 누가 있습니까. 뭐 보통 우리 부모 나이 때는 93, 94 보통 명이 긴 사람들이 지금 숫자로 몇이 안 되지요. 숫자로는 800명 이상 살지만 지금 한 3분의 1은 돌아가셨어요. 그래서 그런 집에 혼자서 살거든요. 부부간에도 남편이 죽거나 부인이 죽어서 또 그래서 빈집이 생기지요. 지금 한국에 27개 도시에 이렇게 다 퍼졌어요.”

1990년부터 영주귀국사업이 시작된 이래 4,700여 명이 영주귀국을 했다. 그러나 2020년 현재 약 2,700여 명이 전국 27개 지역에 흩어져 살고 있다. 그중 안산의 고향마을은 사할린동포의 거점지역이라 할 수 있다. 1990년 영주귀국을 결정한 후 최초로 대규모로 입주했다. 초창기 영주귀국 신청 우선순위에 연령이 포함되었기 때문에 안산의 고향마을에 입주하신 분들은 고령자들이 많다. 안산 고향마을에 입주하신 사할린 한인 중 이미 돌아가신 분이 50%에 육박하여 공가(空家)의 빈도도 높다. 공가가 생기면 사할린 영주귀국자연합회를 통해 지역 간 이동이 가능하다. 그래서 연구참여자도 제천에서 안산으로 옮길 수 있었다.

"이제 두 달 지냈는데요. 우리 집사람하고 운동을 좋아하거든요. 그래서 새벽에 한 다섯 시 반이나 여섯 시쯤에 일어나면 친구하고 같이 산으로 한 시간에서 한 시간 이십 분 정도 걷는 습관이 되었습니다. 산에 그 절당이 있는데 바로 걸으면 25분 걸립니다. 올 때 25분, 갈 때 25분, 거기에 올라가면 군인들이 훈련하는 장소가 있어요. 군인들이 훈련하는 장소가 있는데 우리 남자들 가서 누구도 안 보니까 웃통도 벗고 마음대로 운동할 수 있어 올라가죠. 여자들은 운동하는 곳 거기서 쉬고, 뭐 얘기하고, 운동도 좀 하고 내려오는데 여기는 그런 장소가 부족합니다. 안산에는 나무도 많고 그렇지만, 사방에 길이고 자동차 다니고 공기는 제천하고 비교가 안 되죠. 집사람은 제천에서 살 적에 어울려 지내던 친구도 그립다고 다시 제천으로 가자고 하네요. 제 둘째가 나처럼 3학년 공부하다가 던졌어요. 내 길로 따라가는가 모르겠습니다만 그래 그 아들이 여기 제천에 와 있어요. 일하고 있는데 얼마나 살랑가 모르지만 같이 있을 수 있잖아요. 그 자식이 옆에 있어서 그런지 조금은 든든합니다."

연구참여자는 여러 가지를 고려하여 안산으로 이사 왔다. 특히 사할린에 거주하는 자녀들이 방문할 때 더욱 편리하다. 그러나 제천에서의 10년 세월이 몸에 익숙해진 몇 가지가 있어 제천이 그립다. 뒷산에 올라 같이 운동하던 친구이며, 맑은 물과 공기, 인심 등이 그리움의 대상이다. 아내는 친구가 그립다는 핑계로 다시 제천으로 가자고 하지만 무엇보다 둘째 아들이 혼자 제천에 있어서 둘째 아들을 곁에 두고 싶은 마음일 것이다.

(9) 자녀들도 한국인으로 살 수 있기를 바라는 마음

연구참여자가 사할린에 대한 향수가 깊어진다는 것은 현재의 삶이 어렵다거나 무엇에 대한 상실감이 깊다는 증거라 할 수 있다. 연구참여자는 외로움과 낮은 자존감, 그리고 역할 상실이 클 때 절망감을 느꼈으며, 사회적 고립과 지원의 결핍에서도 향수를 느꼈다.

> "우리 작은아버지 살 때 여기 와서 우리 가족을 호적에 넣어달라고 부탁했어요. 그런데 할아버지 거 다 나오는데 돈 들더라도 해달라고 부탁했어요. 그런데 끝까지 도와줄 사람 없대요. 시작은 해봤습니다. 서류 다 준비해가지고 가져왔는데 재판해야 된다 하대요."

연구참여자는 아버지가 그리워하던 고향에서 자녀들과 같이 살고 싶다. 자신이 한국인으로 살 듯 자녀들에게도 한국인이라는 증명서를 만들어주고 싶다. 그래서 자신을 조카라고 보증해줄 수 있는 작은아버지가 살아계실 때 할아버지의 손자로, 아버지의 아들로 호적에 올려달라고 부탁했다. 그러나 지금 사할린에 살고 있는 자녀들은 한국 국적을 받기가 쉽지 않다. 한국 문화에 서툰 연구참여자 혼자의 힘으로는 할 수 없다. 연구참여자는 할 수만 있다면 어떠한 어려움이 있더라도 자녀들에게 한국 국적을 주어 한국인으로 살게 하고 싶다.

> "나는 집사람에게도 말합니다. 내가 죽으면 화장해가지고 뿌려달라고. 그게 제일 깨끗합니다. 할머니, 할아버지 제사, 부모들 제사, 하루 이틀이 아니고. 할아버지 돌아가실 때 3년씩 내가 집에 모시고 했

어요. 집에 사람 그거 다 했어요. 옆에서 하라고 해서 하는 게 아니고 그때는 법이 그래서 의식해서 그렇게 했어요. 하지만 지금은 많이 변했어요. 내 생각에는 쓸데없는 짓이라고 생각해요. 아들한테 부담 주기 싫어서 화장해서 뿌려달라고 했어요. 나는 특별히 어디 가서 묻어달라 그런 소리 안 하겠다고, 여기 여느 사람처럼 우리는 다 그쪽에서 왔는데 화장해서 뿌리면 거기로(사할린) 다 날아간다고."

연구참여자는 사할린에 남겨진 가족들과 함께 거주할 수 없는 또 하나의 이산에 대한 슬픔으로 "죽으면 묻지 말고 화장해서 바다에 뿌려달라"라는 유언을 남겼다. 지난날 할아버지가 사망했을 때 고향에서 하는 것처럼 집에서 3일 장례를 치렀다. 그리고 위패를 모셔 3년 동안 상식을 올리고, 제사를 모셨다. 그것이 한인으로서 자식의 도리라고 생각했다. 그러나 시간이 지나면서 한인의 정체성을 유지하고 전수하고 싶은 마음은 크지만 자식들이 번거로울까 봐 부담도 있다. 그래서 자신은 죽으면 화장하여 바다에 뿌려달라고 했다. 그러나 거기에는 보이지 않는 깊은 뜻이 담겨 있다. 연구참여자가 청춘을 불태우며 어려움을 극복하기 위해 노력했던 사할린, 자녀들이 뛰어놀던 공간도 그립기 때문이다.

"어머니는 가을 되잖아요. 11월달 추워지면 이런 큰 20, 30리터 되는 항아리를 땅에 묻습니다. 그때는 땅 파는 기계도 없었고요. 냉장고라는 건 구경도 못했잖아요. 그래서 배추를 다 버무려가지고 봄 한 5월달까지는 땅속에 묻어놓고 먹어요. 싱싱해요. 고춧가루 넣고, 마늘 넣고, 소금에, 생생하지요. 된장하고 그런 게 그때는 제일 맛있을 때예요. 그리고 된장 하면 뭐 집에서 메주 뜨고 하면 옷이랑 다 버렸죠. 그

메주 뜨는 냄새. 지금 어머니 나이가 되어서 그 옛날 생각하면 참 그립습니다.”

사할린의 겨울도 고향의 겨울과 같았다. 시간이 지나면 궂은일도 좋은 일도 다 추억이 된다. 사할린의 겨울은 유난히 춥고 길었다. 날이 쌀쌀해지면 집집마다 땅을 파서 항아리를 묻었다. 김치를 담가 묻어놓은 항아리에 채워놓으면 늦은 봄까지 식량이 되었다. 그리고 방마다 메주를 띄웠는데 그 냄새가 너무 싫었다. 그러나 지금은 그 고리타분한 냄새마저 그립다. 어머니가 그리울 때면 그 냄새도 그리워진다. 연구참여자는 지나온 날들을 기억해내거나 스쳐지나다가 만난 것들로부터 과거를 회상하며 알 수 없는 슬픔까지 느끼고 있었다. 그때의 슬픔은 부모를 비롯한 사할린에서의 생활에 대한 그리움이었다.

8.
연구참여자 8:
체육교사였던 사할린의 씨름왕

1) 생애담 요약

연구참여자는 1940년 사할린 마카로프에서 4남 3녀 중 둘째로 태어났다. 그의 아버지는 1939년 노동자 모집을 통해 사할린으로 이주하여 마카로프에서 겨울에는 벌목공으로 일했다. 그러나 추운 겨울 벌목장에서 일하는 것은 건강한 사람만 가능했다. 아버지는 벌목장에서 일하다가 병을 얻어 더 이상 일하지 못하고 화물차의 머리에 물을 넣고 빼는 일을 했다.

연구참여자는 다섯 살 되던 해에 포르나이스크로 이사해서 조선학교에 다녔다. 아래 동생과 같은 교실에서 공부했는데, 공부보다 운동하거나 노는 것을 더 좋아했다. 어느 해 가을, 학교에 가다가 동생은 교실로 가고, 연구참여자는 산으로 들어가 각종 과일을 따 먹었다. 그리고 양지바른 곳에서 낮잠을 자면서 동생이 하교하기를 기다렸다. 학교가 끝날 즈음 산 아래로 내려와 집으로 가는 동생을 만나 같이 집으로 돌아가 학교에서 온 것처럼 거짓말을 했다. 하지만 아버지는 아들이 학교에서 왔는지 놀다가 왔는지 금방 아시고 매를 들었다. 아버지의 매를 맞으면서도 다음 날도, 그리고 그다음 날도 산에 그득한 맛난 열매의 유혹을 뿌리칠 수 없었다. 산은 가난으로 곯은 배를 채워줄 수 있었다. 연구참여자는 그렇게 소학교 시절을 보냈다.

중학교는 멀어서 기숙사 생활을 했는데, 주말이면 집에 와서 부모님을 도왔다. 그리고 학교에 갈 때는 기차를 타고 가야 했는데, 어머니가 주신 돈으로는 동생과 함께 기차를 타고 갈 수 없었다. 그래서 몸이 약한 동생은 표를 사주어 좌석에 앉아 갈 수 있게 하고, 연구참여자는 화물칸에 매달려 무임승차를 하면서 다녔다.

연구참여자는 학교생활이 즐겁지 않았다. 그러던 어느 날 우연히 같은 학년의 여학생을 보았다. 예쁜 코트에 목에 두른 목도리, 그리고 긴 부츠를 신은 여학생을 보는 순간 눈이 반짝였다. 그 여학생에게 첫눈에 반했다. 주말이면 그 여학생과 만나 노래도 부르고 춤도 추며 우정을 쌓아갔다. 그때부터 학교생활이 즐거워졌다. 운동을 좋아하는 그는 씨름대회에 나가면 상을 타곤 했다.

그리고 대학에 다니면서 여름방학이 되면 학비를 벌기 위해 홀아비들이 일하는 들에 나가 일도 하고 한국어를 배우면서 돈을 벌었다. 어렵게 대학을 졸업한 그는 바로 학교 체육교사로 부임했다. 그리고 정을 키워온 여학생과 결혼을 했다. 하지만 처갓집이 너무 가난하여 하루 끼니도 먹을 것이 없다는 것을 알고 난 후 자처하여 처가살이로 들어갔다. 낮에는 학교에서 학생들을 가르치며 일하고, 밤에는 텃밭을 일구어 채소 등을 심었다. 당시에는 밭을 갈 수 있는 기계나 변변한 도구가 없어서 호미와 삽으로 밭을 일구었다. 농사를 지어 시장에 내다 팔면서 처갓집을 일으켜 세웠다. 그리고 두 딸을 위해 자동차를 사서 전국을 일주하면서 재미있게 살았다.

연구참여자는 40년 동안 체육교사로 훌륭한 선수들을 키워냈다. 스키대회에 나가서 상을 타는 공적도 쌓았다. 그리고 1990년 씨름 선수로 서울에 왔다가 한국에 반해 러시아와 한국을 오가며 통역을 했다. 강제이주 당해 산판에서 일하던 독신 한인한테 한국어를 배운 덕이었다. 그리고 두 딸도 모두 대학을 나와 결혼을 했다. 결혼한 딸이 손자를 낳았는데, 손자가 선천적 장애를 가지고 태어났다. 아내는 딸을 위해 장애를 가진 손자를 품어 키웠다. 연구참여자가 정년퇴임하던 즈음 아내는 병을 얻었다. 그래서 딸들이 거주하는 하바롭스크로 이사하여 딸들 곁에서 살았다. 연구참여자는 하바롭스크로 이사하여 한인회의 회장을 역임하면서 강제이주 당시 가족 없이 왔다가 죽은 한인의 묘를 찾아 유골을 화장하여 한국으로 보내주는 일을 했다.

그리고 2007년 장애를 가진 손자와 같이 영주귀국했다. 손자를 위해 좋다는 병원은 다 찾아다녔으나 장애를 극복하지 못하고 손자를 가슴에 묻었다. 아내는 그 충격으로 병이 깊어가 연구참여자를 가슴 아프게 하고 있다. 아내의 병이 너무 깊어 수술도 할 수 없어 일주일에 두 번씩 병원에 가서 치료만 받고 온다. 손자를 돌봐야 하는 부담이 없어 이제부터 여행도 다니고 둘만의 오붓한 시간을 보내고 싶지만 그럴 수 있는 시간이 많지 않아 안타깝다.

연구참여자의 큰형님은 같은 동네에서 살고, 여동생 한 명은 양산으로, 한 명은 인천 삼산동으로 영주귀국했다. 명절이 되면 모두 모여 식사를 하고 덕담을 나눈다. 그러나 정을 나누는 형제자매도 러시아에 사는 자녀만 못하다. 연구참여자의 바람은 아내의 마지막 가는 길을 자녀와 함께 배웅하고 싶다. 그러나 영주귀국법이 이를 허용하지 않고 있다. 이것이 사할린 한인의 현재 운명이다.

2) 생애담

(1) 공부를 싫어한 개구쟁이

연구참여자는 마카로프에서 태어났는데, 마카로프에는 벌목장과 탄광이 있어서 한인이 많이 살았다. 연구참여자의 부모님은 벌목장에서 일하면서 자식들을 어렵게 학교에 보냈지만, 연구참여자는 학교 대신 산에서 행복한 시간을 보냈다.

> "아버지는 벌목장에서 일했지요. 그런데 그때만 해도 먹는 거 없죠. 지금 가만히 생각해보면 정말 눈물만 나려고 하고. 먹을 것도 없는 데다가 몸이 아파서 그 산에서 어떻게 해요. 그래서 아버지는 벌목장을 그만두고 그 탄광으로 다니는 기차가 있었어요. 화물 기차 대가리라고 그러는데 끌고 다니는 거 거기다가 물을 넣고 빼는 일을 한 몇 년 일했어요. 어머니는 그냥 농사를 지었고."

고향에서 주로 농사를 짓던 한인은 사할린으로 가 대부분 탄광에서 일했고, 일부는 겨울철에 벌목하는 일과 철길을 놓는 일, 그리고 도로를 건설하는 곳에 배정되었다. 연구참여자의 아버지도 처음에 사할린으로 갔을 때는 산판에서 벌목하는 일을 했으나 벌목은 힘이 있는 건강한 사람만이 할 수 있는 강도 높은 노동이었다. 사할린의 겨울은 상상을 초월할 정도로 매섭기 때문에 건강하지 못한 아버지는 산판에서 일할 수 없었다. 그래서 탄광에서 탄을 수송하는 기차에 물을 넣고 빼는 일로 바꾸었다.

> "나는 1학년을 3년 다녔는가 그래요. 공부도 못했는가도 모르지만 거리가 너무 멀어서 학교까지 10리가 돼요. 그러니까 사할린은 9월이 되면 참 날씨도 좋지. 산에 가면 열매, 그중에 딸기들이 많잖아요. 학교에 가다가 학교는 가지 않고 산으로 가요. 산에 가서 열매만 따 먹고 산에서 자고. 이제 학생들이 집에 갈 시간 되면 산에서 내려와서 같이 걸어서 집에 가고 그랬어요. 그런데 밑에 남동생인데 동생이 1학년 갈 때 내가 같이 갔어요. 또 그래가지고 10년까지 한 반에서 같이 공부했어요. 동생이 아버지한테 일러서 죽도록 혼나고, 그다음 날 또 그렇게 동생은 학교로 가고, 저는 산으로 가서 딸기 따 먹고 자다가 동생하고 같이 집에 가고 했어요. 우리 동생은 또 약하고 어리어리해서 누가 자꾸 건드렸는데 내가 옆에 있는 것만으로도 절대 누가 건드리지 못 하지요. 동생한테는 엄청 든든했어요."

연구참여자는 키는 작지만 다부지고, 어렸을 때부터 공부보다는 운동을 좋아하는 개구쟁이였다. 사할린의 가을은 풍성했다. 그래서 연구참여자의 어린 시절 가을도 풍요로웠다. 동생과 같이 가는 등굣길은 걸어가기에는 너무 먼 거리였고, 가을산의 풍요로움이 학교에 가는 연구참여자를 유혹했다. 동생을 학교에 보내고 산으로 올라가 갖가지 나무 열매를 따

먹고, 배가 부르면 따뜻하고 양지바른 곳에서 누워 자면서 동생을 기다렸다. 그렇게 꿀잠을 자다가 일어나 하교하여 오는 동생을 만나 학교에 다녀온 것처럼 부모님께 말씀드리면 부모님은 속아넘어가지 않았다. 죽도록 맞는 매도 가을산 풍요로움의 유혹은 이기지 못했다. 다음 날도 또 그다음 날도 연구참여자를 산으로 불렀다. 공부를 싫어하고 말썽을 피우는 형이었지만, 동생한테만큼은 누구와 비교할 수 없을 정도로 든든한 보호자였다. 동생이 매 맞고 오는 날에는 형이 나서서 응징했기 때문에 감히 동생을 건드리는 어리석은 친구들이 없었다. 그래서 동생은 형의 든든한 뒷배로 안전하게 학교생활을 했다.

(2) 학비를 벌기 위해 찾은 들녘

연구참여자는 학교가 멀어 기숙사 생활을 했다. 주말에 집에 왔다가 월요일 학교에 갈 때면 기차를 타야 했다. 하지만 차비가 없어 수시로 화물차에 무임승차했고, 방학이 되면 일을 해서 학비를 마련했다.

> "나는 학교 갈 때 차비를 안 내려고 화물차 타고 다닌 사람이에요. 석탄, 나무 싣고 가는 화물차에 매달려서 가면 차비가 안 들잖아요. 우리가 있는 데서 기차 타고 마카로브까지 한두 시간 가는 건데 차비가 1명당 14원이었어요. 그런데 어머니가 25원을 줘요. 나하고 동생하고 같이 공부하니까 차비가 28원인데 25원을 주면 3원이 모자라잖아요. 그래서 동생보고는 객차 타고 가라고 하고 저는 화물차 탔어요. 화물차 막 가는 거 그냥 딱 들러붙어요. 그냥 지네처럼 붙어서 가는

거죠. 딱딱 들러붙어요. 내가 날랐어요. 이 사람도 고생 많이 했어. 그 탄을 실은 기차 내려오는 거 있잖아요. 화물차에 탄 싣고 가면 탄 위에 몰래 올라가요. 기차가 출발하면 탄을 내려요. 그러면 뭐 한 백 미터 이백 미터 삼백 미터 쭉 탄이 떨어지잖아요. 그러면 기차에서 뛰어내려서 떨어진 탄 그거 주서 와가지고 불 때요. 그때만 해도 석탄, 나뭇가지 가지고 불 때 먹고 사는 세월이었으니까. 석탄 살 돈이 없으니까 그렇게 살았어요."

학교에 가지 않고 산으로 올라가 열매를 따 먹으며 말썽을 부리던 연구참여자는 중학교에 갔다. 중학교는 집에서 멀어 기숙사 생활을 했는데, 학교까지 기차를 타고 다녀야 했다. 그래서 연구참여자의 가난했던 학창시절의 이야기는 산, 기차, 화물차에 대한 추억으로 남아 있다. 넉넉하지 못한 살림살이를 하는 어머니는 차비를 조금 적게 주셨다. 그러나 어머니를 탓하지 않았다. 연구참여자는 허약한 동생은 객실에 태워 등교시키고 자신은 달리는 화물차에 매달려 학교에 다녔다. 사할린에서 탄을 실어 나르는 화물차는 사할린 아이들에게 큰 보물이었다. 연구참여자처럼 먼 거리를 돈을 내지 않고 갈 수 있게도 해주었지만, 매우 위험한 놀이터였다. 화물차에 몰래 올라가 석탄을 땅에 떨어지게 하여 그것을 연료로 사용하기도 했기 때문이다.

"방학만 되면 내가 일한 사람이에요. 어머니가 그 식비를 못 내가지고 방학 석 달을 돈 버느라고 그 강제이주 온 호구래비들하고 같이 일했어요. 그때만 해도 농촌에 소를 많이 먹였으니까 여름이면 일꾼들이 풀을 베요. 소 가지고 밭 갈고 하잖아요. 일하러 가면 내가 열다섯 살이라 안 된다고 했어요. 월급을 쬐금 줬습니다. 그러면 저는 아침에 저하고 씨름할 사람 나오시오. 씨름해서 내가 지면 그날 일 안 하고 집에 갈 것이고, 내가 이기면 나를 받아주세요. 그래서 아침에 나와서 씨름을 해요. 그 사람들은 젊은 사람들이잖아요. 하지만 내가 다 들쳐 맸어요. 나는 열다섯 살 열여섯 살이지만 한창이었어요. 팀장이 딱 보고 일을 시켜요. 한 번 두 번 일을 해봤으니까 일을 괜찮게 하거든. 그 산더미처럼 풀을 싣고 가가지고 부려놓으면 그 사람들하고 똑같은 월급을 받게 돼요. 그 석 달 일하고 돈 벌어서 학비 냈어요."

가난한 가정에서 맏이로 태어난 연구참여자에게 여름방학은 학비를 벌 수 있는 시간이었다. 체격이 다부지고 일도 잘하지만 학생으로서 할 수 있는 일이 많지 않았다. 연구참여자가 사는 동네는 산판에서 가까운 곳이라서 겨울에는 산판에서 일하는 사람이 많았고, 여름이 되면 들로 나와 풀을 베는 한인이 많았다. 모집이나 강제로 왔기 때문에 혼자 사할린에 온 홀아비들이었다. 연구참여자는 이들이 일하는 곳에 찾아가 풀을 베겠다고 했지만 나이가 어려 일할 수 없다고 번번이 거절을 당하자 묘책을 내놓았다. 평소 연구참여자가 잘하는 씨름을 내기로 걸었다. 내기에서 이기면 일을 할 수 있고, 지면 일을 하지 않는 것으로 했다. 연구참여자가 생각해도 무모한 내기였다. 연구참여자는 어린 나이의 학생이었고, 거기에서 일하는 한인은 모두 장정이었기 때문이다. 그러나 일을 해야 한다는, 그래야 학비를 벌 수 있다는 생각 때문에 나이가 많고 힘이 센 홀아비들도 연구참여자를 이길 수 없었다. 그렇게 생활하면서 돈을 벌어서 학교에 다닐 수 있었고, 홀아비들한테 한국어도 배울 수 있었다. 후에 연구참여자는 이들한테 배운 한국어 덕분에 한 · 러 씨름대회의 통역이 되었다.

(3) 내 여자는 내가 지킨다

연구참여자는 학교에 다니는 것이 즐겁지 않았다. 가난한 부모님을 도와야 할 형편이었기에 학교에 다니는 것도 부담이었고, 빨리 돈을 벌어야 한다는 생각뿐이었다. 그러던 어느 날 같은 학교에 다니는 여학생을 만나면서 그의 학교생활은 활력이 넘쳤다.

"집사람은 저기 마까로프에서 태어났죠. 그런데 열세 살에 이사 왔어요. 국정시험 볼 때 만났어요. 먼 촌에서 시골에서 시험 보러 오는 거지요. 모여서 이제 시험을 치는데 만났죠. 눈이 딱 맞아서. 뭐 마음에 딱 들었다 안 들었다가 아니고. 보니까 여학생 3명이 왔는데 그중에서도 제일 인물이 괜찮았어요. 좀 부끄럽네 하하하. 저하고 6년을 같이 기숙 생활을 했거든요. 6년을 연애했어요. 그러니까 그때 생활에서는 줄 서서 행진하는 이 지금 이북에 그렇게 하잖아요? 뭐 밥 먹으러 갈 때 그러니까 아침, 점심, 저녁 다 행진하면서 우리가 다녔어요. 그 식당으로. 그리고 한 기숙사에 사니까 매일같이 보잖아요. 가만히 보면 입은 것도 잘 입었지. 다른 사람보다 어렸을 때 잘살았대요. 어머니가 그렇게 손재간이 좋아가지고 잘 입혔더라고요. 아니 겨울에 긴 신발을 신고 외투에다가 그 뭐야 그거 목도리, 목도리를. 이야 대단하다. 다른 사람들은 다 누추하게 입었어요. 눈독을 올린 거지요. 그런 건데 집사람이 뭐 누구하고 서서 얘기하면 그 질투심이 생기는 거예요. 마음에 딱 들어서 딱 점을 찍은 거지. 그리고 옆에 남자들은 얼씬도 못 하게 했어요."

연구참여자는 기숙사 생활을 6년이나 했다. 학교생활이 재미없을 즈음 의미를 부여해준 여학생이 있었다. 바로 지금의 아내였다. 아내는 시골에서 살았는데 시험을 보러 왔다가 연구참여자를 만났다. 연구참여자의 눈에 띈 여학생은 잘 차려입은 외투에 목에 두른 목도리, 긴 부츠는 한눈에 봐도 잘사는 집의 딸이었다. 게다가 그 여학생이 다른 남학생을 만나 이야기하는 것만으로도 질투심이 생길 만큼 매력적이었다. 그리고 내 사람으로 만들기 위해 공을 들였다. 그날 이후 6년 동안 같은 학교에 다니면서 정을 키웠다.

> "내가 친구들하고 한번 크게 싸움했어요. 사할린은 겨울방학이 2주인데 둘이 영화 보고 걸어가는데 왜 여기 여자를 건드리냐고 동네 청년 여덟 명인가 나를 둘러싸가지고 집에 안 보내주는 거예요. 그 엄동설한에 정월인데 양말도 없는 장화 신고 있는 나를 두 시간을 세워놓고 두드려 패겠다는 거예요. 그래서 내가 말했어요. 오늘은 너희들한테 맞겠다. 내가 맞기야 맞겠지. 그러나 너희들 나를 조심해라. 내가 마까로브에서 공부할 때 운동 많이 한 사람이야. 내가 말 꺼내면 끝까지 하는 사람이다. 그러니까 너희들 정신 차리고 나를 때리려면 때려라. 그렇지만 내일 아침에 너희들 일 갈 때 내가 여기서 기다리겠다. 건성으로 들었어요. 다음 날 아침 6시 반에 일어나서 철길에서 기다렸어요. 한 명이 아무것도 생각도 안 하고 일 가려고 오는 거야. 그래서 딱 막아서서 못 가게 했어요. 보내달라고 사정하는데 일 못 가게 하고 집으로 돌려보냈어요. 내가 집사람을 지키기 위해 별짓을 다 했다니까요."

연구참여자는 방학이 되면 여자 친구와 만나 영화도 보면서 정을 키워나갔다. 그런데 어느 날 동네 청년 무리가 가는 길을 가로막았다. 도시의 남자가 와서 동네 여학생을 만난다는 이유였다. 이에 조용히 보내달라고 부탁했으나 동네 청년들은 순순히 보내주지 않고 몇 시간을 세워두었다. 사할린의 겨울은 추위가 혹독하기가 이루 말할 수 없다. 바다까지 얼어붙는다. 그렇게 추운 밤, 발이 꽁꽁 얼어 걸음이 안 걸어질 정도였지만 여자 친구를 위해 싸우지 않았다. 화가 난 연구참여자는 다음 날 아침 동네 어귀에서 출근하는 동네 청년들을 가로막았다. 어제의 일들을 사과하지 않으면 일하러 갈 수 없다고 으름장을 놓았다. 동네 청년들은 일대일로 연구참여자를 당해낼 장사가 없었다. 동네 청년들은 미안하다는 사과를 하고서야 일터로 갈 수 있었다. 연구참여자는 그렇게 여자 친구를 지켰다.

(4) 자처한 처가살이

연구참여자는 학교 다닐 때 만난 여자 친구와 어렵게 결혼을 했다. 그러나 처갓집을 일으키려고 처가살이를 했고, 그렇게 한 결과 처갓집은 남부럽지 않은 집이 되었다. 사할린에서는 부지런만 하면 먹고사는 것은 가능하다는 것을 보여주었다.

"내가 학교에서 일할 때 결혼했어요. 결혼할 때 처갓집은 잔치도 없었죠. 우리 집에서 하는 거로 하고 장모님만 왔지. 다 동생들이니까 처형은 먼 데 있고, 또 그때만 해도 처형이 임신하고 있었으니까 못 오고. 우리가 12월에 했는데 눈이 하여튼 1미터 이상이 왔어요. 그런데 제일 무서운 건 내가 장가를 든 것이 아니고 시집을 간 거예요. 잔치하고 한 달 만에 내가 처가살이를 갔어요. 잘살던 집이 장인 돌아가셨지요. 장모님 아프지요. 동생들 줄줄이 있지요. 처남 둘. 처제 넷이 굶어 죽을 형편이야. 그래서 아버지 어머니 있는 데 무릎 꿇고 내가 데릴사위로 들어가야 한다고 했더니 아버지는 아무 말 안 하시고 쓱 방으로 들어가고 어머니도 울고불고 난리가 난 거지요. 아니 우리도 못살고 그러는데 니가 어떻게 돼서 그런 데 들어가느냐. 어머니한테 사정했죠. 그랬더니 어머니께서 울면서 잘살라고 하대요. 1960년도인데 그때만 해도 부모들이 누가 좋아하겠어요. 친구들도 다 외면했어요."

연구참여자는 대학을 졸업하고 바로 학교의 체육교사로 발령을 받았다. 그리고 청소년 시절 사춘기를 함께 보내며 꿈을 키웠던 여자 친구와 결혼을 했다. 연구참여자가 결혼할 당시 처갓집의 살림은 형편이 없었다. 장인어른이 돌아가시고 장모님도 몸이 불편하여 집이 기울 대로 기울어 있었다. 그래서 연구참여자는 처갓집을 일으켜 세우지 않으면 처남, 처제들이 위험해진다고 느끼고 처가살이를 자청했다. 연구참여자는 장남에 맏아들이었지만 과감하게 부모님께 처가살이를 말하자 아버지는 말없이 방으로 들어가시고 어머니는 돌아앉았다. 그리고 그렇게 가족을 떠나 처가살이하러 들어갔다. 연구참여자의 마음을 알아주는 지인들도 그에게서 떠났다. 결혼은 자기와의 외로운 싸움이었다.

"결혼해 가가지고 아침에 집사람이 뭐(아침)를 내놓는데 처남 둘 처제 다 학교 다녔어요. 처제는 1학년 다니고 처남 둘째는 3학년 다니고 하나는 4학년 다녔는데 나까지 먹고 가야 되는데 이제 내 거라는 게 없어요. 먹을 게 없어요. 그러니까 집사람이 그 주방에 서서 눈물만 흘리고 있잖아요. 나는 그 상황을 딱 보고 너희들 천천히 먹고 와. 먹을 거라고 없는 건데 뭐 먹어요. 빵 조각 하나 있을까 말까예요. 그다음에 시래기. 내가 알아요. 무순 조금 달린 거 몇 개 내놓고 먹으라고 하는데 그거 내가 어떻게 손을 대요."

연구참여자의 출근길은 항상 빈속이었다. 아내가 내놓은 아침 밥상에는 빵 몇 조각과 김치 몇 조각이 전부였다. 연구참여자는 약속한 밥상을 줄줄이 있는 처제와 처남에게 양보하고 학교에 급한 일이 있어서 먼저 가니 밥 먹고 천천히 오라고 일러두고 학교로 향했다. 그리고 이를 악물었다. 어떻게 해서든 처갓집을 일으켜 세워야 한다는 마음뿐이었다. 아내는 학교에 급한 일이 있어 먼저 간다는 남편의 마음을 잘 알았다. 아침도 못 먹고 출근하는 남편의 등을 보고 눈물을 훔쳤다.

"말할 것도 없어요. 아주 뭐 밑바닥이지. 그래서 이제 결심을 한 거지. 이제 개인 집이니까 텃밭이 있어요. 야, 이렇게는 안 된다. 뭐든지 심고 팔자. 집사람도 부지런했어요. 농사 진짜 잘해요. 채소 심어서 팔고. 팔고 남은 채소는 우리가 먹고. 그리고 러시아 식당에 가서 그 먹다 남은 음식 나오는 거 들고 와 가지고 섞어서 돼지 먹이고. 그렇게 한 삼사 년 고생했어요. 그다음에 월급도 좀 올라가게 되고 형편도 풀어지고 이런 거예요. 진짜 사할린에서 나중에는 남부럽지 않게 살았어요. 그러니까 동네에서 다 놀랐어요."

연구참여자의 손은 처갓집을 일으켜 세운 약손이다. 처갓집을 일으켜 세우기로 마음먹은 연구참여자는 낮에는 학교에서 학생들을 가르치고, 퇴근한 후에는 해가 지고 다음 날 해가 뜰 때까지 밭을 일구어 채소를 심고, 채소가 자라면 시장에 내다 팔았다. 아내는 그런 남편이 고마워서 아침부터 저녁 늦게까지 쉬지 않고 일했다. 그리고 가축을 기르기 위해 근처 식당을 돌아다니며 먹다 남은 음식들을 거두어다 가축을 길러 팔아 처제와 처남을 가르쳤다. 그렇게 앞만 보고 3~4년을 달렸다. 그런 노력 끝에 처갓집은 자리를 잡게 되었고, 경제적으로도 남부럽지 않은 집이 되었다.

(5) 최고의 남편이자 최고의 아빠

연구참여자는 마을에서는 손가락질을 받았지만 가장으로서는 최고의 남편이자 최고의 아버지였다. 학기 중에는 학교에 매진하고, 방학이 되면 가족을 위해 헌신했다. 어린 딸들과 아내는 노래를 부르고, 아코디언을 켜는 연구참여자를 상상만 해도 아름답다.

> "딸 둘인데 재미있게 키웠어요. 내가 유머도 많고 우스운 애기도 잘하는데 딸들하고 애기할 때는 저는 더 재밌게 맛있게 애기해요. 동네 사람들이 다 나보고 또라이라고, 미친 사람이라고 했지만 우리 애들한테는 최고의 아빠였어요. 길이 없는데 차를 샀다고 다 미쳤다고 했어요. 그때만 해도 동네에서 내가 처음으로 차를 샀어요. 동네에서 하나였어요. 그러니까 러시아 사람들이 무슨 결혼식이 있다고 하면 나를 불러요. 태워서 한 바퀴 돌게 해달라고. 그런데 그때만 해도 차

가 다닐 수 있는 길이란 게 없고 포장된 도로가 없고 다 자갈밭이고 돌밭이었어요. 그 동네에 차를 파는 데가 없었어요. 경찰이 타던 거니까 조금 싸게 산 거지. 그거 사가지고 좀 수리해가지고 내가 타고 다녔어요."

연구참여자의 또 다른 이름은 '또라이'다. 동네에서 연구참여자가 지나가면 동네 사람들이 "저기 또라이 간다"라고 할 정도였다. 또라이라고 하면 모르는 사람이 없을 정도로 유명했다. 연구참여자가 사는 시골 동네에는 자동차가 다닐 수 있는 도로가 없는 열악한 상황에서 차를 몰고 다녔기 때문이다. 자녀를 위해, 가족을 위해 비포장 자갈밭을 달렸다. 마을에 잔치가 있을 때면 그의 낡은 자동차는 몸값이 올라갔다. 결혼하는 새신랑 새신부를 태우고 동네를 한 바퀴 돌아주었기 때문이다.

"젊어서 사서 고생이라는 말도 있잖아요. 나중에 생각하니까 내가 미친 짓을 한 거예요. 그래도 그애들한테는 추억이 얼마나 커요. 사람이 났으면 한번 폼 나게 살아야 되잖아요. 남보다 조금 특별하고 애들한테 좋은 추억을 만들어주고 싶었어요. 아이들이 어렸을 때 태우고 그냥 막 뭐 좋다는 데는 구경 다 다녔어요. 바다로 산으로 다 차에다 이불까지 싣고 다니면서 텐트 치고 자고, 이렇게 그것이 추억에 남는 거예요. 우리는 방학이 석 달이거든요. 여름방학이 석 달인데 그 낡은 차를 몰고 아이들 데리고 저 흑해 바다 그냥 구경하러 다녔어요. 엄마하고 애들은 노래하고 나는 아코디언 치고…. 그것이 지금까지 아이들은 내가 최고의 아빠라고 해요. 우리 아이들은 뭐 아빠라고 하면 뭐 엄지 척이에요. 아마 상상도 못 할 걸요."

연구참여자는 동네에서는 손가락질을 받는 미친 사람이었지만, 가족한테는 최고의 남편이자 최고의 아버지였다. 연구참여자는 가족을 위해서라면 고생도 사서 하는 멋진 사나이였다. 젊어서 고생은 사서도 하고, 남자라면 멋지게, 그리고 폼 나게 살아야 한다는 신념을 가지고 있었다. 그는 방학이 되면 낡은 자동차에 가족을 태우고, 살림을 싣고 바다로 산으로 나갔다. 바닷가에서 텐트를 치고 별을 보며 아내와 딸들은 노래를 부르고 연구참여자는 어머니가 사주신 아코디언을 켜며 추억을 쌓았다. 그렇게 쌓은 추억 덕분에 딸에게는 최고의 아빠로, 아내에게는 둘도 없는 최고의 남편이 되었다. 지금 둘만이 있는 적막한 생활도 그때를 생각하면 윤기가 자르르 흐르고 고소한 냄새가 가득한 텐트 속으로 변한다.

(6) 다재다능한 체육교사

연구참여자는 어려서부터 운동을 좋아하고 잘했다. 많은 선수들을 키워낸 유능한 체육교사였다. 시골 학교 체육교사로서 에피소드는 밤을 새워 이야기해도 모자랄 정도다.

"우리는 뭐 크게 저거한 건 없지만 부모들이 고생을 많이 했어요. 부모들이. 우리야 어렸으니까 크게 뭐 고생했다고는 모르죠. 내가 씨름선수로 된 거는 어려서부터 이 체육을 좋아했거든요. 뭐든지. 축구고 씨름이고 뭐 체조고 뭐고 운동이라면 다 좋아했어요. 내가 어언 40년을 학교에서 일했어요. 우리 동네 중학교에서 체육선생으로 일했는데 우리 동네에서 지나가는 개들도 나를 보고 인사를 해요. 왜냐하면 3대를 내가 가르쳤거든요. 3대에 걸쳐 자녀들 자녀들 자녀들, 이렇게 근 40년을 일했으니까. 하하하 내가 우스갯소리는 잘해요."

연구참여자는 어려서부터 운동을 좋아했다. 그래서 운동이라면 안 해본 운동이 없고, 선수로 나가서 상도 많이 탔다. 어렸을 때는 부모님이 고생한다는 것은 알았으나 얼마만큼 고생이 심한지 그 강도를 이해하지 못했다. 그래서 부모님을 속상하게 한 일도 많았다. 그러나 연구참여자가 결혼하여 처갓집을 일으켜 세우기 위해 농사에 직장생활을 하다 보니 부모님이 맨손으로 땅을 일구며 자녀들을 가르치느라 얼마나 힘이 들었을지 이해하게 되었다. 그래서 체육교사로 아이들을 가르칠 때 부모의 마음을 담아 가르쳤다. 가르친 학생이 어른이 되어 자녀를 낳고, 그 자녀가 결혼하여 또 자녀를 낳고, 이렇게 연구참여자의 손을 거쳐간 마을 사람들은 연구참여자를 존경하게 되었다.

"1963년도에 조선학교를 폐지하고 러시아학교가 들어와서 조선 선생님들 다 나갔지요. 그때 저 대륙에서, 큰 땅(러시아 본토)에서, 중앙아시아에서 선생들이 많이 모집해서 왔는데 그때 우리 한인 선생들은 다 못하고 나갔어요. 그런데 교장선생이 나는 나가면 안 된다. 일을 너처럼 이렇게 하는 사람이 없다. 이런 사람을 내보낸다는 건 밑지는 장사다. 그러니 계속 학교에 있어라. 그때만 해도 러시아 선생들과도 우리 시합을 하잖아요. 체육선생들끼리도 나를 당하지를 못했어요. 누구도 저한테 이긴 사람이 없어요. 내가 뭐 자랑이 아니고 진짜 그랬어요. 그래서 40년을 일할 수 있었어요."

1945년 해방된 후 구소련은 조선 사람 동화 정책의 하나로 한인학교를 세우는 것을 허락했다. 조선학교에서 일하던 교사들은 글을 읽거나 쓸 줄 아는 한인, 그리고 사범학교를 졸업한 한인이었다. 그러나 구소련 정부는 교사의 수준이 낮다는 것을 핑계로 대륙과 중앙아시아에서 우수한 교사를 파견해주었다. 그리고 사할린 한인이 구소련에 동화되어간다고 느낄 때쯤인 1963년에는 모든 조선학교를 폐지하라는 명령을 내렸다. 모든 학교에 러시아 학제를 도입하면서 교사로 일하던 한인은 채용하지 않았다. 그래서 많은 한인 교사들은 학교를 그만두고 다른 일을 찾아야 했다. 그러나 연구참여자는 성실하게 일하고 많은 선수를 배출하여 학교의 명예를 높였기 때문에 계속 일할 수 있었다.

"스키대회에 나가면 우리 와후르에서 왔다고 하면 다들 죽어 나갔어요. 벌써 아 이거는 당하지 못하는 선수들이다. 학생들을 그렇게 내가 양성했어요. 사할린 그 구역에 있는 중학교 학생들이 모여서 시합을 하잖아요. 거기서 일등을 해서 뽑히면 우리가 이제 유즈노사할린 도시로 가요. 그러나 이제 유즈노로 가면 스키는 언제나 딸렸어요. 왜냐하면 신발도 스키에 맞는 신발이 없고, 장화 신고, 왈렌키라고 알죠? 그 겨울에 신고 다니는 거기다가 끈으로 매가지고 달리니까 아무래도 질 수밖에 없지요. 유즈노 중학생들은 우리보다 더 고급이지. 우리는 정말로 거기다가 비하지를 못하는 거예요. 거기는 중앙이니까, 도시니까, 스키도 괜찮고 신발도 괜찮고, 입은 옷도 그렇고요. 그러나 끝 마리는 아니에요. 우리가 지지 않았어요."

사할린에서 스키는 보편적이다. 사할린은 겨울이 되면 눈이 지붕 높이만큼 내리기 때문에 길거리에서도 스키를 타는 모습을 심심치 않게 볼 수 있다. 그래서 겨울이 되면 전 사할린 지역 학생들이 참가하는 스키대회가 열렸다. 지역 예선을 거쳐 우승하면 유즈노사할린스크로 가서 사할린 전 지역 대회에 참여할 수 있었다. 해마다 연구참여자가 가르친 학생들이 뽑혀 대회에 참가했다. 연구참여자가 가르친 시골 학교의 학생들은 실력이 우수했지만 낭패를 본 적이 많다. 그것은 시골과 도시의 차이, 그리고 장비의 문제였다. 그러나 학생들은 장비를 문제 삼지 않고 실력으로 우승을 이끌어 연구참여자의 어깨를 높여주었다.

> "러시아학교의 선생님들은 일주일에 18시간 수업을 해야 하는 규정이 있었어요. 그런데 교장선생님이 내가 마음이 들었는지 저한테는 32시간, 33시간씩 줬어요. 그래서 월급이 좀 많았어요. 시간당으로 월급을 주는 거죠. 교장선생님이 체육뿐만 아니라 목공도 해봐라. 그 목수들 있잖아요. 아이들 학교에서 걸상도 만들고 의자도 만들고 하는 그 목수. 우리는 수공이라고 해요. 그거까지 할 수 있으면 해보라고 저한테 줬어요. 교장선생님이 내가 고생하는 것을 옆에서 보셨거든. 그 노래시간까지 저한테 맡겨서 나중에는 내가 노래까지 가르쳤어요. 내가 학교에서 음악 가르친다고, 노래도 가르치고 한다고 하니까 우리 어머니가 아코디언을 사서 가지고 오셨어요. 아코디언이 크고 비싼 거 좋다고 큰 거를 사서 무거워 어머니가 못 짊어지고 오니까 동생이 짊어지고 왔어요. 쌀가마니나 주고 샀을 거요. 그때만 해도 그 아코디언 진짜 비쌌지요. 그래서 애들하고 노래도 부르면서 재미있게 살았어요. 우리 집사람하고 어머니하고 아주 단짝이에요. 둘이서 무슨 애기하다가 내가 딱 들어오면 아무 애기 안 한 것처럼 시치미 뚝

떼고 그랬어요. 집사람은 저녁에 어머니한테 가서 어머니랑 같이 자고 잘했어요."

연구참여자의 성실함에 반한 교장선생님은 러시아학교의 규정을 위반하면서까지 연구참여자에게 수업 시수를 늘려주었다. 재능이 많은 것도 있지만 처갓집을 일으켜 세우기 위해 밤낮없이 일하는 연구참여자를 도와주기 위함이었다. 이렇게 배려해주는 교장선생님의 은혜를 갚기 위해 연구참여자는 몸을 사리지 않고 성실하고 즐겁게 가르쳤다. 음악시간을 배정받아 노래를 가르친다는 연구참여자를 위해 어머니는 아코디언을 사주셨다. 그 아코디언은 돈으로 환산할 수 없는 어머니의 큰 사랑이었다. 훗날 연구참여자의 가족이 있는 곳에는 항상 아코디언이 함께했다. 연구참여자는 아코디언을 켜고, 아내와 아이들은 아코디언에 맞추어 노래를 부르면 세상 부러울 것이 없었다.

(7) 88서울올림픽의 마력

사할린 한인에게 서울올림픽은 어떤 의미일까? 올림픽 내내 텔레비전을 끄지 않았고, 가족 모두를 텔레비전 앞에 모이게 했다. 그리고 문화적으로 경제적으로 성장한 자랑스러운 고국을 등에 업고 어깨를 당당히 펴고 그동안 숨죽여온 한인의 목소리를 내기 시작했다.

"우리가 1988년도 올림픽을 보고 한국에 대한 눈을 뜨게 됐어요. 왜냐하면 그때만 해도 소련이었잖아요. 공산주의 소련인데 우리한테는 한국은 자본주의 국가다, 굶어 죽는 국가다, 이북은 괜찮게 사는 나라다, 그렇게 인식시켰어요. 그래서 우리는 진짜 그런 줄 알았지. 그래서 친구들이 많이 북한 국적을 받고 북한으로 갔어요. 북한으로 간 뒤 소식도 모르는 친구도 많지. 그런데 1988년도에 텔레비전에 처음으로 한국이 나왔어요. 올림픽 기간에는 잠도 안 자고 텔레비전 보다가 다음 날 일하고 그랬어요. 시내 나가면 그동안 무시하던 러시아 민족들이 먼저 손을 내밀고 너희 나라 한국, 대단하다고 했어요. 어깨에 힘 좀 주고 다녔어요. 그리고 그때부터 우리 한인을 절대로 깔보지 않았어요. 우리도 그때는 다 머리가 텄으니 이제 목소리를 내게 된 거지요. 그동안 잊고 살았던 고향이라는 것을 생각하고 고향으로 가자는 욕심을 내기 시작했어요."

88서울올림픽은 사할린동포에게 그동안 잊고 살았던 '고향'을 다시 보게 하는 커다란 사건이었다. 러시아 정부에서 처음으로 서울올림픽에 출전하는 선수들의 경기를 텔레비전에서 생중계하면서 보게 된 한국의 경제 성장과 문화 수준은 놀라움 그 자체였다. 텔레비전을 보던 사할린 한인은 그제에서야 지금까지 러시아 정부에서 한국에 대해 말한 것이 거짓이었다는 것을 알았고, 심지어 러시아 정부에 배신감을 느낄 정도였다. 그리고 '저렇게 잘사는 나라에서 왜, 왜, 왜 지금까지 국민을 찾지 않고 방치하고 있었는가?'에 대해 의문이 생겼다. '사할린 한인, 우리가 지금까지 어떻게 살아왔는데, 고향에 가겠다고 무국적자의 삶을 살면서 차별과 무시 속에서도 고향, 고향을 외치다가 사망한 사람이 몇인데 왜 찾지 않았을까?' 그리고 그동안 숨죽여온 한인의 목소리를 내기 시작했다.

"사할린에서는 광복절 행사를 크게 해요. 씨름도 하고, 그네대회도 하고요. 그네 하면 또 이 사람을 당할 사람이 없어. 우리 집사람이 그네도 잘 타요. 내가 1990년도에 한국에 왔다가 그네를 맞춰가지고 가서 사할린 포르나이스크 우리 동네에 달아놨어요. 그 그네를 누가 탄 줄 아요? 바로 이 사람이 탔어. 그 그네가 지금까지 있어요. 지금은 아이들이 타지요. 지금 러시아 아이들이 장난감으로 놀아요. 그러나 줄을 매줘야 타지요. 나는 그거 다 매줘요. 내가 언제든지 올라가가지고 그네 줄을 맸어요. 그 기념으로 러시아 사람들 그거는 못 치우고 있어요."

사할린의 각 지역에서는 사할린 한인회를 조직하고, 8월 15일 광복절 행사를 했다. 광복절 행사를 하기 위해 돈을 모으는 과정에서부터 '한인'이라는 끈끈한 민족 정체성을 확인하고 참여와 소통을 이끌었다. 광복절 행사에는 한인뿐만 아니라 타민족들도 와서 같이 즐겨 한인의 우수성과 한국의 문화를 알리는 중요한 행사로 자리 잡았다. 특히 8.15 광복절 행사는 한인이 모여 서로 민족적 공감과 사회적 연대감, 소통의 장으로 민족 정체성을 불러일으키는 매체가 되었다.

연구참여자가 살던 포르나이스크에는 1990년 연구참여자가 설치해 놓은 그네가 지금도 매여 있어 아이들의 놀잇감이 되었다. 그 그네는 연구참여자가 한국에 와서 민속촌에 갔다가 그네에 반해 주문 제작하여 가져가 설치한 것으로 포르나이스크시의 8.15 광복절 행사에서 큰 역할을 했다. 한인 부녀자들이 그네를 타는 대회를 하며 고국의 문화를 경험했고, 그 행사에서 연구참여자의 아내는 매년 1등을 했다. 그네는 우리 민족의 가장 작은 문화코드이며 아낙네들이 할 수 있는 상징이었다. 지금 그때 그네를 타던 아낙네들은 어느덧 할머니가 되어 아련한 추억만이 향수로 자리하고 있다.

(8) 사할린 상공에 휘날린 태극기, 그리고 난생처음 찾은 고향

사할린에도 봄이 왔다. 그리고 사할린 상공에 태극기가 휘날렸다. 사할린에 울려 퍼진 고향의 노래로 눈물바다가 되었고, 사할린 한인의 마음은 벌써 고향으로 달렸다.

> "1990년도에 사할린에서 송해 아저씨가 연예단을 데리고 왔어요. 유명한 가수들이 많이 왔어요. 그때 처음으로 사할린 상공에 태극기가 걸렸어요. 그때 큰 운동장에서 했는데, 그 큰 운동장이 꽉 찼어요. 그런데 그 공연을 한 운동장이 눈물바다가 됐어요. 우리 부모님들은 한국은 굶어 죽을 만큼 가난하고 못사는 나라라고 알고 돌아가셨어요. 그런데 가수들이 와서 옛날에 부모님들이 불렀던 고향의 노래를 부르는데 누가 안 울겠어요."

사할린에 한국을 알린 1988년 서울올림픽 개막식에 이어 사할린 하늘에 고향의 노래가 울려 퍼졌다. 1990년 7월 28일 최초로 사할린 상공에 태극기가 휘날렸다. 사할린 상공에 펄럭이는 태극기는 무수한 의미를 포함하고 있었다. 한국에서 송해 선생님이 연예인단을 데리고 사할린에 갔다. 운동장에는 남녀노소 한인이 빼곡히 앉아 가수들이 부르는 노랫말에 나오는 고향으로 빠져들어갔다. 가수들이 노래를 부를 때마다 백발이 성성한 노인들의 통곡 소리가 여기저기에서 들렸고, 큰 운동장은 금세 눈물

바다로 변했다. 그 후 한국 연예인들이 여러 차례 사할린을 방문하여 동포를 위문했다. 그럴 때마다 노인들의 마음은 이미 고향으로 달리고 있었다.

> "1990년도 어머니 혼자 와가지고 삼촌 찾느라 고생 많이 했대요. 삼촌이 서울에서 살았는데 적십자에서 도와줘서 오빠를 만났지요. 1943년도에 삼촌이 엄마를 만나러 사할린으로 갔었대요. 삼촌이 엄마 사는 것을 보고 한국으로 가자고 했는데 엄마가 남편 자식들 남겨두고 못 간다고 했대요. 그러니 얼마 만에 만난 거예요. 그때 어머니가 한국에 올 때는 한국이 이렇게 잘사는 나라인 줄 모르고 이런 도랑꾸(트렁크)에다가 빨랫비누 있잖아요. 까만 거. 그거 막 한 열 개 넣어가지고 왔어요. 사할린에서는 그것도 없잖아요. 그때만 해도. 시계 뭐 이런 거 사고 이렇게 해가지고 왔대요. 선물로 주니까 뭐 아무 말 안 하고 그거 다 받았대요. 그 사람들에게는 그게 아무것도 아니잖아요. 잘사는 집이니까."

연구참여자의 어머니는 1990년 적십자의 도움으로 헤어진 지 60년 만에 서울에서 외삼촌을 만났다. 어머니가 사할린에서 살 때 외삼촌은 1943년 여동생이 살고 있는 사할린에 갔다고 한다. 여동생이 고생하는 것을 본 외삼촌은 고향으로 가자고 했고, 남편과 자식을 두고 고향으로 갈 수 없다는 어머니를 두고 고향으로 온 뒤 처음 만난 것이다. 어머니는 60년 만에 만나는 외삼촌을 위해 사할린에서는 매우 귀한 검은색 빨랫비누를 선물로 내밀었다. 외삼촌은 이역만리에서 동생이 가져온 선물을 말없이 받았다고 한다. 그 빨랫비누가 서울에 사는 외삼촌한테는 얼마나 보잘것없는 선물이었을지 지금 생각하면 웃음만 나온다. 그리고 여동생이 오빠를 위해 이역만리에서 가지고 온 빨랫비누를 싫은 내색하지 않고 고맙게 받아준 외삼촌께 감사할 뿐이다.

> "내가 1990년도에 처음 왔을 때 공항에 내리자마자 큰절을 했어요. 그러니까 그 같이 온 사람들이 다 울었어요. 내가 한국 땅을 1990년도에 처음 밟았거든요. 내가 여기 모국방문했을 때 제일 먼저 어머니 아버지 고향에 다녀왔어요. 어디인지는 모르지만 동네가 음성이라는 건 알았어요. 외삼촌 만나니까 네가 그 쬐그만했던 애구나 하더라고요. 1943년도에 외삼촌이 사할린에 왔다가 저를 봤대요. 그리고 너희들 지금도 거기 장화 신고 다니지? 하시는 거예요. 그때 그 동네 가가지고 흙을 싸가지고 사할린으로 가서 아버지 어머니 무덤에다가 넣어준 사람이에요. 아버지 어머니 고향에 다녀왔습니다. 이것이 아버지 충청북도 음성 흙입니다. 받아주세요. 아버지 말씀대로 조국에 아버지 고향에 갔다 왔습니다. 그리고 우리 1세 어르신들 영주귀국할 수 있도록 도왔어요."

연구참여자는 난생처음 부모님의 고향 땅을 밟았다. 공항에 내리자마자 감격하여 자기도 모르게 큰절을 하며 통곡했다고 한다. 그 모습을 본 같이 온 고향방문단도 모두 눈물을 흘렸다. 그리고 외삼촌 집으로 갔는데, 전혀 어색하지 않았다. 늘 부모님한테 들어왔던 고향이었고, 특히 외삼촌은 어렸을 때 사할린에 가서 연구참여자를 만난 적이 있어서 그런지 기억하지 못하는 연구참여자에게 60여 년 전에 연구참여자가 신고 있던 장화 얘기를 꺼내어 반겨주었다. 그렇게 편하게 한 달 정도 고향의 정을 느끼다가 사할린으로 돌아가던 날, 고향의 흙을 가방에 넣었다. 그리고 사할린에 있는 부모님 묘에 뿌렸다. 이제 편히 쉬시기를 바라는 마음으로 고향을 뿌렸다. 그리고 살아있는 1세를 고향으로 보내기 위해 평생을 바치리라 마음먹었다.

(9) 다시 찾고 싶은 가족

고향과 단절되면서 사할린 한인 삶의 이야기는 같은 공간과 같은 시간에 살았다 하더라도 개인이 담고 있는 내러티브는 각기 다르다. 고향과 연락이 닿자 가족을 찾겠다는 한국인과 조상들의 유골이라도 찾아가겠다는 한국인이 자주 왔다.

> "집사람이 갑자기 몸이 좋지 않아서 딸들 있는 데로 이사 가겠다 해서 하바롭스크로 이사 갔어요. 딸이 대학을 졸업하고 하바롭스크로 시집을 갔는데 장애를 가진 손자를 낳았어요. 그 손자를 아내가 키웠거든. 하바롭스크에 탄광도 있고 전기발전소가 있었어요. 우리 한인은 한 500명도 안 돼요. 거기서 내가 한인협회 회장으로 일했어요. 한번은 한국에서 한 부인이 딸을 데리고 왔어요. 남편은 딸이 태어난 지 1년도 안 된 거 놔두고 사할린에 징용을 왔대요. 그런데 그 남편은 고향길이 막히자 여기에서 결혼해서 아들이 있었어요. 부인하고 딸은 다 늙은 남편을 붙잡고 통곡을 하는데 남편은 울지도 못하고 죽으려고 해요. 부인은 울면서 내가 젊은 당신을 보냈는데 이 무슨 꼴이냐. 부인이 울다가 사할린의 부인을 잡고 통사정을 하더라고요. 당신은 지금까지 살았으니 남편을 돌려달라는 거예요. 나는 1년도 못 살

고 보낸 남편이다. 남편 돌려달라. 그러니까 사할린 부인이 아무 말 안 하고 돌려줬어요. 그 돌려받으면 뭐해요. 남편이 벌써 70이 다 됐는데. 그렇지만 돌려달라는 거라. 그러니까 돌려주겠다고 약속을 하고 돌려줬어요. 한국으로 왔어요. 그런데 한국 부인이 착해요. 남편한테 당신만 여기서 잘살면 뭐하냐, 사할린에 있는 부인과 딸을 한국으로 불러서 같이 살자. 그래서 사할린의 부인뿐만 아니라 아들도 딸도 다 데리고 와서 한국에서 살았어요. 그러니까 이게 드라마가 아니고 뭡니까?"

연구참여자는 정년퇴임 후 딸 둘이 살고 있는 하바롭스크로 이사 갔다. 첫째 딸이 대학 졸업 후 결혼해서 아기를 낳았는데 장애를 가진 아이였고, 그동안 아내가 그 외손자를 키웠다. 그런데 아내가 병을 얻어 딸들 곁에서 살고 싶어 했다. 러시아 하바롭스크에도 적지 않은 한인이 거주하고 있었다. 1세대 어르신들은 고향 노래를 부르며 고향에 묻히길 원했다. 그는 한인회 회장으로 1세대 어르신들을 고향으로 보내기 위해 노력했다. 그러던 어느 날 한국에서 남편을 찾는다는 한 아주머니가 하바롭스크에 왔다. 아내가 찾는 남편은 딸이 갓난아이였을 때 강제징용을 간 홀아비였다. 하지만 고향으로 갈 길이 막히자 한인 여성을 만나 재혼하여 자식을 낳고 행복하게 살고 있었다. 한국의 아내는 남편을 기다리며 홀로 딸을 키우고 살았다. 두 부부는 결혼한 지 1년 되었을 때 헤어져 60년이 흐른 뒤에 만난 것이다. 두 부부의 얼굴에는 세월의 흔적이 내려앉았지만 아내는 결혼하던 그때의 모습으로 남편을 기억하고 있었다. 한국에서 온 아주머니는 남편을 보자 대성통곡을 하면서 사할린의 아내한테 남편을 돌려달라고 애원했고, 사할린의 아내는 흔쾌히 남편을 돌려보내주는 웃지못할 드라마 같은 일들이 생겼다.

사할린 한인이 이주하게 된 것은 우선 일제강점기에 기근으로 조국을 버리고 더 나은 새로운 삶의 조건을 찾아 나선 이도 있었지만, 일본의 노동력을 메꾸기 위한 강제동원이었다. 이들은 온갖 멸시와 차별을 받으면서 철도부설, 비행장 건설, 탄광 노동현장에서 인권을 유린당하고 노동력을 착취당하면서 고향에 갈 날만 손꼽아 기다리며 몸부림쳤다. 그러나 해방 후에도 고향으로 돌아갈 수 없었고, 어린 자녀를 놓고 온 아버지도, 홀아비로 온 남성도 재혼하여 새로운 가족을 이루며 살았다. 고향이 그리워도, 가족이 그리워도 잊고 살 수밖에 없었다. 그리고 사할린에 뼈를 묻어야 했다.

> "우리 동네에 산판이 있고 탄광이 있으니까 강제징용으로 온 결혼도 안 한 사람들이 많이 있었어요. 나이가 30 될까 말까 한 이런 사람들이었어요. 그리고 한 달, 일 년 안 된 자식도 놔두고 온 호구래비들이 많이 있었어요. 해방된 후에 고향으로 갈 수 없게 되자 결혼하려고 해도 여자도 많이 없었지만 뭐 가진 것이 없고 그러니까 그 사람들이 남의 집 머슴으로 들어가요. 그 집에 딸이 있으면 어떻게 꼬시고, 그래 죽으나 사나 거기서 몇십 년을 일을 해주는 거예요. 그러니까 장인이 보고 한 열여덟 살 차이 나는 딸 같은 사람을 주는 거예요. 장가를 들어야 하니까. 그리고 이거는 한 명 두 명이지 평균으로 볼 거 같으면 장가 못 간 사람이 태반이에요. 결혼 못 한 총각들이 죽으면 그냥 묻고 아무도 모르지요. 2000년 그 무렵에 한국에서 부모의 유골이라도 찾아서 고향으로 가지고 가고 싶다고 세 명이 왔어요. 두 살 때 헤어진 아들이 결혼하여 아들을 낳고, 아들이 장가가서 손자를 낳고, 3대

가 왔더라고요. 호구래비들 죽으면 묘를 쓸 때 지금처럼 무슨 팻말을 세운 것도 아니고 이름만 쓱 써놓은 것이 40년, 50년 지나니 썩어 없어졌는데 어떻게 찾아요. 그러면 옛날부터 같이 살던 동네 어르신 모시고 가서 땅을 파죠. 그런데 동네 어르신이 노인이 돼서 움직이지도 못하는 사람들이에요. 아, 그러면 그때 그 사람이 죽었을 때 관에 뭐를 넣어줬다. 예를 들면 죽은 사람이 대장간에서 일했으면 평소에 그 사람이 쓰던 망치를 넣어주고, 또 열매를 따던 사람이면 그 철사 같은 것을 관에다가 넣어주었다고 해요. 정확하게 여기다가 아니라 여기 어디쯤인 것 같다고 하면 땅을 파는 거예요. 어떤 때는 엉뚱한 사람이 나오기도 하고…. 내가 회장 할 때 한국으로 유골을 많이 보내줬어요."

고향으로 돌아오기 위한 또 다른 방법은 고향을 떠난 뒤 동토의 땅에 묻힌 영혼들을 고향으로 돌려보내는 것이었다. 하바롭스크에서 사망한 한인이 사망하면 매장을 했고, 매장할 때 고인이 평소에 사용하던 물건을 관에 넣어주곤 했다. 한·러 수교 후 사할린에는 고향에서 유골을 찾겠다는 한국인이 심심치 않게 찾아왔다. 결혼 후 아들을 낳고 사할린으로 간 뒤 한 번도 보지 못한 남편의 유골을 찾겠다고 아들에 손자 손녀까지 같이 온 사람도 있었다. 어딘지 몰라 엉뚱한 묘를 파서 낭패를 보았지만, 포기하지 않고 찾아 보낸 적도 다반사였다. 그렇게 찾아오는 사람들의 사연은 눈물 없이는 들을 수 없는 한 편의 드라마였다. 그리고 연구참여자도 그들과 함께 고국으로 귀환했다.

(10) 긴 여행을 마치고 돌아온 고국

영주귀국 대상자는 1945년 8월 15일 당시 사할린 거주 또는 출생자로 규정하여 한 세대는 2인 1가구로 한정했으며, 1인은 거주 불가였다. 그 뒤 2008년부터 인도주의 차원에서 1세의 배우자와 장애를 가지고 있는 자녀도 동반귀국을 허용했다. 1세의 배우자는 국적을 불문하고 허용했으며, 장애의 경우에는 장애증명서 제출로 허용되었다. 1945년 이후 출생자라 해도 1세대 2인의 연령을 합산하여 고령 순으로 순위를 결정했으며, 입주아파트의 동 · 호수 배정은 장애인, 휠체어 사용자를 저층에 배정하고, 합산연령 고령세대 순으로 우선 반영했다. 하지만 거주지는 생존 시에만 제공되고 상속할 권한은 없다는 단서가 붙었다.

> "영주귀국하면서 장애를 가지고 있는 손자하고 같이 들어왔어요. 내가 여기서 통곡을 했어요. 아버지는 언제나 말씀하셨어요. 나는 열세 살 때부터 지게를 지고 살았지만 한 번도 고향을 잊은 적이 없다. 나는 고향에 갈 수 없지만 언젠가는 너희들이 조국에 가게 된다. 그러니 꼭 고향에 가라면서 노래를 불렀어요. 부모들이 와야 하는데 부모 대신 우리가 왔어요. 부모님, 형제자매 등 모두가 이런 데 와서 한 번씩 살아야 했는데, 못 오고 우리 2세가 왔거든요. 집에는 없는 것이 없었어요. 냉장고 딱 여니까 한 달 먹을 김치에 뭐 없는 게 없게 다 채워놨어요. 침대, 텔레비전 등 이거 다 내가 하나 산 게 없어요. 우리가 편하고 좋은 만큼 부모 생각이 더 나지요."

연구참여자의 이야기처럼 '88서울올림픽'과 '1990년 한 · 러 수교'는 사할린동포 1세들에게 잊혔던 '귀향'에 대한 꿈을 다시 꾸게 하는 동인이 되었다. 가족 모두가 영주귀국할 수 없었고 자기가 나고 자라온 '고향'으로 돌아갈 수 없었지만, 이주 초기에 이들은 수십 년 동안 이국땅에서 염원해온 그리운 조국과 고향에 돌아왔다는 기쁨으로 가득 차 있었다. 연구참여자는 아내와 장애를 가지고 태어난 손자를 데리고 왔다. 고향에 돌아왔다는 기쁨과 집안에 준비해놓은 가구며 음식들, 따뜻한 고국의 정에 잠을 설쳤다.

"내가 음성에 갔잖아요. 그 처음에 갔으니까 버스 타고 갔죠. 그 이거저거 물어보고 음성까지 이제 들어갔어요. 거기 가서 아버지 성함이 어떻고 어떻고 이렇게 하면서 알고 있는 사람이 있는지 찾았어요. 그런데 아버지가 사할린에 갈 당시만 해도 젊은 사람들이 있었잖아요. 그런 분들이 다 백 살이 됐잖아요. 그런데 한 어르신이 아 저 일본으로 해서 나간 사람 중에 정 씨가 있다고 그런 얘기를 하더라고요. 그러면 거기가 어딘가? 산이라도 좀 보여달라 했더니 별로 반가워하지 않더라고요. 나중에 알고 보니까 그 사람들한테는 우리가 그전 옛날 부모들 땅 그거를 욕심을 내서 온 것처럼 보인 거 같아요. 우리 형님도 그거를 느꼈다는 거예요. 부모들은 한국에서도 구차하게 살았지요. 아버지가 열세 살부터 지게를 짊어지고 다녔지만 그때만 해도 다 자기 터가 있고 땅이 있잖아요. 내가 어머니 살아생전에 들은 게 있거든요. 내가 그 땅이 있는지 없는지 모르겠다고 하신 것을 기억해요. 그래서 그 후에 이제 거기는 안 가요."

'고향'. 누구나 고향이라는 두 글자만 보아도 가슴이 뛴다. 고향은 조상 대대로 살아온 곳이라는 장소만을 의미하는 것이 아니라 혈통 및 가족 내에서의 친밀한 인간관계다. 그래서 고향은 누구에게나 어머니 같은 따스함과 평화, 낙원 등 특별한 의미가 부여된다. 연구참여자에게도 고향은 그런 곳이었다. 가장 먼저 한 일이 친척들을 찾아 자신이 한국으로 영주귀국했다는 것을 알리고, 친척들과 정(情)을 나누고 싶었다. 그래서 찾아간 고향은 지금까지 연구참여자가 생각했던 그런 차원이 아니었다. 이해관계가 있어 소통이 안 되는 답답한 고향이었다. 그래서 연구참여자는 이후 고향을 찾지 않는다.

(11) 사할린 씨름 명예회장

연구참여자는 운동을 좋아하고, 특히 씨름을 잘하여 씨름왕으로 유명하다. 정년퇴임 후에도 그는 한·러 씨름대회가 있을 때마다 통역으로 활동하고 있다.

"내가 젊어서부터 씨름선수로 소문난 사람이에요. 강제징용 와서 산판에서 일하는 호구래비들한테 가서 무릎 꿇고 한국어를 배운 덕에 씨름대회가 있을 때마다 부산으로 수원으로 대구로 통역하러 다녔어요. '러시아 사할린의 한국 민속씨름 발전을 위한 귀하의 응원과 아낌없는 성원에 감사드립니다. 사할린 씨름협회 명예회장님께.' 러시아 정부에서 준 거예요. 그 사할린에서 작년에 씨름대회가 열렸어요. 이제 금년 11월달에는 여기에 사할린 씨름선수들이 올 겁니다. 그때도 내가 통역할 거예요. 요즘에도 무슨 광복절이 있다고 하면 나를 초대해요. 프로그램 있잖아요. 프로그램 그거 내가 작성해줘요. 뭐 씨름 그 다음에 뭐를 하면 좋을지 그거 내가 해줘요. 그런 거 내가 좋아해요. 왜냐하면 나를 인정했다는 거니까."

연구참여자는 어렸을 때부터 씨름을 잘해서 씨름왕이 되었다. 하지만 가정형편이 어려워 중학교에 다닐 때부터 스스로 학비를 벌어야 했던 가슴 아픈 과거가 있다. 학비를 벌기 위해 홀아비들이 일하는 산판에 찾아가 씨름으로 승부를 걸어 알자리를 찾은 슬픈 기억도 지금은 아름다운 추억으로 자리하고 있다. 그리고 그때 한인한테 어렵게 배운 모국어가 오늘날까지 씨름대회의 러시아어 통역사로 남게 했다. 그는 한 · 러 수교 이후 한국과 사할린에서 격년으로 있는 한 · 러 씨름대회에 통역을 맡을 뿐만 아니라 프로그램 계획까지 맡아 그 공이 인정되어 러시아 정부로부터 감사장까지 받았다. 씨름은 연구참여자를 살맛 나게 할 뿐만 아니라 존재의 가치도 주는 귀한 선물이다.

"지금은 내가 사할린에 가면 흙 안 밟고 다녀요. 처남, 처제, 조카들 뭐 하여튼 처형이 말한 게 있어요. 내가 옛날얘기를 하면 그거는 끝이 없지만 우리 처형이 애들한테 말한 게 있어요. 뭐냐 하면 형부는 집안에서 주인이다. 내가 공항에 내리면 차가 몇 대가 마중 오니까 어떤 차를 타야 되는가 이게 또 걱정이에요. 내가 너희들 그러지 말고 오늘은 누가 오고 다음에는 누가 오고 이렇게 해라. 그래야 내 마음이 편하다. 그래서 어떤 때는 내가 간다는 말 안 하고 가요. 내가 그런 성질이에요."

연구참여자는 사랑하는 아내를 위해, 그리고 처갓집을 살리기 위해 처가살이를 자처했다. 낮에는 학교에서 체육교사로 학생들을 선수로 양성하여 공을 세우고, 밤에는 텃밭에서 농부로 살면서 처갓집을 일으켜 세웠다. 그처럼 고생을 자처한 공으로 그는 사할린 씨름계와 처갓집의 영웅이 되었다. 그가 사할린에 가면 모든 식구가 그를 떠받든다. 사할린은 살아있다는 것을 느끼게 해주는 영원한 고향이다.

(12) 아내를 위한 사부곡(思婦曲)

연구참여자의 아내는 가난한 집의 장녀로 태어나 가장 역할을 하면서 시부모한테도 잘하여 동네에서도 효부로 소문이 자자했다. 게다가 평생을 장애를 가진 외손자를 키우며 자신을 위한 시간을 보내지 못했다. 그런 착한 아내에게 몹쓸 병이 찾아와 연구참여자를 안타깝게 하고 있다.

> "사실 저보다 집사람이 정말 고생 많이 했어요. 외손자가 장애를 가지고 태어났는데 사할린에서도 집사람이 키웠거든요. 여기 올 때 그 손자를 두고 올 수 없어서 우리가 데리고 왔어요. 그러니까 29년을 집사람이 키우다시피 했거든요. 그런데 6년 전에 먼저 갔어요. 사실 러시아에 있을 때 의사가 말했어요. 40세 전에 죽을 거라고. 하지만 여기에 와서 안 다닌 병원이 없어요. 좋다는 것은 다 해줬고요. 그래도 안 되더라고요. 아, 오래 못 가겠구나 하는 느낌이 왔어요. 그래서 죽기 전에 딸이 사는 하바롭스크로 보냈어요. 거기에 여동생도 있고 하니까 동생하고 정도 나누어야지요. 즈그 엄마한테 가서 한 달 정

도 있다가 갔어요. 손자를 하바롭스크에 묻었어요."

연구참여자는 몇 해 전에 손자를 가슴에 묻었다. 딸이 대학을 졸업하고 결혼하여 외손자가 태어났는데, 태어날 때부터 장애를 가지고 있었다. 외손자는 세상에 나오자마자 아내의 품으로 와 기쁨이 되었다. 영주귀국하기 전에 29년 동안 손주를 키우며 살았다. 영주귀국할 때 아픈 손자를 두고 올 수 없어 한국으로 데리고 와서 적적함도 덜했다. 의술이 발달한 한국에서는 고칠 수 있다는 한 가닥 희망도 있었다. 그러나 손자는 먼 길로 가버렸다. 아내는 평생 손자를 위해 살았다고 해도 과언이 아니다. 손자를 키우면서 힘도 들었지만 기쁨도 많이 주었기 때문에 손자의 죽음은 허탈함이었다. 그로 인해 아내의 병은 깊어만 갔다.

"아내가 간암에 걸렸어요. 나이가 많은 데다가 병이 깊어 수술할 수도 없어요. 젊어서 살아보겠다고 안 해본 일 없이 다 하고, 이제 딸들 다 대학 가르치고 결혼시켜서 좀 편하게 살 만하니까 장애를 가진 손자가 우리 품으로 들어오고…. 고향으로 영주귀국해서 좋다고 했는데 병이 들고, 평생을 고생만 했어요. 불쌍한 사람입니다. 얼마 전에 딸들이 왔다 갔는데 며칠 지나지 않아 갑자기 또 딸들 보고 싶다고 딸 집에 간다고 해서 갔다 오라고 했어요. 나도 딸들이 보고 싶지만 나는 아버지잖아요. 참다가 딸들한테 차비 줄 테니 오라고 해서 만나야지요. 자식하고 떨어져 있으니 자주 만날 수 없어요. 왔다 갔다 하는 차비가 비싸니까 힘들면 내가 주지요."

요즘 연구참여자는 하루하루를 안타까움으로 살고 있다. 평생을 함께해온, 평생을 자녀와 손자를 돌보느라 힘겨운 시간을 보낸 아내가 중병을 앓고 있기 때문이다. 아내는 영주귀국할 때 사할린에서 사용하던 재봉틀을 가져왔다. 옷이 낡으면 기워주고, 크면 줄여 입히면서 알뜰살뜰하게 살았다. 그리고 남편이 어떤 일을 하든 든든한 지원자였다. 그러던 아내가 중병을 앓고 있지만 이미 병이 깊었고, 또한 고령으로 수술을 할 수도 없는 상황에 이르렀다. 그는 아내를 쓸쓸하게 보낼까 봐 두렵다.

> "지금은 집사람이 나를 관리를 해줘요. 아니 그거는 진짜 틀린 말이 아닙니다. 지금은 내가 어디를 나가도 열 번 나를 이리 와봐 이리 가봐 이렇게 해서 내보내요. 옷 모양새 이거 다 집사람이 나한테 맞는 게 없어요. 키가 작으니까 바지는 막 몇 벌씩 되지 아니 서면 이렇지. 집사람이 다 그리고 여기 와가지고 자방질까지 다 사서 제비로 다 고쳐줘요. 그러니까 내가 나갈 때는 내가 여기서 다섯 번 왔다 갔다 해야 돼요. 그걸 집사람이 보고 아 괜찮네. 가시오 해야 내가 나갈 수 있어요. 딱 날씨 보고 오늘은 이거 입어. 내일은 이거 입어. 그거 그렇게 해주니까 고맙잖아요. 그러니까 내가 어디 나가도 같이 가고 저기 놀러 간다고 하면 같이 가요. 혼자 하바롭스크 가겠다 하면 갔다 오라고 비행기 안에까지 데려다줘요."

연구참여자는 아내가 아파도 지금처럼만 옆에 있어주길 간절히 바라고 있다. 지금처럼 연구참여자가 나갈 때마다 이거 입어라 저거 입어라 관심을 가지며 고쳐주는 것이 싫을법도 하지만 아내가 그 재미도 없으면 기운을 잃고 삶을 놓아버릴까 두려워 아내의 말에 장단을 맞추어준다. 웃다가도 울음이 되어버리는 현실이 안타깝다. 아내가 없다는 것을 생각만 해도 서글픈 노릇이다. 그래서 자주 자녀와 만나게 하고 싶지만 경비를 무시할 수 없다. 이럴 때 자녀가 옆에 있어준다면 덜 외롭겠지. 그리고 아내의 마지막 가는 길을 자녀와 같이 배웅할 수 있길 간절히 바라고 있다.

(13) 딸아, 같이 살자. 그리고 내가 죽으면…

영주귀국 사할린 한인은 사할린에서는 고향에 계신 부모와 형제가 그리워 밤잠을 설쳤고, 영주귀국 후에는 사할린에 두고 온 자녀들과 친지들이 그리워 잠을 이루지 못한다. 연구참여자는 고향이라 생각한 한국이 고향은 맞지만 그래도 자녀들과 함께한 사할린이 더욱 그리워 "내가 죽거든 화장해서 바다에 뿌려달라"라고 딸에게 유언을 남겼다.

> "아니 여기에 와서 벌써 우리가 10년이 조금 넘었잖아요. 그동안에 한 200명 넘게 죽었어요. 똑똑히는 모르지만 그 또 10년 지나가면 어떻게 되는 거예요. 오고 싶은 사람은 우리가 있을 때 올 수 있게 해달라는 거지요. 우리 죽은 다음에 얘들이 오면 뭐해요. 지금 와야 우리가 도와줄 수도 있고 도움을 받을 수도 있고. 이렇게 이산가족을 또 만들어놨으니. 이거는 벌써 한국 정부에서 잘못한 거다. 적십자에서 잘못하는 거다. 세계를 보라고, 이스라엘이나 독일이나 어디나 귀국할 때 식구 친척 싹 데리고 가는데 한국은 왜 또 이산가족을 만드느냐. 21세기 이게 진짜 있을 수 없는 거예요. 다 이거 때문에 청와대 앞에 가서 시위해요. 특별법 통과시켜달라고. 이런 운동도 지금 하려고 준비하고 있어요."

2000년 2월 많은 사할린 한인이 안산 고향마을로 영주귀국했다. 그리고 연구참여자는 2007년 580명의 동료들과 같이 인천 논현동에 입주했다. 그러나 10여 년이 지난 지금은 380여 명만이 남았다. 영주귀국 사할린 한인은 모두 고령이다. 지금은 남편이 먼저 사망하거나 아내가 사망하여 혼자 사는 독거노인들도 늘고 있다. 고령으로 신체적 · 정신적으로 건강하지 못해 보호자가 필요한 상황이다. 그리고 사할린에는 영주귀국하지 못하고 남아 있는 사할린 한인이 많다. 자녀들과 아직 돌아오지 못한 사할린 한인이 영주귀국하기 위해서는 제도적 · 법적 근거를 마련해야 한다. 그래서 오늘도 사할린 한인은 1인 시위를 벌이고 있다.

> "진짜 우리 딸들은 오고 싶어 해요. 와서 보고 살기 좋지. 아버지 어머니가 지금 그 나이에 이런 데서 이렇게 깨끗하게 살고 하니까 그것이 제일 마음에 든다는 거예요. 자기들도 안심하고 우리 곁에서 여기서 와서 살고 싶다고 해요. 모시고 살면 마음도 편하고, 아프다고 하면 또 와야지 또 가야지. 같이 사는 그것이 언제든지 내가 원해요. 딸들만 오면 어떡해요. 또 손자들이 있는데. 자꾸만 연결 연결해서 올 수 있는 가족들 모두 다 오게 해야지. 그래서 나는 딸들보고 말해놓은 게 있어요. 내가 죽으면 화장해서 뿌려라. 왜냐하면 우리가 여기에 묻히잖아요. 그러면 자녀 딸들을 고생시킨단 말이에요. 딸들이 여기 살 거 같으면 모르지요. 바다에 뿌리면 딸들이 사는 곳으로."

연구참여자의 자녀도 부모와 같이 살기를 희망하고 있다. 어머니가 암에 걸려 언제 사망할지 모르는 상황에서 자녀라면 당연한 일일 것이다. 그러나 그 당연한 일이 사할린 한인에게는 멀기만 하다. 연구참여자는 자녀들과 같이 살고 싶은 마음이 간절하다. 연구참여자에게는 어떠한 물질적인 부유함도 사할린에 있는 친지, 지인들에 대한 그리움을 대신할 수 없다. 그래서 그는 자녀에게 "내가 죽거든 화장해서 바다에 뿌려달라"라고 유언을 남겼다.

9.
연구참여자 9: 부유했던 유년시절의 몰락과 재기

1) 생애담 요약

연구참여자의 고향은 경상북도 청송군 현서면 안동이다. 그의 아버지는 1932년 사할린의 마카로프에 가서 겨울에는 산에서 벌목하고, 여름에는 도로를 만드는 공사장에서 힘겹게 일했지만, 배를 곯는 고향보다 낫다는 생각으로 조부모와 동생 둘을 불러들여 같이 지냈다. 그가 다섯 살 때 어머니와 같이 아버지를 찾아 사할린으로 갔다. 가족이 늘어나자 아버지 3형제는 돈을 모아 3층짜리 집을 사서 여관을 운영하여 함께 모여 살았다. 연구참여자가 살던 동네에는 경상북도 청송에서 이주해온 한인이 자연스럽게 모여 살았다. 그래서 연구참여자의 집은 경상도에서 온 한인의 사랑방이 되었다. 할아버지는 집에 서당을 만들어 자식들에게 한자를 가르치고, 동네 어르신들은 모여서 한시도 읊으면서 또 다른 고향을 만들어 한 지붕 세 가족이 행복하게 살았다.

연구참여자의 학창시절은 일본학교 입학을 시작으로 조선학교로, 조선학교에서 러시아학교로, 러시아학교에서 조선학교로 옮겨 다니면서 최종적으로 조선학교 10학년을 졸업했다. 학교에서 돌아오면 부모님을 도와 동생과 함께 19개의 방을 돌아다니며 난로에 연탄을 넣고, 연탄재를 버리는 일을 하면서 공부했다. 가정교육이 엄격하여 친구들과 놀 생각도 하지 못 하고 부모님을 돕는 일과 공부를 병행할 수밖에 없었다. 그래도 행복했다. 3층집 자식이라는 부러움을 받으며 자랐고, 공부도 잘하여 반장을 한 번도 놓친 적이 없었다. 그러나 해방 후 그의 집은 위기를 맞았다. 소련 정부가 들어서면서 연구참여자의 집은 소련 정부의 관사로 활용했고, 여관을 할 수 없게 되었다. 게다가 아버지와 작은아버지가 돌아가셔서 8학년을 끝으로 더 이상 공부할 수 없었다. 그의 짝사랑은 대학에 가기 위해 도시로 나갔고, 연구참여자는 돈을 벌기 위해 취직을 해야 했다. 그렇게 둘은 헤어졌다.

하루아침에 가장이 된 연구참여자는 가족을 이끌기 위해 기술을 배워야 했다. 평소 좋아하는 운전기술을 배우려면 유즈노사할린스크로 가야 했는데, 유즈노사할린스크까지 갈 차비도 없었다. 연구참여자는 용기를 내어 이웃집의 일본 아저씨한테 사정을 이야기했고, 사정 이야기를 들은 아저씨가 돈을 주어 기차를 타고 유즈노사할린스크로 가서 자동차 운전학교를 찾아갔다. 그러나 18세가 되지 않았다는 이유로 거절당했고, 연구참여자는 울면서 매달려 교장선생님의 도움으로 운전면허증을 취득했다. 그리고 학업에 목말라 있던 그는 일하면서 10학년을 졸업할 수 있었다.

운전면허증을 취득한 연구참여자는 바로 육가공 회사에 운전기사로 취직했다. 그는 시골 마을에 가서 가축을 구매하여 실어 나르는 일을 했다. 성실함을 인정받아 운전을 배우고 싶어 하는 사람들한테 운전도 가르치면서 오로지 돈을 벌겠다는 생각으로 밤낮없이 일만 했다. 나이든 할머니와 어머니, 그리고 동생과 부모가 없는 사촌 동생들을 위해서는 하루도 쉴 수 없었다. 쌀이 귀한 시절이어서 시골 마을에 가축을 사러 갔을 때 시골 농부가 농사지은 좁쌀을 사다가 어머니한테 드렸다. 같은 회사에서 일하던 아주머니들은 어린 나이에 가장이 되어 쉬지도 못하고 일하는 연구참여자를 안쓰럽게 생각했다. 그래서 퇴근할 때가 되면 팔고 남은 소시지며 고기 등을 가방에 넣어주었다. 연구참여자는 아주머니들이 챙겨주신 고기를 가지고 집에 가면 식구들이 좋아하는 모습을 보면서 그 재미로 친구들도 만나지 않고, 그 흔한 춤도 추러 가지 않고 일만 했다.

그러던 어느 날 우연히 같은 동네에 살던 초등학교 동창을 만났다. 그 동창은 연구참여자에 대해 잘 알았고, 연구참여자의 집안 형편에 대해서도 잘 알았다. 그 친구는 일도 좋지만 결혼해서 가정을 이루어야 진정으로 할머니, 어머니가 마음을 놓을 수 있다면서 여자친구를 소개해주었다. 그러나 연구참여자는 집을 위해서는 데이트도 허세이고 낭비라고 생각하여 거절했다. 동창은 결혼해도 후회하지 않을 착한 여자라고 연구참여자를 설득했다. 그래서 동창이 소개해준 여성을 만나 데이트를 했다. 데이트 장소는 찻집이 아닌 공원이었다. 차를 마시려면 돈이 있어야 했기 때문이다. 소개받은 여성은 공원에서 만나는 것도 싫다 하지 않는 착한 여성이었다. 그래서 동창이 소개해준 아가씨와 결혼하여 홀할머니와 홀어머니를 모시고 아들 셋을 낳고 행복하게 살았다. 그리고 아내의 지원으로 통신대학교에서 건축설계를 공부하여 건축회사에서 일했다.

자녀 셋은 모두 대학을 나와 결혼하여 잘살고 있다. 큰아들은 러시아 상트페테르부르크에서 대학을 나와 그곳에서 살고, 둘째 아들도 상트페테르부르크에서 대학을 나와 러시아 모스크바에서 사업을 하고 있다. 둘째 아들은 사업에 성공하여 모스크바 한인 사회에서 알아줄 정도로 유명한 사업가가 되었다. 연구참여자는 정년퇴임 후 맏아들이 있는 상트페테르부르크로 이사했다. 상트페테르부르크에도 한인이 많이 살고 있어 연구참여자는 영사관을 도와 통역을 해주었다. 그리고 한인회 회장을 역임하면서 일하다가 2007년 영주귀국했다.

연구참여자는 지금도 시간이 날 때마다 인근의 병원에서 통역 자원봉사를 한다. 그의 능숙한 언어 실력은 부모님의 교육 덕분이다. 부모님은 늘 거짓말하면 안 되고, 방탕한 생활을 하면 안 된다는 가르침을 주셨다. 그리고 그 교훈을 자녀들에게도 전수하고 있다. 그는 오늘도 자녀들과 같이 살 수 있는 해법을 찾고 있다.

2) 생애담

(1) 한 지붕 세 가족 3층집

연구참여자에게는 꼭꼭 숨겨둔 추억이 있다. 일본에 도착했을 때 삼촌이 걸어준 장난감 칼과 3층집에 대한 추억이다. 연구참여자는 대가족 속에서 행복하게 자랐고, 엄격한 가정교육을 받고 자랐다.

> "1943년도에 어머님하고 내 바로 밑에 동생하고 서이서 사할린에 있는 아버지를 찾으러 갔습니다. 배를 타고 갔는데, 거기 항구에 가니

까 우리 삼촌이 마중하러 나오셨어요. 그때 나는 기억이 잘돼요. 거기 항구에 내리니까 삼촌이 니뽄또라는 장난감 칼, 애들이 가지고 노는 칼, 그걸 삼촌이 내한테 걸어주더라고요."

연구참여자는 다섯 살 때 사할린에서 아버지를 만났다. 어머니와 동생이 기차를 타고 부산으로 가서 배를 타고 일본으로 간 기억, 일본에서 다시 기차를 타고 어디론가 가서 다시 배를 타고 간 기억은 희미하다. 그러나 사할린에 도착하여 부두에 내렸을 때 마중 나온 삼촌이 준 장난감 칼에 대한 기억은 선명하다. 사할린까지 고생하면서 가는 동안 쌓인 피로는 삼촌이 목에 걸어준 장난감 칼로 다 날아가버렸다. 아마도 어린 연구참여자에게는 그 칼의 존재가 가장 컸던 것 같다.

"아버지는 1932년도에 사할린의 마카로브로 가서 겨울에는 산에서 벌목하고, 여름에는 도로 공사장에서 일했어요. 삼촌, 할아버지랑 일해서 3층집을 샀어요. 거기 삼층집이라면 우리 집밖에 없었어요. 그래서 우리 집 별명이 '삼층집'이라고 했어요. 3층집인데 지붕은 하나고 들어가면 문은 다 따로 되어 있었어요. 우리 아버지가 맏이니까 할머니 할아버지를 모시고 내하고 내 동생하고 한 집에서 살고, 그 옆에는 작은삼촌하고 우리 숙모하고, 그 옆에는 큰삼촌네가 살았어요. 그리고 우리 동네에는 고향이 함경도 사람들이 많이 있었어요. 그래서 우리 아줌마들하고 함경도 말 많이 하고 그랬어요. 우리가 한 집에서 살면서 행복하게 잘살았습니다."

연구참여자의 어린 시절은 '행복'으로 기억된다. 고향에서 아버지 없이 자란 1년의 고생은 사할린에서 아버지를 만나면서 눈 녹듯이 사라졌다. 연구참여자의 집은 3층으로 된 집인데 할아버지, 삼촌 2명과 한 지붕 세 가족으로 같이 살았다. 장남인 아버지가 할아버지, 할머니를 모시고 살았고, 옆집에는 큰삼촌, 그 옆집에는 작은삼촌 가족이 살았기 때문에 작은어머니들과 얘기도 많이 하고, 사촌동생들과 재미있게 놀았다. 3층집 가족의 분위기는 항상 북적북적 화기애애했고, 희망으로 가득 차 있었다.

(2) 일본학교에서 조선학교로, 그리고 다시 러시아학교로

연구참여자는 사할린에 가자마자 일본학교에 들어갔다. 그 당시에는 일본학교에 다닐 수밖에 없는 상황이었다.

> "보통 학교에 일곱 살 아니면 여덟 살에 들어가는데 우리는 그때 다섯 살에 갔어요. 그때는 일본학교밖에 없었어요. 학교에서 일본말을 해야 했어요. 내가 학교에 가니까 아버지하고 할아버지하고 한국말은 우리 집에서 가르쳐줄 테니까 학교에서 일본말을 부지런히 배워라. 거기서는 한국말을 안 가르쳐준다. 그래서 그때 일본말을 열심히 배웠어요. 제 자랑이지만 저만치 일본말을 하는 사람이 드뭅니다. 일본학교 다니면서 애들이 다는 안 그렇지만 어떤 아들은 조센 나빠 조선인이다. 그리고 일본이 최고고 조선은 그 밑에고 그다음에 중국이다. 그럴 때도 있었지만 그건 애들이니까 별로 차별은 없었어요. 그리고 일본 사람들하고는 대화가 없었어요. 일본 민족이 아주 문명한 사람들이에요. 뭐랄까 예의가 바르고 윗사람 존경하고 그런 건 본받을

만합니다."

일본 아이들과 같이 공부하고 놀면서 때로는 속상할 때도 있었지만, 그다지 나쁘게 지내지는 않았다. 물론 구호품이 와서 나누어주다가 부족하면 다음에 준다고 해서 기분 상할 때도 있었고 항상 일본이 최고라면서 놀리는 아이들도 있었지만, 일본 사람한테도 배울 점이 많다는 것을 알았다. 할아버지와 아버지는 다른 생각하지 말고 열심히 공부만 하라고 했기 때문에 열심히 공부만 했다. 그 결과 연구참여자의 일본어 실력은 다른 누구와 비교가 되지 않을 만큼 월등했다.

"우리 아버지가 여관이라고 지금은 호텔이라고 하지만 호텔만큼 큰 건물은 아니고 여관실을 차렸어요. 마카로브 그 뭐 도시가 그렇게 크지는 않고 벌목하는 산이 멀잖아요. 겨울에는 한국에서 끌려간 노예같이 일하던 노동자들, 벌목꾼들이 며칠씩 휴가를 받아가지고 우리 집에서 살았어요. 하루에 얼마씩 돈 주고 우리는 그 돈 가지고 살았지요. 거기 말로는 호구래비라고 하는데 홀아비죠. 지금은 난방이 잘되어 있지만 그때는 각 방마다 만쥬스토브라고 있었어요. 거기다가 석탄을 넣으면 약간 밑에서 바람이 들어오면서 방을 따뜻하게 해줘요. 그 석탄이 밤새도록 꺼지지 않지만 그래도 추워요. 그래서 내하고 내 동생하고 학교 갔다 와서는 석탄을 가서 바게트에다가 퍼가지고 19개 방의 통에다가 여놔야 해요. 불 질러 놨으니까 일 마치고 그 사람들이 오면 방이 뜨뜻하죠. 어른들은 할 시간이 없지요. 그래서 동생하고 내하고 했어요."

마카로프에는 탄광과 산판이 있어서 한인이 많이 사는 마을 중 하나였다. 연구참여자의 집은 그 동네에서 한국인으로는 처음으로 3층집에 살았다. 그리고 여관을 했기 때문에 산판에서 벌목하던 한인 홀아비들이 겨울이 되면 며칠씩 묶었다. 연구참여자와 동생은 학교가 끝나자마자 달려와 부모님을 도왔다. 동생과 같이 19개나 되는 방의 난로에 석탄을 넣고, 타고 남은 재를 치우는 일을 했다. 그 덕에 일을 마치고 돌아온 한인은 따뜻한 휴식을 취할 수 있었다.

> "해방되고 일본학교는 다 없어지고 조선학교가 들어왔어요. 조선학교에 입학해가지고도 어려움 없었어요. 왜냐하면 평상시에 나는 집에서는 우리 할머님, 어머님, 우리 숙모, 우리 작은집에 아지매하고는 그냥 한국말을 썼거든요. 그래서 한국말을 배울 때에는 그냥 별로 어려웠다는 건 없었어요. 우리 아버지는 또 한문도 좀 아시고 지식 있는 분이라서 그때 학부모 회장도 하시고, 국어선생님도 좀 하고 그러기 때문에 언어에는 저희는 별로 문제가 없었습니다."

해방이 되고 난 후 일본학교는 철수하고 그 자리에 조선학교가 들어섰다. 조선학교에서는 한국말을 해야 했다. 하지만 연구참여자한테 한국말은 문제가 되지 않았다. 평소에 집에서는 모두 조선말을 했기 때문이다. 연구참여자의 아버지는 학교 학부모회의 회장을 하면서 국어선생님으로 아이들을 가르칠 정도로 학식과 재력을 겸비한 사람이었다. 연구참여자는 할아버지의 가르침대로 일본학교에서는 열심히 일본어를 배우고 공부하여 성적이 우수한 모범 학생이었고, 조선학교에서도 우수학생으로 타의 모범이 되어 친구들의 부러움을 샀다.

(3) “거짓말하지 말고 부지런해라”

할머니는 고향에 있을 때부터 예수를 믿었다. 그리고 사할린에서도 예수의 믿음 안에서 살면서 예수의 말씀을 실천하게 했다. 그 영향으로 연구참여자도 하나님을 믿으며 할머니 품 안에서 장손으로 자랐다. 할머니는 언제나 안동 권가는 양반의 집이고, 안동 권가는 부지런해야 하며, 거짓말하면 안 되고, 남을 해치면 안 된다고 훈육했다.

> “우리 집은 예수를 믿는 가정이에요. 예배당이라고 개인 집에 있었는데 내가 우리 할머니 따라서 다녔습니다. 하지만 드러낼 수 없었어요. 저희가 조선학교 다닐 때 교장이라든지 선생님들은 다 고려인들이었어요. 우즈베키스탄, 카자흐스탄 고려인들. 그분들은 다 소련공산당 당원들입니다. 소련 공산당원들은 예수를 못 믿게 했어요. 소련시대에는 예수교회 믿는 사람들은 붙들어가지고 벌금을 형편없이 부릅니다. 그래서 우리 할머니하고 어머니는 이불 속에서 기도합니다. 그렇기 때문에 우리는 제사는 안 지냈어요. 그리고 우리 가정에는 아무도 술을 마실 줄 모릅니다. 술이란 걸 몰라요. 우리 할머니가 계실 때 감주 단술 그건 마셨어요. 집안에서 우리 할머니 어머니는 예수 믿는 사람들이어서 술, 담배는 절대 반대했어요.”

연구참여자는 할머니를 따라 교회에 다녔다. 교회라고 해도 십자가가 달린 그런 교회가 아니라 믿음을 가지고 있는 몇몇 한인이 가정집에 모여서 몰래 기도하는 수준이었다. 사할린에서는 십자가가 걸린 교회는 없었을 뿐만 아니라 집에서도 드러내놓고 예수를 믿을 수 없는 상황이었다.

예수를 믿다가 공산당에게 들키면 벌금을 내야 했기 때문이다. 연구참여자는 할머니가 바라는 대로 예수님의 말씀대로 바르게 자랐다.

> "우리 할머니는 아주 대단한 분입니다. 양반집 딸이라서 며느리를 무섭게 다뤘어요. 그래서 어머니가 시집살이를 많이 했어요. 우리 아버지는 그렇게 무섭지 않았어요. 할머니가 무서워서 내가 골목대장은 못 했어요. 너는 안동 권씨 양반이니까 절대로 수치스럽게 하지 마라. 니가 신체가 좋다고 해서 장관질 하면 안 된다. 절대 남한테는 거짓말하지 말고, 속이지 말고, 욕심을 부리지 말고, 부지런하고, 절대로 남한테 해를 끼치지 말라는 교육을 받았습니다. 그래서 그걸 기본으로 살았습니다. 우리 육 형제거든요. 육 형제가 모두 교육을 잘 받았어요. 그래서 우리 마을에서는 우리 가족을 아주 모범가족이라고 칭찬했어요."

연구참여자는 체구가 커서 친구들이 얕잡아보는 일도 없었지만 그렇다고 친구를 괴롭히는 말썽꾸러기가 아니었다. 할머니의 가르침을 받아 공부를 잘하는 온순한 아이였다. 연구참여자 집의 가훈은 '성경 말씀으로 살기'였다. 할머니는 늘 예수를 믿는 사람으로, 안동 권씨 양반으로 남을 속이거나 남한테 해를 끼치면 안 된다고 훈육하셨다. 그래서 연구참여자를 비롯한 6형제는 할머니의 바람대로 바르게 성장했다. 덕분에 마을에서는 연구참여자의 집을 두고 '모범가족'이라는 칭호까지 붙여주었다.

(4) 해방과 함께 찾아온 3층집의 몰락

해방이 되고 마을에 러시아 군부가 들어왔다. 러시아 군대는 그 마을에서 가장 큰 연구참여자의 집에 본부를 두었다. 집의 절반은 러시아 군대가 차지하고, 절반은 연구참여자의 가족이 살았다. 더 이상 여관을 할 수 없게 되어 궁핍해졌고, 할아버지와 아버지의 사망으로 3층집은 몰락했다.

> "해방된 다음에는 여관 못했죠. 그때는 벌써 러시아 장교들이 들어오기 시작했어요. 그때 우리 집이 크고 하니까 한쪽은 우리가 쓰고 한쪽은 러시아 장교들이 와서 살겠다 한다. 우리가 내줘야 한다대요. 국가에서 하는 일이니까 누가 뭐라 해요. 그래서 이쪽에서는 우리 식구가 살고, 저짝 한 6칸은 러시아 장교들이 살았어요. 파란 눈에 코가 이렇게 큰 게 무서웠어요. 그 장교들이 미안한지 여러 가지 음식을 자꾸 갖다주대요. 빵, 조미료, 고기 통조림, 닭고기 통조림, 그때 미국 통조림이 많이 들어왔어요. 그리고 러시아말도 가르쳐줬어요."

1945년 해방이 된 후 일본군이 철수하고 고향으로 갈 수 있다는 기대에 부풀어 있을 때 소련군이 들어왔다. 그동안 일본 사람들과 생활하던 한인은 커다란 키, 파란 눈과 큰 코, 지금까지 익숙하지 않은 외모로 두렵기까지 한 러시아인을 만나게 되었다. 게다가 그런 무서운 러시아 장교들과 한 집에서 살게 되면서 더욱 기가 눌렸다. 그러나 러시아 장교들은 보기와는 다르게 친절했다. 러시아 장교들은 먹을 것을 나누어주고 연구참여자를 귀여워했다. 연구참여자는 그런 장교한테서 러시아어도 배울 수 있어서 좋았다. 그러나 여관을 할 수 없게 되어 가정형편은 어려워졌고 다른 일을 찾아야 했다.

> "그 10학년 졸업 못 했습니다. 왜냐하면 제 나이가 열여섯 살 때 아버님이 세상을 떠났어요. 아버님이 세상을 버리셨는데 거기다가 또 우리 삼촌이 세상을 버렸어요. 그때 시대만 해도 남편을 잃은 아지매는 다른 데 시집을 못 갑니다. 근데 강제징용으로 끌려와서 벌목하던 사람들이 많잖아요. 우리 삼촌이 세상을 떠나니까 그 옆에서 남자들이 속닥거려가지고 우리 아지매를 빼갔어요. 그래서 우리 사촌 여동생이 엄마 아빠가 없어졌어요. 우리 할머니, 할아버지, 어머니, 우리 칠 남매, 사촌 여동생까지 대식구거든요. 우리 할아버지 할머니도 연로하시지. 그래 뭐 우리 어머니도 여자분이지. 내가 열여섯 살인데 나밖에 벌어먹을 사람이 없었어요. 내가 계속 공부를 해야 하는데 어찌 하겠어요. 대학이라도 가려면 집이 좀 누가 받들어주는 사람이 있어야 하지. 그래서 공부를 못 했어요."

러시아 정부가 들어선 후 한인에게는 많은 변화가 생겼다. 조선학교를 폐교시키고 러시아 학제로 운영했고, 조선 사람들을 관리하고 부리기 위해 중앙아시아의 한인을 채용하여 중간관리자나 통역으로 썼다. 연구참여자의 가정에도 많은 어려움이 닥쳤다. 그동안 운영하던 여관을 접어야 했고, 어버지의 사망에 이어 작은아버지까지 돌아가셔서 집안에 경제적 어려움이 닥쳤다. 할아버지와 할머니, 어머니와 어린 동생들, 장남으로서 어깨가 무거웠다. 그런 연구참여자에게 공부는 사치였다. 그래서 장남인 연구참여자는 학교를 그만두고 일을 해야 했다.

(5) 진학 대신 잡은 운전대, 그리고 면허증

갑자기 가장이 된 연구참여자는 가족을 먹여살리기 위해 진학을 포기하고 기술을 배우기로 마음먹고 운전기술을 배우기 위해 사할린의 수도 유즈노사할린스크로 향했다.

> "무슨 기술을 배울까 생각하다가 운전기술 배우기로 했어요. 내가 자동차 운전 아주 좋아했어요. 그런데 돈이 없어서 갈 수 없게 됐어요. 그래서 이웃집 아저씨한테 말했어요. 나는 몇 살이고 우리 아버지 안 계시고 그래서 식구는 이렇게 있다. 그러니까 아저씨가 불쌍하면서 돈을 좀 주데요. 집에서 어머니가 싸주는 점심하고 돈 조금하고 기차를 타고 갔어요. 아는 사람이 아무도 없는데 유즈노 자동차학교에 갔어요. 간도 컸지. 자동차 운전학교에서는 아버지랑 같이 오지 않고 나 혼자 왔다고 안 받아준다고 했어요. 자동차학교는 18세부터 가능한데 넌 열일곱 살이라 못 다닌다고 해서 그 자리에서 울었어요. 내가 돈 벌어서 우리 가족들 먹여살려야 하는데 어떻게 하든지 넣어달라고 떼를 썼어요. 내 집에 못 간다고 울면서 억지를 쓰는 걸 부인이 듣고 받아주었어요."

연구참여자는 가정을 일으켜 세우기 위해서는 기술을 배우는 것이 가장 좋다고 생각하고 자동차 운전기술을 배우기로 작정했다. 자동차 운전학교는 유즈노사할린스크시에 있어 기차를 타고 가야 했다. 하지만 연구참여자에게는 차비가 없었다. 용기를 내어 이웃에 사는 일본 사람에게 사정을 이야기했다. 사정을 들은 이웃집 아저씨는 흔쾌히 차비를 주었다.

연구참여자는 어머니가 싸주신 도시락을 들고 낯선 유즈노사할린스크로 향했다. 어렵게 자동차 기술학교에 도착했는데 보호자 없이 혼자 왔고, 미성년자라는 이유로 받아주지 않았다. 연구참여자는 물러설 수 없어 그 자리에 누워 발버둥을 쳤다. 그리고 드디어 입학 승낙을 얻어냈다.

"면허증은 경찰서에 가서 받아야 하는데 열일곱 살이라 면허를 못 받아요. 그래가지고 교장선생님이 날보고 내 졸업장, 그 증명서 달라고 해서 줬더니 자기가 면사무소에 가서 한국 나이로는 18세가 되었다는 걸 썼어요. 3개월 후에 경찰에 가서 면허증을 받을 수 있도록 그렇게 만들었어요. 얼마나 고마워요. 지금까지도 그 교장선생님 이름을 못 잊어버리겠어요. 거기서 공부도 하고 직장을 내가 잡았어요. 자동차학교에서는 운전을 잘하는 운전기사 옆에 그 실습하는 학생들을 끼워줍니다. 내가 운전을 잘하니까 실습하는 학생 둘을 끼워줬어요. 내가 운전하는 것도 가르쳐주니까 부모들이 나한테 돈을 얼마씩 줘요. 나는 술도 안 먹고 담배도 안 태우고 하니까 모두들 좋아했어요. 나보고 재간 있다느니 머리가 좋다느니 했어요. 일하는데 유즈노사할린스크에 조선학교 10년제가 생겼어요. 그래가지고 내가 거기서 운전하면서 돈 벌면서 공부해서 10학년 졸업장을 받았어요."

연구참여자의 몸부림에 운전학교의 교장선생님 부부의 배려로 꿈에 그리던 자동차 운전을 배우게 되었다. 교장선생님은 성실하게 운전을 배우는 연구참여자가 마음에 들어 졸업하게 되면 운전면허증을 받을 수 있도록 면사무소에 가서 연구참여자의 생년월일을 고쳐주었다. 쉽지 않은 일이었지만 연구참여자의 사정과 성실함이 교장선생님의 마음을 바꾸었다. 연구참여자는 3개월 동안 운전을 배우고 운전면허증을 받았다. 그리고 그 운전학교에 취직하여 돈까지'벌게 되었다. 그러나 늘 배움에 목말라 있을 즈음 유즈노사할린스크에도 10년제 학교가 생겼다. 연구참여자는 배움의 한(恨)을 풀기 위해 일하면서 돈도 벌고 학교에 들어가 10년제를 마쳤다.

"우리는 돈 버는 사람이 내 하나다. 그리고 어떻게 하든지 식료품 공장에 들어가야 우리가 살 수 있다. 그래서 소세지 만드는 고기 공장 육류공장에 일을 잡았어요. 그 책임자들이 내가 동생이 6명에 늙은 할아버지, 할머니 있고, 과부 어머니 계시다는 것을 알고 일을 마치고 갈 때 나한테 소세지하고 돼지고기 삶은 거를 이렇게 넣어줘요. 그렇게 번 돈으로 조정 쌀을 사서 집에 가져다줬어요. 그때는 쌀을 안 팔아요. 조정 쌀 노란 거 좁쌀. 내가 소 사러 가면은 탄부들이 일한 곳에 그게 있어요. 다른 곳에 가면 좁쌀이 없어요. 그래서 좁쌀이랑 소세지 이런 거 넣고 죽 만들고 밀가루 넣고 수제비 만들어 먹고 그렇게 살았습니다. 그래서 내가 지금도 돼지고기를 좋아합니다."

연구참여자의 삶은 오로지 가족을 위한 삶이었다. 연구참여자는 가장으로 줄줄이 딸린 식구들이 배고프지 않으려면 식품회사에 들어가야 한다고 생각하여 육류 가공회사에 들어갔다. 공장에서 일하는 동료들은 그런 연구참여자의 사정을 딱하게 생각하고 퇴근할 때쯤이면 남은 식품 등을 챙겨주어 어머니께 가져다드렸다. 그리고 회사 일로 시골로 소를 사러 가면 탄광 근처에서 좁쌀을 살 수 있었다. 공장에서 준 소시지에 좁쌀을 넣어 죽을 끓여 허기를 채웠다. 그렇게 가장으로 충실하게 가족을 살폈다.

(6) 운명처럼 나타난 아내

가정형편이 어려워 결혼은 생각하지도 못하고 앞만 보고 달려온 그는 주말에 클럽에 갔다가 친구를 만났고, 그 친구가 소개해준 여성과 교제했다. 봉제공장에서 일하던 그 여성은 성품이 착하고 생활력이 강해 맏며느리로 손색이 없었다.

> "사할린에서는 일 끝나고 저녁으로는 우리가 그 클럽 그런 곳에서 댄스도 배우고 하는 것이 있었어요. 하루는 마카로브에서 살던 고향 친구를 만났어요. 그 여자친구가 내 아내와 아주 친한 친구예요. 그 아가씨가 나보고 ○○이 우리 서로서로 잘 아는 사이인데 내가 아가씨 하나 소개해줄 테니까 장가가면 좋겠다 그래요. 살림살이도 잘하고 솜씨도 좋고 마음씨도 곱고 나쁜 게 하나도 없다. 그래서 나는 별로 가진 것도 없고 장가갈 준비가 안 되었다고 했더니 너희 집에는 너가 맏이인데 먼저 장가가야 하지 않나. 그래야 집안일도 조금 도와주고 어머니도 조금 편하고. 그래서 내가 생각을 해보니까 그게 옳아요. 그래서 만나보기로 하고 만났어요."

연구참여자는 가족을 돌보느라 결혼적령기가 되었음에도 결혼할 생각은 해본 적이 없었다. 그에게는 오로지 일과 공부가 전부였다. 그렇게 일로 힘든 시간을 보내던 어느 날 친구들과 클럽에 갔다가 고향 친구를 만났고, 그 친구가 지금의 아내를 소개해주었다. 그러나 집안형편으로 결혼할 수 없다고 하자 고향 친구는 그렇기 때문에 더욱 결혼이 필요하다면서 설득했다. 연구참여자는 친구의 설득이 일리가 있다고 생각하여 만나 연애를 시작했다.

"아내는 재봉을 하고 있었어요. 주말에 만나서 춤도 추고 얘기도 많이 했는데 착하고 부지런했어요. 나를 생각해주는 것도 남달랐어요. 1년 정도 만났는데 이 정도면 우리 집같이 어려운 데 와서도 잘살 수 있을 거라는 생각이 들었어요. 그래서 1년 만나다가 결혼했어요."

연구참여자는 결혼할 형편이 아니었다. 할머니, 어머니, 그리고 7명이나 되는 동생들, 그런 집의 장남에게 시집올 여성도 없다고 생각했다. 그런데 소개받은 여성은 만나면 만날수록 괜찮은 사람이었다. 생활력이 강한 데다가 남을 배려할 줄 아는 선한 여성이었다. 살갑고 듬직한 여성, 이 여성이라면 누구보다 부모를 잘 모시고, 형제들과 우애 있게 잘살 수 있을 거라는 생각이 들었다. 그래서 1년 연애 끝에 결혼했다.

(7) 만식, "이름처럼 살아라"

연구참여자는 어려서 '만식(萬食)'이라 불렸다. 일만 만(萬) 자에 음식 식(食)이라는 애칭은 할아버지가 배고프지 말라고 지어준 것이다. 아내와 결혼한 후 이름처럼 배고프지 않고 잘살았다. 아내는 안동 권가 집의 가뭄을 해결해주는 단비였다.

"내가 결혼하면서 유즈노사할린스크로 할머니, 어머니 가족 모두를 데리고 와서 같이 살았어요. 아내는 남편, 부모들 생각만 하고 자기 욕심은 없어요. 아내가 첫째로 아들을 낳았으니까 할머니가 좋아하셨어요. 그때만 해도 아들이 좋았어요. 이제 집안이 되는구나. 기둥이 생겼다고 생각했어요. 두 번째 2년 후에 또 쌍둥이가 나왔거든요. 정말 좋았어요. 그런데 할머니가 찡그렸어요. 그땐 아이 하나 대신에 둘을 낳으면 입이 하나 더 불어나니까 부담이잖아요."

연구참여자의 결혼생활은 순탄했다. 아내는 공장에 갔다 와서도 힘든 내색하지 않고 홀시할머니와 홀시어머니, 그리고 시동생들을 잘 보살폈다. 그리고 첫아들을 낳았다. 당시 첫아들은 대를 잇는다는 의미로 집안의 기둥을 의미했다. 그래서 할머니가 너무 기뻐하셨다. 그리고 둘째를 낳았는데, 집안에 없던 쌍둥이가 태어났다. 쌍둥이를 낳았을 때 연구참여자의 기쁨과 달리 할머니의 표정은 좋지 않았다. 입이 하나 더 늘었다는 이유였다. 그만큼 먹고살기 힘들어서 할머니가 사랑하는 장손이 안쓰러웠기 때문일 것이다.

"그때 어려운 살림살이였어요. 아이들 서이 키우는데 시누이는 없고 다 시동생이라 도와주는 사람이 없지요. 어려운 살림살이 하면서 어머니 할머니 고생 안 시키고. 그때 김치 담으면 배추는 이렇게 큰 거로 사서 담고요. 자기도 재봉사에서 12명 데리고 일하면서 그렇게 살림을 잘했어요. 내 애명이 '만식이'라고 해요. 일만 만(萬) 자에 음식 식(食) 자, 배곯지 말라고 할아버지가 이름을 만식이라고 지었어요. 우리 친구들 어머님들도 너는 장가 참 잘 갔다. 너는 어떻게 그렇게 복이 있냐고 내한테 했어요. 아내는 지금도 달라지지 않고 내가 하자는 대로 해요. 조금 마음 안 들면 그렇게 해보고 안 되면 그다음에는 그때 바꾸자. 그런 식으로 뭐 나를 생각해주고 존대해줘요. 지금 살아보니까 보배예요. 우리 어머니하고 할머니께서 이런 보배가 어디 있나. 내가 이런 사람을 어디서 구하겠어요. 그때는 정말 하느님이 도왔나 어떻게 저런 사람을 내가 만나게 했나. 내가 이 얘기 하면 눈물이 나요."

연구참여자는 아내를 생각할 때마다 너무 감사해서 눈물이 날 정도다. 살갑고 성실하며, 살림도 잘하고 자녀들을 잘 키울 뿐만 아니라 할머니, 어머니를 잘 모시고 시동생들과도 잘 지냈다. 아내는 연구참여자가 하고자 하는 일에 반대한 적이 없다. 언제나 지지해주고 격려해주어 행복했다. 이런 아내를 두고 동네에서는 만식이가 복이 많아 아내를 잘 얻었다고 칭찬이 자자했다. 할머니와 어머니도 연구참여자가 착한 아내를 만난 것은 하느님의 뜻이라 생각했다.

(8) 부모에게 받은 교육을 자녀들에게도

연구참여자의 자녀들은 모두 연구참여자가 바라는 대로 자라주었다. 할머니, 할아버지한테서 받은 교훈대로 자녀를 가르친 덕분에 셋 모두 대학을 졸업했다.

"우리 할아버지는 우리는 양반 자식들이니까 여자도 생각해야 하고, 자식도 생각해야 하고, 올바르게 교육해야 하고, 옆의 친구들도 잘 생각해봐야 하고, 가족 평화스럽게 인정스럽게 살아야 한다고 가르치셨어요. 우리가 어렸을 때부터 그렇게 교육받았어요. 그래서 우리도 자식을 그렇게 가르쳤고, 아들도 손자들에게 그렇게 가르쳤습니다. 아이들 다 건축대학을 다녔어요. 우리 맏아들은 유즈노사할린스크에서 대학을 졸업했고, 작은 놈은 상트페테르부르크에서 학교 다녔어요. 아이들이 모두 신체가 좋아서 러시아 사람들이 봐도 잘생겼다고 했어요. 그러고 러시아 가시나도 많이 따라당겼어요. 그런데 절대 러시아 사람 우리 집에 못 데려왔습니다. 아내가 절대로 러시아 사람한테 장가 못 간다고 방학에 오면 신신당부했어요. 우리 아이들은 다른 민족은 절대 안 된다고 해서 다 한인과 결혼했어요. 그런데 지금 손녀들은 러시아 사람이랑 좋으면 가라 그러죠. 손녀가 얼마 전에 결혼했는데 러시아 신랑이에요. 모스크바 공업대학 졸업한 사람인데 참 인물도 잘생겼지만은 마음씨가 고와요."

연구참여자는 어려서부터 조부모로부터 엄격한 가정교육을 받았다. 조부모님은 양반인 안동 권가의 가풍과 가훈에 따라 자녀를 훈육했고, 연구참여자도 그 가훈을 이어받아 자녀를 교육했다. 자녀들도 연구참여자의 말에 잘 따라주었다. 3남매 모두 대륙에 있는 대학을 나와 건축가로, 사업가로 일하고 있다. 아내는 방학이 되어 집에 온 아들들에게 늘 타민족과 결혼할 수 없다고 말했다. 아들들은 아내의 말을 거역하지 않고 한인과 결혼하여 기쁨을 주었다. 동네에서도 자식 농사를 잘 지었다고 부러워했다. 그러나 지금은 시대가 바뀌었다. 손녀가 결혼하면 한인만 고집하고 싶지 않다. 손녀를 위해주는 남성만 있다면 타민족과 결혼하는 것도 나쁘지 않다고 생각했고, 실제로 러시아 민족인 손녀사위를 맞이했다.

"세 아들 다 잔치할 때 큰 레스토랑을 빌려서 했는데 한 600명 왔어요. 결혼할 때 부조를 받지 않습니까? 부조를 다 헤아려보니까 한 620명이 왔어요. 사람이 너무 많이 와서 2교대로 밥을 먹었어요. 첫 번째는 우리 부모님들 생각해서 오는 나이 좀 있는 사람들이고요. 두 번째는 좀 젊은 사람들이 먹었어요. 왜냐하면 두 번째 오는 사람들은 앉아서 먹고 음악에 취하면 춤도 추고 노래 부르고 놀거든요. 지금 건축을 해서 돈을 벌어가지고 잘살아요. 특히 모스크바에 사는 우리 둘째 아들은 궁실 같은 집에서 삽니다. 해물 무역하는데 중국에서 해물을 받아가지고 그 물건들을 가공을 좀 해가지고 모스크바의 큰 일식 레스토랑에 공급합니다. 일이 잘되네요. 원래는 건축가입니다. 그런데 러시아 친구가 자기가 하던 일을 넘겨주었어요. 넘겨받았는데 잘 돼요. 그래서 내가 얘기했어요. 우리가 한국 사람인데 될 수 있으면 뭐든지 한국 꺼만 가져다가 많이 팔아라. 그래야 한국도 좋고 너도 좋고. 그래서 한 4년 전부터 조금씩조금씩 한국하고 비즈니스하는데 지금 잘됩니다."

연구참여자는 결혼하여 어려움을 극복하고 자녀들도 잘 키워 상트페테르부르크에 있는 대학의 건축학과를 졸업하고 건축가로 만들었다. 아들이 결혼할 때는 많은 지인들이 축하해주었다. 축하객들이 너무 많아 1, 2부로 나누어 식사할 정도였다. 그만큼 연구참여자가 사회생활을 잘했다는 증거일 것이다. 첫째 아들과 셋째 아들은 상트페테르부르크에서 건축가로 일하고 있으며, 둘째 아들은 모스크바에서 무역업을 하고 있다. 둘째 아들은 건축을 전공했지만 러시아 친구의 권유로 해물을 수입하여 가공해서 다시 일본 음식을 파는 식당에 납품하는 수산물가공업을 하고 있다. 연구참여자는 사업을 잘하는 아들한테 언제나 한인임을 잊지 말고 나보다는 남을 배려해야 한다고 가르치고 있다. 할아버지와 할머니의 가르침처럼.

(9) 직업기술교육 회사 사장으로 거듭나다

연구참여자는 기울어진 가정형편으로 대학 대신 운전대를 잡아야 했고, 면허증을 따기 위해 운전기술학교 교장선생님의 바짓가랑이를 잡고 늘어진 적이 있었다. 그렇게 공부한 덕에 직업기술교육 회사 사장이 되었다.

> "건축일 하는 사람들은 돈을 많이 받았습니다. 러시아 법에 의해서 학교선생님들이나 대학교 교수, 의사선생님들은 우리보다 임금이 적습니다. 나도 늦게 통신학교에서 건축을 공부하고 호리존트라는 회사에 들어갔어요. 거기서 사장으로 한 15년 일했습니다. 호리존트는 트락터 운전자, 콤바인 운전자, 굴착기 운전자 등을 교육하는 직업기술교육 회사입니다. 지하자원 개발할 때 어떻게 해야 하는지 기술자들 교육시켰어요. 한국으로 말하면 '지하자원개발공사'입니다. 그래서 나는 괜찮게 살았어요."

연구참여자의 배움에는 끝이 없었다. 자녀들을 다 가르치고 다시 통신학교에 들어가 건축을 공부했다. 러시아에서는 공무원보다 기술을 가지고 있는 사람이 월급도 많고 인정해주었기 때문이다. 학교를 마치고 바로 지하자원을 개발하는 회사의 사장으로 들어갔다. 연구참여자가 사장으로 일한 회사는 지하자원을 개발할 때 필요한 기술을 가르치는 기술학교였다.

> "러시아의 굴착 기술은 전 세계에서도 알아주었어요. 제가 1997년에 제주도에 우리 러시아 과학자들을 데리고 와서 온천을 팠습니다. 한국 기술로는 한 600m, 700m 깊이를 팔 수 있지만 1,500m까지는 팔 수 있는 그런 기술이 없습니다. 그래서 우리 러시아 기술자들을 데리고 와서 1,580m까지 굴착을 했어요. 그런데 뜨신 물이 안 나와서 힘들었어요. 뜨신 물이 나오긴 하는데 밑에서는 한 64도인데 지구 표면으로 올라오면 32~33도밖에 안 돼요. 사람 신체 온도보다 낮아요. 낮으면 온천이 안 돼요. 그래서 그걸 포기하고 러시아로 갔습니다. 제주도는 참 아름다운 도시예요."

연구참여자는 굴착하는 기술자들을 데리고 제주도에 와서 6개월 동안 산 적이 있었다. 제주도에 온천을 만들기 위해 기술자로 초대를 받았기 때문이다. 제주도는 물이 고이지 않는 특성 때문에 다른 도시보다 더 깊이 파야 했다. 지하 1,500m에 들어가면 뜨거운 물이 있었다. 그것을 지상으로 옮기는 과정에서 물이 식어 온천으로 활용할 수 없었다. 계속되는 실패에 기술자들도 상실감이 컸고, 더 파도 승산이 없다는 것을 알고 철수했다. 그때 제주도가 따뜻하고 아름다운 도시라는 것을 알았다.

(10) 상트페테르부르크 한인회장

연구참여자는 정년퇴임 후 아들이 사는 러시아의 상트페테르부르크로 이사했다. 상트페테르부르크는 각종 학교가 많아 한인 유학생들이 많았다. 연구참여자는 상트페테르부르크에서 사할린 한인회를 만들어 운영하면서 영사관을 도왔다. 상트페테르부르크 한인회는 상트페테르부르크에 거주하는 한인의 고향이었다.

> "아들이 상트페테르부르크에 살고 있었어요. 상트페테르부르크는 정말 살기 좋은 아름다운 도시입니다. 내가 정년퇴임하니까 아들이 같이 살자고 해서 아들한테로 이사 갔습니다. 그래서 영사관에 가서 사할린동포가 얼마나 있느냐 물어봤습니다. 물어보니까 아이 선생님 한국말 어디서 배웠는데 그렇게 잘하는가 하고 물으면서 우리 영사관의 일도 좀 봐주면 좋겠다 해서 통역을 좀 도와주고 했어요. 상트페테르부르크에서 열린 국제포럼에서도 제가 통역했어요. 그런데 상트페테르부르크에는 사할린동포들이 천 명가량 있는데 사할린 한인협회라는 건 없고 거기 고려인협회라고 있었어요. 영사관에서 사할린동포와 고려인은 다르니까 사할린협회를 하나 만들자고 해서 사할린 한인회를 만들고 1989년부터 2007년까지 내가 회장으로 있었습니다."

연구참여자는 상트페테르부르크의 사할린 한인회 회장을 지냈다. 상트페테르부르크와의 인연은 아들 때문이다. 연구참여자가 정년퇴임을 하자 아들은 같이 살기를 권했다. 상트페테르부르크는 예술의 도시이자 러시아에서 가장 아름다운 도시 중 하나로 많은 한인이 거주하고 있다. 연구참여자는 영사관에 찾아가서 한인의 현황을 알아보다가 능숙한 한국어 실력 덕분에 영사관 일을 도와주게 되었다. 연구참여자의 한국어 실력은 조부모의 교육 덕분이었다. 영사관에서는 상트페테르부르크에도 한인회가 필요하게 되자 연구참여자를 회장으로 앉히고 한인회를 조직하여 한인의 목소리를 모으기 시작했다.

> "한인회는 고향이나 다름없었어요. 상트페테르부르크에 오는 사할린 한인은 대학에 공부하러 오는 사람들이 많았어요. 사할린에는 사범대학 하나밖에 없지만 상트페테르부르크에는 여러 가지 기술대학 등이 많았어요. 그중에는 음악대학도 있고, 발레대학도 있고, 의학대학도 있고요. 러시아가 발레로 유명하지 않습니까? 상트페테르부르크가 문화도시이기 때문에 발레대학이 있습니다. 대학생들이 많았어요. 그 대학생들이 사할린 한인회에 자주 왔어요. 우린 1년에 그저 7~8번 모였어요. 3월 1일 삼일절 행사, 그다음에 8월 15일 해방 광복절 명절, 러시아에서 사니까 설명절은 우리 설명절, 러시아 설명절 다 하고, 한국에서 오는 예술문화 콘서트를 한다든지 한국 민족 음악회가 있고 하면은 광고를 듣고 모입니다. 모여서 노래도 부르고 음식도 나누어 먹고, 한국 떡 종류가 얼마나 많습니까. 이런 떡 저런 떡, 두부 음식 등 가지고 오셔서 차려놓고 먹고 시간도 보내고 정말 좋았어요."

타는 목마름과 간절한 기다림, 사할린에서 태어나 유학 온 한인에게 한인회는 고향과도 같은 곳이었다. 다른 곳과 마찬가지로 한인회에서는 각종 행사를 하면서 한인 민족 정체성을 환기시켰다. 3.1운동 기념행사, 그리고 8.15광복절은 언제나 푸짐했다. 한국에서 공수해온 각종 떡과 두부 등 부모님이 살아계실 때 자주 먹던 음식으로 어릴 적 추억을 소환할 수 있는 민족행사였다. 잔칫날에는 어김없이 고향의 노래를 부르며 행사는 절정에 이르고, 헤어짐의 아쉬움은 다음 행사를 기다리게 했다.

> "지금 한국에서는 광복절 명절을 그렇게 크게 안 하던데 해외에서 사는 우리 민족은 광복절 행사를 제일 크게 합니다. 우리 민족이 해방된 날인데 얼마나 좋은 명절입니까. 그 일본놈들 밑에서 굽신거리며 살다가 자유를 찾고 진짜 반갑고 좋은 명절이에요. 광복절 행사는 대부분 영사관에서 주최하고 경비도 영사관에서 주지만 우리 사할린동포들이 개인적으로 협조를 해가지고 행사를 크게 치릅니다. 그런 행사를 할수록 고향 생각이 더 나게 마련이지요. 그러면서 1세들이 고향에 오려고 꿈을 꾸었지요."

상트페테르부르크의 사할린 한인회는 광복절이 되면 바쁘다. 영사관에서 광복절 행사비를 지원해주지만 더 풍성하게 하기 위해서는 십시일반 모금과 후원이 필요했다. 사할린 한인에게 광복절의 의미는 그 누구보다도 크게 다가왔다. 부모님이 어떤 이유이든 사할린에 왔다가 인권을 유린당하고 노동력을 착취당하면서 인고의 세월을 보내다가 해방을 맞았기 때문이다. 특히 해방이 되었지만 고향에 갈 수 없었고, 광복절 행사를 통해 고향에 한 발짝 다가가는 희망의 날이기 때문이다. 연구참여자도 이런 행사를 조직하면서 고향으로 가기 위한 꿈을 꾸었다. 그리고 드디어 한국행 비행기에 올랐다.

(11) 자신의 존재 가치를 확인하는 자원봉사

연구참여자는 2007년 영주귀국했다. 타는 목마름과 간절한 기다림 끝에 찾은 안식이다. 그의 하루는 평범하지 않다. 아침에는 인근에 있는 병원으로 통역 자원봉사를 나간다. 러시아어권에서 온 환자들을 돕는 날이 가장 행복하다는 그의 한국어 실력은 부모에게서 받은 교육 덕분이다.

> "저는 지금도 통역하느라 바빠요. 저는 언어 방면에는 다른 친구들보다 재간이 좀 있는 거 같아요. 이 병원 저 병원에서 도와달라고 하면 가서 도와야지요. 한 일주일 전에 우즈베키스탄에서 어린이 심장병 환자들이 와가지고 27일 동안 길병원에서 통역했습니다. 내 혼자서 모자라니까 내 친구를 하나 불러서 같이 했어요. 러시아에서 온 사람들이 소통이 안 되니까 얼매나 답답해요. 통역을 해주고 집에 오면 뿌듯해요. 그때 내가 가장 기분이 좋습니다. 내가 필요하다는 사람이 있다는 것이 얼매나 좋습니까. 그리고 통역이 없는 날은 아침 먹고 경로당에 옵니다. 여기밖에 올 데가 없어요. 여기 오면 친구들하고 얘기도 하고 당구도 치고요."

대부분의 영주귀국 사할린 한인은 하루의 일과가 치료를 위해 병원을 찾거나 사할린 경로당에서 시간을 보낸다. 어려서는 부모와 헤어져 이산가족이 되었고, 지금은 영주귀국으로 자녀와 떨어져 이산가족이 되어 일반 노인과 매우 다른 환경에 놓여 있기 때문이다. 그러나 연구참여자의 하루는 좀 다르다. 그는 어려서부터 타고난 언어 재간에 요즘도 한가할 시간이 없다. 한국의 의술이 발달하여 러시아어권에서 오는 환자를 도와 통역을 해주기 때문이다. 세상에서 가장 힘든 것이 하고 싶은 말을 못 하는 것이라고 생각하는 그는 병원에서 러시아어 통역을 요청하면 한걸음에 달려가 돕는다. 몸은 고단해도 집에 오면 매우 행복하다. 나의 존재 가치를 확인하는 날이기 때문이다.

(12) 소소한 행복 뒤에 찾아오는 이산의 아픔

영주귀국 사할린 한인은 기초생활수급자여서 노동력을 가지고 있어도 일할 수 없다. 더욱이 지금도 2007년 영주귀국할 당시의 수급액 그대로 받고 있다. 그래서 자녀들이 사는 사할린에 가고 싶어도 마음처럼 쉽지 않다. 자녀와 같이 살 수 있다면 그 이상 무엇을 바라겠는가.

> "이 생계비 가지고는 여기서 살기가 좀 버겁습니다. 대다수는 생계비가 모자라서 사할린에 있는 자녀들이 도와줘요. 2007년도에 왔을 때 받던 것을 지금도 똑같이 받는데 물가도 올랐어요. 생계비로 먹고 사는 거 아껴서 살 수 있지만 외식을 한다거나 하는 것은 못 해요. 내가 뭐 책이라도 하나 사가지고 읽겠다고 서점에 가서 보면 책들도 비싸고, 신발을 사거나 옷을 사면 조금 큰돈이 들어가니까 버겁습니다. 러시아에 사는 자녀들이 비행기표 사줘야 자녀들을 볼 수 있어요."

연구참여자는 얼마 전에 아들이 사는 상트페테르부르크에 다녀왔다. 아들이 보내준 비행기표 덕분이다. 지금 받는 기초생활수급비로 겨우 생활은 할 수 있지만, 다른 것을 할 수 없는 그야말로 먹고살 정도의 최소 생활비이기 때문이다. 기초생활수급비는 그가 2007년 처음 한국으로 영주귀국했을 때나 10년이 흐른 지금도 같다. 10년 동안 오른 물가를 반영하지 않았기 때문이다. 그는 아들한테 간 김에 여기저기 다니고 싶었지만, 3개월을 넘기면 그나마 받던 생활비가 안 나오기 때문에 서둘러 들어와야 했다.

> "세상에 인간이라고 하면은 우리처럼 이렇게 가족 간에 생이별을 만들면 안 되지요. 아무것도 모르는 생선들도 어미가 알을 낳아 그 고기들이 죽을 때가 되면 지가 태어난 데로 돌아가서 죽지 않습니까? 특히 러시아 연어를 많이 키웠는데 학자들이 다 연구를 해서 그렇게 알고 있지 않습니까? 근데 우리는 인간으로서 이게 뭐예요. 자식들 다 팽개쳐놓고 달랑 두 부부만 이렇게 오게 만들고, 이게 인간이 할 짓이 아니지요. 일본은 우리를 지배하고 착취를 한 나라입니다. 근데 일본 같은 나라는 자기 민족을 다 찾아내서 데려갔습니다. 한국인하고 결혼해가지고 자식 낳은 사람들도 다 일본에서 데려갔습니다. 일본에 데려가서 뭐든지 해서 벌어먹으라고 언어도 가르쳐주지, 기술도 가르쳐줍니다. 그런데 왜 우리 한국에서는 이렇게 못 하는가, 아쉬운 마음입니다."

일본이 항복한 후 사할린에 거주하던 일본 사람들은 모두 자국으로 귀환했다. 한인과 결혼한 배우자와 그 자녀들까지 모두 데려갔다. 그때 한인도 고국으로 귀환하기 위해 처음 사할린 땅에 내렸던 부두로 가서 배를 기다렸다. 하루가 지나고 이틀이 지나고 일주일, 한 달이 되어도 한인을 싣고 갈 배는 오지 않았다. 그리고 고향으로 귀환하기까지 60년이 걸렸다. 하지만 고향으로 귀환하게 되었을 때도 자녀들과 아래 형제들은 같이 올 수 없었다. 영주귀국은 또 다른 형태로 자행된 이산가족 제도가 되었다.

"우리가 나이가 벌써 82세인데 살다 보면 아플 때도 있고 좀 피곤할 때도 있고 이렇잖아요. 옆에 자식이 있으면 얼마나 좋겠나. 일어나지도 못하고 누워 있으면 간호를 해야 하는데 이런 나이가 들어오면 자식이 없이는 참 힘들 거 같습니다. 그렇다고 우리가 아들이랑 며느리보고 우리를 데려가라 이렇게는 못 합니다. 또 우리가 자식 옆에 가면 자식은 어떻게 합니까? 벌어 먹고살아야 하는데 일도 하고 우리만 쳐다볼 수도 없고, 부모들은 영원히 있지 못하고. 우리가 여기 있다가 저세상 가면 우리 아이들이 어디로 데리고 갈 건지 아무도 몰라요. 그래서 우리도 생각 중입니다."

천신만고 끝에 돌아온 고국, 사할린 한인이라면 누구나 고민하는 것 중의 하나가 사할린에 남겨두고 온 자녀들에 대한 생각이다. 우리나라 국적법에 의하면 출생 당시 부모 중 어느 한 사람이라도 한국 사람이면 그 자녀는 출생과 동시에 한국 국적을 취득할 수 있다고 명시되어 있다. 그래서 영주귀국 사할린 한인은 러시아에서 태어났지만 한국 국적을 취득했다. 이와 같은 논리라면 현재 사할린에 거주하는 자녀도 한국 국적을 받을 수 있어야 한다. 연구참여자도 앞으로 얼마나 더 건강하게 살지 불안하다. 몸이라도 아프게 되면 어떻게 되나 하는 불안과 세월이 흘러도 사라지지 않는 이산에 대한 분노가 있다.

10.
연구참여자 10:
언제나 그리운 첫사랑과 고향

1) 생애담 요약

연구참여자는 1938년 경상북도 성주군 용암면 죽정동에서 4남 4녀 중 장남으로 태어났다. 1940년, 세 살 때 조부모와 같이 사할린의 스미르흐라는 촌으로 이주했다. 스미르흐는 러시아 국경지대로 산판이 있었고, 비행장 건설현장도 있어서 사할린으로 간 경상도 출신 한인이 많이 거주했다. 동향 사람끼리 동생간을 맺어 한인의 미풍양속을 지키며 살았다.

연구참여자는 다섯 살 때 일본학교에 들어가 수학하다가 전쟁이 나면서 어머니와 코르사코프로 피난을 갔다. 코르사코프에는 할아버지와 할머니, 그리고 동생이 살고 있었다. 코르사코프에 먼저 도착하여 여관에 머물면서 아버지를 기다렸다. 아버지가 오시면 고향으로 가는 배를 타기로 약속했기 때문이다. 아버지가 코르사코프 항구에 도착했지만 고향으로 가는 배는 오지 않았다. 고향에 가는 배를 기다리며 뱃고동 소리가 들리면 항구로 뛰어나갔다. 항구에서 울려대는 뱃고동 소리에 가슴 울렁이는 생활을 하다가 고향으로 가는 것을 포기하고 자연스럽게 할아버지가 살고 있는 코르사코프에 짐을 풀었다.

코르사코프에 정착한 한인은 자녀의 교육을 위해 십시일반으로 돈을 모아 조선학교 문을 열었다. 코르사코프에 7년제, 8년제, 10년제 조선학교가 생기면서 연구참여자는 10학년을 졸업했다. 그는 공부를 잘하여 8학년부터 10학년 졸업할 때까지 반장을 했다. 그리고 8학년 때 첫사랑을 만났다. 덕분에 많은 추억을 쌓았고 학교생활을 더욱 활기차게 보냈다. 하지만 형편이 어려운 그는 고등교육에 진학하지 못하고 책 대신 연장을 들고 직업전선에 뛰어들었다. 그리고 첫사랑이 고등교육을 받기 위해 멀리 떠나가면서 가슴속에 숨겨두어야 했다.

첫사랑과 헤어진 연구참여자는 다시는 사랑을 하지 않겠다는 굳은 결심을 하고 열심히 일만 했다. 그런 아들을 지켜보던 부모님은 겉으로는 내색하지 않았지만 걱정이 많았다. 약주를 하고 오신 아버지는 고향의 노래를 부르다가 말없이 주무시고, 어머니는 슬며시 여성의 사진을 내밀었다. 그러나 연구참여자는 마음을 바꾸지 않았다. 그런데 어느 날 여성 사진을 내놓으시던 어머니의 슬픈 모습을 더 이상 모른 체할 수 없었다. 그래서 어머니가 주선한 여성과 선을 보았다. 그리고 그 여성과 결혼하여 딸 셋을 낳고, 내로라하는 건축회사에서 일하면서 자녀의 교육에 힘썼다. 그는 자신이 못 다한 공부에 대한 한(恨)을 자녀들이 풀어주길 간절히 바랐다. 세 자녀 모두 연구참여자의 바람대로 공부도 잘해 대학을 졸업하고 결혼했다. 딸이 대학을 졸업할 때 연구참여자는 눈물을 쏟았다. 그토록 바라던 대학 졸업에 대한 꿈을 딸이 이루어주었기 때문이다. 연구참여자는 외손자, 손녀에게도 교훈을 전수하고 부모에게 효도하는 한인으로 커주길 바란다.

연구참여자는 코르사코프 한인회의 부회장으로 1세의 영주귀국을 도왔다. 그리고 그도 2007년 인천으로 영주귀국했다. 그의 하루는 매우 단조롭다. 사할린 경로당에 가서 동료들과 당구를 치며 하루를 보낸다. 마음이 울적할 때나 몸이 아플 때는 자식이 더욱 그립고 서럽다. 만약 몸이라도 아프면 자식들 곁으로 갈 수도, 그렇다고 안 갈 수도 없는 자신이 처량하다. 연구참여자는 오늘도 친구들과 산과 바다를 누비며 뛰어놀던 코흘리개 때의 추억, 중학교 때 만난 첫사랑이 그립다.

2) 생애담

(1) '고향'의 힘으로 언 땅을 녹이다

사할린 한인은 동토의 땅 사할린에 나고 자란 '고향'이 아닌 제2의 고향을 만들었다. '고향'은 언 땅도 녹일 수 있는 힘을 가지고 있었다. 연구참여자의 부모님은 동향 사람들과 어울려 살면서 '고향'을 주제로 민족 공동체를 형성하여 의식, 의례를 치러 타민족과 구별을 두었을 뿐만 아니라 민족문화를 유지하면서 삶의 터전을 일구었다.

"저는 1938년도에 경상북도 성주군 용암면 죽정동에서 태어났습니다. 4남 4녀, 8남매 중 장남입니다. 한국 나이로 세 살 때 할아버지

할머니, 아버지, 어머니와 같이 일본 시대에 소화 15년이라고 하면 신세기로 하면 1940년에 일본을 거쳐서 사할린 아주 산골 스미르흐라는 촌으로 갔습니다. 러시아 국경지대인데 일본 사람들은 개똥이라고 했습니다. 거기서 해방되기 전까지 살았습니다. 그 마을에는 경상도에서 온 분들이 여나므 집 이상 있었어요. 그때는 아무래도 한국에서 나와가지고 타국에서 있으니까 친형제처럼 다 지냈어요. 형님이오, 동생이오, 누님이오 하면서 그렇게 살았죠. 생일잔치 뭐 이런 경사가 있으면 꼭 참여하고. 아무래도 타국에 와 있으면 고향 생각이 저절로 나죠. 가고 싶은 마음이 더하죠."

연구참여자의 고향은 경상북도다. 그가 세 살 되던 1940년 조부모님, 그리고 부모님과 같이 사할린의 작은 촌으로 갔다. 그 마을에는 경상북도에서 온 동향 사람들이 모여 살았기 때문에 마치 고향과 같았다. 사할린 한인은 러시아 땅에서 새로운 고향을 만들어 적응해야 했고, 그곳에서의 생활에 익숙해져야 했다. 그리고 새로운 고향을 만들기 위해 '동향' 혹은 '동성'을 중심으로 형제간을 결성했다. 사할린으로 이주할 당시 대부분 독신으로 이주했기 때문에 부계만으로는 친족관계가 협소할 수밖에 없었다. 그렇기 때문에 당시는 의형제 형태의 친분관계가 성행했다. 동생간은 성이 같거나 고향이 같은 사람들이 인위적으로 관계를 구성하여 친족관계를 넓히는 역할을 한다. 이는 단순히 친목 단체가 아니라 큰아버지, 작은아버지 등으로 호칭하며 친척 같은 확고한 친족 공동체의 의미다. 그들은 고향의 관습에 따라 출생, 혼인, 죽음 등 삶의 주요한 시점에서 그에 따른 통과의례를 거행하면서 실제 고향이 가진 어두운 기억을 잊고 살 수 있었다. 힘들고 외로울수록 고향은 더욱 그리운 존재가 되었고, 고향에 대한 향수와 그리움으로 공감대를 형성하여 더욱 군건한 한인 공동체를 만들 수 있었다.

> "아버지도 그랬지만 그때 우리 한인이 뭐 배운 게 있습니까. 촌에서 농사짓다가 간 분들인데 무슨 기술이라 하면 기술도 없죠. 그러니까 여름에는 철길, 도로, 이런 공사하는 데에 토공으로 일했습니다. 그러다가 겨울에는 거기 기후가 조건이 혹독합니다. 영하 30도씩 내려가거든요. 이렇게 그래서 이런 토목공사 같은 건 못하죠. 그러니까 산판에 가가지고 나무를 이제 벌목을 했습니다. 집에 아버지가 그 산에 가가지고 벌목할 때 운반하는 말을 써서 운반했거든요. 산에서 나무를 강 옆으로까지 그렇게 운반하는데 집에서 말을 좀 몰고 다녔어요."

사할린으로 이주한 대다수의 한인은 남한에서 건너간 사람들이다. 이들은 주로 농사를 지었던 사람들이다. 그러나 사할린은 기후 조건으로 볼 때 농사가 어려운 지역이었다. 사할린 한인은 탄광이나 도로 건설, 산판에서 벌목 등으로 노동력을 착취당하면서 일했다. 연구참여자의 아버지도 농사 외에는 기술이 없었기 때문에 영하 40도를 오르내리는 추운 겨울에 산판에 가서 벌목을 하고 여름이 되면 밭을 일구어 채소를 심어 먹으며 삶을 유지했다. 다행히 집에 말이 있어 자른 나무를 실어 나르며 견뎠다. 아버지가 힘든 시간을 버틸 수 있었던 것은 돈을 벌어 부모님을 잘 모시고, 자녀를 잘 가르치고, 반드시 금의환향(錦衣還鄕)할 수 있다는 믿음이 있었기 때문이다.

> "한국에서 오셨는데 그 대다수가 돈 벌러 오신 독신자들이 많이 있

었어요. 그런 사람들은 거기서 공동생활을 했어요. 우리처럼 가정을 이루고 있는 사람은 몇 집이 안 되었어요. 우리들은 일본 사람들 가정들이 사는 그 속에서 살았어요. 그래서 자연스럽게 일본 사람들하고 자주 만나고 어렸을 때부터 일본말을 했습니다. 1학년 다닐 때 우리 옆에 한 200미터 떨어진 곳에 일본 사람인데 동네 반장이 있었어요. 그 집 막내아들이 제 친구예요. 미도리카와 유키오하고 만나서 같이 놀고 그 집에도 자주 다녔어요. 일본 사람이지만 말은 좀 통하니까 별로 차이가 없었죠. 그러니까 그 부모들도 제가 조선 사람이라고 해서 이렇게 저기하고는 안 했죠. 그 사람들은 참 예절이 바른 사람들이에요. 그 자식 동무라고 해서 가면 차도 주고 오뎅, 모찌 그런 것도 있으면 내놓고서 먹으라고 하고 그렇게 지냈어요. 밖에서는 일본말 하고, 다만 집에서만 부모들과 친척들 사이에서는 우리 한국말 좀 하고 그랬죠."

좀 더 나은 삶을 위해 동토의 땅 사할린을 선택한 한인도 있었지만, 자신의·의지와는 무관하게 일본의 강제징용으로 이주해간 사람들도 있다. 1930~1938년 자유이주 시기에 조선인은 식민지 조선에서보다 더 나은 삶을 꿈꾸며 일자리를 찾아 일본과 사할린으로 갔다. 그리고 1938~1945년에는 일본에 의한 모집이나 강제이주로 어쩔 수 없이 간 사람들도 많다. 가족 모두가 이주한 경우는 매우 드물었고, 결혼은 했지만 독신으로 간 사람들이 많았다. 가족 모두가 건너간 사람들은 일본 사람들이 거주하는 마을에 자연스럽게 이웃하며 살았고, 독신으로 간 사람들은 대부분 공동생활을 했다. 연구참여자는 가족이 같이 살았기 때문에 자연스럽게 일본 사람들하고 이웃하여 살았다. 그로 인해 연구참여자는 일본

말을 곧잘 했고, 집에서는 한국말을 하면서 자랐다.

(2) 가슴을 울려대는 뱃고동 소리

사할린 한인에게 1945년 8월에 맞은 해방은 해방이 아니었다. 그것은 고향과의 단절이었다. 고향에 가기 위해 각 지역의 항구에 몰려들었으나 한인을 태우러 오는 배는 오지 않았다. 한인은 뱃고동이 울릴 때마다 혹시나 하는 마음으로 항구로 달려갔다.

"전쟁할 때가 8월 초인데 대포 소리, 총소리가 얼마나 큰지, 그리고 그 탄환을 발사한 다음에 그 연기가 엄청 났어요. 러시아군이 막 남쪽으로 밀려 들어왔잖아요. 그래서 우리 어머니하고 저하고 동생들 셋하고 거기서 피난을 나왔지요. 기차를 타고 뽀르나이스크로 왔습니다. 그리고 뽀르나이스크에서 기차를 타고 코르사코프 거기까지 갔어요. 그때만 해도 우리가 다른 사람들보다 빨리 피난을 나왔습니다. 우리는 코르사코프 여관에 가서 앉아 있다가 아버지가 나오면 같이 고향에 가자. 그래서 우리는 여관에 남아서 아버지를 기다렸어요. 우리는 코르사코프에서 한 12킬로미터 들어가는 촌에서 할아버지가 비행장을 건설하는 토목건설로 일했어요. 해군 관리에 있는 비행장이거든요. 그래서 우리가 거기 할아버지 사는 곳으로 가가지고 아버지를 기다렸죠. 할머니도 거기 계시고 제 동생 하나가 거기에 있었어요. 제 바로 밑에 동생이 1941년생, 1942년생 연년생이라 어머니가 이 연년생을 키우려면 힘들잖아요. 그래서 할머니가 큰동생을 데려다가 키웠어요. 할아버지도 우리가 여기서 기다리다가 아버지가 오셨을 때 우리 가족이 다 고향으로 가자고 하셨어요. 8월 한 그믐쯤 되어가지고 아버지가 돌아오셨어요."

연구참여자의 할아버지와 할머니, 그리고 동생은 일찍이 코르사코프에 살고 있었다. 할아버지는 코르사코프 비행장 건설 토목공사장에서 일하고 있었다. 해방되었다는 소식을 듣고 연구참여자 가족도 고향으로 가기 위해 어머니와 동생과 같이 기차를 타고 코르사코프 항구로 갔다. 아버지와 코르사코프 항구에서 만나기로 했기 때문에 여관에서 지내다가 할아버지 집으로 가서 아버지를 기다렸다. 그리고 며칠 후 아버지를 만났다.

"사할린에서 코르사코프라고 하면 모르는 사람들이 없습니다. 그때만 해도 그 코르사코프라 안 하고 일제 말로 '오도마리'라고 했어요. 지금의 '망향의 언덕', 정말 이름난 그 자리입니다. 그리고 역사적으로 봐도 거기 그곳이 우리 한인 동포들에게는 정말 눈물 나는 그런 자리입니다. 코르사코프시에 피난한 사람들이 그때 한 몇만 명이 되었습니다. 거기에서 이제 각 지방에서 젊은이들이 할 것 없이 가족들도 그렇고 코르사코프에 남아서 하루 바삐라도 배를 타고 귀국한다고 그런 마음으로 남아 있죠. 남아 있으니까 거기 여러분들이 특히 홀노인들이 고향에 거기 이제 서로 인사하고 고향이 어딘가 물어보잖아요? 그러면 그렇다고 하면 아이고 고향 사람이네요. 하면서 서로 이렇게 하고, 그리고 이제 어떤 분들은 집에 와서 하룻밤 자는 분들도 있고. 있다가 또 가시는 분들도 있고 그렇죠. 그렇게 서로 이제 알고 지내고 한국을 못 가고 거기에 배가 떠날 때 말입니다. 그 뱃고동 소리

나는 그 소리만 들어도 사람 가슴이 뭉클해집니다. 그래서 고향 생각이 더 납니다. 그 망향의 언덕이 높습니다. 그런데 거기서 한 십 미터를 좀 앞으로 나오면 절벽입니다. 거기서 자살하는 분들도 있어요. 고향에 못 가서. 너무나 딱하죠. 그러니까 첫째로 식량 문제, 그다음에 주택 문제, 물론 도시가 조금 크지만 그만한 인구를 가져다가 저기 하기에는 바쁘죠. 그래서 러시아 정부에서 나와가지고 그전에 살던 지방으로 다 다시 가라 했어요."

현재 코르사코프 항구의 언덕에는 타국에서 쓸쓸히 생을 마감한 한인의 넋을 위로하기 위해 2007년에 배 모양의 위령탑이 세워졌다. 해방이 되자 각지에 흩어져 있던 한인은 고향으로 가기 위해 코르사코프 항구로 몰려들기 시작했다. 코르사코프 항구 근처에 도착한 사람들은 만세를 부르며 배를 기다렸다. 인천 남동구에 있는 사할린센터 신동식 회장은 다음과 같이 말했다.

"우리는 해방이야 하면서 한 달 동안 잔치를 했어요. 돼지, 소, 말 다 잡아서 먹고 매일 잔치를 했어요. 라디오에서 해방됐다고 하니까 온 사할린에 있던 조선 사람들이 정말 해방이다. 정부에서 오늘 내일 우리를 데리고 갈 거다. 우리 부모 다 살아있으니까 만날 것이고, 형제간에도 다 만날 것이다. 처자식들도 만날 것이라고 했는데 일주일이 지나고, 두 달이 지나고, 반년이 지나 1년이 되어도 찾는 사람이 없고…. 우리는 언제 찾으러 올 것인가? 기대하지요. 꿈에 봐도 그렇고 앉으나 서나 고향이지. 그래서 비극적인 일도 많이 생겼어요. 술 마시고 고래고래 소리 지르다가 정신병으로 죽고, 자살하는 사람도 생기고."

1945년 9월 초 남사할린이 해방되자 일본인을 본국으로 송환시키기 시작했을 때 일본인과 결혼한 한인을 제외한 기타 한인은 일본으로의 송환에서 제외되었다. 그리고 사할린 개발에 노동력이 필요했던 소련 정부는 한인의 귀국을 허락하지 않았다. 그뿐만 아니라 거기에 모인 몇만 명을 원래 그들이 살던 곳으로 가라는 명령을 내렸다. 결국, 국제정세에 의한 거대한 정치적 구도가 사할린 한인의 운명을 결정했다. 이들은 자신의 의지와는 무관하게 조국으로 돌아갈 권리를 박탈당한 채 귀향의 꿈을 가슴에 묻어두고 다시 살던 곳으로 흩어졌다.

(3) 십시일반으로 문을 연 조선학교의 풍경소리

사할린으로 노동이주를 간 한인은 거의 배우지 못하고 농사를 짓던 사람들이다. 이들은 항상 배우지 못한 '한(恨)'이 있어 고향에 갈 때까지 학교를 만들어 자녀들을 가르치기로 하고 십시일반 돈을 모아 조선학교 문을 열었다.

> "그런데 우리는 할아버지가 거기에서 일하셨거든요. 그래서 우리는 전에 살던 곳으로 가지 않고 코르사코프에 살게 되었어요. 해방되고도 처음에는 코르사코프에 일본학교는 있었습니다. 그러나 거기에 남은 한인이 협회를 조직해가지고 우리는 한국 가기 전에 임시 동안에는 조선학교를 설립해서 우리 자녀들 공부시켜야 되겠다. 그래서 1946년 정월달에 조선학교를 설립해가지고 학생들을 모집했습니다. 그때만 해도 무슨 국가가 돈을 내가지고 이렇게 해주는 게 아니라 우

리 한인끼리 돈을 모아가지고 했어요. 교과서라는 게 없어서 한인이 돈을 모아가지고서는 이제 책을 만들기 시작했죠. 그 가, 갸, 거, 겨 있지 않습니까? 그걸 써가지고서 활판을 가져다가 이렇게 먹종이 있잖아요? 그렇게 해서 이렇게 드르륵 밀어가지고서는 복사해가지고 이제 한 장씩 한 장씩 책을 만들어서 저희한테 줬어요. 교원들도 없었는데 일제강점기에 중학교를 졸업한 분들, 이런 분들 설득해서 교원으로 데리고 왔어요. 그리고 이제 교장님도 있었어요."

사할린 한인은 해방이 되어서도 자신의 의지와는 관계없이 국제정세에 의해 한국으로 송환되지 못하고 사할린에 거주하게 되었다. 특히 신동식 회장은 당시의 상황을 "우리 환경이 국한되어 있고, 그런 밑바닥이 없었지. 참 모래밭에 서서 그런 입장에서 살았거든. 내일이라는 걸 어떻게, 우리는 말도 모르는 러시아 사람들 속에서 하루는 어떻게 지내며, 1년을 어떻게 지낼까 생사의 고난이라는 게 눈앞에 부글부글했고 큰 꿈을 가지고 욕심을 부릴 겨를이 없었어. 부모들은 억류돼서 살지만 자라나는 아이들만큼은 꿈을 갖게 길을 열도록 우리가 해줘야 된다. 우리가 한국으로 가고 싶지만 지금은 국교가 단절돼서 가지도 못 하고, 한국에서 우릴 찾지도, 궁금해하지도 않으니 아이들이 미래를 위해서도 교육은 필요하다"라고 설명했다.

한인은 편견과 차별 속에서도 민족 특유의 성실함으로 어려움을 극복하고 자녀의 교육에 힘썼다. 한인 밀집 지역에 조선학교를 설립하여 민족어와 민족 문자를 지키려 노력했다. 이처럼 어려운 상황을 극복하고 자녀들에게 힘을 실어주기 위해서는 교육 외에 다른 방법이 없다고 생각했다. 학교는 설립했으나 정식 교사가 없어 지역 주민 중 글을 아는 사람을 선발하여 교사로 임용했으며, 새고려신문사와 우리말방송국의 직원들은 퇴근 후에 한글교습소 등에서 한글을 가르치기도 했다. 교재는 새고려신문사, 우리말방송국의 기자들이 만들어 사용하거나 교사들이 일본 교재를 직접 번역하여 사용했다. 초창기 조선학교 설립은 한인이 자치적으로 조직하여 운영했다는 데 의의가 있다.

> "1947년도까지 우리 한인이 그 조선학교의 교원으로서 일했습니다. 그런데 러시아 소비에트 중앙당에서 파견을 받아가지고 이제 중앙아시아에 있는 우리 고려인들이 들어오기 시작했어요. 그 정말 그 분들은 지식이 있는 분들이에요. 대학을 졸업하고 무슨 전문학교를 졸업하고 이런 분들인데 저는 능숙하게 러시아말을 했고. 한국말도 잘하죠. 그런데 좀 말투가 좀 다르죠. 북한 말씨. 평양도 평안북도 이런 말 많이 쓰죠. 그중에 차원찬이라는 선생님이 있었어요. 일본어도 잘했고, 한자를 참 능숙하게 배운 분이에요. 그리고 영어도 잘했어요. 인기도 많았어요. 잘생기고 키도 한 몇 180cm 그런 키입니다. 교장선생님, 장원제 선생님하고 김인봉 선생님은 영어선생님이고, 화학 가르치는 이인식 선생님, 송병기 선생님 참 좋은 선생님들 많았어요."

연구참여자는 지금도 조선학교의 선생님 이름을 기억할 뿐만 아니라 존경하는 마음을 가지고 있다. 자녀들을 위해 조선학교를 설립하여 운영했으나 시설 부족, 교사의 역량 부족, 교재의 질 문제 등이 대두하자 대륙의 러시아, 중앙아시아에서 사범대학을 졸업한 훌륭한 분들을 모셔왔다. 고려인은 구한말에 빈곤과 굶주림, 그리고 착취를 피하여 한겨울 밤에 얼어붙은 두만강을 건너 우수리강 유역에 정착한 한인이다. 이들은 허허벌

판 황무지를 일구어 옥토로 만들었을 뿐만 아니라 연해주 일대를 대한의 사람들이 항일독립운동을 할 수 있는 사람 사는 땅으로 만든 후손들이다. 선생님들은 평안도 사투리를 사용했지만, 한국어는 물론 러시아어도 능숙하게 하고 다방면의 지식이 풍부하여 학생들과 학부모들의 존경을 받았다.

(4) 80세가 되어도 잊지 못하는 그리움

연구참여자는 10학년까지 반장을 했다. 중학교는 두 반이었는데 같이 공부하지는 않았지만 행사가 있을 때는 같이 행사를 조직하고 운영하면서 자연스럽게 자주 만났다. 그때마다 연구참여자의 가슴을 설레게 한 여학생이 있었다. 그녀가 바로 첫사랑이고, 첫사랑은 80세가 된 지금도 연구참여자를 설레게 하는 흔들림 없는 추억이다.

> "코르사코프에는 7년제밖에는 없었거든요. 그래서 저희들이 7년제 학교를 졸업하고 2년 동안 러시아학교 가서 공부했습니다. 그런데 러시아어가 약해가지고 6학년으로 들어갑니다. 그렇게 6학년 들어가가지고 거기서 2년을 다녔습니다. 그러다가 1955년도에 10년제 학교가 열렸어요. 저는 코르사코프 10년제 학교 제1회 졸업생입니다. 첫사랑이 있었어요. 제가 8학년에 그때 들어갔을 때 두 반이 있었습니다. 제가 A반 반장을 했어요. 10학년 졸업할 때까지 3년 동안을 반장 했어요. 그런데 제 첫사랑은 B반 반장을 했어요. 그때 만났어요. 신년회나 명절, 무슨 3.8기념일이든지 아니면 5.1절이든지 그런 기념을 할 때

면 우리 학생들이 모여서 야유회를 조직하죠. 그러면 노래 잘하는 사람은 노래하고, 춤 잘 추는 사람은 춤도 추고 보여주고, 음악 악기 잘하는 사람 나와서 악기도 하고, 예술출연 후에는 거기서 공동으로 춤을 춥니다. 그렇게 춤을 추는데 우리 한국처럼 무슨 이팔청춘 부르고서 조선 한국청년처럼 춤을 추는 게 아니라 서양 춤을 춥니다. 왈츠 아니면 탱고 아니면 또 뭐 포크댄스 이런 거. 그때 이제 서로 안고 말도 하고 그렇게 사랑한다는 말을 안 해도 서로 눈치는 있었겠죠. 18세 그때인데 깊게 또 그런 입장까지는 아니었지요. 그 여성이 공부할 때 집에 휴가를 오잖아요? 집 오면 동창생들끼리 만나 영화관도 가고 그랬죠. 첫사랑은 지금 모스크바에 가 있습니다. 모스크바에 살고 있어요. 그 여성은 졸업하고 나서 의학전문학교에 입학해서 거기에서 졸업하고 그다음에 모스크바에 남아서 일했어요. 서로 안부전화하고 그랬죠. 지금 내가 나이 먹고서는 생각하니까 사랑도 말입니다. 서로 만나고 서로 같이 있잖아요. 말도 하고 이렇게 해야 정이 나고 정이 있어야 사랑도 생기고 그렇잖아요? 그러니까 멀리 있으니까 편지도 한 번 쓰고 두 번 쓰고 한 달에 한 번 쓰고 그다음에는 몇 달에 한 번 쓰고 그러니까 자연적으로 떨어지지요. 그래서 다시는 내가 연애에 사랑은 안 한다고 마음먹었어요. 지금 나이가 80인데 그렇지만 사람 마음은 옛날 그 마음입니다."

코르사코프에는 7년제밖에 없었는데 8년제, 10년제 조선학교가 생기면서 연구참여자도 10년제를 졸업하게 되었다. 동창생 중에는 7년제를 졸업하고 직장에 들어가서 1~2년 일하다가 다시 학교로 돌아와 10년제를 졸업한 학생들도 몇 명 있었다. 그래서 코르사코프 조선학교 제1회 졸업생들 간에는 동갑도 있었지만 연구참여자보다 두세 살 많은 선배들도 있었다.

공부를 잘한 연구참여자는 10학년까지 반장을 맡았다. 그리고 8학년 때 슬프고도 아련한 첫사랑에 대한 추억을 가지고 있다. 8학년은 두 반이 있었는데, 그때 첫사랑을 만났다. 그 첫사랑은 연구참여자의 중학 과정을 더욱 활기차게 만들었다. 학생들은 러시아 명절에 맞추어 야유회를 갔다. 그때 노래며, 춤이며, 악기를 동원하여 각기 재능을 발휘하여 공연했다. 공연을 준비하는 동안 자연스럽게 만날 수밖에 없었고, 말은 하지 않았지만 좋은 감정을 나누었다. 그리고 마지막에는 다 같이 춤을 추며 파티를 했다. 파티는 좋아하는 친구들과 다른 친구들의 눈치를 보지 않고 춤을 출 수 있는 가장 좋은 기회였다. 연구참여자는 첫사랑과 춤을 추면서 눈빛을 교환했다. 너무 가슴 설레는 일이었다.

그러나 10학년을 졸업하고 첫사랑은 대학에 가기 위해 대륙으로 갔고, 가정형편이 좋지 않은 연구참여자는 일을 선택해야 했다. 첫사랑과는 일과 공부, 각자 자기의 길을 충실하게 걷다가도 방학이 되면 다시 만나 영화를 보고, 다시 헤어지는 애달픈 시간을 보냈다. 눈에서 멀어지면 마음에서도 멀어진다는 말이 맞다. 멀리 떨어져 있던 첫사랑과 서로의 안부를 묻는 횟수도 점점 줄어들면서 자연스럽게 헤어지게 되었다. 나이를 먹으나 젊으나 첫사랑에 대한 추억은 가슴을 뛰게 한다. 첫사랑에 대한 추억은 80세가 넘은 지금도 설레게 하여 그는 어느새 8학년으로 돌아가 수줍게, 그리고 슬프게 이야기한다.

(5) 공부가 아닌 연장을 선택하다

연구참여자는 대학에 가지 못하고 장남으로 건강이 좋지 않은 아버지를 도와 일을 할 수밖에 없었다. 그는 대학에 가고 싶어서 북한 국적을 받으면 북한에서 원하는 대학을 다닐 수 있다는 선전에 북한 국적을 받고 싶었다. 하지만 부모님의 만류로 포기하고 아버지와 건축회사에서 일했다.

> "학교는 참 우수한 성적으로 졸업했습니다. 4~5점으로 졸업했습니다. 공부할 마음은 있었죠. 그렇지만 그럴 입장이 안 되었어요. 그때 할아버지 돌아가시고 할머니도 돌아가시고 그래서 저는 대학을 못 갔습니다. 집에 아버지가 혼자서 일하는데 추운 데서 고생해서 아버지가 다리를 못 쓰고 자주 아프셨어요. 산판에서 일하셔서 그 결과 몸이 좋지 못했어요. 그리고 혈압이 올라가가지고 맨날. 10년제 졸업하고 바로 일 나갔습니다. 코르사코프 어항 있지 않습니까? 거기에 건축기술부가 있었어요. 거기는 국적이 없는 우리는 갈 수 없는 곳인데 제가 학교에서 좀 신용도 있고 그래서 시공청에서 저를 파견했어요. 이 사람은 거기 가서 기술을 배워야 된다고. 그래서 거기 가서 4개월 동안 선박공으로 견습생으로 들어갔어요. 그리고 거기에서 시험 봐서 4급 받았어요. 그런데 거기 일을 못 하게 합니다. 코르사코프항에 외국인들은 일하지 못하는 그런 법이 있었어요. 그래서 나와가지고서는 아버지가 일하는 건축회사에 가서 아버지하고 같이 일했습니다."

그 당시 소련은 사회주의여서 중학교나 대학 과정의 수업료는 없었지만 다른 여러 비용이 필요했다. 열 식구의 가장인 연구참여자에게 대학에 가는 것은 욕심이고 사치였다. 연구참여자는 대학 진학을 포기하고 편찮으신 아버지를 대신하여 일을 해야 했다. 그러나 무국적자인 한인은 직업에서도 제한적이었다. 성적이 좋아도, 시험에 합격해도 좋은 일자리를 구할 수 없었지만 부모를 원망할 수 없었다. 소련 국적을 취득하게 되면 향후 귀국에 문제가 될 수 있다는 우려 때문에 무국적자로 차별대우와 불이익을 감수하면서도 국적을 받지 않는다는 것을 이해했기 때문이다.

"그때만 해도 그 블라디보스톡의 북한 영사 그분들이 와가지고 한 말이 당신들은 러시아 중앙에서 공부하고 상당히 좋은 지식을 받았으니까 이북에 가서 어느 대학이든지 당신들의 요구를 받아서 다 입학시켜준다. 거기에서 공부를 할 수 있으니까 걱정 말으라고. 그래서 우리 동창생 18명이 나갔습니다. 북한에서 평양 공업전문대학을 졸업한 사람들도 있고, 건설대학 졸업한 사람들도 있고, 의대 졸업한 사람들도 있고, 함흥에서 화학공업대학 졸업한 사람들도 있고, 그다음에 운수대학, 원산의 의대로 갔어요. 제가 알기로는 그런 데 다 졸업한 사람들이 물론 거기에 있는 그 북에 있는 사람들하고는 차이가 나지요. 우리는 대다수가 출신이 다 남쪽 출신입니다. 그러니까 일을 해도 어디 가서 차이가 되고, 그리고 이북에서는 있지 않습니까? 러시아 사람처럼 공산당 책가방을 메야만 거기서 그 사람이 성공하지 그 노동당에 입당 못 하면 성공을 못합니다. 그렇게 입당한 사람들은 정부나 어디에 관청에다가 어디에 가서 일을 해도 좀 올라가는 계단이 있잖아요. 쉬운 거 없는 사람은 영 없습니다. 발전이 없어요."

졸업하고 대학 입학을 포기한 연구참여자는 당시 북한 국적을 받아야 할지 말아야 할지 기로에 섰던 가장 혼란한 시기였다. 블라디보스토크에 있는 북한 영사관 직원들이 사할린에 들어와서 북한 국적을 받으면 학비 없이 북한의 유명한 대학에 가서 공부할 수 있다고 선전했기 때문이다. 이에 일부 한인은 고향으로 가기 위한 수단으로 가족 중 일부가 북한 국적을 받아 월북하여 또 다른 이산가족이 생겨났다. 그리고 국적이 없어서 대륙으로 갈 수 없는 청년들과 집안 형편으로 대학에 갈 수 없는 많은 한인 청년들이 북한 국적을 받아 북한으로 유학을 선택했다. 연구참여자는 친구들이 북한의 유명한 대학에서 공부한다는 소식을 듣고 항구로 나가 친구들을 배웅했다. 그리고 대학의 꿈을 접고 부두의 건축회사에서 기술을 배웠다.

> "우리는 열 식구입니다. 무엇보다도 식량 문제가 제일 바빴습니다. 먹고 있는 것이 제일 바쁜 것이에요. 그때는 쌀도 없었을 때고 곡식이라는 건 아무것도 없고 러시아식으로 빵 먹죠. 그런데 밀가루도 이렇게 자유롭게 파는 게 아니고 배급제로 했죠. 코르사코프는 바다에 나가면 조개도 많고 미역도 많아서 다른 지방보다는 나았습니다."

소련의 기후 조건으로는 곡식이 부족하여 밀가루가 주식이었다. 밀가루도 돈이 있다고 살 수 있는 구조가 아니었다. 어른과 아이를 구분하여 밀가루를 배급해주었다. 그러나 돈이 있는 사람들은 비정상적인 거래도 했다. 한인은 밀가루를 받으면 고향에서 먹던 수제비나 칼국수를 해 먹었다. 연구참여자의 집은 밀가루로 떡을 만들어 떡국을 끓여 먹는 것을 좋아했다. 코르사코프는 어장이 풍부하여 먹고사는 것은 다른 지방보다 나았다. 해산물이 풍부하여 여름이 되면 바다에 나가 조개를 캐고, 미역을 채

취하여 말렸다가 미역국을 끓여 먹었다. 미역국은 먼저 미역에 소고기나 돼지고기 통조림을 같이 볶다가 끓이면 국물이 뽀얗고 맛있었다. 그런데 조개나 미역을 싫어한 러시아 사람들은 바다에 사는 벌레들을 주워다 먹는다고 한인을 업신여겼다. 그러나 시간이 지남에 따라 러시아인도 바다에 나가 조개를 캐다 먹고, 그것이 얼마나 몸에 좋은지 이해하게 되었다. 그리고 지금은 러시아 사람들이 더 좋아하는 필수식품이 되었다.

(6) 등 떠밀려 만난 천생배필

연구참여자는 첫사랑과 헤어지고 다시는 사랑 같은 것은 하지 않겠다고 마음먹고 일만 했다. 그러나 고향을 생각하며 한숨 짓는 부모님을 생각하여 어머니가 소개해준 여성과 만났고, 이 여성이라면 부모님을 잘 모시고 평생을 같이 갈 수 있을 것 같은 생각이 들어 결혼하여 딸 셋을 낳았다. 연구참여자가 못 이룬 공부의 한(恨)은 딸들이 풀어주었다.

"저는 저기 연애를 안 하고 1961년도에 부모들이 정한 대로 중매로 결혼했습니다. 저는 스물세 살이고 와이프는 스물한 살에 했죠. 저는 첫사랑과 헤어진 후로 다시는 내가 연애에 사랑은 안 한다 했죠. 나는 대학을 졸업 안 하면 내가 장가를 안 간다. 그러니까 어머니가 지금 동생이 몇이나 되고, 나이가 그렇게 되었는데 장가가야 한다고 자꾸 타이르고 만나라고 며칠을 그러셨어요. 어머니가 그러시는 걸 보니까 또 저의 마음이 안 좋았어요. 아버지는 어머니하고 달라요. 아버지는 생전에 말을 잘 안 하시는데 약주나 좀 높이 드시면 한마디씩 좀 하시거든요. 아버지는 술만 자시고 오시면 이불 푹 덮고 주무시죠. 아버지가 제일 좋아하시는 노래는 정말 '목포의 눈물'. 그걸 보니까 제가 마음이 좀 안됐던 거예요. 그래서 그러면 그 처녀를 한번 만나게 해달라고 그랬죠. 그래서 이제 봄에 유즈노사할린스크에서 만나게 됐어요. 그리고 10월달에 혼인날을 받았습니다. 결혼해서 집에 부모님하고 한 3년 동안 같이 살았습니다. 와이프도 고생했습니다. 가족이 11명이었는데 3년을 집에서 식사 준비하고 빨래하고 고생했죠. 딸만 낳으니까 자꾸 막 아들 낳아라, 아들 낳아라."

연구참여자는 1961년 배필을 만났다. 사실 결혼을 결정하기까지 많은 고민이 있었다. 그는 첫사랑과 헤어지고 나서 다시는 연애나 사랑을 하지 않을 거라고 다짐했다. 그리고 반드시 대학을 졸업하고 결혼하려고 했다. 그러나 맏아들이 좋은 여성을 만나 결혼하기 바라는 부모님의 마음은 거역할 수 없었다. 어머니는 사진을 가지고 와서 만나보라 하셨고, 약주를 한잔하고 들어오면 고향이 그립다는 말 대신에 「목포의 눈물」을 부르시면서 조용히 주무시는 아버지를 생각하여 선을 보기로 결심했다. 어머니가 내민 사진의 아가씨와 따뜻한 봄날, 공원에서 만났다. 선을 본 여성 또한 대가족 속에서 자란 장녀로 어려운 일이 닥쳐도 감당해낼 만한 당찬 한인 여성이었다. 둘은 만남을 시작한 지 10개월 만에 결혼했다. 아내는 시부모님을 잘 보필하고, 시동생들과도 잘 지냈다. 그리고 딸을 셋이나 낳았다. 남아를 선호하는 다른 한인처럼 어머니도 아들을 낳으라고 재촉했으나 연구참여자는 딸들로 충분했다.

"건축회사에서 일하면서 애들을 키웠어요. 건축회사라고 해도 일반 건축회사가 아니라 주택건축을 전문으로 일했습니다. 자랑은 아니지만 제가 코르사코프에 살면서 22년 동안 408호 건축회사에서 근무했거든요. 그 건축회사가 등급으로 제1등급 건축회사입니다. 그리고 10년은 부두 건설하는데 축광건설 거기에 가서 일했습니다. 이렇게 된 것은 러시아 국적을 받았기 때문이에요. 딸 셋을 키웠지만 남부럽지 않게 잘 키웠어요. 내가 공부를 못해 한이 되어서 내 자식들은 내가 거러지가 되더라도 꼭 공부시키겠다는 그런 마음으로 공부시켰어요. 애들도 공부도 잘하고, 다 대학 졸업시켜가지고 시집가서 모스크바에서 살면서 거기서 일하고 있어요. 손자들도 다 대학 다니고, 지금 제일 작은 손자가 모스크바 운수대학 3학년입니다. 딸들이 저희들한테 아주 잘합니다."

사할린 한인은 국적 없이는 사회에 진출할 수 없고, 신분 상승은 꿈도 못 꾸었다. 그래서 할 수 없이 한인도 삶을 위한 도구로 러시아 국적을 취득하면서 점차 러시아 사회의 일원으로 생활하게 되었다. 연구참여자 역시 러시아 국적을 취득하고 건축회사에서 일하면서 딸들을 낳았다. 연구참여자가 대학을 갈 수 없었던 뼈아픈 기억은 딸들로 향해 있었다. 딸들의 학업을 위해서라면 어떠한 일도 감당해낼 수 있었다. 그런 덕에 딸 셋은 모두 대학을 나왔고, 부모의 바람대로 결혼하여 가정을 이루었다. 게다가 손주들까지 공부를 잘하여 남부럽지 않게 되었다.

(7) 사할린 한인의 등대, 박노학

사할린 한인이 잊으면 안 될 이름 박노학. 그는 일본인 아내와 자녀를 데리고 일본으로 돌아간 다음 사할린 한인이 고향의 친척을 찾는 데 온 힘을 다한 사람이었다. 연구참여자도 그의 도움을 받아 고향의 친척들과 연락이 닿았다.

> "우리가 여기에 오기까지 박노학, 이희팔 씨 등이 많이 도와주었어요. 그 박노학 씨 아내 되는 사람이 일본 사람이에요. 그분들은 1958년도에 일본으로 나갔지 않습니까? 그분들이 다 코르사코프에서 살다가 가신 분들입니다. 그분들이 일본으로 나가가지고 우리 사할린동포들 위해서 '사할린동포 귀국추진회'라는 걸 조직했어요. 그 사람들이 일본 땅에 살면서 한국으로 편지를 써가지고 한국에 있는 친척 찾기 운동을 했었어요. 그래서 그분들 덕분에 우리 어머니가 외갓집을 먼저 찾았어요. 외갓집에서 일본의 박노학 씨한테 편지를 보내면 박노학 씨가 편지를 개봉합니다. 한국에서 온 편지를 다시 러시아 주소를 써가지고 보내줬어요. 그래서 우리가 받아봤습니다. 1988년도에 박노학 씨가 돌아가셨거든요. 남편이 하던 일을 그 부인이 많이 거들어줬어요. 일본의 다카키 겐이치라는 변호사 아시죠? 그분이 참 많이 협조해주시고 그래서 그분들 덕택으로 우리 외삼촌이 보내준 외할머니 외할아버지 사진을 받았습니다. 그 사진 뒤에 박노학 씨가 찍은 도장이 있어요. 그 도장에 번호를 써놓은 게 있어요. 그게 박노학 씨한테 접수한 번호입니다."

연구참여자는 친척을 만날 수 있게 다리 역할을 해준 박노학을 잊지 못한다. 그는 사할린 한인이 절대로 잊어서는 안 될 사람 중의 하나다. 박노학은 1912년 충청북도 청주에서 태어나 보통학교를 졸업하고, 열 살 아래 동생을 대신하여 1943년 모집으로 사할린으로 이주하여 브이코프 탄광에서 일하게 되었다. 그는 1946년 일본인 여성과 결혼하여 1남 2녀를 두었다. 박노학은 1958년 일본인 아내와 함께 일본으로 건너가 도쿄에 자리를 잡았다. 박노학은 사할린에 남아 있는 동포의 고초를 누구보다 잘 알았다. 그래서 동료들과 '화태억류귀환한국인회'를 결성하여 이승만 정부에 사할린 잔류동포 귀환과 생업자금 지원 등을 요청했다. 또한 사할린 한인이 친척을 찾고 만날 수 있도록 다리 역할을 했다. 그는 사할린에 거주하는 한인이 친척을 찾기 위해 일본으로 편지를 보내면 그 편지를 받아 새로운 봉투에 한국 주소를 써서 보내주었다. 박노학을 통해 한국에 있는 가족과 지인에게 전달한 편지만도 몇천 통이었으며, 그렇게 작성해 놓은 명단은 후에 '대일항쟁기 강제동원 피해조사 및 국외 강제동원 희생자 동지위원회'로 전달되어 강제동원 피해를 규명하는 소중한 자료로 쓰이기도 했다.

"사할린 한인은 박노학의 도움으로 1987년도부터 일본으로 가서 한국에 있는 친척하고 재회하기 시작했어요. 저도 1988년도 정월달에 친척을 찾기 위해 접수했습니다. 제가 장남이라서 어머니를 따라가게 되었습니다. 그런데 개인 비자를 누가 내줍니까? 일본에 친척이 있어야 비자가 나오는데 아무도 없잖아요. 그래서 다카키 겐이치 변호사 밑에 간자와 교코라고 사무 보는 색시가 있었어요. 그분이 우리한테 초청장을 보내줬어요. 그래서 이제 일본 영사관에 가서 수속해서 다 해가는데 어머니가 몸이 편찮아서 병원에 입원했습니다. 그래서 한 몇 달 동안 누워 있었는데 병원에서 진단이 오기를 어머니는 위암이다. 그래서 어머니가 유즈노사할린스크 암병원에 가서 몇 달 있었어요. 그때 한 10월달 됐죠. 수술해야 되는데 어머니가 또 당뇨가 있었어요. 그러니까 병원에서는 당뇨가 있고 나이가 벌써 70이 넘었으니까 참 이거 수술하기 어렵다고 그래요. 그래도 저는 어머니보고 수술을 해야 된다고 자꾸 말하죠. 그러니까 어머니가 우리 눈치를 알아채고 내 나이 70이 넘었는데 이 수술해가지고 살 수 있겠는가. 내가 명이 길면 더 오래 살 거고 명이 짧으면 죽을 거니까 안 하겠다고 그러신 거예요. 그래서 내가 어머니를 모시고 집으로 나왔어요. 그리고 어머니가 12월달 초에 돌아가셨어요. 그래가지고 어머니는 고향에 가보지도 못 했습니다. 참 가슴 아파요. (슬피 욺) 제가 외갓집에 외삼촌한테 어머니가 돌아가셨다고 편지를 써서 보냈어요. 그러니까 외삼촌이 어머니는 돌아가셨지만 너희들을 만나고 싶다고 해요. 그래서 새로 비자를 신청했어요. 남동생 둘하고 여동생 한 명하고 넷을 신청했는데 일본 영사관에서 비자가 왔어요. 1989년도 12월달이었는데 일본으로 가는 직항이 없어서 하바롭스크를 거쳐서 동경으로 갔어요. 신칸센을 타고 다카키 겐이치 씨 사무실에 가서 접수하고서는 한 열흘 동안 도쿄에서 기다렸습니다. 그때만 해도 소련 공민이 한국으로 입국하려면 허가를 받아야 했어요. 이제 사흘 만에 대답이 왔어요. 한국으로 가도 된다고요. 우리는 경상북도니까 대구 김해 거기로 비행기를 타고 갔어요. 거기서 친척들 다 만났죠. 외가 친척하고, 친사촌 형님을 만났어요. 우리가 간다고 하니까 외가에서 친가로 연락했다고 해요. 그날 김해공항에서 만났습니다. 그래가지고 한 달 동안 한국에 있다가 돌아갔습니다."

연구참여자는 어머니가 고향에 한 번도 가보시지 못하고 사망한 것에 대해 그 무엇과도 비길 수 없는 슬픔이 있다. 그는 어머니와 한국의 친척을 만나기 위해 갖은 노력 끝에 일본으로 가서 고향을 방문할 기회를 얻었다. 그러나 갑자기 찾아온 어머니의 병환, 수술도 하지 못 하고 보내드려야 했던 설움은 지금도 그를 오열하게 만든다. 그는 51년 만에 고향 땅을 밟았다. 세 살 때 어머니 손을 잡고 고향을 떠났지만, 다시 고향 땅을 밟았을 때는 동생들의 손을 잡고 왔다. 따뜻하게 맞아준 친척들과 고향을 느끼며 달콤한 시간을 보냈다. 그리고 고향으로 귀환할 꿈을 꾸었다.

(8) 숨겨두었던 한인의 정체성 표출

88서울올림픽이 열린 후 사할린의 각 지역에서는 사할린 한인회를 만들어 '고향'에서 하던 놀이와 음식 등을 만들어 먹으면서 추억을 소환했다. 특히 8.15광복절은 정신적 · 심리적 위안을 주었고, 한인에게 정신적 지주가 되었다. 광복절은 시골에 사는 한인을 모이게 하는 가장 좋은 처방전이었다. 광복절 행사 당일은 모두 모여 마음껏 즐기고 정을 나누면서 한인의 정체성을 드러낸다.

"1988년도 올림픽 이후에 우리 코르사코프시에 한인회가 생겼어요. 한인회를 조직할 때부터 한 2년 동안 부회장으로 일했습니다. 어느 지역이나 8.15명절은 해방절이라고 해서 한인이 가장 크게 하는 민족행사입니다. 씨름도 하고, 그네도 뛰고, 크게 했어요. 이제 8.15 행사를 하려면 아무래도 돈이 요구되죠. 그래서 이제 직장마다 한인이 우리 일하잖아요. 직장마다 직업동맹부라는 게 있습니다. 거기에서는 그 회비를 걷어요. 직업동맹에 돈이 조금씩 저축되어 있어요. 거기에 대표가 하나씩 있거든요? 그러면 이런이런 행사를 해야 되는데 돈이 요구됩니다. 그러면 그런 협회에서 계좌로 돈을 얼마로 보내주겠다. 그러면 이제 받아가지고 가거든요. 그렇게 우리가 돈을 모으고 그다음에 또 집집마다 다니면서 선전하면서 조금씩 기부받고 그 돈으로 행사를 조직하고 그래요."

사할린 한인에게 88서울올림픽은 특별한 의미를 부여한다. 사할린 동포 1세에게 잊혔던 '귀향'에 대한 꿈을 다시 꾸게 하는 동인이 되어 오늘날 영주귀국에 이르게 되었다. 고향과 단절된 이후 한 번도 보지 못했던 고국의 발전을 텔레비전을 통해 보았다. 고향에 가기 위해 차별과 무시를 감내하면서 무국적자의 삶을 살다가 자녀의 미래를 위해, 혹은 신분상승을 위해 러시아에 동화될 수밖에 없었고, 심지어 북한은 잘살고 남한은 먹을 것이 없어 풀뿌리 캐 먹고 거지들만 득실대는 가난에 찌든 나라라는 사상교육을 받았기 때문에 정말 한국은 못사는 나라여서 국민을 찾지도 않는다고 생각했다. 그러나 텔레비전에 비친 조국은 이미 올림픽을 열 정도로 경제적으로 풍요로운 나라가 되었고, 텔레비전에 나온 우거진 빌딩숲을 보는 순간 러시아 사람들은 한인을 더 이상 깔보거나 업신여기지 않았다.

88서울올림픽 이후 사할린의 각 지역에 흩어져 살던 한인에게 '8.15광복절'은 곧 '고향'이었다. 이는 고향 사람들이 한 곳에 모일 수 있는 기회가 되었고, 그 힘으로 매년 8월 15일에 광복절 행사도 열 수 있었다. 십시일반 돈을 모아 고향에서 하던 씨름대회나 달리기 등을 했고, 상품으로는 소가 등장하는 등 행사를 준비하는 동안 한인을 하나로 뭉치게 했다.

> "제일 처음에 우리 코르사코프에 한인회 열었을 때 그 그러니까 박해동 그분이 노인회 회장으로서 사업 많이 했어요. 그렇게 영주귀국을 희망하는 사람들은 먼저 명단을 작성해야 된다고 해서 명단을 작성했어요. 당시 우리가 명단 조직을 했을 때 코르사코프에 거주하는 한인이 한 3,000명이 넘었을 거예요. 우리 노인들 대다수가 다 한국 나가겠다고 그랬죠. 명단을 다 써놓고 돌아가신 분들도 많습니다. 너무 안타깝지요. 먼저 2000년도에 영주귀국했습니다. 그때 저도 영주귀국하자고 써놨어요. 그래 영주귀국할 기회가 왔는데 마침 딸 하나가 몸이 아팠어요. 그런데 간호를 하던 아내가 사람으로서 어떻게 아픈 딸을 던지고 영주귀국을 하겠는가. 자식을 놔두고 간다는 것도 말이 안 되는 말이고요. 그래서 2000년도에 영주귀국을 포기했죠. 그리고 제가 2004년도에 유즈노사할린스크 도시로 이주했습니다."

사할린 각 지역의 한인회에서는 고향으로 가고 싶어 하는 한인의 명단을 작성하기 시작했다. 1세대 어른들은 모두 고향에 가기를 원했는데, 자녀들과 같이 갈 수 없다는 악조건임에도 고향에만 갈 수 있다면 어떠한 수단과 방법을 동원하더라도 가려고 했다. 안타까운 것은 고향에 가기 위해 절차를 다 밟아놓고 기다리다가 사망한 노인들도 많았다. 연구참여자도 영주귀국 허가증을 받아놓았는데, 딸이 아파 포기할 수밖에 없었다.

(9) 가자, 고향으로

고령인 연구참여자는 2000년도에 영주귀국할 수 있는 기회가 있었다. 그러나 건강이 좋지 않은 딸을 두고 부부만 영주귀국할 수 없어 포기했다. 부모 된 도리로 아픈 딸을 남겨두고 영주귀국을 선택할 수 없었다. 이후 2007년 영주귀국했다.

> "영주귀국한 코르사코프에 살던 친구가 몇 번 왔다가 갔다 하고 영상으로도 보고 하니까 영주귀국에 대한 마음이 좀 더 풀렸죠. 그리고 이제 자식들도 요즘은 나오지는 못하는 그런 세월이 아니고 왔다 갔다 하는 그런 세상인데 우리가 가든지 아니면 어머니 아버지들이 왔다 갔다 할 수 있으니까 영주귀국 괜찮다고 가라고 하데요. 그래도 그 자녀들이 어떤지 밤에 잘 때나 가끔 생각나죠. 자주 맨날 스마트폰으로 봐도 옆에 있는 거하고 또 다르죠. 본래 저는 당구도 좋아하지만 어디 다니는 걸 좋아했습니다. 그리고 사할린에 있을 때 산으로 많이 다녔어요. 산보도 다니고, 정말 나물 뜯으러도 다니고, 저희 와이프도 역시 그거를 좋아했어요. 그리고 바다로 다니면서 조개도 캐고 뭐 미역도 뜯고 뭐 그렇게. 그런데 한국에서는 그렇게 못 하지요. 당구 치는 것도 여기 와서 배웠습니다."

사실 2000년 전에는 영주귀국에 대해 반신반의했다. 그러나 2000년도에 영주귀국한 친구들과 화상통화로 안부를 묻기도 했고, 영주귀국한 친구들이 코르사코프에 왔을 때 고향의 이야기도 들어보고 하여 믿어 의심치 않고 왔다. 하지만 자식들에 대한 그리움과 사할린에서의 추억들은 나이가 들수록 새록새록 피어난다.

연구참여자는 하루의 시간을 대부분 사할린 경로당에서 보낸다. 다른 사람의 눈치 보지 않고 동료들과 러시아말도 하고, 정서적으로 통하기 때문이다. 사실 지금 고향에 살지만 세 살 때 떠나 70세까지 평생을 러시아에서 지냈기 때문에 한국에서 태어나 자란 한국인과 정서나 문화가 다른 데서 오는 불편함도 많다. 그래서 사할린 경로당은 이러한 불편함을 느끼지 못하는 사할린 한인의 사랑방이다.

> "이런 행사(합동차례)를 조직해가지고서 하는 것이 참 저희들한테는 정말 대단히 감사합니다. 그래서 부모들을 정월 초하루날에 제사를 못 지내고 여기서 공동 이렇게 합동으로 지냅니다. 오늘 참석하신 사람 중에 제1세 부모들이 다 사할린에 파묻혀 있습니다. 그래서 오늘 같은 날 산소에 가서 우리 성묘를 못 합니다. 이역만리에 있으니 가보지는 못하시고 마음이 짠하지요. 제 부모들은 사할린 코르사코프에 묻혀 있어 저는 꼭 산소에 부모들 모신 산소에 꼭 갔다 옵니다. 그래도 아무래도 거기에 부모 모시고 거기에서 이제 부모 묘지가 있으니까 그게 조금 마음이 아픕니다. 지금도 마음은 이미 사할린에 가 있어요. 제 자식들이 갔다 왔을 겁니다. 제가 56년 동안 제사 모셨습니다. 제가 아버지가 저 28살 때 돌아가셨어요. 저희들이 해마다 왕복으로 왔다 갔다 하는 건 힘듭니다. 그렇지만은 자녀들이 좀 도와줍니다. 그래서 일 년에 한 번씩은 꼭 사할린에 다녀옵니다."

사할린 한인은 명절이 되면 더욱 쓸쓸하다. 가족과 함께할 수 없는 쓸쓸함을 달래기 위해 경로당에 모여 합동차례를 지낸다. 처지가 같은 동료들끼리 이역만리에 있는 부모님을 향해, 아니 부모님 묘를 향해 술을 올리고 절을 한다. 다리가 아파 절을 할 수 없는 노인들은 허리를 굽혀 인사로 마친다. 마음은 이미 사할린의 부모님 묘를 다듬고 예를 올리는 자녀들에게 가 있다. 조부모님의 산소를 돌보고 잔을 올리며 가족의 안녕을 기원하는 자녀들이 대견하다. 그리고 함께하지 못함을 아쉬워한다.

(10) 갈팡질팡, 자식들 곁으로 갈 수도 안 갈 수도 없는 상황

영주귀국 사할린 한인은 자녀들과 함께 거주할 수 있는 근거를 마련하기 위해서는 10년째 국회에 계류 중인 '사할린동포 지원에 관한 특별법'이 통과되어야 한다고 믿고 있다. 사할린 한인이 지나온 시간보다 다가오는 날이 더 행복해졌으면 좋겠다.

"80세 되어가지고서는 생각해보니 제가 와이프를 잘 만난 거. 아주 참 좋은 와이프를 만난 거, 그게 내 복이죠. 9남매 장녀로서 와가지고 정말 고생도 많이 했어요. 저하고 살면서 큰일 작은 일 다 치렀지요. 저도 처갓집 많이 거들어주고 했지만 그래서 제가 아무 말 없이 그대로 했지요. 그다음에 딸 셋 키우느라고 애 먹었죠. 그런데 지금 당뇨가 있죠, 그다음에 천식 있지, 거기다가 고혈압이지, 불편한 점이 많아요. 우리는 자체들이 우리 생활이 험했죠. 그러니까 우리들 때문에 자식들 고생시킬 그런 마음이 없어요. 그냥 여기서 있다가 숨 떨어지면 바다에 갖다가 던지고 그러는 거죠. 자식들 있는 데 가면 자식들 고생이죠. 뭐 어떻게 또 고생시켜요. 그런데 자식들이 와가지고 자꾸 가자고 하면 또 할 수 없죠. 어떻게 뭐 반대할 수도 없고. 그렇지만은 그렇게까지는 못하겠어요."

연구참여자는 영주귀국을 한 지 10년이 넘었다. 처음 귀국했을 때는 무엇이든 다 할 수 있을 것 같았다. 그러나 10년이 지난 지금 그도 아내의 건강도 담보할 수 없게 되었다. 자녀들과 시간을 보내며 돌봄을 받고 싶어 자녀들 곁으로 가고 싶다. 하지만 연구참여자가 자녀들 곁으로 가면 자녀 중 누군가는 연구참여자를 돌보느라 생업에 지장을 초래할 수도 있다. 그래서 자녀 곁으로 갈 수도, 가지 않을 수도 없는 현실이 더 서글프다. 그래서 한국에서 살다가 사망하면 바다에 뿌려달라고 부탁한다. 자녀들이 올 수 없으면 사할린의 자녀 곁에 잠들고 싶기 때문이다. 손주들이 뛰어노는 것을 보고 싶기 때문이다.

"바라는 거야 뭐 정말 우리 영주귀국한 방식이 좀 좋지 않았죠. 그래서 앞으로도 많이 영주귀국이 이런 방식으로 하지 말고 다른 방식으로 하면 좋을 거 같아요. 일본 사람들, 독일 사람들, 이스라엘 정부가 하는 것처럼 그런 방식으로 했으면 좋겠고요. 그리고 사할린 한인을 위해서 특별법안 있잖아요? 그거 어떻게 개정해가지고 더 좋게 만들어가지고 뭐 그런 거 말고는 이제 나이들이 다 옆에 보시면 알겠지만 70, 80, 90 됐잖아요. 그러니까 이제 육체적으로 어디 다니는 것도 불편하죠. 내가 한 가지 부탁하는 건 어떻게든지 사할린의 역사를 말입니다. 우리 한국 역사에 조금 한 페이지, 조금 이만큼이라도 남겨주면 그거 제가 부탁합니다."

사할린 한인은 일제강점기에 강제징용으로, 인위적으로 만들어진 재해다. 대부분 2~3년 기간의 노동 계약을 하고 사할린으로 갔다. 사할린으로 간 한인은 자유이주이든 모집이나 강제이주든 온갖 멸시와 차별을 받으면서 철도부설, 비행장 건설, 탄광 노동현장에서 노동력을 착취당하면서 돈을 벌기에 바빴다. 그러나 일본은 저금을 목적으로 돈을 다 주지 않고 일부만 주었다. 그러다가 전쟁에서 진 일본이 밀린 임금과 저금을 돌려주지 않고 철수했다. 그리고 지금까지도 돌려주지 않고 있다. 그래서 다수의 노인들이 고향의 노래를 부르다가 차가운 동토의 땅 사할린에 누웠다. '낙엽귀근(落葉歸根)'이라고 잎이 떨어져 뿌리로 돌아간다는 말처럼 결국은 본래 났거나 자란 한국으로 돌아왔다. 하지만 가족하고 모두 모여 사는 것이 아니라 노부부만 돌아오게 되었다. 영주귀국한 사할린 한인 중 한국 생활에 적응하지 못 하고 다시 사할린으로 돌아간 사람들도 몇몇 있다. 이렇게 사는 것이 정녕 사할린 한인을 위한 것인지 연구참여자는 오늘도 질문하고 있다.

4장

주체적 행위자의 삶: 영주귀국 사할린 한인의 디아스포라와 노스탤지어

1. 아픈 역사와 함께한 삶과 이중적 디아스포라
2. 국적을 선택해야 하는 삶과 이중적 노스탤지어
3. 한국어를 지켜낸 역사적 주체

1.
아픈 역사와 함께한 삶과 이중적 디아스포라

영주귀국 사할린 한인의 생애담을 연구하기 위해 연구참여자를 구술 조사하는 과정에서 디아스포라와 노스탤지어에 주목하게 된 것은 그들의 삶이 역사의 변화, 흐름과 함께 가는 것이었기 때문이다. 원거주지를 떠나는 일은 그때까지의 삶, 사람들과 헤어지는 일이다. 새로운 정착지에서 자리 잡기 위해서는 과거와의 분리와 현재에 대한 적응을 동시에 이루어내야 한다. 지금 우리가 염두에 두어야 할 지점은 일제강점기 사할린으로 이주해간 역사와 그로 인한 아픔 등을 넘어서 이제 영주귀국이라는 명목하에 사할린에서 한국 땅으로 이주해온 이들의 현재진행형 역사와 그들의 귀환 의지다. 그들은 왜 한국에 와야 했으며, 한국행을 선택함으로써 그들이 맞이해야 했던 일들에는 어떤 것들이 있는지, 앞으로 사할린 한인 관련 정책 및 법안을 제안하고 실행할 때 염두에 두어야 할 일이 무엇인지를 정확하게 성찰하기 위해서는 그들의 생생한 목소리에 더욱 귀 기울여야 한다.

"사할린에서 코르사코프라고 하면 모르는 사람들이 없습니다. 그때만 해도 그 코르사코프라 안 하고 일제 말로 '오도마리'라고 했어요. 지금의 '망향의 언덕', 정말 이름난 그 자리입니다. 그리고 역사적으로 봐도 거기 그곳이 우리 한인 동포들에게는 정말 눈물 나는 그런 자리입니다. 코르사코프시에 피난한 사람들이 그때 한 몇만 명이 되었습니다. 거기에서 이제 각 지방에서 젊은이들이 할 것 없이 가족들도 그렇고 코르사코프에 남아서 하루라도 빨리 배를 타고 귀국한다고 그런 마음으로 남아 있죠. 남아 있으니까 거기 여러분들이 특히 홀노인들이 고향에 거기 이제 서로 인사하고 고향이 어딘가 물어보잖아요? 그러면 그렇다고 하면 아이고 고향 사람이네요. 하면서 서로 이렇게 하고, 그리고 이제 어떤 분들은 집에 와서 하룻밤 자는 분들도 있고. 있다가 또 가시는 분들도 있고 그렇죠. 그렇게 서로 이제 알고 지내고 한국을 못 가고 거기에 배가 떠날 때 말입니다. 그 뱃고동 소리 나는 그 소리만 들어도 사람 가슴이 뭉클해집니다. 그래서 고향 생각이 더 납니다. 그 망향의 언덕이 높습니다. 그런데 거기서 한 십 미터를 좀 앞으로 나오면 절벽입니다. 거기서 자살하는 분들도 있어요. 고향에 못 가서. 너무나 딱하죠. 그러니까 첫째로 식량 문제, 그다음에 주택 문제, 물론 도시가 조금 크지만 그만한 인구를 가져다가 저기하기에는 바쁘죠. 그래서 러시아 정부에서 나와 가지고 그전에 살던 지방으로 다 다시 가라 했어요."(연구참여자 10)

사할린 한인에 대한 논의에서 노스탤지어는 주로 위와 같은 상황을 바탕에 두는 경우가 많았다. 경제적 목적 등으로 자발적으로 이주해간 사례가 없지는 않지만, 주된 경향은 아무래도 강제징용에 의한 것이었다. 그렇지만 식민지 국가의 국민, 즉 나라 잃은 백성이라는 아픔에 강제로 동토의 땅에 유배되듯 끌려가서 노동력을 제공하는 데 동원되어야 했던 일은 이중의 아픔을 주는 것일 수밖에 없었다. 그렇게 떠나온 고향이기에 한인 1세대는 어떻게 해서든 고국에 돌아갈 것이라는 희망과 의지를 가졌고, 그것은 빼앗겼던 주권을 되찾는 일과도 연관되었기에 그 열망은 강렬한 것일 수밖에 없었다.

그러나 1994년부터 추진된 사할린 한인의 영주귀국사업에 의해 한국 땅에 정착해 있는 사할린 한인 중에는 한인 1세대보다 아무래도 2세대의 비율이 좀 더 높은 듯하다. 1945년 8월 15일 이전 출생자라는 조건에 의해 '1세대'로 규정되었지만, 실제로는 일제강점기 사할린으로 이주해간 1세대의 자녀 세대인 2세대에 해당하는 이들이 영주귀국을 선택함으로써 부모의 열망을 대신했다.

"아버지가 이불 속에서 맨날 라디오 들었어요. 저는 들키면 벌 받는데 왜 거짓말하는 거 듣느냐 했지요. 아버지가 뉴스를 듣고 말씀하시면 믿어지지 않아서 이해 안 됐어요. 그런데 왜 아버지가 고향, 고향 했는지 직접 와서 눈으로 보고 깨닫게 되었지요. 그래서 사할린에 갈 때 차 세우라고 해서 잠깐 내려서 봉지에 흙을 좀 담았어요. 작은아버지는 내가 무슨 소변이나 볼까 그런 생각을 했대요. 아무 말도 안 하고 흙을 담았어요. 고향의 흙을 가지고 가서 할아버지, 할머니 묘하고 부모들 묘에 가서 고향 땅에서 가져온 흙이라고 뿌려드리면서 말했어요. 내가 아버지 어머니 대신 고향에 가서 살 테니 걱정하지 말라고 했어요."(연구참여자 7)

"영주귀국하면서 장애를 가지고 있는 손자하고 같이 들어왔어요. 내가 여기서 통곡을 했어요. 아버지는 언제나 말씀하셨어요. 나는 열세 살 때부터 지게를 지고 살았지만 한 번도 고향을 잊은 적이 없다. 나는 고향에 갈 수 없지만 언젠가는 너희들이 조국에 가게 된다. 그러니 꼭 고향에 가라면서 노래를 불렀어요. 부모들이 와야 하는데 부모 대신 우리가 왔어요. 부모님, 형제자매 등 모두가 이런 데 와서 한 번씩 살아야 했는데, 못 오고 우리 2세가 왔거든요. 집에는 없는 것이 없었어요. 냉장고 딱 여니까 한 달 먹을 김치에 뭐 없는 게 없게 다 채워놨어요. 침대, 텔레비전 등 이거 다 내가 하나 산 게 없어요. 우리가 편하고 좋은 만큼 부모 생각이 더 나지요."(연구참여자 8)

"그때 결심했던 계기는 우리 부모님들이 그렇게 그리워하셨는데, 그리고 돌아가시면서도 우리 고국은 한국이라는 그 부모님들 대신에라도 우리가 와야 한다는 그런 생각이 들었습니다. 처음에 왔을 때에는 좀 많이 힘들었죠. 이렇게 적응하기 힘들었지만 그 생각을 하고 있으면 든든했습니다. 부모님들이 언제나 한국을 가고 싶은 그런 마음을 심고 계셨어요. 우리한테도 심어주시고 그걸 갖고 계셨다가 여기로 못 돌아오시고 그 땅에 파묻혔으니까. 우리는 와야 한다, 그런 생각이 있었어요. 그 마음이 편하죠."(연구참여자 5)

위의 연구참여자들의 구술에서도 알 수 있듯, 영주귀국 사할린 한인의 귀환 동기는 부모님의 열망이었다는 점을 빼놓을 수 없다. 어린 시절 부모님으로부터 받은 영향은 이들에게 절대적이었으며, 자칫 잘못하면 잡혀가서 어떻게 될지 알 수 없는 불안한 상황인데도 굳이 라디오를 통해 고국의 소식을 들으려고 애쓰는 부모님을 보면서 이해하지 못했던 시기도 있었다. 하지만 소련 해체 이후, 한국 땅에 와보고 친척들을 만나고 났을 때 부모님이 왜 그렇게 고국 땅을 그리워하면서 반드시 돌아갈 곳이라고 생각했는지 이해할 수 있게 되었다. 한국은 그들 자신에게는 낯선 미지의 땅이었을지 몰라도 고향으로서의 분명한 실체를 가지고 있었고, 그들이 돌아가야 할 뿌리라는 것에는 어떤 이념적 · 이론적 설명도 필요 없었다.

영주귀국 사할린 한인이 사할린에서의 삶을 구술할 때 거의 대부분의 사례에서 소개되는 내용 중 하나가 라디오와 관련된 것이다.

> "사람이 부모들 없이 그 타국에 와서 그렇게 고생하고 하니까 사람이 좀 타락하고 그리고 향수심에 고향에 대한 생각도 하고 술 좋아하셨어요. 아버님이 술만 마시면 저 고향이 생각나는 모양이죠. 어떨 때는 혼자서 울고. 선생님이 알아야 할 깁니다. 그 한국 소식 듣자고요. 라디오 수신기 있잖아요, 라디오 수신기 조그만한 거 있었는데 그거 그냥 침대 옆에다 놔두고 한국에서 하는 방송 KBS 방송 그거 듣는다고 그냥 들었는데. 그것도 허가 안 했습니다. 러시아 시대에. 그런데 방송도 러시아 정부에서 파장이 오는 거를 반대하는지 방송이 낮에는 안 들어왔어요. 그러니까 아침 일찍 아니면 저녁 늦게. 그러면 한국에서 들어오는 방송이 약간씩 들어왔습니다. 그거 듣는데 나는 왜 저렇게 아침하고 저녁에만 듣는가? 나중에 아버님한테 물어봤어요. 왜 그렇게 하는가? 자기 이야기 듣기는 자기 친구들이 말하는데 한국에서 사할린에 있는 자기 친척들을 찾기 운동한다는 그 방송을 듣는다고 합니다. (혹시 가족들이 찾을까 봐요?) 네. 자기 이름이 언제 나오겠는가. 그거 듣자고 방송 듣는 겁니다. 그리고 한국 음악도 듣고 노래도 듣고.

그렇게. 나중에 알아보니까 우리 아버님뿐만 아니라 전체 한국에서 모집 오고 강제모집 온 사람 모집으로 온 사람 전부가 모두 한국에 가고 싶어서 한국 소식을 듣자고 라디오를 듣고 그렇게 했답니다."(연구참여자 1)

"내가 어렸을 때 장난을 많이 한 모양이에요. 그래서 담임선생님들이 애가 머리는 있는데 공부를 잘했는데 장난에 미쳐가지고 공부를 안 하고 다녀요. 그러니 부모들한테 말해가지고 좀 관심 있게 기술에 관심 있게 그런 거 사주라고. 그래가지고 라디오 하나 있었어요. 어머니가 이거 왜 이 방송 저 방송 여러 나라 하느냐고. 아, 이거 방송마다 잡을 수 있다고. 일본 방송 잡아가지고 들어볼 수 있고. 한국 이야기 한다고. 그거 잡아놓으면 건들지 말라고. 건들지 말라고 다시는. 낮에는 일 다니고 하니까 저녁에 와서 언제나 듣고 했어요. 그때는 1950년대 몰래몰래 밤중에. 왜냐하면 그거를 알게 되면 러시아 정부에서 잡아갔어요."(연구참여자 4)

일제에 의해 강제징용으로 끌려온 곳이었으나 제2차 세계대전에서 일본이 패함으로써 사할린에 대한 영유권을 소련에 넘겨주게 되었고, 격동의 역사 속에서 소련의 붕괴와 러시아의 복권을 경험하며 사할린은 이제 러시아 영토가 되었다. 끈 떨어진 연처럼 사할린에 고립된 한인은 러시아 국민으로 인정받지도 못하면서 사상의 감시를 받아야 하는 상황에 처해졌다. 그러나 귀환의 희망을 강하게 가지고 있던 한인은 러시아의 감시와 탄압 속에서도 라디오로 몰래 고국의 소식을 들었다. 이런 사연들은 많은 한인이 공유하는 경험이며, 디아스포라 삶의 단면을 드러내는 사연이라고 할 것이다.

영주귀국 사할린 한인의 디아스포라는 부모 세대가 한국으로부터 사할린으로 이주해간 것에서 시작되어 그들 스스로 사할린에서 한국으로 이주해간 데서 이중적 성격을 갖는다.

> "거기서 일하다 보니까 우리 친구들이고 아는 사람이고 전부 나이 많은 분도 다 가겠다고 신청했지 않습니까. 우리도 신청하긴 했는데 막상 가자 하니까 저는 정말로 아이들 놔두고는 못 가겠다. 그래서 만약 가겠으면 집사람보고 너 혼자 가라 그렇게까지 했습니다. 그리고 집에 아이들도 반대했어요. 어떻게 우리를 놔두고 가시겠는가. 특히 손자들이 할아버지 할머니 같이 여기서 살자고 그렇게 말했어요. 그 다음에 2000년도 2월 예정으로 영주귀국을 시작했습니다. 맞지요? 그래서 사람들이 가고 친구들도 아는 사람, 동무들, 다 가니까 집사람은 그냥 또 한국에 가자 그렇게 하는데 끝내 제가 말하기를 그러면은 한국에 일단 가고 만약에 거기 생활이 적당하면 남고, 만일에 마음에 안 들면 돌아오자 그런 조언을 내놨습니다. 그러니까 집 자식들 말입니다. 아버지 말씀이 옳다고. 일단 가보시고 만약에 마음에 들면 남고 만일 마음에 안 들면 돌아오시라."(연구참여자 1)

지금 영주귀국 사할린 한인의 대부분은 2세대에 해당하는데, 이들에게 1세대인 부모 세대는 거의 절대적인 영향력을 행사했다. 1세대 이주민은 고국에 대한 그리움을 강하게 가지고 있으면서 언제든 회귀할 것이라는 믿음 또한 강했지만, 현실의 삶에 충실한 면모도 있어서 자녀 교육에 헌신적인 태도를 보였다. 애초에 사할린으로의 이주 자체가 식민지 국민으로서 겪은 설움이었던 데다 러시아 치하에서 보호받지 못하는 존재로서 살아가야 하는 상황이었기에 살아남기 위해서는 능력을 제대로 갖추는 것이 중요했다. 그런 부모의 강하고 직접적인 영향력 아래 성장기를 보낸 2세대는 1세대의 소망을 자신들의 것으로 그대로 받아들였다. 그래서 실제로는 경험한 적 없는 고국이지만, 부모가 돌아가기를 강하게 원했던 그곳으로의 귀환은 부모를 대리한 자식으로서 너무나도 당연한 소망이 되었다.

그러나 2세대의 자녀 세대인 3세대는 러시아에서 나고 자라 러시아 국적자로서 살아온 세월이 있다. 현재 영주귀국 사할린 한인이 보통 70세 이상이니 이들의 자녀 세대도 이미 40~50대다. 이들은 이미 러시아에서 자리를 잡고 생활하고 있기에 한국으로 굳이 올 이유는 없다. 2세대 역시 사할린 출생인 경우가 많아서 3세대 입장에서는 부모들이 한국에 가서 살겠다고 할 때 역시 부모 세대를 이해하기는 쉽지 않았던 것이다. 그러나 2세대의 영주귀국은 3세대와의 그러한 갈등이나 협상의 여지를 극복하고 이루어진 것으로, 자녀 세대와의 이산과 단절을 충분히 예상하면서도 스스로 선택하여 이주를 행함으로써 이중적인 디아스포라의 삶을 이어가게 되었다.

2.
국적을 선택해야 하는 삶과 이중적 노스탤지어

사할린 한인의 디아스포라 경험은 1세대에게서는 '무국적자'라는 처지에서 극대화된다. 대부분의 한인은 언젠가 반드시 고국에 돌아갈 것이라고 믿고 있었기 때문에 국적 문제를 명료하게 하지 않은 상태로 살아갔다. 그러나 이것도 세대 간 가치관의 차이에 의해 변화를 맞이한다.

"고르바쵸프 시대가 돌아오니까 러시아 여권도 받을 수 있었어요. 그런데 아버지가 고향으로 가겠다고 여권을 받지 않았어요. 우리는 비공민증이라 어느 나라 국민도 아니었어요. 그런데 북한에서 와서 북한 여권을 받으면 북한으로 해서 고향에 갈 수 있다고 받으라고 했어요. 그렇게 선전해도 우리 북한 여권 안 받았습니다. 아버지는 끝까지 안 받고 누구도 모르게 이불을 뒤집어쓰고 새벽 4시 반부터 5시까지 미국에서 나오는 번역한 기사들을 말하는 거 듣고 그랬어요. 그렇게 하다가 들키면 벌 받은 사람들도 있고 들켜서 북한으로 추방당한 사람도 있어요. 들키면 자식들까지 다 데리고 갔는데 몰살당했는지 살았는지 아무도 모릅니다."(연구참여자 7)

무국적자로서 산다는 것은 여러 실질적 불편을 감내해야 하는 일이었다. 정식 국민으로서 인정받지 못하는 상태이기에 학업이나 취업 등의 상황에서 불이익을 받을 수밖에 없었다. 그럼에도 1세대는 무국적 상태를 유지하면서 비국민증으로 버텨냈지만, 결국 귀환 요구는 받아들여지지 않았다. 2세대로 와서는 학업과 취업 등의 문제를 해결하기 위해 스스로 언어를 습득하고 필요한 과정을 거쳐 러시아 국적을 취득하는 경우가 늘어나기 시작했다.

"아버지는 끝까지 고향 가야 한다고 러시아 국적도 북한 국적도 받지 않았고, 우리는 공부를 해야 한다고 러시아 여권 받아야 한다고 했어요. 러시아 여권이 있으면 마음대로 다닐 수 있고 대륙으로 공부도 하러 갈 수 있지만, 북한 거나 비공민증 그거 가지고 있으면 어디든 안 받아주고, 일도 불편하고, 어디를 가더라도 불편하잖아요. 허가증 없으면 다른 촌에서 다른 촌 가는 것도 벌금 내고 붙들리고 그랬습니다. 그래서 내가 아버지 허락 안 받고 러시아 여권을 냈습니다. 내가 러시아 여권 받으니까 밑에 동생들도 러시아 여권 내기 시작하고, 대륙으로 공부하러 가는 것도 밑에 동생이 몰래 책가방을 메주는 바람에 그거 들고 도망갔어요."(연구참여자 7)

3세대는 러시아에서 출생하여 성장하면서 자연스럽게 러시아인으로 살아갈 수 있었기에 국적은 이들의 삶에서 큰 고려 대상이 아니었다. 이처럼 세대별 뚜렷한 차이는 사할린 한인의 정체성 및 노스탤지어에 대한 매우 유의미한 논의 지점을 제공한다. 그들은 모국 귀환에 대한 희망을 포기했거나 아예 지향이 없기도 하다. 즉 조국으로 돌아가고 싶어 하는 목소리를 내기도 하지만, 동시에 '민족국가로 회수될 수 없는 경계인으로서의 목소리'(이상록, 2015)를 갖고 있기도 하다는 것이다.

2세대의 영주귀국에는 사할린에서 일군 평생의 삶과 자녀들과의 단절이라는 상황이 딸려온다. 자발적 이주와 이산, 단절의 경험은 이들에게 원거주지로서의 사할린에 대한 그리움을 갖게 한다. 그리고 어느새 이들에게는 사할린이 '언제든 돌아갈 수 있는' 혹은 자녀들이 있기에 '돌아가야 하는' 곳이 되어버렸다. 한국에서의 정착과 더불어 헤어짐을 원하지 않는 가족과의 이별 상황을 함께 견뎌야 하는 상황은 사할린에서 한국으로 향했던 노스탤지어를 한국으로부터 사할린으로 향하는 노스탤지어로 전환시켰다.

이들에게 발생한 자녀와의 공간적 단절은 미디어로 극복할 수 있지만, 영주귀국 사할린 한인은 자녀들과의 시간적 연속성을 적극적으로 이어가기를 원한다. 부모 세대가 밤마다 라디오를 몰래 들으며 고국에 대한 향수를 달랬다면, 이들은 스카이프 등의 인터넷 미디어를 활용하여 자녀와 손주들의 소식을 접하고 일상을 공유한다.

> "보고 싶죠. 그런데 그 작년부터인가? 2세, 3세 방문을 하도록 자리는 없지만은 방문은 하도록 이렇게 부모님들을 뵙도록 이렇게 대한적십자사에서 조직하고 있습니다. 그래서 금년에는 벌써 3년째. (여름에 한 번, 겨울에 한 번 오시는 거예요?) 여름에, 가을에. 하지만 사람이 많아서 희망자가 많아서 각자한테 매해 못하지요 그렇게. 당신 자녀들이 금

년에 다녀왔으면 스톱하고 다른 해는 다른 분을 보내드려야 하니까. (중략) 제가 이제 그런 말씀을 해도 괜찮은지 모르겠지만 우리가 이렇게 귀국을 했지만은 우린 1세라고. 왜냐하면 귀국 대상자들이 45년 이전 출생자들만 대상자라고 해서 귀국했습니다. 그리고 또 대상자의 배우자 같이 귀국했고요. 그다음에 우리 자녀들은 물러섰지 않습니까. 그게 마음이 아픕니다. 왜냐하면 일본이나 이스라엘이나 독일이나 이산가족이 생기면 오고 싶으면 오라 피가 같으면 예를 들어서 손자까지 증손자까지 해서 오고 싶으면 몽땅 오라 하지만, 여기는 아니지 않습니까. 그것이 마음이 아픕니다."(연구참여자 2)

"우리 아버지 나이 때 되는 사람들이 1세입니다. 그런데 다 돌아가시고 몇 안 되잖아요. 그래 1945년 8월 15일까지는 1세대로 들어간다고 하니 우리도 시간 되면 들어가겠다 해서 기다렸지요. 정말 한국에 온다는 생각은 내가 꿈에도 안 꾸고 생각도 못 했죠. 그래 아버지 대표로 이렇게 나왔다는 게 정말 믿어지지 않아요. 그런데 우리가 여기 와서 나는 좋은데 또 자식하고는 이산가족이 되었으니 좀 좋다는 소리는 못 하겠습니다."(연구참여자 7)

"우리는 못 배웠거든. 우리는 러시아, 소련에서, 러시아에서 이런 걸 못 배웠거든. 나 여기 와서 배우기 시작했어요. 들어가 보니까 얼마나 재미있어요. 배우는 게 재밌어요. 배우는 게. 요새는 컴퓨터로 포토샵 하는 거 배우고 있어요. 어디 우리 사진 찍으러 가니께는 손자가 사진을 안 찍으려 해요. 그거다가 붙여놨어요. 그 사진을 보냈지. 보내버렸어요. 딸한테. 그거 내가 오려가지고 붙여가지고. 배울 거 많아요.

컴퓨터 들어가면. 딸하고는 거의 매일 연락해요. 가들 일만 끝나고 오면 손자가 벌써 알아서 자기가 우리를 찾아요. 러시아에서 스카이프 비슷한 거 있어요. 러시아에서 많이 쓰는 거 있어요. 카카오톡도 영상 나온다대요. 처음에는 거기 앉아서. 우리 공부할 때만 해도 연락하려면 편지를 써야 했었는데 지금은 참 좋아요."(연구참여자 4)

자녀 세대와 떨어져나오면서도 영주귀국을 선택한 이들이었기에 그것은 지난 세대의 디아스포라와 노스탤지어처럼 슬픔이나 한의 정서와 연관되지는 않는다. '마음이 좀 그렇다'라는 정도의 느낌은 있지만 이들은 자신들의 자발적 선택을 후회하지는 않는다. 아마도 여기에는 언제든 원하면 다시 사할린으로 돌아갈 수 있다는 유연성, 선택 가능성에 대한 믿음이 깔려 있는지도 모르겠다. 실제로 이들은 여건만 되면 사할린에 언제든지 여행을 다녀올 수도 있고, 한국에서 지역마다 구성되어 있는 사할린 한인협회 등을 통해 얼마든지 사할린의 소식을 전해 듣기도 한다. 다만, 온 가족이 함께 한국에서 살아가기를 바라지만 그러기 위해서는 법적 · 제도적 · 사회적으로 갖추어져야 할 여건들이 있기에 아무래도 낯선 땅에서 홀로 생을 마무리하게 되는 일이 발생할 것에 대한 두려움이 있다.

"80세 되어가지고서는 생각해보니 제가 와이프를 잘 만난 거. 아주 참 좋은 와이프를 만난 거, 그게 내 복이죠. 9남매 장녀로서 와가지고 정말 고생도 많이 했어요. 저하고 살면서 큰일 작은 일 다 치렀지요. 저도 처갓집 많이 거들어주고 했지만 그래서 제가 아무 말 없이 그대로 했지요. 그다음에 딸 셋 키우느라고 애 먹었죠. 그런데 지금 당뇨가 있죠, 그다음에 천식 있지, 거기다가 고혈압이지, 불편한 점이 많아요. 우리는 자체들이 우리 생활이 험했죠. 그러니까 우리들 때문에 자식들 고생시킬 그런 마음이 없어요. 그냥 여기서 있다가 숨 떨어지면 바다에 갖다가 던지고 그러는 거죠. 자식들 있는 데 가면 자식들 고생이죠. 뭐 어떻게 또 고생시켜요. 그런데 자식들이 와가지고 자꾸 가자고 하면 또 할 수 없죠. 어떻게 뭐 반대할 수도 없고. 그렇지만은 그렇게까지는 못하겠어요."(연구참여자 10)

"아니 여기에 와서 벌써 우리가 10년이 조금 넘었잖아요. 그동안에 한 200명 넘게 죽었어요. 똑똑히는 모르지만 그 또 10년 지나가면 어떻게 되는 거예요. 오고 싶은 사람은 우리가 있을 때 올 수 있게 해달라는 거지요. 우리 죽은 다음에 애들이 오면 뭐해요. 지금 와야 우리가 도와줄 수도 있고 도움을 받을 수도 있고. 이렇게 이산가족을 또 만들어놨으니. 이거는 벌써 한국 정부에서 잘못한 거다. 적십자에서 잘못하는 거다. 세계를 보라고, 이스라엘이나 독일이나 어디나 귀국할 때 식구 친척 싹 데리고 가는데 한국은 왜 또 이산가족을 만드느냐. 21세기 이게 진짜 있을 수 없는 거예요. 다 이거 때문에 청와대 앞에 가서 시위해요. 특별법 통과시켜달라고 이런 운동도 지금 하려고 준비하고 있어요."(연구참여자 8)

영주귀국 사할린 한인은 고령층이다 보니 건강이 가장 큰 문제가 된다. 그리고 당연히 생의 마무리는 한국 땅에서 하게 될 것이라고 여기면서 기왕이면 그때 자녀들과 함께하고 싶어 한다. 하지만 그게 현실적으로도 그렇고 자녀들의 삶을 생각하는 심정으로도 그렇고 마음대로 선택할 수 있는 일만은 아니다. 이러한 상황이 발생한 데는 영주귀국사업을 추진하는 과정에서 문제가 많았기 때문임을 누구나 지적하는 것이기도 하다.

"바라는 거야 뭐 정말 우리 영주귀국한 방식이 좀 좋지 않았죠. 그래서 앞으로도 많이 영주귀국이 이런 방식으로 하지 말고 다른 방식으로 하면 좋을 거 같아요. 일본 사람들, 독일 사람들, 이스라엘 정부가 하는 것처럼 그런 방식으로 했으면 좋겠고요. 그리고 사할린 한인을 위해서 특별법안 있잖아요? 그거 어떻게 개정해가지고 더 좋게 만들어가지고 뭐 그런 거 말고는 이제 나이들이 다 옆에 보시면 알겠지만 70, 80, 90 됐잖아요. 그러니까 이제 육체적으로 어디 다니는 것도 불편하죠. 내가 한 가지 부탁하는 건 어떻게든지 사할린의 역사를 말입니다. 우리 한국 역사에 조금 한 페이지, 조금 이만큼이라도 남겨주면 그거 제가 부탁합니다."(연구참여자 10)

"세상에 인간이라고 하면은 우리처럼 이렇게 가족 간에 생이별을 만들면 안 되지요. 아무것도 모르는 생선들도 어미가 알을 낳아 그 고기들이 죽을 때가 되면 지가 태어난 데로 돌아가서 죽지 않습니까? 특히 러시아 연어를 많이 키웠는데 학자들이 다 연구를 해서 그렇게 알고 있지 않습니까? 근데 우리는 인간으로서 이게 뭐예요. 자식들 다 팽개쳐놓고 달랑 두 부부만 이렇게 오게 만들고, 이게 인간이 할 짓이 아니지요. 일본은 우리를 지배하고 착취를 한 나라입니다. 근데 일본은 자기 민족을 다 찾아내서 데려갔습니다. 한국인하고 결혼해가지고 자식 낳은 사람들도 다 일본에서 데려갔습니다. 일본에 데려가서 뭐든지 해서 벌어먹으라고 언어도 가르쳐주지, 기술도 가르쳐줍니다. 그런데 왜 우리 한국에서는 이렇게 못 하는가, 아쉬운 마음입니다."(연

구참여자 9)

사할린동포에 대한 지원 근거는 영주귀국사업을 시작하던 지난 1999년 외교통상부, 보건복지부, 행정자치부 등이 함께 만든 '관계부처 회의 자료'와 외교통상부의 '사할린교포 영주귀국 업무처리지침'에 기초했다. 그러나 당시 이들에 대한 지원을 뒷받침할 독립된 법률이 마련되어 있지 않았기 때문에 다른 법률을 통해 지원하는 실정이었다. 일본과 비교해보면, 전쟁 뒤 일본은「중국 잔류 방안들의 원활한 귀국 촉진 및 영주귀국 후의 자립 지원에 관한 법률」을 제정해 중국에 있던 일본인의 이주비, 정착비, 생활비 등을 부담했다. 일본의 각 지방정부도 이들에 대한 지원 조례를 만들어 체계적으로 지원하고 있어 한국의 상황과 많이 비교가 된다. 사할린동포 영주귀국사업이 오랜 시간을 끌면서 진전을 보이지 못한 것은 법률적 근거 없이 수행되는 사업이라는 데 일부 기인한다고 할 수 있다(박찬용, 2018).「사할린동포 지원에 관한 특별법」이 제정되었으니 이들에 대한 구체적이고 체계적인 지원이 이루어질 것으로 기대하고 있다. 한국 사회의 책임 있는 행동을 통해 이들은 자긍심을 가지고 살아갈 수 있을 것이다.

3.
한국어를 지켜낸 역사적 주체

한국에서의 삶을 어떻게든 이어가야 하는 이들에게 현실적으로 가장 큰 어려움 중 하나는 언어와 관련한 것이다. 언어학자 훔볼트(Wilhelm von Humboldt)가 "언어에는 그 나라의 문화와 정신이 깃들어 있다"라고 했듯이, 언어 안에는 한 민족의 삶과 가치가 함축되어 있다. 민족은 언어와 분리될 수 없다. 이는 어떤 민족이 사용하는 언어는 그들의 영혼과도 같다는 의미다(김영순 외, 2020).

> "하나 더 얘기하고 싶은데, 영주귀국하는 건 좋은데 저희가 한국말 배울 그런 기회가 없단 말입니다. 여기서. 우리 러시아에서 온 사람들만 여기 살잖아요. 그러니까 원래 여기에서 사는 한국 사람들하고 교제하고 소통하는 기회가 없단 말입니다. 그러니까 저희들이 한국말 하는 그런 시간이 없어요. 오늘 선생님하고 우리 한국말 하는데 정말 오래간만에. (정말 잘하시는데요?) 그전에 조금 더 잘했을 깁니다. 그런데 한국말 할 기회가 없단 말입니다. 상점이나 길가에 가서 누구하고 말

할 조건도 안 되고. 집사람하고는 러시아말 절반, 한국말 절반. 통화할 때 전화로는 우리는 한국말 하지만은, 저짝에서는 러시아말. 저희들이 이제 사할린에 놀러 가면 전체 러시아말. 자기들이(사할린에서 식구들이) 놀러오면 전체 러시아말. 그러니까 한국말 발전, 늘어날 그런 기회가 없단 말입니다. 그게 참 안타까워요. 그러니까 제가 오늘 오면서도 인터뷰한다 하지만은 제가 한국말로 자기 의사를 100% 표현할 수 있는가 없는가 그게 제일 걱정이었습니다. 왜 그러냐 하면은 이런 소통 대화가 아주 드문 일입니다. 여기서 만난 사람들도 전체 한국말 하긴 하지만은 절반은 러시아말, 한국말도 사할린에서 쓰던 한국말. 여기 진짜 한국말하고 사할린에서 쓰는 한국말 다르거든요. 영 땁니다.(다릅니다.) 저희들이 배운 것이 한국에서 배운 한글 아니고, 러시아에서 배운 한글이니까 아무래도 북한 그런 저 북한말 많이 쓰고, 러시아말로 된 말, 그리고 대륙에서 살던 한국 사람들 있잖아요. 대륙에 살던 러시아 한국인들. 그 사람들이 말하고 다 섞여서 범벅이 된 한국말입니다."(연구참여자 1)

사할린의 한국어 교육은 1947년 당시 소련 정부의 정책에 의해 시작되었다. 소련 정부는 한인에게 러시아어를 가르치기 위해 일본학교를 조선학교로 개편하여 사용했다(민현식, 1999). 조선학교가 설립될 당시 초기에는 정식 교사가 없어 지역 주민 중 글을 아는 사람을 선발하여 교사로 임용했으며, '새고려신문사'와 '우리말방송국'의 직원들은 퇴근 후에 교재를 만들어 한글교습소 등에서 한글을 가르치기도 했다. 그러나 시설 부족, 교사의 역량 부족, 교재의 질 문제 등이 대두되자 중앙아시아에서 고려인 교사들이 파견되어 한국어를 가르치고, 교재는 북한에서 공급받기도 했다(한국이민사박물관, 2015).

그러나 1963년 소련은 조선학교를 폐쇄하기로 했다. 조선학교의 폐쇄, 조선극장과 예술단이 폐쇄됨에 따라 조선 사람들은 더는 민족교육을 받지 못하게 되고 민족정체성을 잃는 등 위기를 맞게 되었다(민현식, 1999). 이후 1990년 한 · 러 수교 이후 한국과 러시아의 교류가 잦아지면서 한국어 교육에 필요한 기자재를 한국에서 공급받으면서 정상적인 한국어 교육이 다시 시작되었다(김인숙, 2012). 특히 사할린국립종합대학 동양학부에 한국어과를 개설하여 한국어 교사를 배출하고 있으며, 사회교육적 방법에 의한 민족교육을 하기 위해 설립된 사할린한국교육원은 한국의 역사, 문화를 교육하고 있다(박승의, 2013).

“그 경험이요, 우리가 저, 1998년도 한국어를 재생하는 그런 운동을 시작했죠. 그런데 어떻게 말씀을 해야 되는지. 큰 관심이 없었어요. 뭘 한국말을 배우냐. 그렇게 말하는 학생들도 있고요. 재미있게 배우려면 좀 어떤 학생들은 또 받아들이겠지 그렇게 생각하는데 거기 사범대학에요. 한국어과가 열렸어요. 우리 지금 학교에서 배워주기 시작해서 한국 정부에서 그거를 많이 도움을 많이 주셨어요. 그리고 한국어과도 열고. 그래 처음에는 아주 거기서 공부하고 싶은 학생들이 많았는데, 나중에 보니까 끝나고도 그 한국어를 배워가지고 거기서 일자리를 찾게 되니까 그게 큰 관심이 없고 전혀 없어져버렸어요. 배워봐야 딱히 어디 쓸 데가 없어서 그거 때문에 그리고 한국에 와도 첫째는 한국말을 모르니까. (이미 선생님들 시대에서도 그렇게 가르치려고 해도 별로 관심도 없고 그렇게 사셨으니까 자녀분들한테까지 굳이 한국어를 가르쳐야 되겠다는 생각은 안 하셨겠네요?) 아니요, 있었습니다. 왜냐면 제가 가르쳐줬으니까.

한국어를 제가 처음에 가르칠 때에는 제가 한국말을 모르니까 배우면서 가르쳐줬죠. 그러니까 집에서는 러시아말만 하지요. 어떨 때에는 저녁에 앉아서 밥상에서 지금 러시아말 하지 말고 한국말만 하자. 만약에 지금 러시아말 하면 뭐라 하냐 돼지저금통 여기다 넣는다 하니까, 온종일 식구들이 모두 침묵하고 있었어요. 그럴 때도 있었어요. 우리도 우리끼리 얘기할 때 러시아말이 먼저 나오고 하니까요. 한국말을. 지금도 한국말이 많이 서툴러서."(연구참여자 5)

사할린 한인의 이러한 언어 사용 환경은 디아스포라로서 이들의 삶을 구성하는 한 축이 되기도 했다. 영주귀국 후의 삶은 언어 습득과 더불어 한국인으로서 온전히 인정받기 위한 여정이 된다.

"근데 여기서도 시험 준비하면서 내가 한인인 걸 알았어요. 시험 준비하면서 나 여기서 시험 봤어요. 2013년 12월까지요. 러시아 운전면허증 국제면허증 있으면 시험도 안 보고 바꿔줬어요. 그 뒤로는 2013년 12월 후로부터는 꼭 시험 쳐야 했어요. 왜냐면 그냥 바꿔주니까 사할린에서 오는 사람들뿐 아니고 저 카자흐스탄에서도 많이 오고 일하러 많이 오고. 그런데 사고가 많아. 그들이 사고가 많이 났어요. 시험 준비해야 돼요. 시험 준비 할 수 있냐고 러시아어로 할 수 있냐고. 러시아어도 시험장 들어가서 보니까 그 구글 번역한 모양이지요. 그걸 번역을 어떻게 해놓았는지 앞뒤가 맞아야지요. 그러니까 한 50프로밖에 대답 못 했어요. 그래, 안 된다 하니까는 그럼 한국어로 해보라고. 일하는 분이. 그분이 왜 그러냐고 그랬는데 내가 얘기했죠. 문장이 앞뒤가 안 맞아간다 하니까. 한국어로 시험 쳐보겠는가? 예 해보겠다고 하니. 기한이 있대요. 한 달 후에 꼭 봐야 한대요. 한 달 전엔 안 된대요. 한 달 후에 오라는 거야. 그동안 내가 복습도 해보고 좀 그래서 책 사서 복습도 해보고 그렇게 가니까 87점 받았어요. 내가 진짜 그때 마음적으로 흥분이 돼서."(연구참여자 4)

사할린 한인은 한민족의 역사, 문화에 관한 지식은 부족하지만 한인으로서의 민족정체성과 애착이 강하다(박승의, 2013). 특히 모국어는 민족정체성을 구성하는 가장 기초적이고 중요한 요소다(윤인진, 2004). 해외에 거주하는 디아스포라들에게 모국어는 민족 간에 서로 동질감을 느껴 서로 힘을 나누면서 하나로 뭉치게 하는 역할을 한다. 특히 사할린 한인 디아스포라에게 한국어 교육은 강제이주 된 1, 2세대와 사할린에서 출생한 3, 4세대 간 의사소통이 원활하도록 도와주며, 그들이 한국인의 자손이라는 자존감의 기반이 되고 현실적인 삶의 동력이 되었다(임엘비라, 2010). 따라서 사할린 한인에게는 한국어를 배우고자 하는 열망이 클 수밖에 없었다. 또한 이들의 한국어 교육은 자발적이고 주체적인 실천이었다는 점에서 더욱 의미가 있다.

"이제 집중해서 배우는 거는 나이가 들어서 어떻게 살아야 되고 그렇죠. 음식도 어떤 음식을 먹어야 하고, 노년에 어떻게 활동을 해야 되고, 그래야 운동도 해야 되고, 대화도 어떻게 해야 되고 그렇죠. 그게 뭐 우리 인성교육원이라도 있어요. 실버교실 동시에 선생님들이 계시는데 우리 부탁은 그래요. 제가 회장으로 있지만은, 부탁은 언제나 우리 잘 모르기 때문에 좀 우리를 심심하지 않도록 (웃음) 활동을 하게 좀 했으면. 그래서 지난해부터는 텃밭, 음성협동조합에서 선생님이 나서가지고 와서 텃밭도 고구마도 심고. 어떻게 우리는 고구마라고 모릅니다. 왜냐하면 러시아에는 고구마라고 없습니다. 그래서 어떻게 심어야 되고, 우리 일반 감자는 심어봤지만은 거기 감자가 많아서 하지만 고구마는. 그래서 그런 제안도 있고, 또 이제 금년에도 제가 벌써 계약을 맺었습니다. 사인했습니다. 도장 찍었습니다."(연구참여자 2)

이들이 이렇게 언어 습득의 열망을 표현하고 텃밭을 가꾸면서 사는 삶에 희망 어린 기대를 갖는 것은 이들의 삶은 지금도 지속되는, 이전까지와는 비교할 수도 없이 더 열심히 지속되어야 하는 현재진행형의 삶이기 때문일 것이다. 척박한 사할린에서 소수자로 살아오면서도 한국인 특유의 근면성실성과 능력으로 부지런히 지낸 이들은 노년에 선택한 한국에서의 삶도 국가지원금이나 받으면서 편안히 지내는 것과는 거리가 멀다.

"우리 마음이 아픈 거, 현재 급한 거는 사할린에 계신 분들, 또 다른 사할린 출신들 다른 지역에 살고 계신 분들.그분들이 암만 해방 이후에 출생했다고 하더라도 한국 전통을 지키고 살았고, 한국말도 꽤 하지만은 러시아말도 하지만은 그분들을 이용해서 한국 발전에 이바지하도록 좀 만들었으면 하는 동시에. 왜냐하면 그분들은 아무도 뭐 그분들끼리 허가한다 하더라도 물론 이제 뭐냐 큰 마이너스는 안 되거든요. 발전에 플러스면 플러스지. (중략) 해방 후 우리 형님들, 형님들 또래들이 꼭 조선학교를 설립했지 않습니까? 우리들이 가서 공부하도록. 제가 이제 줄줄이 나왔어요. 1950년도에 1학년 올라갔고, 일곱 살 때. 한글학교 10년제까지. 하지만은 약했지요. 그러니까 무슨 말인가 하면은 러시아어도 3학년 때부터 보기 시작했고. 그러니까 러시아어도 약했고, 한글도 뭐 선생님들이 잘해야만 되지만 그래도 영리한 분들이 계셨기 때문에 다들 돌아가셨지만은 고맙지요. 이렇게 민족의 전통을 지키기 위해서 한국말을 배워야 한다. 저도 그렇습니다. 마음은 있지만은 사할린 특별법안이 통과돼서 우리 후손들이 한글도 배우면서 직장도 다니면서 자유롭게 그렇게 하면은 한국 발전에 도움이 될까 그렇죠. 제가 그렇게 생각하지만. 우리 젊은 애들은 다들 러시아 대학 들어갔기 때문에 여기 와서도 뭐하겠습니까? 들어오면 다 공장에 가서 자기 기술은 버리고 이런 지식은 다 버리고 그냥 일반 노가다 일만 해야 되지 않습니까? 그것도 재미없지 않습니까."(연구참여자 2)

2020년 5월에 제정된 「사할린동포 지원에 관한 특별법」은 2021년 1월부터 발효된다. 사할린동포 지원 정책의 법적 근거가 마련되면서 지원 대상에는 사할린동포의 동반가족(배우자 또는 직계비속 1인과 그 배우자)도 포함됐다. 영주귀국사업 범위로는 귀국 항공과 초기 정착, 거주, 생활시설과 임대주택 등을 제공하는 것으로 정해놓았다. 구체적인 방안으로 귀국과 생활지원, 주거지원, 생활지원금 및 정착금 지원, 국민연금 특례, 자금 대여, 직업훈련 및 취업보호, 영농 정착지원 등의 다양한 지원을 마련하고 있다. 그러나 지원 대상을 1945년 8월 15일까지 사할린에서 출생했거나 사할린으로 이주한 한인으로 정의하면서 대상이 구분되었다. 또한 이들의 정체성의 뿌리라고 할 수 있는 한국어 교육에 대한 지원은 고려되지 않아 아쉬움이 남는다. 특히 이들뿐만 아니라 사할린 현지에 있는 이들의 2세, 3세 등에게 한국어 교육이 지원된다면 유대감과 자긍심이 고취될 수 있을 것이다.

영주귀국 사할린 한인이 한국 사회에 강력하게 바라는 것 중 하나는 그들 자신이 한국어를 좀 더 잘 쓸 수 있도록 교육 기회를 달라는 것이고, 두 번째는 봉사라도 좋으니 일자리를 주어서 한국 사회에 기여하면서 살게 해달라는 것이며, 세 번째는 그들의 자녀 세대에 대해서도 한국 사회에서 관심을 가져서 상생할 수 있게 해주었으면 좋겠다는 것이다.

> "우리는 못 배웠거든. 우리는 러시아, 소련에서, 러시아에서 이런 걸 못 배웠거든. 나 여기 와서 배우기 시작했어요. 들어가 보니까 얼마나 재미있어요. 배우는 게 재밌어요. 배우는 게."(연구참여자 4)

위의 연구참여자는 지역 행정복지센터에서 제공하는 컴퓨터 무료교실을 다니면서 거실 한켠에 컴퓨터 책상을 두고, 포토샵과 영상 편집 등을 배우고 있다. 무엇이든 배우면서 또 한편으로는 러시아어로 된 역사 자료들을 인터넷을 통해 부지런히 모으고 있다. 조금 서툴더라도 한국 사회에 사할린과 그 역사에 대해 알리고 싶다는 열망을 갖고 있기에 부지런히 번역 작업에도 몰두하고 있다. 그러다 보면 새벽 3~4시까지도 잠들지 못하는 경우가 많다고 한다.

영주귀국 사할린 한인은 국가에서 제공해주는 편의에 무척 고마워하고 이곳에서의 삶이 편안하고 좋다고 여긴다. 다만, 그들이 국가로부터 혜택을 받는 만큼 그에 걸맞은 책임과 의무를 다하고 싶다는 생각 또한 강하게 가지고 있다. 그러기 위해서는 목수 기술이든 번역 작업, 러시아어 교육이든 자신들이 할 줄 아는 일, 능력을 가지고 사회에 기여할 수 있는 일이 있으면 좋겠다는 말을 이구동성으로 한다. 부모의 열망을 이어받은 것이었을지언정 스스로 자녀 세대와 떨어져나오는 일도 감당하면서 선택한 일이기에 그 선택이 의미 있는 것이기를 바란다. 종전을 기준으로 하여 거기까지만 책임지겠다는 태도가 또다시 말도 안 되는 이산을 경험하게 했으니 그 불합리함에 대해서도 여전히 불만을 가지고 있고 그들이 원하는 대로 자녀와 함께, 자녀도 한국인으로서 살아갈 수 있게 되기를 바란다. 스스로 역사적 주체로서 살아온 이들이 여생을 의미 있게 보낼 수 있도록 한국 사회는 이들에 대해 지속적으로 관심을 가지고 이들의 목소리에 귀 기울여 문제를 해결할 수 있어야 할 것이다.

맺음말

"노인 한 명이 숨을 거두는 것은
도서관 하나가 불타는 것과 같다."

위의 문장은 '20세기 아프리카의 지성'으로 불리는 민속학자이자 소설가인 아마두 함파테 바(Amadou Hampate Ba)의 1962년 유네스코 연설을 통해 알려진 아프리카의 격언이다. 이는 수십 년의 세월을 살아온 노인이 가진 경험이 도서관과 같으며, 평범한 노인이라도 이 세계의 역사가 될 수 있음을 의미한다.

어떤 이들의 존재는 그 자체가 역사가 되기도 한다. 그중에서도 영주귀국을 선택하여 지금 우리와 함께 살아가고 있는 사할린 한인은 그 존재 자체가 대한민국 근현대사의 한 부분이라고 봐도 과언이 아니다. 일제강점기와 함께 시작된 그들의 역사는 대한민국의 역사일 뿐만 아니라 동아시아의 역사이기도 하다. 한국과 일본, 러시아와 북한 등 복잡하게 얽힌 정세 속에서 그들의 존재는 표류했으며, 그 표류 속에서 스스로 정체성을 만들어갈 수밖에 없었던 역사이기도 하다. 어떤 정치 주체도 그들을 책임지려 하지 않았지만, 그들의 귀환 투쟁은 결국 결실을 보게 되어 동토의 땅 사할린을 떠나 고향으로 다시 돌아오는 귀향의 꿈을 이루었다.

그러나 그것은 절반의 귀향이다. 떠나갔던 이들이 고스란히 돌아온 것이 아니었기 때문이다. 게다가 1945년 8월 15일 이전 출생자라는 기준은 거기까지만 책임지겠다는 정치적 입장에 따른 것이었고, 이로 인해 또 다시 이산의 상황이 발생했기에 절반의 귀향이라고 할 수 있다.

총서 8권은 이러한 역사적 · 정치적 배경 속에서 한국으로 영주귀국한 사할린 한인의 삶을 조명했다. 이들을 둘러싼 다층적이고 복합적인 맥락을 이해하고 이들의 목소리를 통해 실제적인 삶의 이야기를 듣고자 했다. 이들은 한국 사회에서 이주자이자 노인으로서 소수자적 삶을 살아가고 있다. 이들에게는 축적된 경험이 있으며, 이들의 경험은 '살아있는 도서관'이 된다. 이러한 의미에서 생애담 연구는 사할린 한인의 삶에 진지하게 관심을 갖게 되는 계기가 될 것으로 기대한다. 또한, 이 연구를 통해 사할린 한인에 대해 타자화하는 사회적 인식을 전환하고, 서로를 인정하고 존중하는 지속 가능한 다문화 사회를 이루는 토대가 될 것으로 기대한다. 이 총서를 구성하는 각 장의 내용은 다음과 같다.

1장에서는 사할린 한인의 역사와 현황을 살펴보았다. 사할린 한인은 한국에서 사할린으로 이주한 경우도 있지만, 한국에서 일본으로 강제이주한 이후 다시 일본에서 사할린으로 이중징용 이주한 사례도 있었다. 제2차 세계대전 종식과 함께 사할린 한인사회는 요동치기 시작했다. 고향으로 돌아갈 수 있다는 희망을 품고 있었지만 일본의 패망으로 미국과 소련은 일본인 승선만 허락했고 사할린에 있던 일본 국적을 가진 일본인만 귀환시키고 한인은 귀환대상에서 제외했기 때문이다. 귀환 문제가 새로운 국면을 맞이한 것은 1980년대 후반 구소련이 해체되면서부터다.

1990년 러시아와 한국 간 외교관계가 수립되면서 한인의 고향 방문이 가능해졌고, 1992년 사할린 한인 노령자들이 먼저 남한으로 돌아올 수 있었다. 사할린 한인 1세의 귀환 열망의 변화 과정을 보면, 사할린에서 태어나 자란 1.5세와 2세, 3세에게 영향을 미칠 수밖에 없음에도 귀환을 포기하지 않는 1세가 많았고 고국과 고향에 대한 절절한 그리움이 이들을 포기하지 않게 했다. 사할린 한인에 대한 정부의 정책은 많은 난항을 겪었다. 2020년 4월 제정된 「사할린동포 지원에 관한 특별법」은 영주귀국자 범위와 정착지원을 확대하고 사할린 한인 1세의 원활한 국내 정착을 위해 필요한 동반가족(배우자 또는 직계비속 1인과 그 배우자)이 함께 국내에서 정착할 수 있도록 생활안정을 지원하고자 하는 데 중점을 두고 있다는 점에서 의의가 있다. 그러나 1세대와 1.5세대, 2세대(1945년 8월 15일 이전 사할린 출생자)까지의 영주귀국 정책은 또다시 이산가족을 재생산하고 있으며, 사할린 한인은 3세대까지 영주귀국 확대를 요구하고 있지만 3세대와 4세대도 마찬가지로 이산가족이 되고 있음을 시사한다.

2장에서는 디아스포라와 노스탤지어에 관한 이론적 논의가 이루어졌다. 사할린 한인의 경우 비자발적 강제이주로 인한 디아스포라라는 점에서 이들이 가졌던 고향에 대한 그리움은 나라 잃은 설움과 합쳐져 귀환의 염원을 더욱 강화했다. 따라서 사할린 한인은 과거 유대인의 민족 분산에서 보이는 디아스포라의 구성적 특징인 비극적 경험, 집단적 이주, 상상으로서의 모국의 존재, 거주국에서의 차별과 배제의 경험, 모국에 대한 충성심과 귀환의식을 모두 가지고 있으며, 다른 해외 한인 집단보다 고향에 관한 관심과 애정이 더 크고, 내면적으로 항상 고향 귀환을 염원했다는 점에서 '단절적 이산' 집단이라 할 수 있다. 강제이주로 인해 가족과의 이산을 경험한 이들은 사할린 현지에서 한인끼리의 공동체를 형성했고, 나이나 출신 지역, 친족 관계 등을 기준으로 하여 관계 구도를 형성함으로써 유사가족의 형태를 보인다. 한인 1세대의 강제이주는 강제징용, 강제동원 등의 용어가 의미하듯 노동력 차출을 목적으로 하여 강제적으로 이루어진 것이다. 이에 따라 가족동반이 장려되면서 가족 단위 이주가 발생했다. 또한 강제징용으로 끌려간 남편을 찾아 아내가 스스로 사할린에 들어간 이후 만남과 출산이 이루어지기도 했으며, 독신자로 이주했던 사람들도 함께 어울려서 가족 관계를 형성한 것이 한인 공동체의 기반이 되므로 사할린 한인의 삶에서 가족의 형태는 중요하다고 할 수 있다. 노스탤지어는 귀환하려고 하는 미지의 공간, 즉 미래의 이상향에 대한 마지막 그리움을 나타낸다. 특히 영주귀국 사할린 한인에게는 디아스포라와 노스탤지어가 모두 이중적인 성격을 갖는데, 이중적 디아스포라는 '그리움을 현실로 만들고 그 현실이 다시 그리움을 만드는' 이중적 노스탤지어를 끌어낸다. 또한 영주귀국 사할린 한인은 행위자로서 '이주와 향수', 즉 디아스포라와 노스탤지어라는 상황 앞에서 주체적으로 판단하고 자신들의 공간적 · 정서적 위치를 확고하게 선택했다. 상황 앞에 무력하게 놓인 존재가 아니라 거주지에서의 정체성을 주체적으로 협상해간 존재라고 할 수 있다.

3장에서는 영주귀국 사할린 한인의 생애담을 기록했다. 10명의 연구 참여자는 각각의 삶 속에서 우리에게 다양한 경험을 들려주었다. 이 연구를 통해 영주귀국 사할린 한인을 만날 수 있었던 것은 소중한 경험이었다. 1992년부터 영주귀국으로 입국한 사할린 한인이 현재 4,400여 명에 이르지만, 이들을 만날 수 있는 기회는 좀처럼 주어지지 않는다. 왜냐하면, 이들이 거주하는 공간이 분리되어 위치하고, 모두 기초생활수급권자들이어서 경제활동과 사회생활을 거의 하지 못하기 때문이다. 그래서 이들은 다른 사람들과의 관계지형도 매우 좁다. 영주귀국 사할린 한인 모임 외에 다른 커뮤니티는 거의 없는 상황이다. 게다가 평생을 사할린과 러시아 일대에서 살아온 이들에게 한국어는 외국어에 가깝기 때문에 대화가 가능한 사람을 찾는 것 자체가 쉬운 일이 아니다. 이러한 복합적인 상황을 고려하면서 인터뷰 기회를 가진다는 것이 얼마나 특별한 것인가. 그러나 약속을 잡았다고 해서 인터뷰가 순탄하게 진행된 것은 아니다. 처음 보는 사람에게 자신의 생애 이야기를 술술 털어놓을 수 있는 사람이 과연 얼마나 되겠는가. 게다가 이들은 한국에 와서 받은 상처가 많은 분들이다. 일평생 아버지, 어머니에게 듣고 상상했던 한국 땅을 직접 밟으면서 기대한 것은 가족의 품과 같은 따뜻한 정이었을 것이다. 하지만 어르신들에게 비친 작금의 한국은 부모에게 귀에 못이 박이게 들었던 모습은 온데간데없고 땅도 사람도 낯섦으로 가득하다. 사할린에서 그렇게 그리워하던 같은 민족이었는데, 정작 한국에 와보니 너무나 낯선 타자였다.

심층인터뷰는 마음의 문을 두드리는 것에서부터 시작한다. 연구참여자가 마음의 문을 열고 이야기를 시작하면, 그때부터 인터뷰를 진행하는 연구자는 날카롭게 조각난 역사의 퍼즐을 정교하게 맞추는 작업을 수행해야 한다. 교과서에 나오는 역사는 무미건조한 한 줄에 불과하지만, 사할린 한인의 삶에서 풀어지는 역사는 몇 시간을 들어도 끝나지 않을 내용이다. 영주귀국한 사할린 한인 대부분 고령이기 때문에 대화를 지속할 시간이나 기억력의 한계도 염두에 두어야 한다. 또한 기본적으로 러시아어를 사용하셨던 습관으로 말씀하시는 이야기 속도가 빠르다는 것, (한국어 사용에 능숙하지 않아) 맥락상 부적절한 어휘나 표현, (갑자기) 러시아어를 사용할 수도 있다는 것 등을 고려해야 했다. 그래서 인터뷰가 진행되는 내내 연구자는 보이지 않게 분주할 수밖에 없었다. 이 연구에서 만난 영주귀국 사할린 한인은 부모의 노스탤지어를 그대로 안고 영주귀국을 선택했다. 그들에게는 자신의 이야기보다 부모의 이야기를 한국 사람들에게 알리는 것이 더 중요했다. 그리고 한국 사람들이 자신들의 이야기에 관심을 갖고 귀 기울여주기를 바랐다.

4장에서는 영주귀국 사할린 한인이 주체적 행위자로 사는 삶을 고찰했다. 이들에게는 아픈 역사와 함께한 삶과 이중적 디아스포라, 국적을 선택해야 하는 이중적 노스탤지어가 나타났다. 또한 이들은 한국어를 지켜낸 역사적 주체로 지금까지 살아오고 있다. 아직 한국 사람들은 잘 모르는 생생한 역사의 강을 건너온 이들이 가지는 절박함이 이들의 삶에 들어 있다. 사할린 한인이라는 범주 속에서 자신들의 정체성을 치열하게 고민했기에 개인의 삶에 대한 말랑말랑한 회고보다 역사의 흐름 속에서 자신들이 할 수밖에 없었던 선택에 더 무게중심을 두었다. 그래서 사할린 지역에서 활동한 독립운동가의 삶을 소개하고 싶어 했고, 한국어로 시험을 보아 한국 운전면허증을 취득한 일로 자신이 이제 온전하게 한국인이 되었다는 자긍심에 들뜨기도 했다. 누구보다 치열하게 살아왔다는 자신감은 러시아에서 공산당원으로서의 자격을 획득한 사실이 그 무엇보다도 자랑스러운 일이 되기도 했고, 오로지 남편을 찾기 위해 일본학교를 다니면서 공부하고 홀로 조선에서 일본을 거쳐 사할린으로 건너간 어머니에 대한 자랑스러움으로 남아 있기도 했다. 그렇게 치열함으로 다가온 그들의 삶은 디아스포라의 아픔으로만 다가오지 않았다. 심지어 그들의 노스탤지어는 스스로 선택한 것이기도 하다. 그들의 삶은 누구보다 확고하게 자신의 정체성을 협상하면서 다양한 사건을 만들어온 주체적 행위자로서의 삶이었다.

영주귀국 사할린 한인을 만난다는 것은 우리의 아픈 역사를 마주하는 것과 같다. 그분들이 지금까지 살아온 삶의 이야기 속에는 아직 끝나지 않은 이산의 고통이 이어지고 있다. 이미 지나간 역사의 흐름을 뒤바꿔놓을 수는 없다. 우리가 할 수 있는 최선은 그 아픈 기억을 잊지 않도록 기록하고 널리 알리는 것이다. 역사는 지금도 계속되고 있으며, 그 역사는 사할린 한인만의 문제가 아닌 한국 사회 모두의 문제라는 것을 직시해야 할 것이다.

영주귀국 사할린 한인의 이주는 개인의 선택이었지만, 심리적인 고통을 수반하기도 한다. 이는 개인의 노력만으로 해결할 수 없는 문제이므로 그 외로움과 심리적 고통은 더 크게 느껴질 수 있다. 따라서 이들에 대한 행정적 지원뿐만 아니라 심리정서적 차원의 지원이 이루어져야 한다.

이제는 사회통합적 차원에서 사할린 한인과 함께 고려인을 포함한 다양한 귀환 동포도 사회 안에서 포용해야 한다. 민족 구성원 간의 차이와 역사적 상처를 성찰하고 연대하여 모든 구성원이 공존하고 상생하는 지속 가능한 다문화 사회를 이루어야 할 것이다.

참고문헌

김경숙(2012). 「사할린귀환 시설노인의 자아통합감을 위한 집단원예치료 효과에 관한 연구」. 한영신학대 박사학위논문.

김경운 · 권기창(2015). 「영주귀국 사할린동포 노인의 우울과 삶의 질 관계에 관한 연구」. 『평화학연구』 16(5). 151-170.

김귀옥(2010). 「분단과 전쟁의 디아스포라: 재일조선인 문제를 중심으로」. 『역사비평』 여름호(통권 91호). 53-93.

김남석(2017). 「남은여생의 시련을 통해 고찰한 사할린 한인의 귀환과 귀환자의 권리에 관한 일고찰」. 『탈경계인문학』 10(2). 131-168.

김동성 · 최용환 · 한대희 · 신지연(2015). 「경기도 재외동포 정책연구」. 『경기연구원 정책연구』 1-142.

김명환(2011). 「사할린 강제동원 조선인들의 실태 및 귀환」. 서울: 대일항쟁기강제동원피해조사 및 국외강제동원희생자등지원위원회.

김민영(2000). 「사할린 한인의 이주와 노동: 1939-1945」. 『국제지역연구』 4(1). 23-52.

김성일(2006). 「사할린 한인 미귀환문제의 역사적 접근과 제언」. 『한국근현대사연구』 69. 185-205.

김성종(2006). 「사할린 한인동포 귀환과 정착의 정책과제」. 『한국동북아논총』 40. 195-218.

김영순 · 박봉수(2016). 「영주귀국 사할린 한인의 한국어 교사 경험에 관한 연구」. 『언어와 문화』 12(4). 55-81.

김영순 · 박봉수 · 이영실 · 박미숙(2018). 『사할린 한인의 노스탤지어 이야기 탐구』. 성남: 북코리아.

김영순 · 박봉수 · 박미숙 · 정지현 · 조진경(2018). 『사할린 한인의 다양한 삶과 그 이야기』. 성남: 북코리아.

김영순 · 박봉수 · 임지혜 · 김정희(2020). 『사할린 한인 한국어 교육자의 생애 이야기』. 서울: 한국문화사.

김인성(2011). 「사할린 한인의 한국으로의 재이주와 정착분석: 제도 및 운용실태를 중심으로」.

『재외한인연구』 24. 279-301.

김인숙(2012). 「러시아 한국어 교육 현황과 개선에 관한 연구」. 『개신어문연구』 36, 261-293.

______(2015). 「팔레스타인 디아스포라의 귀환: 사하르 칼리파의 [유산]을 중심으로」. 『서강인문논총』 42. 213-242.

김태준(2006). 「고향, 근대의 심상공간」. 『한국문학연구』 31. 7-37.

문현아(2016). 「사할린 디아스포라 한인의 초국적 경험과 의미 분석」. 『구술사연구』 7. 137-186.

민현식(1999). 「사할린동포의 한국어 의식 조사 연구: 98'사할린 한국어 교원 연구 보고서(2)」. 『한국어교육』 10(1). 109-140.

박봉수(2016). 「영주귀국 사할린 한인의 통과의례에 나타난 고향의 의미」. 『교육문화연구』 22(6). 565-586.

______(2018). 「영주귀국 사할린 한인의 고려인에 관한 기억」. 『인문사회21』 9(2). 117-126.

박봉수 · 김영순(2016). 「민족 미디어를 통한 사할린 한인의 민족 정체성 구성 경험 탐구」. 『학습자중심교과교육연구』 16(5). 737-760.

박봉수 · 김영순(2018). 「포토텔링 기법을 활용한 영주귀국 사할린 한인 K씨의 생애사적 내러티브 탐색」. 『한국민족문화』 66. 335-362.

박승의(2013). 「사할린 한인디아스포라의 민족문화정체성 형성과 변천과정 연구: 설문조사를 중심으로」. 『재외한인연구』 29. 113-152.

박신규 · 이채문(2016). 「영주귀국 사할린 한인의 귀환 이후 삶과 적응과정에 대한 분석: 부산 정관 신도시 사례를 중심으로」. 『한국민족문화』 (60). 3-36.

박찬용(2018). 「사할린 한인동포 귀환과 정착과제 연구」. 『재외한인연구』 44. 53-82.

방일권(2014). 「러시아 지역사할린 한인 기념공간의 현황과 과제」. 『한일민족문제연구』 26. 93-126.

보건복지부(2020). 「2020년 영주귀국 사할린 한인 지원 사업 안내」. 보건복지부 노인정책과.

배수한(2010). 「영주귀국 사할린동포의 거주실태와 개선방향 : 부산 정관 신도시 이주자 대상으로」. 『국제정치연구』 13(2). 279-308.

오성호(2002). 「[향수]와 [고향], 그리고 향토의 발견」. 『한국시학연구』 (7). 163-194.

오승주(2012). 「집단미술치료가 사할린 영주귀국한인의 삶의 만족도 및 불안에 미치는 영향: 청원군 집단거주자 중심으로」. 원광대학교 석사학위논문.

윤인진(2004). 『코리안 디아스포라: 재외 한인의 이주, 적응, 정체성』. 고려대학교출판부.

______(2012). 「디아스포라와 초국가주의의 고전 및 현대 연구 검토」. 『재외한인 연구』 28. 7-47.

윤희진(2014). 『지역 향수의 다성적 내러티브와 고향에 대한 사회적 리얼리티의 재구성: 영종도 실향민을 중심으로』. 인하대학교 박사학위논문.

이명수(2017). 「영주귀국 사할린동포의 국내 거주 정착 지원을 위한 입법 토론회」. 국회의원 이명수

정책토론회 전자자료.

이미애(2012).「영주귀국 사할린 한인노인과 국내노인의 구강건강상태와 삶의 질 비교」. 단국대학교 석사학위논문.

이상록(2015).「디아스포라를 민족국가로 회수하지 않기 : 국사편찬위원회 수집 사할린 한인 구술 자료를 중심으로」.『구술사연구』6(2). 11-48.

이소영 · 윤황(2015).「사할린 한인의 영주귀국 선택과 사할린 잔류」.『오토피아』30(2). 161-189.

이수환 · 이광우(2014).「1939-1945년 경북 지역의노동력 강제동원」.『민족문화논총』58. 35-58.

이애리아 · 이창호 · 방이권(2017).「러시아 사할린 지역의 북한 노동자」. 통일연구원 연구보고서.

이연식(2014).「사할린 한인귀환문제에 대한 전후일본정부의 대응」.『동북아역사논총』46. 315-349.

이영수(2014).「사할린 영주귀국 노인의 건강상태와 자아통합감」. 가톨릭대학교 석사학위논문.

이재혁(2010).「러시아 사할린 한인 이주의 특성과 인구발달」.『국토지리학회지』44(2). 181-198.

이준영(2018).「1910~20년대 조선인의 가라후토 이주와 인식」.『일본근대학연구』59. 353-370.

______(2019).『조선인의 가라후토(사할린) 이주와 사회 형성』. 한양대학교 박사학위논문.

임엘비라(2010).「사할린 한인들의 정체성: 우리말 교육의 현황과 과제」.『다문화교육연구』3(1), 105-124.

장민구(1977).「사할린 억류동포 실태에 관한 연구」. 동국대학교 석사학위논문.

______(1985).「사할린에 버려진 韓人들 그대로 둘 것인가」.『광장』144. 238-253.

장석흥(2007).「사할린 한인 '이중징용'의 배경과 강제성」.『한국학논총』29. 473-502.

전형권 · 이소영(2012).「사할린 한인의 디아스포라 경험과 이주루트 연구」.『오토피아』27(1). 135-184.

정근식 · 염미경(2000).「디아스포라, 귀환, 출현적 정체성: 사할린 한인의 역사적 경험」.『재외한인연구』9(1). 237-280.

정영국(2014).「한국의 재외동포정책에 관한 연구: 글로벌 재외동포 정책의 수립과 전개를 중심으로」. 국민대학교 박사학위논문.

정인섭(1989).「在사할린 한인에 관한 법적 諸問題」.『국제법학회논총』34(2). 165-190.

정진아(2011).「연해주, 사할린 한인의 삶과 정체성: 연구동향과 과제를 중심으로」.『한민족문화연구』38. 391-421.

______(2014).「국내 거주 고려인, 사할린 한인의 생활문화와 한국인과의 문화갈등」.『통일인문학』58. 35-65.

______(2015).「고려인 · 사할린 한인과 한국인의 역사연대와 문화통합」.『통일인문학』61. 235-261.

정혜경(2008).「1944년에 일본 본토로 "전환배치"된 사할린의 조선인 광부」.『한일민족문제연구』

14. 5-73.

조일동(2015). 「영구귀국과 사회문화적 정체성의 균열: 경기도 안산시 고향마을 사할린동포의 사례를 중심으로」. 『재외한인연구』 37. 31-59.

조정남(2002). 「북한의 사할린 한인 정책」. 『민족연구』 8. 187-197.

최경옥(2012). 「사할린동포의 한국과 일본에 있어서의 법적지위」. 『憲法學硏究』 18(4). 141-196.

최계수(2006). 「사할린 억류한인의 국적귀속과 법적 제문제」. 『한국 근현대사 연구』 37. 35-60.

텐 옥사나(2010). 「러시아 사할린 한인의 민족정체성: 우즈베키스탄 고려인과의 비교를 중심으로」. 연세대학교 석사학위논문.

한국이민사박물관(2015). 광복 70주년 기념 특별전 「사할린 한인들의 망향가」. 한국이민사박물관.

홍웅호(2018). 「구술을 통해 본 사할린 한인의 역사와 삶」. 『전북사학』 53. 303-328.

황선익(2013). 「해방 후 사할린 한인사회의 형성과 민족정체성」. 『한국민족운동사』 77. 267-298

황현옥(2008). 「집단미술치료가 사할린귀환동포의 자아통합감에 미치는 효과」. 『한국예술치료학회지』 8(1). 137-157.

角田房子(1994). 『悲しみの島サハリン: 戦後責任の背景』. 新潮文庫の新刊; 김은숙 역(1995). 『슬픔의 섬 사할린의 한국인: 전후 책임의 배경』. 서울: 朝鮮日報社.

新井佐和子(1998). 『サハリンの韓國人はなぜ歸れなかったのか』. 東京: 草思社. 268.

Barclay, J. M. (Ed.). (2004). Negotiating diaspora: Jewish strategies in the Roman Empire (Vol. 45). A&C Black.

Cohen, R. (2008). Global diasporas: An introduction. Routledge.

Daraaisma, D. (2010). The Nostalgia Factory: Memory, Time, and Aging. 권세훈 역(2013). 『향수를 불러일으키는 공장: 기억, 시간, 그리고 나이』. 서울: 에코리브르.

Mishra, S. (2006). Diaspora criticism. Edinburgh University Press.

Ojermark, A. (2007). Presenting Life Histories: A literature review and annotated bibliography. Chronic Poverty Research Centre Working Paper, (101).

Schütze, F. (1983). Biographieforschung und narratives Interview. neue praxis, 13(3), 283-293.

______. (1984). Kognitive figuren des autobiographischen stegreiferzählens. Kohli, M. & Robert, G. (ed.): Biographie und soziale Wirklichkeit, Neue Beiträge und Forschungsperspektiven. Stuttgart: Mezler, 78-117.

Shavit, A. (2014). My Promised Land: The Triumph and Tragedy of Israel. 최로미 역(2016). 『약속의 땅 이스라엘』. 서울: 글항아리.

Sheffer, G. (2003). Diaspora Politics: At Home Abroad, Cambridge University Press.

Tölölyan, K. (1991). The nation-state and its others: In lieu of a preface. Diaspora: A Journal of Transnational Studies, 1(1), 3-7.

연합뉴스(2007.09.27). 사할린동포 1세대 610명 내일부터 영주귀국. https://news.naver.com/main/read.nhn?mode=LSD&mid=sec&sid1=100&oid=001&aid=0001766044

______(2020.04.30). "사할린 한인 지원 길 열렸다"…'특별법' 국회 전원 찬성 통과. https://www.yna.co.kr/view/AKR20200430061200371

찾아보기

부록

부록 1.
사할린 한인 귀환 문제에 관한 정부의 외교 대응

부록 2.
「사할린 동포 지원에 관한 특별법」

부록 1.
사할린 한인 귀환 문제에 관한 정부의 외교 대응

연도 및 내용	관련 원문* 요약
1989.10. 외무부 재사할린동포의 귀환 문제에 관한 업무처리 지침 작성	1. 한 · 소련(사할린) 간 이산가족 재회 업무처리 지침(주요 내용) • 정의: 사할린교포는 제2차 대전 이전 일본에 의해 사할린으로 징용, 징병되어 전쟁종료 후에도 사할린에 잔류된 한국 혈통의 무국적자, 소련 국적 및 북한 국적 소지자와 그 직계비속 • 업무처리 기관: 국내는 대한적십자사(한적), 국외는 관계 재외공관장을 통해 처리 • 입국허가 요건: 북한 국적 미소지자로서 국내연고자 확인, 국가안보와 사회안녕 질서 위협 여부 판단 • 허가절차: 체류기간 30일 이하 입국은 관계 재외공관장, 30일 이상은 법무부에서 결정, 최대 90일까지 체류 가능 • 소요경비: 국내연고자 또는 자비부담, 정부는 일부 소요경비 지원 가능 • 교포에 대한 국내조치: 내무부는 교포의 국내체류기간 동안 국내 보안대책 수립, 시행 • 국내연고자 사할린 방문허가: 외무부 허가 • 국내연고자 사할린 방문 시 준수사항: 특별안보교육 이수, 국위손상이나 국가기밀누설 금지, 귀국 후 보고서 제출

* http://diplomaticarchives.mofa.go.kr/m/paper/guide.jsp

연도 및 내용	관련 원문 요약
	2. 사할린교포 영주귀국 업무처리지침(주요 내용) • 정의: 사할린교포는 제2차 대전 이전 일본에 의해 사할린으로 징용, 징병되어 전쟁종료 후에도 사할린에 잔류된 한국혈통의 무국적자, 소련 국적 및 북한 국적 소지자와 그 직계비속 • 업무처리 기관: 국내는 대한적십자사(한적), 국외는 재외공관장을 통해 처리 • 허가절차: 한적(또는 재외공관장)은 접수신청서류 외무부 송부, 외무부는 관계부처와 협의 후 영주귀국 허가 여부를 결정하고 이를 한적(또는 재외공관장)에 통보 • 허가요건: 1세는 국내연고자가 확인된 북한 국적 미소지자, 2~3세는 무국적자로 국내연고자 확인, 기타 국가이익 또는 인도적 견지에서 필요한 경우 등 • 조치: 외무부는 입국허가서 또는 여행증명서 발급, 내무부에 국적판정 요청, 내무부는 주민등록증 발급 등 행정절차상 조치
1989.9. 정부실무팀 사할린 방문	외무부는 1989년 7월에 사할린 실무조사단 파견계획을 수립하여 8월 정부실무팀의 사할린 방문(1989.8.7~15) 결과 및 향후 사할린교포 문제 추진대책을 대통령에게 서면보고함. 1. 사할린 방문 결과 • 주요 활동 - 교포면담 및 간담회 개최: 교포사회 실태파악 및 대정부 희망사항 청취 - 사할린 주정부 및 당 관계관 접촉: 사할린교포의 모국 자유왕래문제 등 협의 • 성과 - 사할린교포 모국 자유왕래 실현여건 조성: 사할린 당국은 한국으로부터의 초청장 인정방침 표명, 양측 간 연락채널 구축 - 협의창구 일원화 합의: 대한적십자사를 한국 측 창구로 하기로 합의 - 정부가 파견을 계획 중인 한국 정부대표단 접수용의 표명 • 소련 측 의도분석 - 페레스트로이카 추진 이후 사할린교포 문제해결에 긍정적 태도 - 사할린교포 문제에 관하여 소련 중앙정부는 인도적 차원에서 상당한 권한을 사할린 주정부에 위임한 것으로 관찰 - 사할린 주정부 측은 가급적 조용한 가운데 점진적으로 처리하려는 것으로 보여짐. • 평가 - 최초의 정부조사단이 사할린을 방문, 교포실태를 직접 파악하고 정부의 사할린 교포 문제해결을 위한 적극적인 의지를 내외에 과시

연도 및 내용	관련 원문 요약
	- 사할린 주정부 당국의 사할린교포 모국방문에 대한 적극적인 협조자세 확인 2. 추진대책 • 기본방향 - 사할린교포 모국방문 용이화: 절차 간소화 및 경비지원 - 영주귀국 희망자 수용 및 정착지원 - 관련 당사국(일본, 소련)과의 교섭추진 • 세부대책 - 국내대책: 대한적십자사 활동 본격가동, 정부의 경비지원 조치, 정부와의 긴밀한 협의하에 추진, 현행대로 교포의 개별 모국방문을 추진하면서 제반 여건조성 시 교포의 단체 모국방문 추진, 이산가족찾기 사업 전개 - 대외대책: 정부대표단 파견, 소련 측과의 긴밀한 협력관계 구축, 대일본 교섭 강화, 사할린 현지 교포사회 지원
1989.1.~3. 재사할린동포의 귀환 문제와 관련된 정부의 주요 동향	1. 주일본대사, 한국언론 특파원의 방소결과 보고(2.7.) • 그라디쉐프 소련 사할린 공산당 제2서기 언급내용: 사할린교포의 한국 왕래 문제는 소련 정부와 한국 외무부가 직접 협의해야 할 것 • 사할린 현지교포들의 의견: 한국 정부가 사할린교포의 영주귀국보다 자유왕래의 조기실현에 적극 노력해줄 것을 당부 2. 사할린교포 관련자료(2.16. 외무부, 국회 외통위에 제출) • 교포 현황 - 사할린교포는 일제에 의해 강제징용으로 끌려간 사람들로 1952년 샌프란시스코 강화조약 발효와 동시에 일본이 이들의 일본 국적을 박탈하고 일본 귀환을 거부함으로써 현지에 체류 - 1945년 당시 약 4만 3천 명, 현재 5~6만 명으로 추정 • 사할린교포 귀환 노력 - 정부는 1965년 한 · 일 국교정상화 이전에는 미국, 일본 등 공관을 통해 관계국 정부에 교섭을 의뢰, 동 국교정상화 이후에는 주로 일본 정부에 대해 소련과의 교섭 추진 촉구 - 대한적십자사 및 각종 민간단체 사업을 측면 지원 • 향후 추진계획 - 일본 정부를 통한 계속적인 대소련 교섭과 민간단체 활동지원을 강화하면서 우선 현재 비교적 활발히 이루어지고 있는 일본에서의 가족 및 친족상봉에 역점을 두어 추진 - 소련 측의 태도변화를 계속 주시하면서 대소련 직접교섭을 신중히 검토

연도 및 내용	관련 원문 요약
	3. 보건사회부, 사할린 거주 한국인 생활대책(2.28. 외무부에 통보) • 사할린 귀환 교포 중 생활이 어려운 자에 대해 생활보호법에 의해 최저한도의 생활 보장 - 기본생계와 의료비 국가보장, 근로능력자는 자립지원책 실시 4. 국회, 사할린동포 모국방문 및 귀환촉구 결의안 채택(3.8.) • 사할린동포의 자유로운 모국방문 및 귀환을 촉구하고, 이를 위한 노력을 일본, 소련 등 관계국 정부 및 관계 국제기구에 호소 - 국회는 동 결의문을 관계국(일본, 소련), 국제기구[유엔, IPU(국제의원연맹), 국제적십자사, 유네스코 등]와 주한 외국공관에 발송 예정 5. 주일본대사, 일본 · 소련 외무차관회담 결과보고(3.29.) • 일본 측은 적십자사를 통한 사할린동포 실태조사 및 가족재회 문제 제기 • 소련 측은 구체적인 문제는 적십자사 간에 협의되어야 한다는 입장 표명
1987.8.~ 11.17. 사할린 이산가족 재회 및 귀환 실현	1. 중 · 소 이산가족회는 1987년 8월 사할린 이산가족 재회 및 귀환 실현을 청원하는 내용의 진정서를 대통령에게 제출한바, 외무부는 1987년 10월 아래 요지로 회신함. • 정부는 사할린 잔류 동포의 가족 재회 및 귀환 실현을 위해 다각적으로 노력 중으로 일본에 대해서도 한 · 일 간 각종 협의 시 동 문제 해결을 위한 외교적 노력을 계속 중임. • 금후로도 동 이산가족회의 뜻을 충분히 참작하여 대처하고자 함. 2. 동경에서 1987.11.16.~17. 개최된 일 · 소 외무차관 회의에서 사할린 한국동포 송환 문제와 관련하여 논의된 내용은 아래와 같음. • 일본 측은 인도적 차원에서 소련이 사할린 한국동포 송환을 고려할 것을 촉구하고, 동 문제 해결을 위한 일 · 소 적십자회담 개최를 제의함. • 소련 측은 소련을 떠나고자 하는 사람은 떠날 자유가 있음을 밝히고, 적십자회담 개최 문제는 신중히 검토하겠다고 답변함. 3. '사할린 잔류 한국인 귀환 문제'에 관한 국제 심포지엄이 아세아정책연구원 주최로 1987.11.24.~25. 서울에서 개최됨. • 동 심포지엄에는 한 · 일 학계, 정계, 법조계 인사 10명이 참석함. • 외무부차관은 심포지엄 참석자를 위한 오찬을 주최함. • 외무부는 동 심포지엄에 초청된 이가라시 일본 사회당 의원에 대해서는 목적 외 활동을 하지 않도록 주최 측으로부터 확고한 보장을 받는 선에서 비자를 발급하는 방안을 검토함.

연도 및 내용	관련 원문 요약
1987.1.27. 사할린 한인 송환 관련 1987년 중 재판 진행 상황	1. 사할린교포 송환 관련 1987년 중 재판 진행 상황은 아래와 같음. • 제51차 공판(1987.1.27.) 및 제52차 공판(1987.3.18.) - 원고 측은 일본 정부가 사할린 잔류 한국인에 대해서 '미귀환 일본인 증명서'를 발급해야 하며, 동 증명서를 발급할 수 없을 경우 일본 입국이 자유롭게 이루어질 수 있도록 무기한 · 무조건의 '도항증명서' 발급을 요청함. - 피고(일본 정부) 측은 '도항증명서'는 입국 신청자가 본인의 책임이 아닌 이유로 유효한 여권을 소지하지 못한 경우에 사증 대신 발급하는 것으로 입국심사에 응해 개별적으로 심사, 결정 및 발급하는 것이기 때문에 무기한 · 무조건의 '도항증명서'는 발급할 수 없다고 주장함. - 피고(일본 정부) 측은 샌프란시스코 평화조약 발효에 따라 일본 국적을 상실한 한국인 처의 경우에 '특수한 상황'에 따라 '미귀환 일본인 증명서'를 발급했음을 설명함. • 제53차 공판 - 원고 측은 피고(일본 정부) 측에 대해 '미귀환 일본인 증명서'가 발급된 한국인 처와 원고와의 법적 지위가 다른지 여부, '특수한 상황'이란 구체적으로 어떠한 상황인지에 대한 설명 및 '도항증명서' 관련 개인적 · 주관적 · 객관적 사정에 대한 구체적인 설명을 요구함. - 피고(일본 정부) 측은 1개월 후 서면 답변하겠다고 함. 2. '사할린 잔류 한국인 문제 의원 간담회'가 1987.7.17. 결성됨. • 설립 취지 - 일본 정부, 일본 적십자사, 적십자 구제위원회의 활동을 지원, 활성화함. • 구성 의원단 - 자민당, 사회당, 민사당, 공명당, 사민당 소속 중 · 참의원 138명으로 구성됨. 3. 외무부는 1987.7.27. 한 · 일 관계에 관한 당 · 정 협의회 보고 시 사할린 교포 문제에 관한 전망, 문제점 및 대책을 아래와 같이 보고함. • 전망 - 소련 측이 북한을 의식하여 소극적인 자세를 견지하는 한 문제 해결의 장기화가 불가피함. • 문제점 - 귀환이 실현되는 경우 고령인 귀환 희망자들의 국내 정착에 따른 문제점 해소 대책이 필요함. • 대책 - 현실적인 영주귀환의 어려움을 감안하여 우선 가족 및 친족 상봉에 역점을 두어 추진함.

연도 및 내용	관련 원문 요약
	- 일본 정부를 통한 대소련 교섭을 계속하면서 국제적십자사 등 국제기구를 통한 외교적 노력을 경주함. - 민간단체 활동 지원을 강화함.
1985.2.11. 사할린 귀환 및 가족 재회 경위에 관한 내부보고 자료 요지	1. 외무부가 1985.2.11. 작성한 사할린교포 귀환 및 가족 재회 경위에 관한 내부보고 자료의 요지는 다음과 같음. • 과거 실적(~1984년): 영주귀국 3인, 일시 가족 재회 6인 • 사할린교포 귀환협회 초청 경위 - 1983.7월 귀환협회 회장 등과 협의 - 12월 귀환협회가 '아시아 전후 책임을 생각하는 회' 후원으로 사할린 교포에 초청장 발송 • 한국에서 중 · 소 이산가족회가 국내 가족 방일에 필요한 지원 제공 2. 중 · 소 이산가족회가 1985년 4월 외교부에 제출한 건의의 요지는 다음과 같음. • 주일 소련대사관 동향 - 소련적 · 북한적 교포뿐 아니라 무국적자 초청도 접수 중 - 개인이 여러 명 초청도 가능 • 요망 사항 - 일본에서의 초청장 없이도 여권 발급이 가능토록 조치 - 한국 영사관의 적극 지원 요망 • 한국 대통령과 일본 수상에게 진정서 발송(1985.8.15.) - 사할린 거주 교포들의 조속한 귀환 조치 협조 요망 3. 외무부가 1985년 12월 작성한 사할린교포 귀환 문제에 관한 내부보고 자료의 요지는 다음과 같음. • 배경, 현황 및 실태 - 일제에 의해 강제징용(1937~1945년), 종전 후 소련령으로 귀속, 출국 금지 - 약 6만 명 추산 - 대부분 기술 계통 노동, 중류 생활수준 • 정부의 귀환 노력 - (외교적 노력) 한 · 일 국교 정상화 이후 일본 정부에 대소 교섭 적극 전개 강력 요청 - (국제적십자사를 통한 노력) 한적, 국적을 통해 노력 중이나 소련 적십자사 반응은 없음 • 민간의 송환 노력 지원 - 중 · 소 이산가족회, 재사할린 한국인 귀환소송 실행위원회, 사할린 억류 한국인 귀환 촉진회, 일본 공명당 등이 다양한 지원

연도 및 내용	관련 원문 요약
	• 관계국 입장 - (한국) 역사적 배경상 일본 정부에 송환 책임이 있으므로 일본 정부의 적극 송환 노력 촉구 - (일본) 정치적 · 도의적 책임상 귀환에 최대한 노력하며, 소련 측과 교섭 지속 - (소련) 일 · 소 간 교섭 사항으로 인정하지 않으며 동 문제는 북한과 협의 사항임을 주장 - (북한) 일본의 송환 교섭을 비난하고 북한의 내정 문제라는 입장 견지 • 전망 - 소련의 기본적 태도 변화가 없는 한 해결이 장기화될 것으로 전망 • 대책 - 정부 차원에서 일본 정부의 적극 송환 노력 계속 촉구 - 국제적십자사 등 국제기구를 통한 송환 노력 계속 - 민간단체 측면의 지원을 통해 일본 및 국제 여론 환기 - 영주귀국 교섭의 교착 상태를 감안, 우선 일시 가족 상봉 실현에 중점 노력 - 일본에서 진행 중인 한국인 귀환 소송 승소 측면 지원 • 참고 사항 - 사할린교포 송환 - 민간 송환 노력 단체 - 사할린 억류 한국인 송환 소송 - 유엔 인권위에 대한 사할린교포 귀환 청원 - 주요 송환 교섭 일지
1983.6. 사할린 한인 문제에 관한 각국 정부의 입장	1. 외무부는 Alexandre Hay ICRC 총재 앞 1983.6.23.자 이범석 장관 명의 서한을 통해 재사할린동포 귀환 문제에 대한 ICRC 측의 중재와 협조를 요청했던바, R. Pestalozzi 부총재는 1983.7.20.자 외무장관 앞 서한을 통해 9월 중순 관계관을 일본에 파견하여 일-소련 간의 교섭 내용을 파악한 후 ICRC가 취할 수 있는 조치를 강구하겠다고 밝힘. 2. ICRC는 세부적인 상황 파악을 위하여 1983.12. Jean de Courten 아시아 국장을 일본과 한국에 파견했으며, 특히 한국에서는 1983.12.15. 노재원 외무차관과 면담을 통해 사할린교포 송환 문제와 이산가족 재결합 등에 대한 ICRC의 입장을 다음과 같이 밝힘. • 그간 국제적십자위원회는 사할린교포 송환 문제, 남북한 적십자회담 등을 위한 거중 조정역할을 담당해왔으나 성공에 이르지는 못함. • 남북한 이산가족 재결합 문제는 현실적이고 실용적인 접근으로 해결의 실마리를 찾아야 할 것임. 국제적십자위원회를 통한 서신교환, 이산가족 상호방문 등 단계적인 조치들이 실현된다면 이산가족 재결합이라는 궁극적 목표달성을 위한 계기가 마련되는 것임.

연도 및 내용	관련 원문 요약
	• 북한은 남북통일이 선행되어야 한다는 입장을 고집하고 있어 국제적십자위원회는 북한에 정치 문제 선논의는 바람직하지 못하다는 입장을 설명한 바 있음. • 방한에 앞서 일본을 방문했는바, 일 · 소 협상이 좌초되고 있는 현실을 감안할 때 사할린 한인교포 송환 문제는 국제적십자위원회와 소련 적십자사 간의 수준에서의 해결책이 강구되어야 한다는 점을 인식하게 되었는바, 귀임 후 이러한 방향의 해결방안을 총재에게 건의코자 함. • 국제적십자위원회는 오는 1월부터 6월 사이에 소련 적십자사와 아프간 문제 등 현안해결을 위해 협상의 기회를 갖게 되는데, 동 현안이 만족스럽게 타결된다면 같은 맥락에서 사할린 한인교포 문제도 거론될 수 있을 것으로 생각됨. 3. 사할린 한인교포 문제에 관한 각국 정부의 입장 • 한국 - 송환 문제는 역사적 배경으로 보아 일본 정부에 책임이 있으므로 일본 정부가 적극적인 송환 노력을 경주해야 함. - 귀환자의 최종 정착지에 관한 한 · 일 간의 이견으로 송환 교섭이 지연될 기미가 있어 1976년 이래 우리 정부는 일본 정부가 정착을 허용하는 자 이외의 귀국 희망자는 한국 정착을 허용키로 함. • 일본 - 정치적 도의적 책임을 느끼며 최대한 노력을 다할 것이나 송환자는 원칙적으로 전원 한국에 정착해야 함. • 소련 - 일 · 소 간의 교섭사항이 아니라는 태도로 일관하고 있으며 동 문제는 북한과 협의하여 처리할 사항이라는 입장 견지
1983.5.2. 국제적십자사 총재면담 시 ICRC가 사할린 한인 거주실태 파악 요청 등	1. 최규하 국정자문회의 의장은 1983.5.2. Alexandre Hay 국제적십자사 총재 면담 시 ICRC가 사할린에 거주하고 있는 한인교포 실태를 파악해 줄 것을 요청했으며, 주 제네바 대사는 한국 정부가 정식으로 ICRC 측에 협조 요청할 것을 건의함. 2. 이에 외무부는 Alexandre Hay 총재 앞 1983.6.23.자 이범석 장관 명의 서한을 통해 ICRC 측의 중재와 협조를 요청했던바, R. Pestalozzi 부총재는 1983.7.20.자 외무장관 앞 서한을 통해 9월 중순 관계관을 일본에 파견하여 일-소련 간의 교섭 내용을 파악한 후 ICRC가 취할 수 있는 조치를 강구하겠다고 밝힘. 3. 한편 상기 조치와 병행하여 대한변호사회는 외무부와의 협의를 거쳐 UN 인권위원회 사무국에 유엔에 의한 사할린교포 실태조사를 촉구하는 청원서를 1983.6.23. 제출했음(일본 변호사회는 1983년 4월 제출).

연도 및 내용	관련 원문 요약
	4. 정부가 파악하고 있는 사할린교포의 실태는 다음과 같음. • 교민 현황 - 교민 총수: 종전 당시 약 43,000명이었으나 현재 약 60,000명으로 추산 - 국적별 분류(3년에 1회씩 국적 갱신) * 1960년대: 북한적 65%, 소련적 25%, 무국적 10% * 최근: 북한적 25%, 소련적 70%, 무국적 5% • 생활실태 - 대부분의 교포가 기술계통의 노동에 종사, 생활은 중류 정도 - 본국과의 연락수단: KBS의 재사할린교포 대상 방송 청취 및 서신 왕래 • 귀환 희망 교포 수: 1,680명 - 귀환을 희망하는 교포는 주로 1세 중 노년층 - 당초 귀환 희망 교포는 좀 더 많았으나 귀환이 지연됨에 따라 줄어드는 추세
1974.2.20. 재사할린 한인의 귀환 관련 진정서	1. 1974.2.20. 회신 • 해당인을 귀환 희망 사할린 교포명단에서 찾을 수 없으므로 다른 경로를 통해 추가로 파악하겠음. 2. 1974.3.20. 회신(대한적십자사 총재 앞) • 서한을 사할린 거주 부친에게 발송하는 데 이의 없음. 3. 1974.7.29. 회신(사할린 억류교포 귀환 촉진회 앞) • 동 촉진회에서 발표한 사항이 국내 언론에서 크게 보도되어 교섭에 지장을 초래하고 귀환 실현에 방해 우려 있음. 4. 1974.12.28. 회신(사할린 억류교포 귀환 촉진회 앞) • 정부는 일본에 대해 적극적인 대소련 교섭을 추진하도록 촉구해 왔으며 일본 정부로서도 성의를 가지고 교섭에 임하고 있으나 소련의 비우호적 태도로 인하여 교섭이 난관에 처해 있음.
1965~1971 재사할린 교민 손치규 귀환	1. 주일대사는 1968.5.6. 외무부에 대해 재사할린 교포 손치규 씨 귀환 문제를 재사할린교포 전반의 귀환 문제와 분리하여 동인을 일본 경유로 귀국시키고 귀국허가는 일본 통과 시 주일대사관에 신청하여 처리하며, 동 절차 소요기간을 포함하여 당분간 일본에 체류할 수 있도록 처리할 것을 건의함.

연도 및 내용	관련 원문 요약
	2. 외무부는 1968.5.29. 주일대사에게 손치규 씨의 귀환 문제를 재사할린교포 전반의 문제와 분리하여 특수한 케이스로 처리하더라도 정부 방침에 따른 금후 교섭에 하나의 선례로서 영향을 줄 우려가 있으므로 일본 정부로부터 문서형식으로 다음 사항에 대한 명시적인 보장이 필요하다고 통보함. • 손치규 씨 문제는 정부 방침에 따른 전반 문제 해결과 관련 없이 분리된 특수 케이스로서 금후 교섭에 선례가 되거나 영향을 주지 않을 것 • 처음부터 일본을 단순 경유지로 결정하고 추진해서는 안 되며, 일본 귀환 후 동인 의사를 재확인하여 일본 정착 의사를 표명하는 경우 일본 정부는 이를 허용 • 경비는 일측에 부담 책임이 있음을 명확히 하여 가급적 일측 부담을 교섭하되 동인 가족이 편의상 우선 부담 3. 주일대사는 1969.1.28. 사할린에서 귀환한 손종운이 주센다이영사관에 제출한 1969.1.8.자 탄원서에서 현재 사할린에 체류 중인 부친 손치규의 조기 귀환을 위하여 정부가 노력해 줄 것을 요청해 왔다고 보고하고 동 탄원서를 외무부로 송부함. 4. 외무부는 1970.3.19. 손치규 씨의 처자가 부산에 있고 아들 손종운의 누차에 걸친 서면 및 구두에 의한 진정서에서 볼 때 손치규 씨의 귀국 희망 의사표시에 의문의 여지가 없고 정부 방침에 배치되지 않는다고 판단, 동인의 귀국을 허가하기로 결정하고, 3.20. 주한 일본대사관 관계관에게 협조 요청하는 한편 3.23. 주일대사에게 동인의 귀환이 조속 실현되도록 일본 정부와 협조할 것을 지시함. 5. 주일대사는 1971.6.23. 일 외무성 측이 거류민단 중앙본부단장과 사할린 억류 귀환 한국인회 회장이 손치규 씨의 조속한 시일 내 귀국을 전제로 일본 입국을 보증한다는 문서를 제출하면 동인의 입국을 추진하겠다고 하여 6.3. 동 보증서를 일 측에 전달했다고 보고함. • 주일대사는 1971.7.7. 손치규 씨가 7.10. 요코하마에 입항하는 하바로프스크호편으로 일본에 입국 예정이라고 보고했으며, 주요코하마총영사는 동인이 7.10. 요코하마항에 도착했다고 보고 • 주시모노세키영사는 8.9. 손치규 씨가 동일 부관 페리편으로 출발, 8.10. 부산에 도착할 예정이라고 보고
1973.6.13. 송환을 위한 교섭 내용	1. 주일대사는 1973.6.13. 일 · 소 적십자사 총재회담(5.15. 모스크바) 시 재사할린 한국교포 귀환 문제에 관한 소련 측의 태도에 관해 일 외무성 담당자의 설명 내용을 아래와 같이 보고함.

연도 및 내용	관련 원문 요약
	• 재사할린 한국인의 귀국 탄원 시 이들의 일본 통과 허가가 있으면 소련의 출국허가 사실 존재 • 소련 적십자사도 인도적 견지에서 이들의 귀환을 위해 가능한 범위 내에서 협력용의 표명 2. 외무부는 1973.6.16. 및 6.19. 주일대사에게 최근 아래 국내 언론 보도 내용의 사실 여부를 확인 보고하라고 훈령함. • 소련 적십자사에서 사할린교포의 일본 경유, 일본이나 한국으로 송환하는 데 동의 • 일본 외무성도 송환을 위한 법적 절차 검토를 개시 • 주일대사는 상기 관련 6.19. 일 외무성에 확인한 결과를 아래와 같이 보고 - 동 내용이 와전된 것으로서 소련의 태도가 완화되었거나 하는 인상은 전혀 없음. - 일본 정부로서도 전력 경주 차원에서 한국 측이 외교 경로를 통해 공식 요청하는 것이 좋겠다는 견해 피력 3. 외무부는 1973.7.2. 주일대사에게 주소 일본대사관에 귀환 탄원을 한 교포(약 100명)의 송환을 위해 일본 정부와 교섭하고 결과 보고하라고 훈령함. • 일 정부에서 소련이 요구하는 사전 입국허가 발급을 조건으로 소련 측과 송환 교섭토록 촉구 • 일본으로 일단 송환 후 자유의사에 따라 최종 정착지 결정 • 송환 경비 일본 부담 • 주일대사는 7.10. 일 측이 상기 한국 측 제안에 대한 공식 입장을 추후 회신하겠다고 언급했다고 보고 4. 외무부는 1973.9.19. 주일대사에게 재사할린 교포 귀환 교섭 경위를 아래와 같이 통보함. • 1960년까지 미, 일 등 주요 공관을 통해 관계 정부, 기관에 귀환교섭 의뢰 • 1961년 한 · 일 국교 정상화 이후 일본 정부, 일적, 국제적십자사 등을 통해 교섭 전개 5. 주일대사는 1973.9.29. 사할린 한국인 귀환 문제에 관한 언론 보도 내용을 아래와 같이 보고함. • 다나카 수상이 일 · 소 정상회담 시 사할린 한국인의 귀국허가를 소련이 인정하도록 강력 요구할 방침

연도 및 내용	관련 원문 요약
	• 한국은 김대중 사건과 관련, 최근 사할린 한국인을 방치하고 있는 것은 일 정부 책임이라고 비난 6. 주일대사는 1973.10.13. 및 10.16. 일소 정상회담 시 한국인 귀환 문제에 관한 일 외무성 북동아 과장의 언급 내용을 아래와 같이 보고함. • 동 회담에서 재사할린 한국인 귀환 문제 논의 - 일 측의 특별한 배려 요청에 대해 소련 측은 출국 희망자가 없다는 종전 입장을 반복 - 일 측이 출국 희망자가 있다면 금후 외교 채널을 통해 협의하자는 제의에 소련 측은 반대 안 함. 7. 외무부 외교안보연구원은 1973.10.25. 해외교포문제연구소 주최의 '사할린 억류 한국인의 실태'에 관한 세미나 요지를 아주국에 송부함. • 사할린억류한국인문제연구소 와카사 소장이 1973.8. 사할린 방문 시 생활수준 기타 현지 상태 등 실태조사 내용 발표 8. 외무부는 1973.11. 사할린교포 송환 교섭을 위한 대표단 파견을 아래와 같이 건의함. • 국회 대표단을 일본 및 제네바에 파견 - 일본 정부, ICRC(적십자사 국제위원회), 일본 적십자사 등과 적극적인 교섭 추진 • 파견 시기는 11.10.부터 약 18일간 • 국무총리는 동 대표단 방문 성과가 기대할 수 없다고 하면서 파견 재가를 보류 9. 국회는 1973.12.5. 외무부에 사할린교포 송환 촉구에 관한 아래 건의 의결 내용을 이송함. • 태평양전쟁에 강제징용되어 소련 치하에 억류된 동포 중 귀환을 희망하는 사할린교포가 인도적 견지에서 조속히 송환되고, 송환자에 대한 대우와 보상에 관해 응분의 대책이 강구되기를 강력 촉구
1971~1972 관계국 및 국제적십자사의 입장, 중앙정보부 관계관회의 결정사항	1. 정부는 1972.2.17. 일제에 의해 강제징용되어 사할린에 억류 중인 출경 희망 교포 7,000여 명의 귀환을 위한 교섭 경위 및 관계 국가와 기관의 태도를 고려하여 아래와 같이 동 교포 귀환 교섭 추진을 결정함. • 일 · 소 간 교섭에 따른 출경 희망 교포를 일단 일본으로 송환한 후 자유의사에 따라 한국 또는 일본에 정착토록 함. • 송환된 자의 자유의사 확인 방법에 관하여는 일본 측과 교섭함. • 송환된 자의 한국 귀환 시 정착 문제 및 보안 문제 등은 관계부처와 협의함.

연도 및 내용	관련 원문 요약
	• 출경 희망자 7,000명 중 일본 정착 예상 희망자 1,500명 외 5,500명의 한국 정착을 위한 정착금 1인당 100만 원을 보조할 경우 55억 원의 예산이 필요함. 2. 관계국 및 ICRC(국제적십자사)의 입장(1972.2.17. 외무부 아주국 자료) • 일본 입장 - 동 한국인은 전원 한국으로 귀환해야 하며, 귀환 경비도 한국 측이 부담할 것을 조건으로 함. - 한국이 출국 희망자 전원을 인수한다면 일본 측 소요 경비 부담 조건으로 대소 접촉을 하겠다는 입장으로 1966.10. 이후 현재까지 소련과 접촉 중임. • 소련 입장 - 공식적으로는 귀환 희망 한국인이 사할린 내에 없다는 부정적 태도를 취해왔으며, 비공식적으로는 일본 정부가 한국 정부의 요청에 의하여 교섭하고 있는 것이라는 인식하에 일본이 최종 행선지일 경우 출경을 허가하겠다는 입장을 표명해왔음. - 1972.1. 일 · 소 정기 각료회의 시 후쿠다 외상이 사할린 한국인 송환 희망자에 대한 송환 실현을 요청한 데 대해 그로미코 외상은 검토하겠다고 답변함. • ICRC 입장 - 한국 측의 협조 요청에 호의적인 반응을 보이고 있는바, 7,000명 전원을 한국이 인수한다는 확약을 한 다음에 교섭하거나, 7,000명 전부의 일괄 귀환 교섭보다는 일본 거주 희망자 1,500명에 대한 귀환 교섭 개시가 바람직하다는 의견을 표명하는 한편 소련 적십자사와 접촉하겠다고 함. 3. 사할린교포 귀환 문제에 관한 1972.2.18. 청와대, 외무부, 중앙정보부 관계관 회의 결정 사항은 아래와 같음. • 재사할린교포에 대한 구출 노력은 계속되어야 함. • 일 · 소 외상 간의 면담 내용을 실현시키도록 일본 정부에 계속 촉구하면서 소련의 반응을 보아 일본 정부와 입장을 절충하도록 함. • 재사할린 한국인의 사할린 체류의 역사적 경위를 고려하여 거주지 선택의 자유 및 사할린에서 출경 후 거주지 선택을 보장하고, 만약 일본이 동인들의 정착 권리를 부정할 경우 책임은 일본에 귀속함을 촉구함. • 한국 귀환 시 국내 정착을 위하여 적절한 원호 대책이 강구되어야 함에 유의하며, 일본 정부가 상당한 위로금을 지급하도록 교섭함. • ICRC에 대해서는 동 문제에 계속 관심을 갖고 협조하도록 교섭함. • 일본 정부를 통한 교섭이 여의치 않을 경우 ICRC 주재 한, 일, 소련 3적십자 간 회담 개최 등 여타 효과적인 교섭 방안을 강구함.

연도 및 내용	관련 원문 요약
	4. 대통령은 1972.2.22. 상기 회의 결과 재가 시 소련 측의 더욱 구체적인 반응을 기다리고 있는 현시점에서는 관망하면서 소련 측의 반응을 기대함이 바람직할 것임을 언급함.
1971.7.31. 사할린 한인 귀환 문제 외무부의 대응	1. 주일대사는 1971.7.31. 일본으로 귀환한 사할린동포의 협정영주권 문제에 관하여 다음 요지로 보고함. • 사할린에서 귀환한 한국인의 협정영주권 신청자 수는 401명으로 그간 일 법무성에 수차 동인들에 대한 협정영주권이 조속 허가되도록 촉구한 바 있으며, 일 측은 동 문제를 호의적으로 검토 중이라고 답변해 왔음. • 7.30. 주일대사관 이남기 총영사는 일 법무성 에바타 입관국 차장을 방문, 귀환 사할린동포에 대한 조속한 협정영주권 허가를 촉구했으며 에바타 차장은 동 문제를 조속히 검토하여 처리할 것이라고 약속함. 2. 주한 일본대사관 하시즈메 참사관은 1971.7.31. 외무부 동북아 과장을 방문, 일본 외무성 동구1과장이 주일 소련참사관과 면담한 내용을 다음과 같이 알려왔다고 보고함. • 동구1과장이 일본 정부가 소련 측에 수교한 7,000명의 재사할린 한국인 귀환 희망자의 출국의사를 조사하여 주기 바라며 출국을 희망하는 한국인이 있을 경우 이들의 출국을 허가할 것인지 검토해줄 것을 요청한 데 대하여 소련 참사관은 동 의뢰가 일본 정부의 희망인지 또는 한국의 희망인지를 문의해옴. • 이에 대해 동구1과장은 한국의 공식 요청은 없으나 일본은 종전부터 한국 정부가 관심이 있는 것으로 알고 있으므로 요청하는 것이라고 답변함. 3. 주일대사는 1971.8.12. 일 법무성 입관국 에바타 차장에게 사할린 귀환 한국인에 대한 협정영주권이 조속히 허가되도록 조치할 것을 재차 촉구한 데 대하여 동 차장은 현재 법무성에서 이들의 협정영주권 신청을 허가하는 방향으로 조치 중에 있다고 밝혔다고 보고함.
1971.1.23. 박노학이 보건사회부에 제출한 탄원서를 외무부로 이송 및 국제적십자사를 통한 교섭진행 현황	1. 보건사회부는 1971.1.23. 일본 동경 소재 재일 대한민국 거류민단 중앙본부 민생국 소속 '사할린(구 화태) 억류 귀환 한국인회'의 박로학 대표로부터 제출된 탄원서를 외무부로 이송함. • 동 탄원서는 사할린에 억류된 교포로서 귀환을 희망하는 자 중 무국적자 1,450명(362세대)의 송환을 호소하고 있다고 하면서 동 귀환이 조속 실현되도록 적극적인 조치를 취할 것을 요청함. 2. 외무부는 1971.4.13. 보건사회부에 대해 외무부가 사할린 재류 귀환 희망 교포의 귀환을 조속 실현하기 위하여 일본 정부 및 국제적십자사를 통한 교섭을 진행하고 있다고 설명하고 현재까지의 조치 현황을 다음 요지로 통보함.

연도 및 내용	관련 원문 요약
	• 일본 정부에 문제 해결을 위한 노력을 누차 촉구, 특히 1968.1. 국회의원 대표단을 일본 정부, 일본적십자사, 국제적십자사에 파견하여 해결 촉구 • 이러한 노력의 결과 일본 정부는 제2차 한 · 일 정기각료회의 공동성명에서 협력 용의를 표명했고 제3차 각료회의에서도 이를 재확인 • 1969.6. 약 7,000명에 달하는 귀환 희망자 명단을 작성, 일본 정부에 제시하고 조속 귀환 실현을 위한 노력을 촉구했고 국제적십자사에도 명단을 전달, 측면 지원을 요청 • 이후 일본 정부와 국제적십자사가 소련 정부와 교섭을 시도한 것으로 알려지고 있으나 소련 측이 교섭에 응하지 않아 현재까지 별다른 진전은 없는 상황 3. 외무부는 경기도 파주군에 거주하는 이종섭 씨로부터 사할린에 거주 중인 것으로 확인된 부친 이덕림의 조기 귀환을 위한 정부의 노력을 촉구하는 1971.8.15.자 진정서 및 진정인 748명의 서명록을 접수함. • 동 진정서에 의하면, 이덕림 씨는 1943.4. 일본에 강제징용되어 사할린에서 강제노동을 하다가 일본의 패전에도 불구하고 소련의 출국 거부로 귀국을 하지 못한 채 사할린에 억류되어 소식을 몰랐으나, 1969.8.17.자 한국일보사가 발표한 사할린교포 귀환 탄원서에서 진정인 이종섭 씨가 부친의 성명을 확인했다고 함.
1970.7.3.~12.17. 화태억류 귀환한국인회(회장 박노벽)의 성명문과 탄원서	화태억류귀환한국인회(회장 박노벽)의 1970.7.3.자 성명문과 1970.12.17.자 탄원서임. 1. 1970.7.3.자 화태억류동포에 관한 성명문(외무부장관 앞) • 1958년 화태(사할린)동포의 실정을 알리고 귀환 촉진을 요청한 데 대해 일본 외무성 측은 한국 정부의 요청이 없다고 하고, 화태동포에 대한 자료가 있느냐고 질문한 바 있으나 1967년에 약 7천 명의 화태동포 명단을 작성하여 제출하니 소련 정부에서 화태 거주 한국인 중 귀국을 희망하는 사람이 없다고 한다고 답변함. • 한국에 매장되어 있는 일본인 유골을 일본 후생성에서 수집하는 것을 한국 정부가 1970.6.24. 허가했다고 보도된바, 본회와 화태억류 한국인 가족들의 심정은 비통하고 유감천만임. • 화태동포들의 서신에는 한 · 일회담 시 화태동포 문제에 대해 일언반구도 없이 조약을 체결한 데 대해 원성이 비일비재함. • 전후 25년을 맞이하는 때에 정부는 지금까지의 소극적인 교섭에서 적극적인 교섭으로 약진하여 화태동포의 귀환을 촉진해줄 것을 요망함.

연도 및 내용	관련 원문 요약
	2. 1970.12.17.자 탄원서(주일대사 앞) • 화태동포는 강압에 의하여 절반 이상이 북한 국적을 취득했고 다음으로 소련 국적, 나머지 소수가 무국적임. • 북한이나 소련 국적자는 현 단계에서 귀환이 용이치 않으나 소련 측은 무국적자에 한해 일본 정부가 입국을 허가하면 일본으로 출국시키겠다고 함. • 현재 귀환 희망자는 6,924명이며 그중 귀환이 가능한 무국적자가 1,450명인바, 우선 이들만이라도 귀환시켜야 하며 인명이 유한한데 조속히 이들이 귀환할 수 있도록 노력 요망함. 3. 1970.12.29. 외무부는 상기 12.17.자 탄원서에 대해 한국 정부가 계속 노력하고 있다는 내용으로 회신할 것을 주일대사에게 훈령함.
1970.1. 사할린 한인 귀환 문제 외무부의 대응	1. 외무부는 1970.1. 다음 요지의 주제네바대사 앞 훈령을 작성하다가 폐안함. • 일본 정부는 한국 정부가 작성하여 수교한 바 있는 7,000명의 귀환 희망 사할린교포 명단을 1969.8.21. 주일 소련대사관에 제시하고 이들의 귀환을 위한 협조를 요청했으며 소련 대사관 측은 본국 정부에 보고하겠다고 했다 함. • 국제적십자위원회(ICRC) 당국이 우선 1,500명의 일본 귀환 희망자 구출 교섭이 현실적으로 가능성 있는 유일한 방안이라고 생각한다는 점과 관련, 일본 귀환 희망자 1,500명이라는 숫자가 오래전의 ex tempore 의사표시에 의한 것이며 이러한 기준에 따를 경우 잔여 귀환 희망자의 귀환이 봉쇄될 우려 등을 감안, 일본 정부의 대소련 접촉이 진행되는 상황에서 조급히 서두를 필요는 없는 것으로 생각됨. • 따라서 1,500명을 위한 제한적 방안을 우선 보류하고 7,000명 전원 구출을 위한 일본 정부의 대소련 접촉을 지원하는 노력을 적극 경주해주도록 ICRC 측에 요청 바람. 2. 주제네바대사는 1970.1.14. 일본 귀환 희망자의 구출 문제를 우선적으로 소련 측에 제기하겠다는 요지의 ICRC 공한에 대한 입장을 조속 회시해줄 것을 외무부에 요청함. 3. 외무부는 1970.1.22. 상기 ICRC 측의 생각에 대해 다음 요지의 입장을 주제네바대사에게 회신함. • 제1단계로 일본 귀환 희망자의 송환 교섭을 시작하는 데 동의함. 그 수는 1,500명으로 한정하지 말고 그들의 의사를 공정한 방법으로 확인토록 함. • 일본 정착을 희망하지 않는 사할린교포에 대하여도 ICRC의 이산가족 재회 원칙에 의거, 송환 교섭을 계속 추진함.

연도 및 내용	관련 원문 요약
1967~1968 박노학이 외무부장관 앞으로 보내온 서한 및 정부의 활동 내용	1. 1967.8. 재일거류민단은 사할린 귀환교포로 구성된 '사할린 억류 한국인회(회장: 박노학)'의 진정서를 첨부하여 사할린 잔류 교포의 송환을 위한 노력 촉구 서한을 최규하 외무부 장관 앞으로 보내옴. • 사할린 억류 한국인회는 1967년 현재 사할린 잔류교포 수를 7,500명으로 추산 2. 이와 관련하여 국회와 정부는 아래와 같이 활동함. • 국회 외무위원회 대표단 활동 - 여야 의원 3명(정일형, 김정렬, 차지철 의원)이 일본을 방문하여 외상, 관방장관, 여당 요인, 일본 적십자사 대표 등을 면담하고 인도적 차원에서 사할린교포의 귀환을 위해 노력해줄 것을 촉구하고 일측 은 검토를 약속 • 이어 외무위원회 대표단은 제네바를 방문하여 국제적십자사(ICRC) 책임자들을 만나 협조를 요청했으며 ICRC는 일본, 소련, 북한 적십자사와 접촉하겠다고 약속 • 정부활동 - 정부는 주제네바대표부를 창구로 ICRC와 접촉하고 조사단 파견 문제 등을 협의(ICRC는 사할린교포가 일본을 경유한 다음, 최종적으로 한국에 정착시킬 것인지 여부의 확인을 요청) - 정부는 대통령 재가를 거쳐 귀환교포가 원할 경우 일본 정부가 일본 정착을 허용토록 하며, 일본에 귀환한 후 한국행을 원할 경우 이를 허용(단, 일본 정부가 보상조치를 강구)한다는 방침을 정하고 각국 정부, 국제기관과 협의키로 결정 - 정부는 위의 방침을 ICRC와 일본 정부에 통고하고 협조를 요청 - ICRC는 일본 정부 입장도 타진한 후 최종 정착지를 한국으로 하겠다고 약속하는 경우에만 나서겠다면서 한일 정부 간 합의의 선행을 요구 - 정부는 ICRC도 일본 정부에 성의를 촉구해주도록 요청
1966.1. 사할린 거주 한인 송환 문제에 관한 연구와 건의서	1. 사할린(Sakharin; 화태) 거주 한국 교민의 송환 문제에 관하여 1966.1.21. 외무부는 아래 요지의 연구와 건의서를 작성함. • 사할린에 한국으로의 귀환을 희망하는 한국 교민이 발생한 원인은 일본이 2차 대전 중 「전시노동법」을 제정하여 한국인을 강제로 징용하여 전시 노동력으로 활용했으나, 2차 대전 중 일본 영토였던 남사할린에 대해 종전 시 소련이 동 지역을 점령, 자국 영토로 편입, 1955년 사할린의 한국 교민 약 25%에 대하여 소련 공민권을 발급했으며, 1958년 북한은 소련주재 북한 영사를 사할린에 4년간 출장시켜 한국 교민을 상대로 선전활동을 하게 하여 1966년 현재 약 65%의 한국 교민이 북한 공민증을 소유하고 있고 잔여 약 10%는 무국적자로 차별대우를 받고 있는 실정 때문임.

연도 및 내용	관련 원문 요약
	• 소련 정부는 일본 정부에 대하여 사할린 거주 일본인을 일본으로 송환하는 동시에 일본인 처를 가진 한국 교민도 일본에 송환하여 1957.8.1.부터 1958.2.7.까지 6차에 걸쳐 394세대 1,794명이 일본으로 송환됨. • 사할린 지역에는 1966년 초 현재 1만 또는 2만 명의 한국 교민이 거주하고 있으며 1966.12.10. 현재 귀환 희망자가 1,799세대 7,193명으로 파악되고 있음. 2. 한국은 수차에 걸쳐 주일대사 및 외무부 본부 간부의 일본 외무성 고위간부와의 접촉을 통해 한국이 이들 귀환자를 인수한다는 조건하에서 일본 경유를 위한 잠정인수를 할 수 있다는 입장을 보임. (그 대표적 교섭으로서 1966.9.10. 외무부차관이 일본 외무성 심의관과의 면담에서 차관은 사할린 지역의 한국 교민이 일본에 의하여 강제징용되어 사할린에 가게 된 역사적 사실을 근거로 일본 정부가 소련 당국과 교섭하여 이들을 일본으로 송환할 것을 요청했으나 일본 심의관은 재화태 한국교포를 일본이 받아들인다는 것은 일본 국내에서의 반발이 강하므로 송환 시 선편제공 등 경비는 일 측이 부담할 것이니 한국에서 전부 인수해 주기를 희망한다고 함.) 3. 일본인 처의 동반가족 자격으로 이미 귀환한 사할린 거주 교민이 중심이 되어 일본에서 '화태억류귀환한국인회'가 조직되어 이 단체가 관계요로에 잔류교민들의 송환을 위한 진정서를 제출했으며 1965.12.16. 대통령의 담화문에서 조총련계 가담 교포의 본국 귀환을 받겠다고 한 점을 감안할 때 그동안 공산주의 사상 세뇌 문제가 인수거부의 주요 사유였던 점에 비추어 재화태 교포의 국내인수에 대하여도 정부가 긍정적 태도를 보여 주유엔대표부, 주제네바대표부를 통하여 소련에게 재화태 한인을 속히 귀환시킬 것을 촉구하는 한편, 미국의 유엔 인권문제 전문가와 이 문제를 협의하고 미국이 재화태교포 문제를 유엔총회에 제출할 것을 촉구한 바 있으며 국제적십자위원회 부위원장에게도 재화태 교포 송환 문제에 개입해 줄 것을 요청하기도 함.
1957~1965 주일대사가 사할린교포로부터 보고받은 내용	1. 주일대사가 사할린교포로부터 청취한 내용 • 사할린에는 한인 4만 명이 거주한다고 함. • 배우자가 일본인인 교포는 일본으로의 귀환을 희망하며 소련 정부도 이를 허가할 것으로 보이나 다른 교포들은 한국 또는 일본으로의 귀환을 희망하지만 소련이 허가하지 않을 전망이라고 함. 2. 사할린교포 출신으로 일본에 거주하는 박노학 사할린한국인회 회장은 아래 내용의 진정서를 외무장관에게 보내옴.

연도 및 내용	관련 원문 요약
	• 사할린 거주 교포로부터 신분증명서의 최종국적이 일본으로 되어 있는 교포는 일본 정부가 입국을 허용하면 귀환이 가능하다고 들어 외무성, 법무성에 진정하고 도움을 청했으나 회피적인 태도를 보였음. • 예정된 시이나 일본 외상의 방한 기회에 일본 정부의 성의를 촉구해주기 바람.

출처: 외교부 홈페이지

부록 2.
「사할린동포 지원에 관한 특별법」

[시행 2021. 1. 1.]

[법률 제17305호, 2020. 5. 26. 제정]

제1장 총칙

제1조(목적) 이 법은 일제강점기 강제동원으로 사할린에 이주한 사할린동포를 위하여 관련 국가와의 외교적 노력을 통해 그 피해를 구제하고, 사할린동포와 그 동반가족의 영주귀국과 정착을 지원하며, 국내유족의 권익보호와 생활안정을 도모함을 목적으로 한다.

제2조(정의) 이 법에서 사용하는 용어의 뜻은 다음과 같다.

1. "사할린동포"란 일제에 의하여 1945년 9월 2일까지 사할린에 강제동원으로 이주했거나 사할린에서 출생한 한인(韓人)을 말한다.
2. "동반가족"이란 국내 영주를 목적으로 사할린동포와 함께 귀국하는 사할린동포의 배우자(사실상의 배우자를 포함한다. 이하 같다) 또는 직계비속과 그 배우자로서 제33조제2항에 따라 귀국이 허용

된 사람을 말한다.

3. "영주귀국가족"이란 영주귀국(「해외이주법」 제12조에 따른 영주귀국을 말한다)한 사할린동포와 동반가족을 말한다.

4. "귀국지원"이란 사할린동포 및 동반가족의 영주귀국을 위한 지원을 말한다.

5. "정착지원"이란 영주귀국가족의 국내 정착에 필요한 지원을 말한다.

6. "국내유족"이란 사할린에서 사망한 사할린동포의 국내 배우자 및 직계비속을 말한다.

제3조(다른 법률과의 관계) 사할린동포, 동반가족 및 국내유족에 대한 지원에 관하여는 다른 법률에 특별한 규정이 있는 경우를 제외하고는 이 법에서 정하는 바에 따른다.

제4조(국가의 책무) 국가는 제1조의 목적을 달성하기 위하여 사할린동포 및 동반가족에 대한 역사적 조명, 귀국지원 및 정착지원, 국내유족에 대한 권익보호와 생활안정 등에 필요한 시책을 수립 · 시행하여야 한다.

제5조(외교적 교섭) ① 국가는 사할린동포 및 국내유족에 대한 피해구제가 이루어질 수 있도록 관련 국가와의 교섭 · 협력 등 외교적 노력을 다하여야 한다.

② 국가는 사할린동포가 적립하거나 납부한 저축금 · 미지불임금 · 보험금 · 연금 등의 상환 문제를 해결하기 위하여 관련 국가와의 교섭 · 협력 등 외교적 노력을 다하여야 한다.

③ 국가는 사할린에서 사망한 사할린동포와 그 가족의 유해 발굴 및 봉환을 위한 외교적 노력을 다하여야 한다.

제2장 사할린동포지원위원회

제6조(사할린동포지원위원회) 다음 각 호의 사항을 심의 · 의결하기 위하여 대통령 소속으로 사할린동포지원위원회(이하 "위원회"라 한다)를 둔다.

1. 일제에 의한 사할린 강제동원 피해사건(이하 "피해사건"이라 한다)에 대한 진상조사 및 결정에 관한 사항
2. 피해사건과 관련된 국내외 자료의 수집 · 분석 및 유해의 조사와 발굴 · 수습 · 봉환에 관한 사항
3. 동반가족 여부 결정에 관한 사항
4. 역사관 및 추도 공간 조성 등에 관한 사항
5. 사할린동포를 위한 양로원 및 의료기관 설립 등에 관한 사항
6. 이 법에서 정하고 있는 가족관계등록부의 작성에 관한 사항
7. 제28조에 따른 보고서 작성 등에 관한 사항
8. 그 밖에 대통령령령으로 정하는 사항

제7조(위원회의 구성) ① 위원회는 위원장 1인을 포함한 9인 이내의 위원으로 구성한다.

② 위원은 피해사건에 관하여 전문적인 지식이 있고 업무를 공정하고 독립적으로 수행할 수 있다고 인정되는 사람과 관계공무원 중에서 대통령이 임명 또는 위촉하되, 외교부 소속 공무원 1인, 보건복지부 소속 공무원 1인과 사할린동포 대표 1인을 포함하여야 한다.

③ 위원장은 위원 중에서 대통령이 임명한다.

④ 위원의 임기는 2년으로 하되, 연임할 수 있다.

⑤ 위원이 사고로 직무를 수행할 수 없거나 궐위된 때에는 지체 없이 새로운 위원을 임명 또는 위촉하여야 한다. 이 경우 새롭게 임명된 위원

의 임기는 전임위원의 남은 임기로 한다. 다만, 남은 임기가 6개월 미만인 경우에는 새롭게 임명하지 아니한다.

제8조(위원의 직무상 독립과 신분보장) ① 위원은 외부의 어떠한 지시나 간섭을 받지 아니하고 독립하여 그 직무를 수행한다.

② 위원은 다음 각 호의 어느 하나에 해당하는 경우를 제외하고는 그 의사에 반하여 면직되지 아니한다.

1. 신체상 또는 정신상의 장애로 업무수행이 현저히 곤란하게 되거나 불가능하게 된 경우
2. 금고 이상의 형의 선고가 확정된 경우

③ 위원이 제2항제1호에 따른 경우에 해당하는지의 여부는 재적위원 3분의 2 이상의 찬성으로 의결한다.

제9조(위원의 보호 등) ① 누구든지 직무를 행하는 위원 · 직원 또는 감정인에 대하여 폭행 또는 협박하거나 위원 또는 직원에 대하여 업무상의 행위를 강요 또는 저지하거나, 그 직을 사퇴하게 할 목적으로 폭행 또는 협박을 하여서는 아니 된다.

② 누구든지 피해사건의 진상 및 그 피해의 조사와 관련하여 정보를 제공했거나 제공하려 한다는 이유로 해고 · 정직 · 감봉 · 전보 등 어떠한 불이익도 받지 아니한다.

③ 위원회는 피해사건의 진상 및 그 피해의 조사와 관련한 증거 · 자료 등의 확보 또는 인멸의 방지에 필요한 대책을 강구하여야 한다.

④ 위원회는 피해사건의 진상 및 그 피해의 진상을 밝히거나 증거 · 자료 등을 발견 또는 제출한 자에게 필요한 보상 또는 지원을 할 수 있다. 그 보상 또는 지원의 내용과 절차 등에 관하여 필요한 사항은 대통령령으로 정한다.

제10조(위원의 결격사유) ① 다음 각 호의 어느 하나에 해당하는 사람은 위원이 될 수 없다.

1. 대한민국 국민이 아닌 사람
2. 「국가공무원법」 제33조 각 호의 어느 하나에 해당하는 사람
3. 「공직선거법」에 따라 실시하는 선거에 후보자(예비후보자를 포함한다)로 등록한 사람

② 위원이 제1항 각 호의 어느 하나에 해당하게 된 때에는 당연 퇴직한다.

제11조(의결정족수) 위원회는 이 법에 특별한 규정이 있는 경우를 제외하고는 재적위원 과반수의 찬성으로 의결한다.

제12조(사무처의 설치) ① 위원회의 사무를 처리하기 위하여 위원회에 사무처를 둔다.

② 사무처에 사무처장 1인 및 그 밖의 필요한 직원을 둔다.

③ 사무처장은 위원회의 의결을 거쳐 위원장의 제청으로 대통령이 임명한다.

④ 소속직원 중 고위공무원단에 속하는 일반직공무원 또는 5급 이상 공무원은 위원장의 제청으로 대통령이 임명하며, 6급 이하 공무원은 위원장이 임명한다.

⑤ 사무처장은 위원장의 지휘를 받아 사무처의 사무를 관장하며 소속직원을 지휘·감독한다.

제13조(직원의 신분보장) 위원회의 직원은 형의 확정·징계처분 또는 위원회의 규정으로 정하는 사유에 의하지 아니하고는 그 의사에 반하여 퇴직·휴직·강임 또는 면직을 당하지 아니한다.

제14조(유사명칭의 사용금지) 위원회가 아닌 자는 사할린동포지원위원회 또는 이와 유사한 명칭을 사용하지 못한다.

제15조(위원회와 다른 기관의 협력) ① 위원회는 그 업무수행의 내용과 절차 및 결과에 관하여 민간단체의 자문 및 의견을 구할 수 있다.

② 위원회는 필요하다고 인정하는 때에는 그 업무 중 일부를 특정하여 지방자치단체 등 관계기관 및 전문가에게 위임 또는 위탁하여 수행하게 하거나 공동으로 수행할 수 있다.

③ 제2항에 따라 위원회로부터 위임 또는 위탁받아 업무를 수행하거나 위원회와 공동으로 업무를 수행하는 관계기관 및 전문가는 그 업무의 범위에서 위원회 소속직원으로 본다.

④ 제1항 및 제2항에 관하여 필요한 사항은 대통령령으로 정한다.

제16조(공무원의 파견 등) ① 위원회는 그 업무수행을 위하여 필요하다고 인정하는 경우 관계기관의 장에게 그 소속 공무원 또는 직원의 파견을 요청할 수 있다.

② 제1항에 따라 공무원 등의 파견을 요청받은 관계기관의 장은 위원회와 협의하여 소속 공무원 또는 직원을 위원회에 파견할 수 있다.

③ 제2항에 따라 위원회에 파견된 공무원 또는 직원은 그 소속기관으로부터 독립하여 위원회의 업무를 수행한다.

④ 제2항에 따라 위원회에 공무원 또는 직원을 파견한 관계기관의 장은 위원회에 파견된 공무원 또는 직원에 대하여 인사 및 처우에서 불리한 조치를 하여서는 아니 된다.

제17조(위원회의 운영 등) 이 법에 규정된 것 외에 위원회의 조직 및 운영에 관하여 필요한 사항은 대통령령으로 정한다.

제3장 사할린동포 피해사건에 대한 진상조사

제18조(진상조사의 신청 또는 피해신고) ① 사할린동포 또는 사할린동포와 친족관계에 있는 사람은 피해사건에 대한 진상조사의 신청 또는 피해신고를 할 수 있으며, 피해사건의 진상 또는 피해에 관하여 특별한 사실을 알고 있는 사람은 위원회에 진상조사를 신청할 수 있다.

② 위원회는 제1항에 따른 피해사건에 대한 진상조사의 신청 또는 피해신고(이하 "신청등"이라 한다)를 위한 기간을 정하여 신청장소를 명기하여 공고하여야 한다. 이 경우 외국에 체재하거나 거주하는 사람을 위하여 재외공관에도 신청장소를 둔다.

③ 제1항에 따른 신청등은 다음 각 호의 사항을 기재한 문서로 하여야 한다. 다만, 문서로 할 수 없는 특별한 사정이 있는 경우에는 구술로 할 수 있다.

1. 신청인의 성명과 주소
2. 신청의 취지와 신청의 원인이 된 사실

④ 위원회가 제20조에 따라 진상조사개시결정을 한 피해사건의 피해에 관하여는 제2항에도 불구하고 위원회가 정하는 바에 따라 추가로 피해신고를 받을 수 있다.

⑤ 제1항의 친족관계 및 특별한 사실의 범위, 제3항에 따른 신청등의 절차 및 방법 등에 필요한 사항은 대통령령으로 정한다.

제19조(신청의 각하) ① 위원회는 제18조에 따른 진상조사의 신청등이 다음 각 호의 어느 하나에 해당하는 경우에는 이를 조사하지 아니하고 각하할 수 있다.

1. 신청이 위원회의 조사대상에 속하지 아니하는 경우

2. 신청의 내용이 그 자체로서 명백히 거짓이거나 이유 없다고 인정되는 경우

3. 위원회가 각하한 신청과 동일한 사실에 관하여 다시 신청을 한 경우. 다만, 신청인이 종전의 신청에서 제출하지 아니한 중대한 소명자료를 갖춘 경우에는 그러하지 아니하다.

② 위원회는 조사를 개시한 후에도 그 신청이 제1항 각 호의 어느 하나에 해당하게 된 경우에는 그 신청을 각하할 수 있다.

제20조(진상조사의 개시) ① 위원회는 진상조사의 신청이 제19조제1항 각 호에 따른 각하사유에 해당되지 아니하는 경우에는 진상조사개시결정을 하고 지체없이 그 내용에 관하여 필요한 조사를 하여야 한다.

② 위원회는 피해신고의 내용이 피해사건에 해당한다고 인정할 만한 상당한 근거가 있고 진상조사가 필요하다고 판단되는 때에는 직권으로 진상조사를 할 수 있다.

제21조(진상조사방법) ① 위원회는 진상조사를 수행함에 있어서 다음 각 호의 조치를 할 수 있다.

1. 사할린동포 및 그 친족 그 밖의 관계인에 대한 진술서 제출요구
2. 사할린동포 및 그 친족 그 밖의 관계인에 대한 출석요구 및 진술청취
3. 사할린동포 및 그 친족 그 밖의 관계인 · 관계기관(이하 이 항에서 "관계기관등"이라 한다)에 대한 관련 자료 또는 물건의 제출요구
4. 피해사건 및 그 피해가 발생한 장소 등에 대한 실지조사
5. 사망자의 유족이 아닌 사람으로서 사할린동포의 유해를 보관하거나 유해의 소재를 알고 있는 사람 또는 단체 등에 대한 관련 자료 및 유해의 제출 요구
6. 감정인의 지정 및 감정의뢰

② 위원회는 필요하다고 인정하는 때에는 위원 또는 소속직원으로 하여금 제1항 각 호의 조치를 하게 할 수 있다.

③ 제1항제3호에 따라 관련 자료 또는 물건의 제출을 요구받은 관계기관등은 대통령령으로 정하는 특별한 사유가 없는 한 이에 따라야 한다.

④ 제1항제3호에 따른 관계기관등 또는 같은 항 제4호에 따른 실지조사 관련 대상 기관은 피해사건 및 그 피해 관련 자료의 발굴 및 열람을 위하여 필요한 편의를 제공하여야 한다.

⑤ 제2항에 따른 조치를 하는 경우 해당 위원 또는 소속직원은 그 권한을 표시하는 증표를 지니고 이를 관계인 등에게 내보여야 한다.

⑥ 제1항제3호에 따라 관련 자료 또는 물건의 제출을 요구받은 관계기관등은 그 자료가 외국에서 보관하고 있는 것일 경우에는 해당 국가의 정부와 성실히 교섭하여야 하며, 그 처리결과를 위원회에 통보하여야 한다.

⑦ 위원회는 관계기관등을 통하여 외국의 공공기관이 보관하고 있는 자료에 관하여 외교경로를 통하여 해당 국가의 정부에 대하여 그 공개를 요청할 수 있다.

제22조(진상조사의 기간) ① 위원회는 최초의 진상조사개시결정일 이후 4년 이내에 피해사건에 대한 진상조사를 완료하여야 한다.

② 위원회는 제1항에서 정한 기간 이내에 진상조사를 완료하기 어려운 경우에는 기간 만료 3개월 전에 대통령에게 그 사유를 보고하고, 1년 이내의 범위에서 그 기간을 연장할 수 있다. 이 경우 그 기간의 연장은 두 차례를 넘을 수 없다.

제23조(결정 등) ① 위원회는 제18조에 따른 진상조사의 신청에 따라 진상조사를 완료한 때에는 다음 각 호의 사항을 결정하여야 한다.

1. 피해사건 및 그 피해인지의 여부

2. 해당 피해사건 및 피해의 원인 · 배경

3. 사할린동포 또는 국내유족인지의 여부

② 위원회는 제1항의 결정을 한 후, 필요한 경우 피해사건 및 진상 등에 대하여 공표하거나 대통령과 국회에 보고할 수 있다.

제24조(신청의 기각결정) 위원회는 제18조에 따른 진상조사의 신청을 조사한 결과 그 내용이 다음 각 호의 어느 하나에 해당하는 경우에는 그 신청을 기각하여야 한다.

1. 신청의 내용이 사실이 아님이 명백하거나 사실이라고 인정할 만한 객관적인 증거가 없는 경우

2. 피해사건 및 그 피해에 해당하지 아니하는 경우

3. 진상조사가 적절하지 아니한 경우로서 대통령령이 정하는 경우

제25조(진상조사 규명 불능결정) ① 위원회는 피해사건의 진상을 명백히 밝히지 못하거나 밝힐 수 없는 경우 진상조사 규명 불능임과 그 사유를 기재한 결정을 하여야 한다.

② 위원회는 제1항의 결정 이후 피해사건 및 그 피해를 증빙할 수 있는 새로운 자료가 발견된 경우 진상조사 신청인 또는 피해신고 신고인의 신청에 의하거나 직권으로 재조사할 수 있다.

제26조(결정통지 및 이의신청) ① 위원회는 제19조에 따른 각하결정, 제20조에 따른 진상조사개시결정, 제24조에 따른 기각결정, 제25조에 따른 진상조사 규명 불능결정 등을 한 경우 지체 없이 그 사유를 명시하여 이를 제18조에 따른 진상조사 신청인에게 통지하여야 한다.

② 진상조사 신청인이 사망했거나 소재불명인 경우에는 그 배우자 또는 직계존비속에게 통지하여야 한다.

③ 위원회는 제1항 및 제2항에 따른 통지를 함에 있어서 통지대상자에게 이의신청의 제기 및 그 절차와 기간 그 밖에 필요한 사항을 통지하여야 한다.

④ 제1항 및 제2항에 따라 통지를 받은 사람은 통지받은 내용에 이의가 있는 경우 통지를 받은 날부터 60일 이내에 위원회에 서면으로 이의신청을 할 수 있다.

⑤ 위원회는 이의신청을 받은 날부터 60일 이내에 이의신청에 대하여 결정하고 그 결과를 이의신청인에게 지체없이 서면으로 통지하여야 한다.

⑥ 제3항부터 제5항까지의 규정에 따른 이의신청의 절차에 관하여 필요한 사항은 대통령령으로 정한다.

제27조(가족관계등록부의 작성) 사할린동포와 그 가족으로서 가족관계등록부가 작성되어 있지 아니하거나 가족관계등록부에 기재된 내용이 사실과 다르게 된 경우 다른 법령의 규정에 불구하고 위원회의 결정에 따라 대법원규칙으로 정하는 절차에 의하여 가족관계등록부의 작성이나 기록의 정정을 할 수 있다.

제28조(진상조사보고서 작성 등) ① 위원회는 제22조에 따라 진상조사를 완료하면 진상조사보고서를 작성하여야 한다.

② 위원회는 매년 위원회의 활동에 관한 종합적인 결과보고서를 작성하여 대통령과 국회에 보고하고, 이를 공표하여야 한다.

③ 제1항 및 제2항에 따른 보고서에 포함되는 내용은 대통령령으로 정한다.

제29조(위원 등의 책임면제) 다음 각 호의 자는 위원회의 의결에 따라 작성 · 공개된 보고서 또는 공표내용에 관하여 고의 또는 중대한 과실이 없는

한 민사 또는 형사상 책임을 지지 아니한다.

1. 위원회의 위원 또는 위원이었던 사람
2. 위원회의 직원 또는 직원이었던 사람
3. 제21조제1항제6호에 따른 감정인 또는 감정인이었던 사람
4. 제15조에 따라 위원회 업무를 위임 또는 위탁받거나 공동으로 수행한 관계기관 및 전문가

제30조(비밀준수의무) 제29조 각 호의 자는 그 직무수행 과정에서 알게 된 정보 · 문서 · 자료 또는 물건을 다른 사람에게 제공 또는 누설하거나 그 밖에 위원회의 업무수행 외의 목적을 위하여 이용하여서는 아니 된다.

제31조(불이익의 금지) 누구든지 이 법에 따라 위원회에 한 신청 · 신고 · 진술 · 자료제출 등의 이유로 불이익을 받지 아니한다.

제4장 사할린동포 등에 대한 지원

제32조(지원의 신청) ① 제23조에 따라 사할린동포 또는 국내유족으로 결정받은 사람(이하 "지원대상자"라 한다)으로서 이 법에 따른 지원을 받고자 하는 사람은 외교부장관에게 신청하여야 한다.

② 제23조에 따라 사할린동포로 결정받은 사람이 귀국하지 못한 채 사망하거나 행방불명된 경우 이 법에 따른 지원을 받는 유가족의 순위는 대통령령으로 정한다.

③ 제1항에 따른 신청의 기간 및 절차 등에 필요한 사항은 대통령령으로 정한다.

제33조(귀국지원) ① 국가는 지원대상자 중 귀국을 희망하는 사람에 대하여 조속한 영주귀국이 이루어질 수 있도록 하여야 한다.

② 국가는 제1항에 따라 영주귀국하는 사할린동포 중 그 가족(사할린동포의 배우자 또는 직계비속과 그 배우자를 말한다)과 함께 귀국하기를 희망하는 사람에 대하여 위원회의 심의 · 의결을 거쳐 대통령령으로 정하는 바에 따라 그 가족을 동반하여 귀국을 허용할 수 있다.

제34조(생활지원금 등) ① 국가는 사할린동포와 제33조에 따라 영주귀국한 사할린동포 및 동반가족에 대하여 「국민기초생활 보장법」 제7조제1항에 따른 각종 급여에 상응하는 생활지원금을 지급한다. 이 경우 「국민기초생활 보장법」 제3조제2항을 적용하지 아니한다.

② 제1항에 따른 생활지원금의 지급기준 및 절차 등에 필요한 사항은 대통령령으로 정한다.

제35조(주거지원 등) ① 특별자치도지사 · 시장 · 군수 또는 구청장(구청장은 자치구의 구청장을 말하며, 이하 "시장 · 군수 · 구청장"이라 한다)은 영주귀국가족 및 국내유족(이하 "주거지원대상자"라 한다)에게 대통령령으로 정하는 바에 따라 주거지원을 할 수 있다.

② 주거지원대상자는 그 주민등록 전입신고를 한 날부터 임대차계약을 해지하거나 그 주거지원에 따라 취득하게 된 소유권, 전세권 또는 임차권(이하 "소유권등"이라 한다)을 양도하거나 저당권을 설정할 수 없다.

③ 제2항에 따른 소유권등의 등기신청은 지원대상자를 대리하여 시장 · 군수 · 구청장이 한다.

④ 시장 · 군수 · 구청장은 주거지원대상자에게 대통령령으로 정하는 바에 따라 가정과 같은 주거 여건과 보호를 제공하는 공동생활시설을

이용하는 데 필요한 지원을 할 수 있다.

제36조(정착금 등의 지급) ① 국가는 영주귀국가족의 정착 여건 및 생계 유지 능력 등을 고려하여 정착금이나 그에 상응하는 가액의 물품(이하 "정착금품"이라 한다)을 지급할 수 있다.

② 제1항에 따른 정착금품의 지급기준 및 절차 등에 관한 사항은 대통령령으로 정한다.

③ 제1항에 따른 정착금은 양도하거나 담보로 제공할 수 없고, 압류할 수 없다.

제37조(국민연금에 대한 특례) ① 영주귀국가족 중 영주귀국 당시 50세 이상 60세 미만인 사람은 「국민연금법」 제61조에도 불구하고 다음 각 호의 구분에 따른 날부터 국민연금을 받을 수 있다.

1. 60세가 되기 전에 가입기간이 5년 이상 10년 미만 되는 사람: 60세가 되는 날
2. 60세가 된 후에 가입기간이 5년 이상 되는 사람: 가입자 자격을 상실한 날

② 제1항에 따른 국민연금의 금액은 「국민연금법」 제51조에 따른 기본연금액의 1천분의 250에 해당하는 금액에 같은 법 제52조에 따른 부양가족연금액을 더한 금액으로 한다. 다만, 5년을 초과하는 경우에는 그 초과하는 1년(1년 미만은 1개월을 12분의 1년으로 계산한다)마다 기본연금액의 1천분의 50에 해당하는 금액을 더한다.

③ 국민연금에 관하여 이 법에 규정된 사항 외에는 「국민연금법」에 따른다.

제38조(자금의 대여 등) 영주귀국가족은 「근로복지기본법」 제19조에 따른 생활안정자금 지원 및 「국민기초생활 보장법」 제15조에 따른 자활급여의

대상자 선정 및 지원 상한액 등에 있어 특별한 지원을 받을 수 있다.

제39조(직업훈련) ① 외교부장관은 직업훈련을 희망하는 영주귀국가족 및 국내유족에 대하여 대통령령으로 정하는 바에 따라 직업훈련을 실시할 수 있다.

② 제1항에 따른 직업훈련의 실시기간은 대상자의 직무능력 등을 고려하여 3개월 이상이 되도록 노력하여야 한다.

제40조(취업보호 등) ① 외교부장관은 영주귀국가족이 그의 거주지로 전입한 후 대통령령으로 정하는 바에 따라 최초로 취업한 날부터 2년간 취업보호를 실시한다. 다만, 사회적 취약계층, 장기근속자 등 취업보호 기간을 연장할 필요가 있는 경우로서 대통령령으로 정하는 사유에 해당하는 경우에는 1년의 범위에서 취업보호 기간을 연장할 수 있다.

② 제1항에 따른 취업보호 기간은 실제 취업일수를 기준으로 하여 산정한다.

③ 외교부장관은 제1항에 따라 취업보호를 받는 영주귀국가족(이하 "취업보호대상자"라 한다)을 고용한 사업주에 대하여는 대통령령으로 정하는 바에 따라 그 취업보호대상자 임금의 2분의 1의 범위에서 고용지원금을 지급할 수 있다.

④ 사업주가 취업보호대상자를 고용할 때에는 그 취업보호대상자가 귀국 전의 직위, 담당 직무 및 경력 등을 고려하여야 한다.

⑤ 외교부장관은 취업보호대상자의 고용과 관련하여 모범이 되는 사업주에 대하여는 대통령령으로 정하는 바에 따라 생산품 우선 구매 등의 지원을 할 수 있다.

⑥ 외교부장관은 대통령령으로 정하는 바에 따라 영주귀국가족의 취업을 알선할 수 있다.

제41조(취업보호의 제한) ① 외교부장관은 취업보호대상자가 다음 각 호의 어느 하나에 해당하는 경우에는 제40조제1항에도 불구하고 대통령령으로 정하는 바에 따라 일정 기간 취업보호를 제한할 수 있다.

1. 취업한 후 정당한 사유 없이 대통령령으로 정하는 기간 동안 근무하지 아니하고 자의로 퇴직한 경우
2. 근무태만, 직무유기 또는 부정행위 등의 사유로 징계에 의하여 면직된 경우

② 외교부장관은 취업보호대상자가 거짓이나 그 밖의 부정한 방법으로 사업주로 하여금 제40조제3항의 고용지원금을 받게 한 때에는 취업보호를 중지하거나 종료할 수 있다.

③ 외교부장관은 제2항에 따라 취업보호를 중지하거나 종료한 때에는 그 사유를 구체적으로 밝혀 해당 취업보호대상자에게 알려야 한다.

제42조(영농 정착지원) 국가는 대통령령으로 정하는 바에 따라 영농(營農)을 희망하는 영주귀국가족에게 영농 교육훈련 또는 농업현장 실습 등 영농 정착을 위한 지원을 할 수 있다.

제43조(세제혜택) 국가 및 지방자치단체는 영주귀국가족을 채용하는 기업에 대하여 예산의 범위에서 재정지원을 하거나 조세 관계 법률에서 정하는 바에 따라 세금을 감면할 수 있다.

제44조(사할린동포지원센터) ① 국가는 다음 각 호의 사업을 수행하기 위하여 사할린동포지원센터(이하 "지원센터"라 한다)를 설립한다.

1. 영주귀국가족의 생활안정 및 사회적응 지원사업
2. 영주귀국가족의 취업 지원사업
3. 그 밖에 외교부장관이 영주귀국가족의 국내정착 및 자립지원에 필요하다고 인정하여 지원센터에 위탁하는 사업

② 지원센터는 법인으로 하고, 「민법」 중 재단법인에 관한 규정을 준용한다.

③ 국가는 지원센터의 효율적인 운영을 위하여 예산 등 필요한 지원을 할 수 있다.

④ 제1항에 따른 지원센터의 설립 등에 필요한 사항은 대통령령으로 정한다.

제45조(공무원 등의 파견) ① 국가는 피해사건의 진상조사를 지원하고, 사할린동포와 그 가족의 권익보호 및 생활안정을 위하여 필요한 경우에 공무원 또는 공무원이 아닌 자를 일정 기간 지원센터에 파견하여 근무하게 할 수 있다.

② 국가는 제1항을 위하여 필요한 비용을 지원할 수 있다.

제46조(추도사업 지원) 국가는 일제에 의한 사할린 강제동원으로 인하여 사망한 자를 추도하고 역사적 의미를 되새겨 평화와 인권을 위한 교육의 장으로 활용하기 위한 다음 각 호의 사업 시행에 필요한 비용을 예산의 범위에서 지원할 수 있다.

1. 추도공간(추도묘역 · 추도탑 · 추도공원)의 조성
2. 사할린 강제동원 피해 역사관 및 박물관의 건립
3. 그 밖의 관련 사업

제5장 보칙

제47조(환수 등) ① 국가 또는 지방자치단체는 이 법에 따른 지원을 받거나 지

원을 받게 한 사람이 다음 각 호의 어느 하나에 해당하는 경우에는 그가 받은 지원금이나 그 지원에 상응하는 가액(이하 "지원금등"이라 한다)의 전부 또는 일부를 환수할 수 있다.

1. 거짓이나 그 밖의 부정한 방법으로 지원을 받은 경우

2. 착오나 그 밖의 사유로 잘못 지급된 경우

② 제1항 및 제2항에 따라 환수처분을 받은 자가 기한 내에 금액을 납부하지 아니하는 경우에는 국세 체납처분의 예 또는 「지방세외수입금의 징수 등에 관한 법률」에 따라 징수한다.

제48조(권한의 위임 · 위탁) ① 이 법에 따른 외교부장관의 권한 중 일부를 대통령령으로 정하는 바에 의하여 관계 중앙행정기관의 장이나 지방자치단체장에게 위임할 수 있다.

② 이 법에 따른 외교부장관의 권한 중 일부를 대통령령으로 정하는 바에 의하여 다른 행정기관의 장이나 관련법인 · 단체에 위탁할 수 있다.

제49조(벌칙 적용에서의 공무원 의제) 공무원이 아닌 위원회의 위원 또는 직원은 「형법」 제129조부터 제132조까지의 규정에 따른 벌칙의 적용에서는 공무원으로 본다.

제6장 벌칙

제50조(벌칙) ① 제9조제1항을 위반하여 직무를 행하는 위원 · 직원 또는 감정인을 폭행 또는 협박하거나 위원 · 직원에 대하여 그 업무상의 행위를 강요 또는 저지하거나 그 직을 사퇴하게 할 목적으로 폭행 또는 협박한 자

는 5년 이하의 징역 또는 5천만원 이하의 벌금에 처한다.

② 제47조제1항제1호의 행위를 한 사람은 3년 이하의 징역 또는 3천만원 이하의 벌금에 처한다.

③ 제2항의 미수범은 처벌한다.

제51조(과태료) ① 다음 각 호의 어느 하나에 해당하는 자에게는 1천만원 이하의 과태료를 부과한다.

1. 정당한 사유 없이 제21조제1항제4호에 따른 실지조사를 거부 · 기피한 자
2. 정당한 사유 없이 제21조제1항제5호에 따른 유해 및 관련 자료의 제출을 거부한 자
3. 제14조를 위반하여 유사명칭을 사용한 자

② 제1항에 따른 과태료는 대통령령으로 정하는 바에 따라 위원장이 부과 · 징수한다.

저자소개

김영순(金永洵) kimysoon@inha.ac.kr

독일 베를린자유대학교에서 문화변동에 관한 연구로 철학박사 학위를 취득하고, 현재 인하대학교 사회교육과 교수 겸 대학원 다문화교육학과 학과장으로 재직 중이며, 인하대학교 부설 다문화융합연구소 소장, 다문화멘토링사업단 단장, BK21+글로컬다문화교육연구단장직을 수행하고 있다. 또한 학문 후속세대를 위하여 전국의 대학원생을 대상으로 질적 연구방법론 캠프를 열고 있다. 주요 공동저서로는『사할린 한인의 노스탤지어 이야기 탐구』,『사할린 한인의 다양한 삶과 그 이야기』,『사할린 한인 한국어 교육자의 생애 이야기』등, 단독저서로는『다문화교육의 이론과 이론가들』,『다문화교육과 협동학습 경험』,『다문화사회와 공존의 인문학』,『이주여성의 상호문화 소통과 정체성 협상』등이 있다.

최승은(崔承恩) 219105@inha.ac.kr

오스트리아 빈 대학교와 대학원을 졸업하고, 인하대학교에서 다문화교육을 전공하여 교육학 박사 학위를 받았다. 경인교육대학교, 목원대학교, 인하대학교에서 강의를 했으며, 현재 인하대학교 다문화융합연구소에서 연구교수로 재직하며 다문화 관련 연구를 수행하고 있다. 주요 공저로『동남아시아계 이주민의 다문화 생활세계』,『동남아시아계 이주민의 생활세계 생애담 연구』,『결혼이주여성의 주체적 삶에 관한 생애담 연구』등이 있다. 사회통합을 위한 한국 사회의 이주민에 지속적인 관심을 갖고「이주 어머니(migrant mother)의 자녀교육 경험에 관한 연구」,「베트남 출신 결혼이주여성의 가족 관계에 관한 상호문화적 해석」,「국내 외국인 유학생의 문화적응 경험에 관한 현상학적 연구」등의 논문을 발표했다.

권도영(權道映) irhett@naver.com

건국대학교에서 문학박사 학위를 취득하고 강의초빙교수로 재직 중이며, 건국대학교 서사와문학치료연구소 연구원으로 활동하고 있다. 서사의 구성원리에 대한 관심을 바탕으로 하여 자기진술의 치유적 효과에 대해 탐구하고 있다. 박사학위 논문으로「복합서사 형성원리에 기반한 자기서사 변화에 대한 연구」가 있고,『배또롱 아래 선그뭇: 옛이야기 속 여성의 삶에서 페미니즘을 읽다』,『옛이야기로 전하는 마음 치유: 있는 그대로 나를 사랑해』,『인문 콘텐츠와 인물 스토리텔링』(공저),『행복한 삶과 문학치료』(공저) 등의 저서가 있다.

임지혜(任智慧) nothinger1137@gmail.com

인하대학교 대학원 문화경영학과에서 마을문화콘텐츠를 연구하여 박사학위를 받았다. 인하대학교 교육연구소, 인천연구원(구, 인천도시인문학센터), 안동대 문화산업연구소(구, 창조산업연구소) 등에서 지역문화콘텐츠와 지역문화정책에 대한 연구들을 수행해왔다. 현재는 경남 지역에서 마을 공동체의 문화 활동과 기록 아카이브에 관심을 가지고 프리랜서로 활동하고 있다. 마을 기록과 생애사 연구로서 『지역문화 콘텐츠와 스토리텔링』, 『인천시민구술생애사 검바위 사람들』, 『사할린 한인 한국어 교육자의 생애 이야기』 집필에 공동으로 참여했다.

박봉수(朴奉秀) wuligaqi@naver.com

인하대학교에서 영주귀국 사할린 한인의 통과의례 내러티브로 교육학박사 학위를 취득했다. 현재 디아스포라연구소를 운영하고, 인천고려인문화원의 원장으로 재직 중이며, 인하대학교 다문화융합연구소의 초빙 연구원이다. 공동저서로는 『사할린 한인 한국어 교육자의 생애 이야기』, 『사할린 한인의 다양한 삶과 그 이야기』, 『사할린 한인의 노스탤지어 이야기 탐구』, 『다문화 생활세계와 사회통합 연구』, 『중국계 이주민의 다문화 생활세계 연구』 등이 있다.

최 희(崔希) 220353@inha.ac.kr

인하대학교에서 교육학박사 학위를 취득하고, 현재 인하대학교 다문화융합연구소에서 연구원으로 재직 중에 있다. 「북한이탈여성의 문화적응에 나타난 정체성 협상: 개인적 측면을 중심으로」, 「북한선원 강제추방에 관한 적법성 여부와 실천적 법적과제」, 「김정은 시대 북한 지리교과서의 세계지리 내용 구성 및 대외관 분석」, 「북한의 '조선력사지도첩' 내용 구성 특성 분석」, 「고려인 여성 Y의 생애 과정에 나타난 한국인의 문화유전자」 등의 논문을 발표했다.